I0876631

Kohlhammer

Christoph Marx

Südafrika

Geschichte und Gegenwart

2., erweiterte und überarbeitete Auflage

Verlag W. Kohlhammer

Dem Andenken an meine Mutter, Hildegard Marx, gewidmet.

2. Auflage 2022

Gesamtherstellung: W. Kohlhammer GmbH, Stuttgart

Print:
ISBN 978-3-17-041004-6

E-Book-Formate:
pdf: ISBN 978-3-17-041005-3
epub: ISBN 978-3-17-041006-0

Inhalt

Vorbemerkung zur verwendeten Terminologie

Wer über Südafrikas Bevölkerungsgruppen schreibt, betritt ein vermintes Feld, da durch die rassistischen Konnotationen viele Benennungen historisch belastet sind. Die hier benutzten Begriffe sind ausdrücklich in einem neutralen Sinn und im Hinblick auf Verständlichkeit und gute Lesbarkeit des Textes benutzt worden; Bewertungen sind damit nicht impliziert. Im Deutschen hat sich der Begriff »Bure« ohne die im Englischen negativen Konnotationen eingebürgert, sodass er hier durchgehend verwendet wird. Die Selbstbezeichnung der Buren als »Afrikaner«, die sich seit dem späten 19. Jahrhundert in Südafrika durchgesetzt hat, unterscheidet sich im deutschen Schriftbild nicht von »Afrikaner« für die schwarze Mehrheit. Für letztere wurde darum der Begriff »Schwarze« als deutsche Übersetzung von »Black« benutzt, das seit der *Black Consciousness*-Bewegung eine allgemein verwendete Selbstbezeichnung geworden ist. Reserviert man Afrikaner nur für die bantusprachige Mehrheit, wie dies in der Fachliteratur üblich ist, schließt man die anderen Bevölkerungsgruppen aus, als handle es sich z. B. bei den *Coloureds* nicht auch um Afrikaner. Der Name *Coloureds* wird in diesem Text ohne Verlegenheitsanführungszeichen geschrieben und folgt damit der Verwendung durch die damit gemeinte Bevölkerung selbst. Der Begriff »Inder« wird der Einfachheit halber benutzt, um komplizierte, wenn auch politisch korrekte Beschreibungen wie »Südafrikaner südasiatischer Herkunft« zu vermeiden. Begriffe werden einzig um der Lesbarkeit willen in männlicher Form benutzt, wobei, wenn z. B. von Bauern die Rede ist, selbstverständlich Bäuerinnen mit gemeint sind.

1 Die Frühzeit und die langen Konstanten der Geschichte

1.1 Die Wiege der Menschheit

Im November 1924 erhielt ein 32-jähriger Professor für Anatomie an der *University of the Witwatersrand* im südafrikanischen Johannesburg einen fossilen Kinderschädel zugesandt. Nach dessen eingehender Untersuchung verkündete er im Februar 1925, dass der Schädel einer bisher unbekannten Hominidenart zuzurechnen sei, die er *Australopithecus* (der Affe des Südens) nannte. Mit dieser Erkenntnis revolutionierte der gebürtige Australier Raymond Dart das Bild von der Frühgeschichte der Menschheit. Bis dahin hatte die Gelehrtenwelt vermutet, dass der Ursprung der Menschheit in Europa oder in Asien lag. Darts Entdeckung war lange umstritten, doch spätere Funde bestätigten, dass die Vorläufer des *Homo Sapiens* aus Afrika stammten. Mittlerweile hat sich das Bild jedoch erheblich differenziert, da man zahlreiche Arten von Hominiden gefunden hat, von denen einige als Vorläufer des *Homo Sapiens* in Frage kommen. Sie lebten in besonders großer Zahl und Vielfalt im südlichen und östlichen Afrika und breiteten sich von dort vor ca. 2 Millionen Jahren in andere Teile der Welt aus.

Seit den 1950er Jahren begannen südafrikanische Paläoanthropologen, in einem Gebiet westlich der Hauptstadt Pretoria systematisch fossilierte Knochen auszugraben und zu untersuchen. Mit Hilfe neu entwickelter Datierungstechniken gelang es ihnen, hunderte von Knochenfunden auf einen Zeitraum zu bestimmen, der ein bis zwei Millionen Jahre zurückreichte. Damit wurde die Evolutionsgeschichte des Menschen erheblich ausgeweitet. Die Dichte der Funde belegt mittlerweile, dass der Ursprung der Menschheit in Afrika zu suchen ist, d. h. ungeachtet der Ausbreitung von Vorläufern des *Homo Sapiens* in andere Weltregionen fand die eigentliche Weiterentwicklung vom *Australopithecus* über den Homo Erectus zum Homo Sapiens vor ca. 200 000 Jahren im südlichen Afrika statt. Vor ca. 70 000 Jahren begannen diese Menschen, sich auch außerhalb Afrikas auszubreiten. Dies gelang ihnen aufgrund ihres spezifischen Entwicklungspfades, denn der *Homo Sapiens* entwickelte sich aus derjenigen Vorform des Menschen, die sich nicht mehr biologisch durch Mutation an wechselnde Habitate anpasste, sondern kulturell, indem sie Werkzeuge nutzte und soziale Techniken des Überlebens intensivierte.

In den letzten Jahrzehnten hat die Forschung große Fortschritte gemacht, als neue Funde das Bild der menschlichen Evolution erheblich erweiterten und differenzierten. So entdeckte im August 2008 der damals neunjährige Matthew Berger einen Knochen, über den eine bis dahin unbekannte Spezies identifiziert werden konnte, die *Australopithecus sediba* getauft wurde. Im Mai 2010 wurde mit dem *Homo gau-*

tengensis eine weitere neue Spezies gefunden, die bereits der Gattung Mensch zuzurechnen ist. Diese südafrikanischen Funde sind weitere Belege für die These, dass sich die Vorgeschichte des Menschen offensichtlich im südlichen und östlichen Afrika abspielte und dass die Gattung *Homo Sapiens* sich von hier aus über den Globus ausbreitete.

Schon die *Australopithecinen* benutzten Werkzeuge, allerdings wenig systematisch. Erst die frühen Vertreter der Gattung *Homo* entwickelten Werkzeuge, die sie ursprünglich eher zufällig entdeckt haben dürften, zielgerichtet weiter. Die Kulturentwicklung beginnt nicht erst mit dem *Homo Sapiens*, die Steinzeit reicht viel weiter als bis zu dessen erstem Auftreten vor 70 000 Jahren zurück. Lernen ist bis zu dieser Zeit noch mit der biologischen Weiterentwicklung zum *Homo Sapiens*, insbesondere mit dem Wachstum des Gehirns, eng verknüpft. Beim *Homo Sapiens* konnte jedoch die kulturelle Entwicklung, nachdem die biologische Evolution weitgehend abgeschlossen war, ihrer Eigendynamik folgen. Menschen zeichneten sich fortan dadurch aus, dass sie als gesellschaftliche Wesen auftraten, die miteinander über Sprache und Symbolsysteme kommunizierten.

Den Zeitraum, da die Vorläufer des heutigen Menschen zum ersten Mal Steine benutzten, die sie bald zu Faustkeilen und anderen einfachen Werkzeugen bearbeiteten, nennt man die frühe Steinzeit, die auf den Zeitraum zwischen 2,5 Millionen und 250 000 Jahren berechnet wird. Die Funde in Südafrika zählen zu den ältesten, denn sie beziehen neben den frühen Vorläufern des *Homo Sapiens* sogar die *Australopithecinen* mit ein. Funde entsprechender Werkzeuge in Europa können auf eine Zeit datiert werden, die im Gegensatz dazu »nur« etwa 600 000 Jahre zurückreicht. In den langen Jahrtausenden der frühen Steinzeit wurden die Werkzeuge allmählich nicht nur feiner, sondern differenzierten sich für spezifische Zwecke aus. Diese Entwicklung setzte sich in der mittleren Steinzeit fort, die vor etwa 25 000 Jahren endete. In dieser Zeit lebten die Vorläufer des *Homo Sapiens* bereits in Höhlen und hatten eine größere Mobilität entwickelt, weil sie entdeckt hatten, dass sich Wasser in den Schalen von Straußeneiern transportieren ließ. Bereits für die Zeit vor 77 000 Jahren, also noch vor dem Erscheinen des *Homo Sapiens*, ist die Nutzung des Feuers durch Ablagerungen von Asche nachgewiesen ebenso wie die erste Benutzung von Symbolen. Dabei handelte es sich um Ornamente auf Muschelschalen, die möglicherweise Kennzeichen von Gruppenzugehörigkeit waren. Keinesfalls darf man für einen so riesigen Zeitraum von einer Siedlungskontinuität in dem Sinn sprechen, dass in derselben Region ortsfeste Gruppen und ihre Nachkommen von der Frühzeit des Menschen bis in die jüngere Vergangenheit gelebt hätten. Es führt keine gerade und nachweisbare Linie von den Menschen der Altsteinzeit zu den rezenten Buschleuten, die ihre kulturellen Spuren in den Felsmalereien hinterlassen haben.

Der Begriff der Steinzeit ist eine relative archäologische Datierung und bezieht sich auf erhaltene Artefakte aus Stein. Aus diesem Grund ist es möglich, dass Bevölkerungen, die Steinwerkzeuge benutzten, zur gleichen Zeit und im selben Gebiet lebten, wie Menschen, die bereits Metallverarbeitung kannten. Dies gilt für das südliche Afrika für die letzten 2000 Jahre, da die Khoisan keine Metalle bearbeiteten, ihre bantusprachigen Nachbarn jedoch sehr wohl.

Selbst für die späte Steinzeit gibt es nur ungefähre Zeitangaben, da die Entwicklungen regional höchst unterschiedlich verliefen. Die »neolitische Revolution«

mit der Herausbildung von Ackerbau und Viehzucht sowie der Entstehung der ersten städtischen Siedlungen ist nur regional datierbar. Die späte Steinzeit brachte im südlichen Afrika neue technische Erfindungen, vor allem mit dem Aufkommen von Pfeil und Bogen und besonders fein gearbeiteten, sehr kleinen Steinwerkzeugen. Etwa 10 000 Jahre vor unserer Zeit nimmt die Zahl der spätsteinzeitlichen Fundorte im südlichen Afrika stark zu, was auf ein rasches Bevölkerungswachstum hinweist. Dies hat auch mit der letzten Eiszeit zu tun, die im südlichen Afrika in Form eines feuchteren Klimas und damit einhergehender größerer Pflanzen- und Tiervielfalt zum Ausdruck kam. Wir wissen aus den archäologischen Funden viel über die frühe Geschichte der Technologie, doch erst ab den Felsbildern, deren älteste etwa 20 000 Jahre alt sind, lässt sich eine Kontinuität der Bevölkerung annehmen und vermuten, dass die Schöpfer dieser Bilder möglicherweise die Vorfahren der heutigen Khoisan waren. Doch bevor auf die Bevölkerung Südafrikas in historisch greifbarer Zeit eingegangen wird, soll in aller Kürze ihr Lebensraum vorgestellt werden.

1.2 Der menschliche Lebensraum Südafrika

Als südliches Afrika wird der Raum südlich der Flüsse Sambesi und Kunene bezeichnet, als Südafrika dagegen das Gebiet, das heute die Republik Südafrika ausmacht. Letzteres ist 1,2 Millionen km^2 groß und erstreckt sich zwischen dem 35. und dem 22. Grad südlicher Breite. Südafrika liegt darum in zwei unterschiedlichen Klimazonen, was erhebliche Auswirkungen auf Bevölkerungsverteilung und Wirtschaftsentwicklung hatte. Der größte, nördlichere Teil des Landes ist Sommerregenzone, weshalb die Hauptniederschläge im südlichen Sommer, nämlich zwischen November und März fallen, während sich die Winter durch wolkenlose Himmel auszeichnen. Obwohl die Tageshöchsttemperaturen diejenigen eines mitteleuropäischen Frühlingstages erreichen können, haben die fehlenden Wolken in der Nacht starke Abkühlungen zur Folge. Daraus resultieren erhebliche tägliche Temperaturschwanken, die im Zentrum des Landes gelegentlich bis zu 30° C. ausmachen können. Den klimatischen Bedingungen sind auch die Hauptnahrungspflanzen angepasst, die die Afrikaner in der vorkolonialen Zeit anbauten, vor allem Hirse und Sorghum. Das Sommerregengebiet lässt sich seinerseits in zwei Großregionen unterteilen, zunächst den Küstenstreifen am Indischen Ozean zwischen dem heutigen Mosambik und der Hafenstadt Port Elizabeth. Dieses Gebiet liegt zwischen dem Meer und Gebirgszügen, die parallel zur Küste verlaufen und bei Lesotho, einem Enklavenstaat mitten im heutigen Südafrika, alpine Höhen von mehr als 3000 Meter erreichen. Dadurch kommt es zu Steigungsregen, zumal die Ostküste von den Monsunwinden des Indischen Ozeans erreicht wird. Zahlreiche kleinere Flüsse haben sich tief in die Hügellandschaft eingegraben, die dadurch außerordentlich stark gegliedert ist. Der größte dieser Flüsse ist der Tugela, der lange Zeit die Südgrenze des Zulureiches bildete. Die Region zeichnete sich schon in vorkolonialer Zeit durch eine vergleichsweise dichte Besiedlung aus.

Die zweite Region, das Landesinnere Südafrikas, bezeichnet man als *Highveld*, eine typisch südafrikanische bilinguale Wortbildung – ein Hochland, das aus leicht hügeligen Ebenen besteht, die bis zu 2000 Meter über dem Meeresspiegel liegen und dadurch frei von den meisten tropischen Infektionskrankheiten wie Malaria oder Tsetse sind. Im Zentrum des südlichen Afrikas erstreckt sich mit der Kalahari eine große Wüste, die den größten Teil des heutigen Botswana einnimmt. Es ist im Wesentlichen den Monsunregen zu verdanken, dass die Kalahari nicht bis zur Ostküste reicht. Das Niederschlagsgefälle von Ost nach West hat Auswirkungen auf die menschlichen Lebensformen, denn die westlichen Regionen sind sehr dünn besiedelt, während im Osten, vor allem in Flusstälern, größere Bevölkerungsdichten erreicht werden. Die 50 cm-Niederschlagsgrenze im Jahresdurchschnitt zieht sich durch dieses Gebiet, jenseits derer landwirtschaftlicher Anbau mit großen Risiken behaftet ist.

Die Menschen, die das *Highveld* bewohnen, gehören der Sprachgruppe der Tswana-Sotho an, was sich auch in den Namen der beiden Nachbarstaaten Südafrikas, Botswana und Lesotho, wiederfindet. Das *Highveld* wird durch zwei große Flusssysteme gegliedert, nämlich den Limpopo, der die Nordgrenze des heutigen Südafrika bildet und in Mosambik in den Indischen Ozean mündet. Das andere, größere Flusssystem, der Oranje und sein wichtigster Nebenfluss, der wegen seines schlammigen Wassers der »fahle Fluss« (*Vaal River*) genannt wird, erstreckt sich entlang des Südrands der Kalahari zum Atlantik. Sein letzter Abschnitt bildet heute die Staatsgrenze zu Namibia. Insgesamt ist jedoch das *Highveld* weniger mit Wasserläufen gesegnet als die Ostküste und häufiger von Dürren bedroht. Wegen Stromschnellen und Wasserfällen, aber auch aufgrund des stark variierenden Wasserstandes ist keiner der südafrikanischen Flüsse schiffbar.

Ähnlich wie nach Osten wird das *Highveld* auch nach Süden durch eine Bergkette vom Küstenstreifen getrennt. Im Unterschied zum Rest des Landes gehört die Südküste zu einer anderen Klimazone. Sie ist nämlich von einem mediterranen Klima mit Winterregen (Juni bis August) und heißen, trockenen Sommern geprägt. Diese Zone reicht etwa von Port Elizabeth bis ans Kap der Guten Hoffnung und einige hundert Kilometer an der Atlantikküste nach Norden. Da sich die Wolken, die vom Indischen Ozean kommen, an dem parallel zur Südküste verlaufenden Gebirge abregnen, bleibt das Land nördlich davon entsprechend trocken: die große Halbwüste der Karoo, die einen beträchtlichen Teil des *Northern*, *Western* und *Eastern Cape* ausmacht. Weil der Süden durch die Karoo und die nördlich daran anschließende Kalahari vom subtropischen Afrika getrennt ist, konnte sich hier eine eigene ökologische Zone herausbilden, die kleinste von insgesamt sechs botanischen Provinzen der Erde, die aber die höchste Artenvielfalt aufweist. Dies betrifft vor allem kleine Strauchgewächse, den sogenannten *fynbos* (wörtl.: Feinbusch), zu dem etwa der *Rooibos* (Rotbusch) zählt, aus dem Tee gewonnen wird, der sich mittlerweile in Europa großer Beliebtheit erfreut. Vor allem aber gab es keine domestizierte indigene Nahrungspflanze, die in dieser Region gedieh, weshalb das Siedlungsgebiet der bantusprachigen Afrikaner, die auch Bodenbau betrieben, auf das Sommerregengebiet beschränkt blieb. Dagegen siedelten die als Viehzüchter lebenden Khoikhoi weiter westlich bis zur Atlantikküste.

1.3 Die KhoiSan

Die steinzeitlichen Bewohner des südlichen Afrikas weisen für die letzten etwa 20 000 Jahre eine Siedlungskontinuität auf, wofür ihre Felsbilder die Hauptbelege sind, die man im gesamten südlichen Afrika heute noch bewundern kann. So geht das, was man über die gesellschaftlichen Strukturen der Khoisan weiß, auf die Beschreibungen zurück, die andere über sie hinterlassen haben, da diese Bevölkerung keine Schrift benutzte. Es ist immer problematisch, Aussagen zu treffen, die von rezenten Beobachtungen ausgehen und diese auf frühere Zeiten projizieren, weil uns für deren Rekonstruktion die Daten fehlen. Gleichwohl kann man mit einiger Vorsicht aufgrund archäologischer Funde einiges über Strukturen aussagen, die eine lange Dauer aufwiesen. Die Aufmerksamkeit für die langen Zeitdauern in der Geschichte geht auf den französischen Historiker Fernand Braudel zurück. Er hat in seinem berühmten Buch über das Mittelmeer verschiedene Phasen der historischen Entwicklung unterschieden, wobei die »longue durée« Jahrhunderte überspannende, fast stillstehende, weil von ökologischen Naturbedingungen bestimmte Strukturen erfasst. Im südlichen Afrika können solche langdauernden Strukturen neben relativ kurzfristigen Änderungen stehen. So ist die geschlechtliche Arbeitsteilung der Afrikaner offenbar eine solche Konstante, während die Anbauprodukte, Schmuckgegenstände und Kleidung, Literatur und politische Einrichtungen einem rascheren Wandel unterliegen. Beharrung und Innovation finden sich oft gleichzeitig in einer Gesellschaft. Wenn man stabile Strukturen beschreibt, impliziert dies also nicht, dass die beschriebenen Gesellschaften statisch und traditionsverhaftet wären. Auch in Europa gibt es solche Konstanten, etwa bei den Verwandtschaftssystemen, doch kann man von langen Zeitdauern auch in anderen Regionen der Welt ausgehen.

Obwohl über ihren Ursprung und ihre Herkunft nichts weiter bekannt ist, so kann als sicher gelten, dass die Khoisan in kleinen Gruppen weit verstreut im ganzen südlichen Afrika lebten. Ihre Sprachen waren soweit miteinander verwandt, dass die linguistische Bezeichnung dafür auch auf die Bevölkerung selbst angewandt wird: KhoiSan. Wie die Schreibweise schon andeutet, umfasst sie zwei große Bevölkerungsgruppen, die allerdings keine klar voneinander trennbaren politischen oder kulturellen Einheiten bilden, nämlich die San und die Khoikhoi. Sie unterscheiden sich weniger kulturell, als vielmehr in erster Linie durch ihre Wirtschaftsweise, wobei der Wechsel von der einen zur anderen Lebensweise möglich war.

Die eine dieser Gruppen nennt man San oder mit einer älteren Bezeichnung Buschleute, womit ihre Zeitgenossen die Lebensform charakterisierten. Denn Buschleute lebten vor der Kolonialzeit nicht in festen Dörfern oder anderen Siedlungen, die sich von der Wildnis, eben dem Busch, deutlich abgrenzen ließen. Ihren Nachbarn erschienen sie als Bewohner der Wildnis, weil sie sich von dem ernährten, was sie in der Natur fanden. Die Ethnologen sprechen von Wildbeutern, die sich ihre Nahrung durch Jagen und Sammeln sicherten. Neben der Jagd auf Tiere, wozu in den Küstengebieten auch das Sammeln von Meeresfrüchten gehörte, ernährten sich diese Menschen von wild wachsenden Pflanzen. Diese Lebensweise erforderte neben einer hohen Mobilität das Leben in kleinen Gruppen, um die Risiken im Fall von Dürrezeiten oder ausbleibendem Jagdglück so gering wie möglich zu halten. Auch wenn sich die verschiedenen kleineren Gruppen, die selten mehr als 20 Menschen umfassten, zu bestimmten Jahreszeiten zu Festen und Ritualen zusammenfanden, so waren diese größeren Treffen doch zu kurz und die größeren Einheiten zu instabil, um dauerhafte soziale Hierarchien zu begründen. Sie kannten auch nicht die komplexen Verwandtschaftsstrukturen und Heiratsmuster, die man bei anderen Völkern findet. Die stark egalitären Buschleute, bei denen auch die Geschlechter gleichberechtigt waren und es keine Oberhäupter gab, lebten über das ganze südliche Afrika verteilt, denn sie konnten bis zur Ankunft der Weißen in unmittelbarer Nähe des Tafelbergs Großwild jagen, viele von ihnen ernährten sich von Muscheln und Langusten aus dem Meer. Letzteres belegt, dass die letzten heute noch als Wildbeuter lebenden Buschleute in Botswana und Namibia nur einen Ausschnitt der vielfältigen früheren Lebensformen repräsentieren, die den ökologischen Gegebenheiten der jeweiligen Region angepasst waren.

Die Khoikhoi, deren Name nichts anderes bedeutet als »die Menschen der Menschen« oder »die wahren Menschen«, setzten sich mit dieser Bezeichnung von den San ab. Diese Selbstbezeichnung weist darauf hin, dass sie sich für etwas Besseres hielten und den Unterschied in der Lebensweise als ein kulturelles Gefälle bewerteten. Worin unterschieden sich nun die Khoikhoi von den Buschleuten? Biologisch oder auch sprachlich gab es keine Unterschiede, wohl aber hinsichtlich der Wirtschaftsform. Denn die Khoikhoi waren zwar, was ihre pflanzliche Nahrung betraf, Sammler, jagten aber nur gelegentlich, da sie Tiere domestiziert hatten und somit Viehzüchter waren. Die Tiere, die die Khoikhoi in teilweise riesigen Herden hielten, waren die einheimischen Fettschwanzschafe, die kaum Wolle lieferten, dafür aber Fleisch und Fett, mit dem sich die Khoikhoi zum Schutz vor Sonnenbrand und Insektenstichen einrieben. Später übernahmen sie von ihren bantusprachigen Nachbarn Ziegen und Rinder. Als die Weißen erstmals in Südafrika an Land gingen, trafen sie auf Khoikhoi mit riesigen Rinderherden. Da diese mit ihren Herden wanderten, meist periodisch von Sommer- zu Winterweiden (Transhumanz), hatten sie vergleichsweise lockere Sozialverbände. Ebenso waren ihre Behausungen auf Mobilität abgestimmt. Sie legten aus Gras geflochtene Matten über ein halbkugelförmiges Gestell aus Stangen, die in den Boden gerammt wurden. Die Khoikhoi kleideten sich zum Schutz vor der winterlichen Kälte in sogenannte *Karosse*, Mäntel, die sie aus den Fellen von Rindern nähten.

Zwar kannten sie Oberhäupter, doch war deren Macht begrenzt, auch waren die ethnischen Gruppen zahlenmäßig nicht sehr groß, da die Mobilität für diese Bevölkerung wichtig war. Weil die Khoikhoi keine Nahrungspflanzen anbauten, konnten sie das Winterregengebiet Südafrikas nutzen, den äußersten Süden und Südwesten, wo die Weißen zuerst an Land gingen; gleichzeitig war ihre Wirtschaft fragil. Eine Tierseuche oder eine Naturkatastrophe konnte die Herden dezimieren und die Khoikhoi zur Lebensweise der Buschleute zwingen. Tatsächlich waren die Übergänge zwischen beiden Bevölkerungsgruppen fließend. Soweit sich dies rekonstruieren lässt, kam es periodisch zu solchen dürrebedingten Herdenverlusten und der, zuweilen gewaltsamen, Aneignung von Tieren, um damit neue Herden aufzubauen. Allerdings ist es aufgrund der fast ausschließlich archäologischen Daten über die frühe Geschichte der Region nicht möglich, eine belastbare Chronologie für die frühen Jahrhunderte zu entwickeln.

Abb. 1: Khoikhoi in einer Abbildung des 17. Jahrhunderts.

Im Osten lebten die Khoisan in enger Nachbarschaft zu bantusprachigen Afrikanern. Gerade die San wirkten aufgrund ihrer Pflanzenkenntnisse und Trancetechniken oft als religiöse Spezialisten und Heiler. Diesem, nicht immer konfliktfreien, Zusammenleben über Jahrhunderte hinweg war es zu verdanken, dass die südlichsten Bantuvölker von den Khoisansprachen die charakteristischen Schnalzlaute adaptierten. Möglicherweise äfften die Europäer diese ihnen unverständlichen Sprachen in dem Namen nach, mit dem sie die Khoikhoi belegten: Hottentotten.

1.4 Die bantusprachige Bevölkerung

Jenseits der Klimagrenze, an der Ostküste und auf dem Highveld, lebten Völker, die sich sprachlich und kulturell deutlich von den Khoikhoi abhoben, wobei auch optisch ein Unterschied aufgrund der im Allgemeinen helleren Hautfarbe der KhoiSan erkennbar war, der allerdings nicht mit einem Rassenunterschied gleichzusetzen ist. Die Archäologie konnte zweifelsfrei Siedlungsformen, wie sie typisch für die heutige bantusprachige Bevölkerung sind, seit dem 2. Jahrhundert n. Chr. nachweisen. Diese Menschen waren offenbar in früher, nicht genau datierbarer, Zeit aus dem Norden zugewandert, wobei von mindestens zwei Zuwanderungswellen ausgegangen werden muss. Auch wenn unbekannt bleibt, welche Sprache die Menschen während dieser Jahrhunderte gesprochen haben, so kann man zumindest davon ausgehen, dass ihre Lebensweise in vielem derjenigen ähnelte, die Europäer seit dem 16. Jahrhundert direkt beobachteten und beschrieben. Im 19. Jahrhundert erfand der aus Deutschland stammende Linguist Wilhelm Bleeck für eine Gruppe eng miteinander verwandter afrikanischer Sprachen die Sammelbezeichnung »Bantu«, was nichts anderes als Menschen heißt. Die Bantusprachen haben ihren Ursprung im heutigen Kamerun, von wo sie sich über den ganzen afrikanischen Kontinent südlich des Äquators ausbreiteten. Ob dieser Vorgang als eine Art Völkerwanderung zu begreifen ist, wie man früher glaubte, wird mittlerweile bezweifelt, da auch eine Verbreitung der Sprache unabhängig von der Wanderung von Menschen denkbar ist, etwa durch Handelsbeziehungen. Im Unterschied zu den KhoiSan betrieben die Bantusprecher neben der Viehzucht auch den Anbau von Nahrungspflanzen. Darum lebten sie in festen Siedlungen, die allerdings von Zeit zu Zeit kleinräumig verlegt wurden, um den Böden Gelegenheit zur Regeneration zu geben.

Die bantusprachigen Afrikaner, die sich heute in Südafrika als *Blacks* oder *Africans* bezeichnen und die große Mehrheit der Bevölkerung ausmachen, betrieben eine Wirtschaftsform, die im Gegensatz zu den Khoikhoi stabile Verhältnisse beförderte, da Anbau und Viehzucht sich nicht nur wechselseitig ergänzten, sondern es auch ermöglichten, Dürrezeiten oder Viehkrankheiten leichter zu überstehen. Eine doppelte Ernährungsgrundlage erlaubte zudem eine größere Bevölkerungsdichte und damit tragfähigere politische Einrichtungen als bei den Khoikhoi. Die bantusprachigen Afrikaner bauten vor allem Getreide an, ursprünglich vor allem Hirse und Sorghum, das sie seit dem 18. Jahrhundert allmählich durch den ertragreicheren, aber auch weniger dürreresistenten Mais ergänzten, der von den Portugiesen aus Amerika an die afrikanische Ostküste transferiert wurde. Daneben pflanzten sie zahlreiche Gemüsesorten an, die eine ausgeglichene Ernährung sicherstellten. Die Böden wurden mit Hacken bearbeitet, denn Pflüge wurden erst von den Europäern eingeführt – nicht immer zum Vorteil der Böden. Der Anbau war die Aufgabe der Frauen, die mit Getreidesorten experimentierten und mehrere Pflanzensorten auf einem Feld anbauten. Das »Durcheinander« verschiedener Nutzpflanzen auf demselben Feld wirkte auf die an monokulturellen Anbau gewöhnten Europäer oft verwirrend und fremdartig. Doch war diese Art des Anbaus sinnvoll, weil sich die Pflanzen wechselseitig ergänzten. Kürbisse und Melonen etwa verhinderten mit ihren großen Blättern die Austrocknung der Böden, was dem Mais, der viel Wasser benötigt, zugutekam. Mischkulturen schützten überdies die Pflanzen vor Schädlingsbefall und Krankheiten.

Während im Rahmen der geschlechtlichen Arbeitsteilung die Frauen für den Anbau von Nahrungspflanzen zuständig waren, oblag den Männern die Viehzucht. Dahinter verbarg sich eine Asymmetrie, da den Rindern eine große soziale Bedeutung zukam. Der Reichtum und damit das soziale Prestige bemaßen sich an der Zahl der Rinder, ihrer Gesundheit und ihren ästhetischen Qualitäten, weswegen zuweilen die Hörner junger Rinder in bestimmter Weise gebogen wurden. Während aus dem Getreide, das die Frauen ernteten, Bier gebraut wurde, was nicht nur für das gesellige Leben bedeutsam war, sondern das aufgrund seines Stärkegehalts als ein Grundnahrungsmittel galt und auch den Ahnen geopfert wurde, dienten die Rinder neben ihrem Wert als Statussymbol den Männern als Voraussetzung zur Eheschließung. Um eine Frau heiraten zu können, wurde im Vorfeld mit deren Familie ausgehandelt, wie viele Rinder der Bräutigam zu entrichten hatte. Doch ging diese Abgabe von Rindern über eine rein ökonomische Bedeutung hinaus, weswegen die Übersetzung von *Lobola* mit »Brautpreis« inadäquat ist. Denn beides, die Heirat wie die Abgabe der Rinder dienten dazu, Bündnisse zwischen den Familien zu besiegeln. Eine Ehe einzugehen hatte demnach, wie in Europa vor dem 19. Jahrhundert, eher in Ausnahmefällen mit Liebesbeziehungen zu tun, dafür aber viel mit Familienpolitik und Kooperationen größeren Stils. Diejenigen, die große Rinderherden besaßen, konnten polygame Haushalte gründen. Da die Oberhäupter, die *Chiefs*, meist die größten Rinderbesitzer waren, dienten ihnen Eheschließungen als politisches Mittel, um Allianzen aufzubauen. Eine Ehe erfüllte in diesem Kontext eine wichtige symbolische Funktion. Dies führt nun zu einem weiteren wichtigen Thema, nämlich der Familienstruktur, da diese sich von der westeuropäischen wesentlich unterschied.

Während sich in Westeuropa seit der Karolingerzeit die »gattenzentrierte Familie« entwickelte, wie der Wiener Mediävist Michael Mitterauer sie nennt, galt für große Teile der Welt das System der sogenannten *Lineage*-Strukturen. Damit ist gemeint, dass die Familie als ein langes generationenübergreifendes Band zu verstehen ist, eine Linie, die von der jüngsten lebenden Generation über die älteren bis zu den bereits verstorbenen Ahnen führt. Ein wichtiger Unterschied zu den europäischen Verwandtschaftssystemen lag darin, dass es sich im südlichen Afrika um »unilineale« Strukturen handelte, d. h. nur die Abstammung über einen Elternteil für die Selbstverortung in der Gesellschaft, die »Identität«, von Bedeutung war. Dies bedeutet natürlich nicht, dass man zu anderen Verwandten keine emotionalen Beziehungen aufbaute, sondern die *Lineage* war im Wesentlichen ein strukturierendes Merkmal und hatte wichtige rechtliche Konsequenzen. Gesellschaften, die über die väterliche Linie verwandtschaftlich organisiert waren und die im südlichen Afrika vorherrschten, nennt man patrilineare Deszendenzsysteme.

Alle Kinder leiteten ihre Herkunft in einer solchen Gesellschaft ausschließlich über den Vater, den Großvater usw. ab, d. h. sie hatten eine Reihe von bereits verstorbenen Ahnen, die für sie die entscheidenden Mittler im Jenseits darstellten. Zwar kannten die bantusprachigen Gesellschaften Südafrikas einen quasi-monotheistischen Schöpfergott, doch näherten sie sich ihm immer über ihre Ahnen, an die sie sich wandten, wenn der Regen ausblieb, Krankheiten und anderes Unheil sie heimsuchten. Das Individuum war stärker als in der gattenzentrierten Familie in ein

Netz wechselseitiger Verpflichtungen und in eine Identität als Angehöriger der *Lineage* eingebunden. So waren Eheschließungen Verbindungen zwischen *Lineages*. Dies erklärt auch, weshalb die älteren Männer als diejenigen mit dem höchsten Sozialprestige und der größten Nähe zu den Ahnen die Heiratsverhandlungen führten. Eine junge Frau zog zu ihrem Mann, verlor dadurch aber nicht die Zugehörigkeit zu ihrer eigenen *Lineage*. Faktisch blieb sie immer eine Fremde in der Familie ihres Mannes, im Gegensatz zu ihren eigenen Kindern, die der *Lineage* ihres Vaters durch ihre Geburt angehörten. Darum wurden vor allem Frauen, insbesondere unfruchtbare, verwitwete und alte, Opfer von Hexereivorwürfen. Denn Hexerei oder Schadenszauber wurde vor allem denjenigen unterstellt, deren Loyalität eher ihrer eigenen *Lineage* als derjenigen ihres Ehemannes galt. Umgekehrt war die Verbindung zweier *Lineages* aber auch Grundlage für Bündnisse und übergreifende Solidarität.

Während eine *Lineage* in der Regel vier Generationen umfasste, gab es darüber hinausgehende größere Einheiten. Die Erinnerung an einen mythischen Urahnen, der häufig als eine Art Gründerheros memoriert wurde, ließ alle, die sich in ihrer Abstammung auf ihn bezogen, als eine große Verwandtschaftsgruppe erscheinen, die aus verschiedenen *Lineages* zusammengesetzt war. Häufig werden diese übergreifenden Einheiten in der ethnologischen Literatur als Clans bezeichnet, in denen meist ein Exogamiegebot galt, d. h. die Angehörigen eines Clans durften nicht untereinander heiraten. Komplizierte Heiratsregeln banden die Clans aneinander, indem etwa Angehörige von Clan A Frauen aus Clan B heirateten, Männer aus Clan B dagegen Frauen aus Clan C etc. Die Gesamtheit der Clans, die in ein solches Regelwerk integriert waren, bezeichnen die Ethnologen als Stamm, Volk oder Ethnie. Solche Verwandtschaftssysteme waren »segmentäre« Strukturen, da die Verwandtschaftseinheiten alle ein ähnliches Muster aufwiesen und als Segmente im Verhältnis zueinander standen wie die Waben eines Bienenstocks.

Auch wenn die bantusprachige Bevölkerung des südlichen Afrikas über *Lineage*strukturen organisiert war, gab es daneben ein weiteres Prinzip der sozialen Organisation, das ebenso wichtig war und für Außenstehende die Sozialstrukturen sehr kompliziert erscheinen lässt, nämlich die politische Organisation über *Chiefs*. Ethnische Gruppen sind darum in der historisch bekannten Zeit seit etwa 1500 nicht primär als Kulturgemeinschaften fassbar, sondern als politische Gemeinwesen mit einem *Chief* an der Spitze. Die Loyalität zu einem bestimmten *Chief* war die Grundlage ethnischer Identität, die sich darum auch wechseln ließ. Der Apartheidstaat hat später den Begriff »Bantu« essentialisiert und diese Völker als klar umgrenzte, nicht nur sprachlich, sondern über distinkte Kulturen identifizierbare Ethnien gefasst.

Südafrika war wie der gesamte Kontinent lange Zeit unterbevölkert, d. h. Land gab es im Überfluss, sodass Landbesitz und Territorialität keine Grundlage für politische Herrschaft boten wie etwa im frühneuzeitlichen Europa. Vielmehr war die Herrschaft über Menschen entscheidend, d. h. die Macht der *Chiefs* hing von der Zahl ihrer Anhänger und Krieger ab. Aus diesem Grund war ein *Chief* wohl beraten, sich der Loyalität der Bevölkerung zu versichern, was sich etwa in der politischen Kultur niederschlug. Eine der wichtigsten Tugenden eines *Chiefs* war Großzügigkeit im Sinn von Freigiebigkeit. Beliebte *Chiefs* konnten wie Magneten wirken, wodurch ihr

Chiefdom an Macht und Ansehen gewann. Ein wichtiges Mittel dazu war, Menschen aufzunehmen, die durch Dürre oder Tierkrankheiten verarmt waren. Der *Chief* wies ihnen Land zur Nutzung zu und lieh ihnen aus seinen eigenen Beständen Rinder, mit denen sie eine neue Herde aufbauen konnten. Diese Großzügigkeit war freilich an Gegenleistungen geknüpft, wozu Gefolgschaftstreue und Loyalität zählten. Man nennt dieses System von Abhängigkeiten »Rinderpatronage«, was erneut die große Bedeutung des Rinderbesitzes unterstreicht. Denn nur Männer, die Rinder besaßen, konnten heiraten, sodass ein *Chief* den Rinderbesitz als eine Art politische Stellschraube und Mittel der Disziplinierung nutzen konnte.

Rinderbesitz wirkte sich auch auf die für die südlichen Bantu typische Form der Siedlung aus, die Ethnologen als *Central Cattle Pattern* charakterisieren. Die Siedlung war jeweils um einen zentralen umzäunten Platz, den sogenannten *Kraal* (portug.: *curral* = Pferch), angeordnet, in den über Nacht die Rinder getrieben wurden. Das *Central Cattle Pattern* war nicht nur von der Geschlechterordnung geprägt, sondern auch die gesellschaftlichen Hierarchien schlugen sich in der Anordnung der Häuser nieder. So stand das Haus des *Chiefs* sowie diejenigen seiner Ehefrauen gegenüber dem Eingang zum zentralen Rinderkraal. Dem *Chief* kam eine besondere spirituelle Kraft, ein Erbcharisma zu, das durchaus ambivalent war. Denn *Chiefs* waren einerseits für das Wohlergehen zuständig und ihre besondere Nähe zu den Ahnen verlieh ihnen größeren Einfluss auf die kosmische Ordnung. Andererseits konnten *Chiefs* ihre spirituelle Macht auch nutzen, um Feinde, Konkurrenten und Neider zu beseitigen. Dies ist einer der Gründe, warum es in den meisten Gesellschaften tabu war, einen *Chief* physisch zu attackieren oder gar ihn zu töten. Denn als Ahne verfügte er weiterhin über die Möglichkeit, in die Geschäfte der Lebenden einzugreifen und sich für seinen Tod zu rächen.

Nun ist *Chief* eine Verlegenheitsvokabel, die eine größere Einheitlichkeit der politischen und sozialen Ordnung suggeriert als tatsächlich existierte. Denn in kaum zwei afrikanischen Gesellschaften war die Stellung des *Chiefs* die gleiche, sondern es gab zahlreiche Varianten. Viele *Chiefs* waren eher Clanoberhäupter und genossen kaum über ihre eigene Siedlung hinaus Autorität, während andere *Chiefs* große Gebiete kontrollierten.

Ausgrabungen deuten darauf hin, dass im ersten nachchristlichen Jahrtausend die *Chiefdoms* meist klein waren, kaum über Marktbeziehungen miteinander verkehrten, sondern ökonomisch weitgehend Selbstversorger waren. Es gab nur eine geringe berufliche Spezialisierung und keine institutionalisierten Märkte. Nur in wenigen, aber historisch greifbaren, Fällen wuchsen solche *Chiefdoms* zu größeren Einheiten, die man als Königreiche bezeichnen könnte.

In der Nähe von Lydenburg in der heutigen Provinz Mpumalanga wurden Terrakotta-Köpfe gefunden, die sogenannten *Lydenburg Heads*, die aus dem 6. Jahrhundert n. Chr. stammen und auf eine weit entwickelte Kultur hindeuten. Leider ist die Fundstätte durch die unprofessionellen Grabungsmethoden archäologischer Amateure so sehr zerstört worden, dass man über den historischen Kontext des Fundes bislang nicht viel weiß. Wichtiger ist indes eine Entwicklung etwa 400 Jahre später, die aufgrund professioneller Ausgrabungen weitaus besser rekonstruierbar ist. Die tiefgreifenden Veränderungen der sozialen und politischen Strukturen in dieser Zeit ließen vermuten, dass eine Zuwanderungswelle aus dem Norden die Ursache dafür war. Denn etwa ab 1000 n. Chr. wurde die Rinderhaltung intensiver und das *Central Cattle Pattern* setzte sich als allgemeines Siedlungsmuster im gesamten Land durch.

Aus den Siedlungsstrukturen um 1000 n. Chr. lässt sich im Norden des heutigen Südafrika eine allmähliche Änderung im Verhältnis der *Chiefs* zueinander ablesen, denn es kam unter ihnen zu einer Hierarchisierung. Sie waren nicht mehr einfach Nachbarn, sondern einander über- oder untergeordnet. Am östlichen Rand der Kalahari entdeckten die Archäologen, dass erstmals größere Siedlungen inmitten kleinerer entstanden. Ihre Anordnung ließ den Schluss zu, dass sich eine dreigliedrige Hierarchie einspielte: Eine große Siedlung als Zentrum, mittlere als Unterzentren und zahlreiche kleinere Weiler, die wie Trabanten um die größeren angeordnet waren. Dies ist ein deutlicher Hinweis auf politische Zentralisierung, d. h. einem *Chief* gelang es, sich zum Oberherrn über die übrigen aufzuschwingen und größere Gebiete unter seiner Herrschaft zu einigen.

Besonders signifikant ist dies in Mapungubwe im äußersten Norden Südafrikas, unweit des Zusammenflusses von Sashe und Limpopo, der heute die Staatsgrenze zu Simbabwe bildet. Denn in dieser archäologischen Fundstätte änderte sich sogar das *Central Cattle Pattern*. Der *Chief* entfernte sich weiter als bis dahin üblich von der Bevölkerung, als er sich im wahrsten Sinn des Wortes über sie erhob und seinen Wohnsitz auf einen großen Felsen verlagerte. Gräber mit Beigaben aus Gold, darunter das berühmt gewordene goldene Rhinozeros, dokumentieren, dass es sich hier um eine viel stärker akzentuierte Schichtung der Gesellschaft handelte, als für die Zeit davor archäologisch nachweisbar war. Mapungubwe war eingespannt in die Handelsnetze des Indischen Ozeans, worauf Handelswaren und Artefakte hindeuten, die auf dem Felsen von Mapungubwe gefunden wurden. Die Güter, die die *Chiefs* von Mapungubwe erreichten, waren knappe Prestigegüter. Sie konnten den Machtzuwachs der Glücklichen, die den Handel unter ihre Kontrolle brachten, erheblich befördern. Glasperlen dienten der Schmuckherstellung, Baumwoll- und Seidenstoffe der Distinktion durch prachtvolle Kleidung. Zu den Handelswaren, die die Afrikaner anboten, zählte neben Elfenbein und Tierhäuten vor allem Gold, das westlich von Mapungubwe gefördert wurde.

Mapungubwe wurde in der zweiten Hälfte des 13. Jahrhunderts verlassen und vermutlich hat sich der Schwerpunkt dieses Reiches um einige hundert Kilometer nach Nordosten verlagert, wo mit den großen steinernen Anlagen von *Great Zimbabwe* ein neues Reichszentrum entstand. Die weitere Entwicklung betraf folglich nicht mehr Südafrika, doch ist festzuhalten, dass die vermutete Ursache für die Zentralisierung im Fernhandel lag, denn dies war ein Element, das einzelnen *Chiefs* neue Machtchancen eröffnete. Den Grund für die politischen Zentralisierungen hat man lange in endogenem ökonomischem Wachstum oder umgekehrt in ökologischen Krisen gesehen, da man den Afrikanern als historisch Handelnden dadurch besser gerecht zu werden glaubte. Doch spricht vieles dafür, dass der Fernhandel die entscheidende Variable war, die den Aufstieg einzelner *Chiefs* ermöglichte. Die Verbindung von Fernhandel und Zentralisierung lässt sich wiederholt in der südafrikanischen Geschichte feststellen.

Erst 500 Jahre nach Mapungubwe liegen erneut Nachrichten über die vorkolonialen afrikanischen *Chiefdoms* vor. Portugiesische Schiffbrüchige, deren Segelschiffe in den tückischen Unterströmungen an der südafrikanischen Felsenküste aufgelaufen waren, hielten sich einige Zeit bei der bantusprachigen Bevölkerung der Xhosa auf. Dieses etwa 70 000 bis 100 000 Menschen zählende südlichste Bantuvolk lebte direkt an der Grenze des Sommerregengebiets und bildete offenbar eine weitere Ausnahme von der Regel kleiner *Chiefdoms*, denn im 16. Jahrhundert entstand ein Xhosa-Königreich, d. h. auch hier hatte ein Prozess politischer Zentralisierung stattgefunden, ohne dass die Gründe dafür bekannt sind. Etwa 200 Jahre später setzte ein Zerfall in kleinere *Chiefdoms* ein, wobei alle *Chiefs* Angehörige der Königsfamilie, des Tshawe-Clans, blieben. Die Identität der Xhosa-Bevölkerung bemaß sich nach der politischen Loyalität zu einem der Angehörigen des Tshawe-Clans.

Die dünne Besiedlung sowie die Ausweichmöglichkeiten für unzufriedene *Chiefs* und ihre Anhänger erklären, warum die wenigen Königreiche, von denen wir wissen, instabil waren und, wie etwa dasjenige der Xhosa, dazu tendierten, sich aufzuspalten. Die zentripetalen Kräfte dagegen, die überhaupt zur Entstehung zentralisierter Formen von Herrschaft führten, sind weniger klar eruierbar. Mit großer Wahrscheinlichkeit aber spielte der Handel eine ganz entscheidende Rolle, denn überall da, wo sich Zentralisierungen aufgrund archäologischer oder schriftlicher Quellen rekonstruieren lassen, waren die Handelsbeziehungen weitaus intensiver als sonst üblich. Bei den Waren handelte es sich nicht um Lebensmittel und nur in untergeordnetem Maß um Gegenstände des täglichen Bedarfs wie Metallwerkzeuge u. a., sondern um Prestigegüter, die insbesondere den *Chiefs* zugutekamen. Da es im südlichen Afrika keine spezialisierten Händler wie etwa in Westafrika gab, konnten die *Chiefs* den Handel weitgehend kontrollieren und monopolisieren. Das Fehlen von Marktbeziehungen zwischen den *Chiefdoms* ist die Ursache, warum die kleinen *Chiefdoms* über so lange Zeit der Regelfall blieben. Erst mit einer wachsenden ökonomischen Ungleichheit, mit erhöhten Wettbewerbschancen derjenigen, die Zugang zu knappen und wertvollen Gütern hatten, war die Voraussetzung für großräumigen Herrschaftsausbau gegeben.

1.5 Erste Kontakte mit Europäern

Wie bereits im Zusammenhang mit der Entstehung eines Xhosa-Reiches angedeutet, waren die Portugiesen die ersten Europäer in der Region. Im Jahr 1486 tauchte erstmals ein europäisches Schiff in den Gewässern des südlichen Afrikas auf. Seit dem frühen 15. Jahrhundert hatten sich die Portugiesen entlang der Küste Afrikas in die Weiten des Atlantiks vorgetastet. Nach Überwindung vieler, nicht zuletzt psychologischer, Hürden erreichte der Seefahrer Bartholomeo Dias Ende des 15. Jahrhunderts den Südatlantik. Von einem heftigen Sturm weit nach Süden getrieben, steuerte er sein Schiff nach Osten, um die afrikanische Küste wieder zu erreichen, die er jedoch nicht mehr fand. Ihm wurde klar, dass er über die Südspitze des Kontinents hinausgefahren war, und er wendete sein Schiff in Richtung Norden, wo er östlich der heutigen Stadt Port Elizabeth die afrikanische Südküste erreichte. Erst auf der

Rückfahrt erblickte er das Kap, die felsige Südwestspitze des Kontinents, das er aufgrund seiner Erfahrungen »Kap der Stürme« taufte. Nachdem er, nach Portugal zurückgekehrt, seinem Auftraggeber, König Johann II., die frohe Kunde überbracht hatte, benannte dieser es um in »Kap der Guten Hoffnung«, weil den Portugiesen nunmehr der Seeweg nach Indien offenstand. Mit der ersten Fahrt Vasco da Gamas 1498 begann die dauerhafte portugiesische Präsenz im Indischen Ozean und damit ein regelmäßiger Schiffsverkehr um die Südspitze Afrikas. Es war den Portugiesen gelungen, die Seidenstraße, an deren westlichem Ende das immer mächtiger werdende Osmanische Reich den Handel kontrollierte, zu umgehen und die in Europa begehrten Gewürze direkt bei den Erzeugern in Asien einzukaufen. Dies weckte bei anderen Europäern Begehrlichkeiten. Portugal wurde durch die Vereinigung seiner Krone mit derjenigen Spaniens von 1580–1640 in die Auseinandersetzungen der Habsburger mit ihren europäischen Rivalen und Feinden hineingezogen. Diese richteten ihre Angriffe, die die spanischen Habsburger und ihr überseeisches, ressourcenstarkes Reich treffen sollten, seit dem Ende des 16. Jahrhunderts vermehrt auch gegen Portugal. Erste Erkundungsfahrten der Niederländer und Engländer zeigten, dass es für sie nur dann im Indischen Ozean Betätigungsfelder geben konnte, wenn die Aktivitäten der verschiedenen Interessengruppen und Kaufleute koordiniert wurden, da Portugal sich mit bewaffneter Macht gegen das Eindringen anderer Europäer zur Wehr setzte.

In beiden protestantischen Ländern sorgten die Machteliten dafür, dass die Kaufleute sich in Monopolgesellschaften zusammenschlossen, um einerseits die Preise für ihre Waren stabilisieren und manipulieren zu können und um andererseits die Ressourcen zu bündeln. Denn die Fahrten in den Indischen Ozean konnten nur von gut bewaffneten Flottenverbänden unternommen werden. Im Jahr 1600 gründete Elisabeth I. durch einen Erlass die englische *East India Company* und zwei Jahre später bildete sich in den Niederlanden die Vereinigte Ostindische Kompanie (VOC). Aufgrund ihrer weitaus stärkeren Kapitalausstattung konnte sich die VOC in Südostasien festsetzen. Es gelang ihr, den Zugang zu den Molukken, den Banda-Inseln und Ceylon (Sri Lanka), wo Nelken, Muskat und Zimt angebaut wurden, zu monopolisieren und sich lukrative Gebiete in Südindien und auf Sumatra zu sichern, wo Pfeffer produziert wurde. Verwaltet wurde das weitgespannte seegestützte Reich der Niederländer, das aus einem Netzwerk von Handelsstationen bestand, durch eine Zentrale auf der Insel Java. Diese Stadt nannte die VOC nach den Batavern, einem von den Römern erwähnten, im Rheinmündungsgebiet ansässigen Germanenstamm, den man für die unmittelbaren Vorfahren der Niederländer hielt, Batavia, das heutige Jakarta.

Für viele Ostindiensegler, zu denen später noch die Franzosen und gelegentlich Skandinavier hinzukamen, war die Südwestecke Afrikas eine beliebte Anlaufstation, da man dort frisches Wasser aufnehmen und den Khoikhoi Schlachtvieh abkaufen konnte. Im Gegenzug erhielten diese von den Europäern Kupfer und Eisen, Metalle, die sie bis dahin nur in unzureichendem Maß bei den Völkern des Landesinnern erwerben konnten, sowie Tabak, der sich rasch unter ihnen ausbreitete, da sie bis dahin hauptsächlich eine lokale Art des Marihuanas, *Dagga* (ausgesprochen: dacha), gekannt hatten. Diese Kontakte verliefen nicht immer friedlich, sondern es kam schon bei den ersten Landgängen der Portugiesen gelegentlich zu gewalttätigen Konfrontationen.

Im frühen 17. Jahrhundert häuften sich die europäischen Schiffe, die vor allem in der dafür besonders gut geeigneten Bucht ankerten, die unterhalb des schon von weitem sichtbaren Tafelberges lag. Die Idee, dort eine dauerhafte Lebensmittelstation zu gründen, hatte mit der Vitaminmangelkrankheit Skorbut zu tun, die zahlreiche Todesopfer unter den Schiffsbesatzungen forderte, sodass viele Seeleute längere Zeit auf dem südafrikanischen Festland zur Erholung zubringen mussten, bevor sie in der Lage waren, ihre gefährliche Fahrt fortzusetzen.

2 Die Zeit der Vereinigten Ostindischen Kompanie

2.1 Die Gründung der Kapkolonie

Als 1651 der erste Niederländisch-Englische Krieg ausbrach, sahen die Niederländer den Zeitpunkt für eine Präventivmaßnahme gekommen, um zu verhindern, dass die Engländer sich in der Tafelbucht festsetzten. Der Oberkaufmann Jan van Riebeeck wurde mit drei Schiffen ausgesandt, um eine Lebensmittelstation zu gründen. Er sollte einen Gemüsegarten anlegen und die Schiffsbesatzungen künftig mit frischer Nahrung sowie mit Trinkwasser versorgen. Die Khoikhoi bemerkten, dass die Europäer diesmal nicht nur kurzzeitig an Land gingen, sondern bleiben wollten. Darauf reagierten sie feindselig, da das Gebiet um die Tafelbucht und auf der Kaphalbinsel wegen der guten Bewässerung ein begehrtes Weidegebiet für ihre Tiere war. So war das erste Gebäude, das die Weißen im südlichen Afrika errichteten, eine Festung.

Die Versorgungsstation war keineswegs allein den Schiffen der VOC vorbehalten, sondern zu manchen Zeiten lagen mehr Schiffe aus anderen europäischen Ländern vor Kapstadt auf Reede als niederländische. Zwischen 1688, als der niederländische Statthalter Wilhelm III. in der *Glorious Revolution* König von England wurde, und 1781 waren die beiden Länder enge Bündnispartner. Für die VOC war dies eine lukrative Einnahmequelle, weil sie sich die Versorgung gut bezahlen ließ. Auch die freien Bewohner Kapstadts konnten tüchtig verdienen, wenn sie Kneipen und Unterkünfte für die Schiffsbesatzungen unterhielten. Wegen der geringen Zahl freier Siedler dauerte es etwa 30 Jahre, bis die Kapkolonie von Getreideimporten aus Batavia unabhängig wurde und ihrerseits Überschüsse produzierte, die sie an die Schiffsbesatzungen verkaufen konnte.

Zunächst sollten Angestellte der VOC den Anbau der Nahrungspflanzen übernehmen, doch erkannten die stets besorgt auf ihre Kosten blickenden Direktoren der Kompanie, dass sich dies mit freien Farmern besser bewerkstelligen ließ, solange die Kompanie ihr Monopol sichern konnte. Ehemalige Angestellte durften sich als sogenannte Freibürger (*Vryburger*) im Land niederlassen und Parzellen bewirtschaften. Allerdings mussten sie ihre Produkte an die Kompanie veräußern, die sie ihrerseits an die niederländischen und andere europäische Schiffe weiterverkaufte. Die Parzellen konnten sie, oft auf Kredit, als Eigentum erwerben und erhielten von der Kompanie Besitztitel.

Die Kapkolonie war von der Dynamik ihrer gesellschaftlichen Entwicklung stärker geprägt als von ihren staatlichen Institutionen, die kaum lenkend eingriffen. Die VOC als kommerzielles Unternehmen wollte ihre Ausgaben so gering wie möglich halten, obwohl sie sich von einer Aktiengesellschaft durch die weitreichenden staatlichen Hoheitsaufgaben unterschied, die ihr die Republik der Niederlande eingeräumt hatte, um möglichst effektiv in Asien agieren zu können. In Südafrika erwiesen sich die VOC-Vertreter durchweg eher als kleinliche Pfennigfuchser denn als energische Staatengründer. Die Expansion der Kolonie war ursprünglich überhaupt nicht vorgesehen, weil das ganze Unternehmen nur als Lebensmittelstation geplant war. Hier machten sich bald nicht beabsichtigte Folgen ihres Vorgehens bemerkbar, denn als die VOC den Anbau an Farmer übergab, setzte sie genau die Dynamik in Gang, die am Ende zu einer großen Flächenkolonie führte. Außer Kosten brachte sie der Kompanie aber kaum etwas ein.

Kapstadt wuchs gewissermaßen aus dem Fort heraus. Die Festung, ursprünglich nahe am Strand gelegen, beherbergte zunächst die gesamte europäische Siedlerschaft mitsamt Gouverneur und Soldaten sowie die Gebäude und Magazine der VOC. Doch schon nach wenigen Jahren wurde sie zu klein und die ersten Bewohner begannen, in der näheren Umgebung Häuser zu errichten. Bis zum Ende der VOC-Herrschaft blieb sie der Mittelpunkt der politischen und administrativen Ordnung: Residenz des Gouverneurs, Sitz der Verwaltung und Kaserne. Eine erste einfache Konstruktion aus Holz und Erdwällen wurde schon nach wenigen Jahren durch ein imposanteres Steingebäude mit Wassergraben und dem Grundriss eines fünfzackigen Sterns ersetzt. Dieses Gebäude kann man noch heute in Kapstadt besichtigen.

Wirtschaftlich war in den frühen Jahren der Garten das Herzstück der kleinen Siedlung. Dort bauten Sklaven, von deren rechtlichem und sozialem Status im folgenden Abschnitt ausführlich die Rede sein wird, Obst und Gemüse für die Schiffsbesatzungen an, was ja schließlich der Daseinszweck der ganzen Unternehmung war. Direkt vor dem Garten wurde die Unterkunft der Sklaven errichtet, die heute das kulturhistorische Museum der Stadt beherbergt. Gegenüber stand das Krankenhaus, in dem die Skorbutkranken gepflegt wurden, die mit jedem Schiff hier ankamen. Zwischen dem Kranken- und dem Sklavenhaus befand sich eine Gracht, denn Kapstadt wurde wie viele niederländische Kolonialstädte, etwa Batavia oder Neu-Amsterdam (heute New York), mit Grachten versehen. In Kapstadt dienten sie der Kanalisierung der zahlreichen, sich vom Tafelberg ergießenden Bäche. Einer von ihnen wurde sogar in Form einer Wasserleitung auf eine künstlich angelegte Mole geführt, um die Wasserfässer der Schiffe direkt befüllen zu können. Die Grachten existieren noch heute, verlaufen aber unterirdisch, weil sie seit dem 19. Jahrhundert mit dem heutigen Straßennetz überbaut wurden. Kapstadt unterschied sich von zeitgenössischen europäischen Städten dadurch, dass es nicht ummauert war. Jedoch versuchte bereits der Koloniegründer Jan van Riebeeck, mit einer Dornenhecke die Kaphalbinsel vom Rest des Kontinents zu trennen, um die Khoikhoi fernzuhalten, die immer wieder des Viehdiebstahls bezichtigt wurden. Erst ab dem späteren 18. Jahrhunderts bildeten sich wohlhabendere und ärmere Viertel heraus; bis dahin wohnte Arm und Reich noch Seite an Seite. Bis zum Ende der VOC-Herrschaft 1795 hatte die Stadt mit ihren ca. 15 000 Einwohnern allenfalls die Größe einer Kleinstadt nach heutigen Maßstäben erreicht, wobei die Hälfte der Einwohner Sklaven waren.

Sämtlicher Handel wurde über das Monopol der VOC abgewickelt, weshalb die Bewohner Kapstadts sich auf Dienstleistungen, Handwerk und Kleingewerbe konzentrierten, da sich der Anbau von Lebensmitteln bald ins Umland verlagerte. Selbst der Kompaniegarten verwandelte sich im Lauf des 18. Jahrhunderts in einen reinen

Ziergarten, in dem exotische Pflanzen aus Asien die Spaziergänger erfreuten. Schiffsladungen wurden von der VOC-Regierung öffentlich versteigert. Weil es keine festen Läden gab, waren der Handel und die Versorgung der Stadt von Lieferungen abhängig, die sporadisch erfolgten und zeitlich nicht zu kalkulieren waren.

Die Kolonialregierung der VOC in Kapstadt gab den Interessen der Kompanie stets Priorität vor denjenigen der Siedler. Aus VOC-Sicht war das nur zu verständlich, hatte sie doch die Siedlung am Tafelberg einzig zur Versorgung ihrer Ostindien-Segler gegründet. Dennoch war sie immer mit einer negativen Bilanz konfrontiert, denn Südafrika lieferte weder Gewürze noch wertvolle Stoffe, weder Edelhölzer noch wichtige Rohstoffe für das niederländische Gewerbe. Aus der Perspektive der Siedler dagegen war das VOC-Regiment ein Ärgernis, da seine Monopole ihre eigenen wirtschaftlichen Entfaltungsmöglichkeiten beschränkten.

Die kleine Kolonie am Kap der Guten Hoffnung wurde vom javanischen Batavia aus regiert. Bis 1735 gehörte sie administrativ zum Raum des Indischen Ozeans, erst danach wurde die Kolonie direkt den Heren XVII, dem obersten Leitungsgremium der VOC in den Niederlanden, unterstellt. Die Heren XVII waren 17 Delegierte der verschiedenen »Kammern« der VOC, in denen die Städte und Provinzen der Niederlande repräsentiert waren, und nominell die höchste Autorität der Kompanie. Doch aufgrund der Kommunikationsprobleme im Zeitalter der Segelschiffe genoss der Generalgouverneur in Batavia weitreichende Autonomie, auch wenn er seine Entscheidungen im Einvernehmen mit dem ebenfalls dort ansässigen Indienrat der VOC traf. Ihm unterstand das gesamte, weit gespannte Handelsreich der VOC im Raum des Indischen Ozeans, das von Kapstadt bis Nagasaki in Japan reichte. Es umschloss zahlreiche Faktoreien in Indien und auf Ceylon ebenso wie die eher prekären Handelsposten an den Küsten Vietnams und Chinas. Wenn es für die Kapkolonie also eine wirksame Autorität gab, musste sie eher auf Java als in Nordwesteuropa gesucht werden. Doch was für Batavia im Verhältnis zu den Heren XVII galt, bestimmte auch die Beziehungen zwischen Kapstadt und Batavia: Weil die Wege so weit waren und Befehle wie Nachrichten so langsam übermittelt wurden, konnte, ja musste der Gouverneur weitgehend selbstständig entscheiden. Nur eigens ausgesandte Generalkommissare sowie die Admiräle der Ostindienflotten übten eine gelegentliche Kontrolle aus. An der Spitze der Kolonie stand in den Anfangsjahren der Kommandant, dessen Amt unter van Riebeecks Nachfolger Simon van der Stel (Amtszeit 1679–1699) im Jahr 1690 zum Gouverneur aufgewertet wurde. Im 18. Jahrhundert wurden vorzugsweise Männer mit militärischer Erfahrung zu Gouverneuren ernannt, schließlich sollten sie gegenüber den Schiffen und Schiffsgeschwadern anderer europäischer Länder bewaffnete Macht demonstrieren. Das VOC-System in der Kapkolonie war die verkleinerte Kopie dessen, was die VOC in Batavia für den ganzen Indischen Ozean aufbaute. Ähnlich wie der gesamte Handel des niederländischen Kolonialreiches durch Batavia geschleust wurde, fungierte Kapstadt für Südafrika als das Nadelöhr eines von der VOC kontrollierten Handelsmonopols. Wie der Generalgouverneur ohne den Indienrat keine Entscheidungen treffen konnte, so war auch der Gouverneur der Kapkolonie kein Autokrat, sondern an den Politischen Rat gebunden. Dieser war jedoch aus ihm untergebenen Angestellten der VOC zusammengesetzt. Ähnliches galt für den Justizrat, den obersten Gerichtshof, sowie die ihm untergeordneten Gerichte und andere zentrale

Einrichtungen wie das Waisenhaus. In allen Gremien mit Ausnahme des Politischen Rates war auch eine Minderheit von Bürgern vertreten, die allerdings von der Regierung berufen und nicht frei gewählt wurde. Diese Verwaltungsstruktur wurde überwuchert von einem Geflecht personaler Beziehungen und Abhängigkeiten, das vom Gouverneur und den hohen Beamten in die subalternen Gruppen der VOC hineinreichte. Das Ergebnis war Vetternwirtschaft und Korruption, die in der Kapkolonie wie in der gesamten VOC im Verlauf des 18. Jahrhunderts immer stärker um sich griffen.

Die Rechtsordnung Südafrikas beruhte auf dem römisch-holländischen Recht, wozu die spezifischen Rechtsartikel kamen, die die VOC in ihrem Einflussbereich im Indischen Ozean, vor allem in Batavia, entwickelt hatte. In der Kapkolonie galten zusätzlich noch die vom Politischen Rat erlassenen Rechtsverordnungen, die sogenannten *Plakkaten*, eine ergänzende lokale Rechtsgrundlage. Oberste Zuständigkeit für das Recht hatte der *Fiscaal*, dessen Amt nach dem des Gouverneurs und seines Stellvertreters den dritthöchsten Rang in der Kolonie beanspruchte. Er war unabhängig, weil er direkt an die Heren XVII berichten konnte und von ihnen Weisungen erhielt, d. h. er musste nicht über den Gouverneur oder über Batavia kommunizieren. Seine Funktion war die eines Staatsanwalts und Anklägers. Das Amt bot Chancen für den Aufbau einer unabhängigen Machtstellung, wobei der *Fiscaal* auch über zahlreiche Bereicherungsmöglichkeiten verfügte. Die eigentliche Rechtsprechung oblag dem Justizrat, dessen Vorsitz zuerst der Gouverneur, später sein Stellvertreter innehatte. Dieses Gericht war für Strafprozesse und alle schwerwiegenden Fälle zuständig, in denen es um einen Streitwert von mehr als 100 *Rixdollar* (Reichstaler) ging. Daneben gab es einen Gerichtshof für Bagatellfälle, aber keine eigenen Sklavengerichte. Denn Sklaven und Bürger wurden von denselben Gerichten be- und verurteilt. In den Distrikten im Hinterland war der *Landdrost* als oberster Verwaltungsbeamter der VOC auch der Vorsitzende der lokalen Gerichte, die sich aus den gewählten *Heemraden* – meist wohlhabende Farmer – konstituierten. Diese Lokalgerichte unterstanden jedoch den Weisungen und der Aufsicht des Justizrates. Sie durften zudem nur Fälle von untergeordneter Bedeutung und von einem Streitwert bis zu 50 *Rixdollar* behandeln. Die Möglichkeiten des *Landdrost* wie des *Fiscaal*, Verhaftungen vorzunehmen, waren eingeschränkt und wurden vom Justizrat kontrolliert. Ebenso wurde die Folter als Befragungsmethode eher selten angewandt, galt aber wie in Europa prinzipiell als legitim.

Die umfassende Kontrolle von oben schloss kirchliche Angelegenheiten ein. Da nur die Reformierte Kirche zugelassen war und die Prediger und Pastoren Angestellte der Kompanie waren, verfügte die Kirche im Gegensatz zu den Niederlanden selbst über keinerlei Autonomie. Vor allem die Gemeinden hatten keine Möglichkeit, ihren Pastor selbst zu wählen. Kapstadt besaß keine Stadtrechte, es galt sogar für lange Zeit nicht einmal als Stadt. Die Verwaltung war streng zentralistisch, eine kommunale Autonomie existierte nicht.

Die VOC erließ kurz nach der Koloniegründung ein ausdrückliches Verbot, die indigene Bevölkerung zu versklaven, da sie fürchtete, dass Übergriffe zu Racheakten und teuren Konflikten führen könnten. Die Heren XVII wiesen van Riebeeck an, die Khoisan als Fremde zu behandeln, die nicht der Kapkolonie angehörten und aus der Gesellschaft der niederländischen Siedlung ausgeschlossen bleiben sollten. Vielmehr sollte er ihnen als externen Handelspartnern begegnen, mit denen der Kommandant wie mit einer auswärtigen Macht Verträge abschließen konnte.

Mit der Gründung der Kolonie änderten sich die Beziehungen rasch, neben den bis dahin zentralen Handel trat nun die Konkurrenz um Land. Denn die VOC belegte die Kaphalbinsel mit Beschlag, sodass die lokalen Khoikhoi ihre bisherigen Weidegründe verloren. Seit 1652 nahmen die Europäer dauerhaft Land in Besitz, um es zu bebauen. Dies führte zu Konfrontationen, wobei die Khoikhoi aufgrund ihrer instabilen politischen Strukturen militärische Anfangserfolge, wie etwa bei einem Angriff auf die europäische Siedlung im Jahr 1659, nicht fortsetzen konnten. Allmählich gewannen die Europäer die Oberhand, zumal sie über Feuerwaffen und vor allem eine bessere Organisation verfügten.

Als sich die Niederländer fest eingerichtet hatten, nahm die Zahl der Schiffe zu, die in der Tafelbucht Halt machten, und damit wuchs auch die Nachfrage nach Fleisch. Dies wiederum hatte zur Folge, dass die Khoikhoi immer schneller ihre Herden verloren, die sie gegen Verbrauchsgüter, wie Tabak, Kleidung oder Metallgegenstände, eintauschten. Zwar gaben die Khoikhoi ihre Rinder nur zögerlich her, weil ihnen bewusst war, dass die Gegengaben der Weißen keineswegs adäquat waren, doch spielten die Niederländer verschiedene Khoikhoi-Gruppen gegeneinander aus und lockten Herdenbesitzer aus dem Landesinneren an die Küste, um dort Handel zu treiben. Die in Küstennähe lebenden Khoikhoi waren nämlich ob des rapiden Rückgangs ihrer Herden alarmiert und gingen europäischen Händlern aus dem Weg. Doch ihre *Chiefs* wurden nun immer stärker unter die Kontrolle der Kompanie gebracht, was sich in der zeremoniellen Verleihung von Amtsstäben durch den Gouverneur manifestierte. Zudem reagierte Jan van Riebeeck auf die fortgesetzten Diebstähle der Khoikhoi, die freilich andere Eigentumsvorstellungen hatten als die Europäer, indem er *Chiefs* als Geiseln nahm, um die gestohlenen Güter zurückzuerhalten. Auf diese Weise verschlechterten sich allmählich die Beziehungen und wurden von nachhaltigem Misstrauen gefärbt.

Die VOC begründete ihren Anspruch auf die Kapkolonie mit dem Recht des Eroberers, wodurch die Khoikhoi das Land verloren hätten. Tatsächlich war es ein Prozess gradueller Ausbreitung der Kolonie und der Verdrängung und Unterwerfung der Khoikhoi. In dessen Verlauf kam es zu erstaunlich wenigen kriegerischen Konfrontationen mit den Khoisan, was deren militärische Schwäche belegt, die ihnen offenkundig nur zu bewusst war. So wurden die Khoisan im Lauf der Jahrzehnte immer stärker in die Kolonialgesellschaft hineingezwungen, jedoch ohne ihre rechtliche Stellung formal zu ändern. Bezeichnenderweise äußerte sich die VOC in der Folgezeit dazu gar nicht, was den Schluss zulässt, dass sie die Angleichung der Khoisan an die Position von Sklaven akzeptierte, ohne diesen Schritt rechtlich abzusegnen. Man hielt aus nicht mehr zu rekonstruierenden Gründen lieber an einer Fiktion fest und schuf eine juristische Grauzone.

Als Simon van der Stel 1679 das Kommando über die Kolonie übernahm, gingen die Angriffe vermehrt von den Niederländern aus, die mit verschiedenen Strafaktionen auf tatsächliche oder vermeintliche Übergriffe der Khoikhoi reagierten. Weil die Khoikhoi politisch keine Einheit bildeten, hatten die Niederländer selten Probleme, Verbündete unter ihnen zu finden. Einzelne *Chiefs*, wie Dorha von den

Chainouqua, profitierten davon, weil sie als Mittelsmänner den Viehhandel mit dem Landesinneren organisierten, was der VOC sehr zupass kam.

Im Hinterland pflegte die VOC einen administrativen Minimalismus, indem sie die Zahl der Distrikte so klein wie nur irgend möglich hielt. Darum umfassten sie riesige Territorien, die mit einer Handvoll Personen verwaltet werden mussten. Der höchstrangige Amtsträger in den Distrikten war der *Landdrost*, ein von Kapstadt ausgesandter Beamter der VOC. Ihm oblagen die Verwaltung, die Rechtsprechung sowie das Oberkommando über die Siedlermiliz und die gelegentlich vorhandenen regulären Truppen. Letztere waren gegen Ende des 18. Jahrhunderts meist farbige Soldaten, die sogenannten *Kappanduren*, die in Kapstadt stationiert und bei den Weißen besonders verhasst waren, weil sie die Bewaffnung von Nicht-Weißen generell ablehnten. Die zahlreichen Zuständigkeiten des *Landdrosts* setzten sich bei den ihm untergeordneten *Veldkornets* fort, die die Unterbezirke verwalteten. Im Gegensatz zum *Landdrost* wurden sie aus den Reihen der lokalen Notablen gewählt und vom Politischen Rat anschließend ernannt. Diese Universalämter legen beredtes Zeugnis von der marginalen Verwaltung und dem Sparzwang der Kolonialregierung ab. Dem *Landdrost* stand ein repräsentatives Amts- und Residenzgebäude zu, um das herum sich im Lauf der Jahrzehnte ein kleiner Weiler bildete, mit einer Kirche, einer Schule und kleinen Läden und Handwerksbetrieben. Doch blieben diese Siedlungen winzig und auf die Kolonie bezogen Ausnahmen. Denn der überwiegende Teil der Kolonie war von der Siedlungsstruktur der weit verstreuten Einzelfarmen geprägt, während sich Dörfer oder kleinstädtische Zentren erst im 19. Jahrhundert entwickeln sollten.

Mit wachsender Entfernung von Kapstadt waren die lokalen Vorgänge von der VOC und dem Politischen Rat kaum noch kontrollierbar. Die *Veldkornets* etwa waren meist einflussreiche und wohlhabende Farmer, die vergleichsweise autonom handeln konnten. Es kam verschiedentlich zu Konflikten zwischen den von Kapstadt entsandten *Landdrosten* und der lokalen Bevölkerung, wobei die VOC nur über unzureichende Mittel verfügte, ihre Autorität durchzusetzen. Wenn es einem *Landdrost* nicht gelang, sich in die lokalen Sozialbeziehungen so zu integrieren, dass er über Patronage und die Kooperation mit wichtigen Personen seine Macht festigen konnte, war er bei etwaigen Konfrontationen auf seinen Sekretär und die Handvoll Soldaten angewiesen, die ihm zur Seite gestellt waren.

Mit Simon van der Stel, der insgesamt 20 Jahre als Kommandant die Kolonie verwaltete, stabilisierte sich zwar die Ordnung, doch breitete sich die für die frühe Neuzeit übliche Patronage und Korruption auch am Kap der guten Hoffnung aus. Patronage war der Kitt, der die Gesellschaft zusammenhielt, ein personales Geflecht von Abhängigkeiten und wechselseitigen Verpflichtungen geschäftlicher wie freundschaftlicher Art, die die realen Machtverhältnisse stärker prägten als die formalen Hierarchien. Van der Stel selbst war Sohn eines niederländischen Vaters und einer asiatischen Mutter, was in der Kolonialwelt der VOC eher die Regel als die Ausnahme war. Als ausgesprochen tatkräftiger Kommandant mit autoritärem Temperament eignete er sich wertvolle Grundstücke an, etwa die Weinfarm *Groot Constantia* am Fuß des Tafelberges, die den einzigen qualitativ hochwertigen und exportierbaren Wein produzierte. Van der Stel versuchte, eine regelrechte Vorherrschaft seiner Familie zu etablieren.

Zwar konnte er bewirken, dass sein Sohn Willem Adriaan zu seinem Nachfolger (1699–1707) ernannt wurde, doch vermengte dieser Amt und Privatinteressen in einer Weise, dass es zum Streit mit einflussreichen Siedlern kam. Hatte die Kolonie in den ersten Jahrzehnten noch mit Getreide aus Batavia unterstützt werden müssen, produzierte sie nun Überschüsse, was vor allem der Ansiedlung von Hugenotten Ende des 17. Jahrhunderts zu verdanken war. Der Gouverneur nutzte seine Stellung, um die Produkte aus seinen eigenen riesigen Latifundien bevorzugt zu verkaufen, sodass die Farmer das Nachsehen hatten. Allen Drohungen und Repressalien zum Trotz gelang es seinen Gegnern, als ihre Eingaben an der Arroganz des Gouverneurs abgeprallt waren, eine Delegation nach Amsterdam zu schicken. Dort wurden sie bei der VOC-Führung vorstellig und erhoben schwere Vorwürfe wegen Amtsmissbrauchs. Es war ein einmaliger Vorgang in der Geschichte der VOC, als deren Führung einen Gouverneur seines Amtes enthob. Danach war die Macht der Familie van der Stel gebrochen, obwohl die folgenden Generationen weiter als Großgrundbesitzer in der Kolonie wohnen blieben. Doch hielt die VOC ihre Monopole aufrecht, die die Freibürger als größten Missstand und Haupthindernis der wirtschaftlichen Entwicklung der Kolonie betrachteten.

Die Produktion von Lebensmitteln durch »Freibürger« funktionierte zunächst nicht, da die Farmer zu wenige Arbeitskräfte hatten. Die Kompanie verbot ihnen, die ortsansässige afrikanische Bevölkerung zur Arbeit zu zwingen, weil sie ökonomisch teure Konflikte vermeiden wollte. In den Anfangsjahren setzten sich wirtschaftlich gescheiterte Freibürger sogar ab und reisten mit heimfahrenden Segelschiffen nach Europa zurück. Deshalb beantragte van Riebeeck, Sklaven ins Land zu holen, womit ein Sklavenhandel begann, der von 1658 bis ins frühe 19. Jahrhundert andauerte. Die Sklaven wurden aus dem gesamten Raum des niederländischen Handelsreiches im Indischen Ozean nach Südafrika verschleppt, was fatale Folgen für die weitere Entwicklung der Gesellschaft haben sollte.

2.2 Die Entstehung einer Sklavereigesellschaft

Die Niederländer haben die Sklaverei keineswegs neu erfunden, schließlich waren die Niederlande im 17. Jahrhundert eines der freiesten Länder der Welt, in dem auch Frauen mehr Rechte hatten als in anderen europäischen Gesellschaften. Doch die VOC passte sich in Asien schnell den lokalen Verhältnissen an und übernahm die Institution der Sklaverei. Zwischen der Gründung der VOC und derjenigen der Kapkolonie vergingen 50 Jahre, in denen sich die Angestellten und Funktionsträger an das System der Sklaverei gewöhnten. Jan van Riebeeck kam aus Batavia und kannte Sklaverei aus erster Hand, sodass es für ihn nahe lag, diese Institution auch in Südafrika einzuführen. Da die VOC die Versklavung der einheimischen Bevölkerung untersagte, musste van Riebeeck die Sklaven von außerhalb holen, weswegen er sich an die Regierung in Batavia wandte. Schon sechs Jahre nach Gründung der Kolonie kamen die ersten Sklaven aus Asien in Kapstadt an, denen in der gesamten Zeit der VOC-Herrschaft noch viele folgen sollten, insgesamt ca. 63 000. Anfangs kaufte die Kolonie sogar selbst Sklaven ein, wozu sie Schiffe nach Madagaskar schickte. Später wurden die meisten von VOC-Schiffen, die auf dem Weg in die Heimat waren, mitgebracht und in Kapstadt entweder an die Kompanie oder an Privatleute verkauft.

Etwa ein Viertel der Sklaven kam aus Südasien, d. h. aus Indien und Ceylon, und weitere 20 % stammten aus dem Zentrum des niederländischen Reiches in Südostasien, etwa ein Viertel aus Madagaskar und der Rest von den ostafrikanischen Küstenregionen. Die meisten Asiaten wurden über Batavia nach Südafrika gebracht, lebten ursprünglich jedoch auf den kleineren Inseln wie den Molukken, auf Sulawesi, Bali oder Timor. Durchreisende Schiffe, die auf dem Rückweg nach Europa waren, verkauften diese Sklaven einzeln oder in kleinen Gruppen in Kapstadt. In der zweiten Hälfte des 18. Jahrhunderts stammten Sklaven in größerer Zahl aus Mosambik, da in bezeichnender rassistischer Stereotypisierung Afrikaner als besonders geeignet für die Feldarbeit eingeschätzt wurden.

Der Anteil der Geschlechter war sehr ungleich, da Frauen im Durchschnitt nicht mehr als 20 % der nach Südafrika gebrachten Sklaven ausmachten; ihr Anteil wuchs selbst bis Ende des 18. Jahrhunderts nur auf etwa 30 %. Dies bedeutete, dass sich die meisten Sklaven nicht fortpflanzen konnten, weshalb während der gesamten Zeit der VOC-Herrschaft der Zustrom an Sklaven nicht abriss. Hinsichtlich des unausgeglichenen Geschlechterverhältnisses, aber auch im Hinblick auf die kurze Lebenserwartung vor allem der männlichen Sklaven glich die Kapkolonie in fataler Weise dem menschenverschlingenden System der Karibik. Die Zahl der Sklaven wuchs von wenigen Dutzend in der Amtszeit van Riebeecks auf 25 754 zu Beginn der britischen Herrschaft, sodass die Sklaven gegenüber den weißen Siedlern seit dem frühen 18. Jahrhundert ständig in der Mehrheit waren. Bereits 1717 gab es 2523 Sklaven in der Kolonie. Die meisten von ihnen arbeiteten im Wein- und Getreideanbau in der Nähe Kapstadts, wo sich Ausbeutungsverhältnisse einspielten, die denjenigen auf Plantagen der Neuen Welt ähnelten. Obwohl es Sklavenbesitzer gab, die über 100 Sklaven ihr Eigen nannten, besaßen sie meist mehrere Farmen, weshalb die Zahl der Sklaven pro Farm eher klein war.

Im Hinterland, wo nicht so viele Sklaven zur Verfügung standen und stattdessen die landlos gewordenen Khoikhoi als billige und faktisch unfreie Arbeitskräfte arbeiteten – obwohl sie nominell frei blieben – kam es zu sexuellen Kontakten zwischen männlichen Sklaven und Khoikhoifrauen. Kinder aus solchen Beziehungen, die sogenannten »Bastard-Hottentotten«, blieben ebenfalls frei, da die Mutter frei war, konnten aber seit 1775 als unfreie Arbeitskräfte bis zum 25. Lebensjahr auf den Farmen festgehalten werden.

Es gab zwei Kategorien von Sklaven. Die geringere Anzahl von Sklaven war Eigentum der Kompanie. Sie wurden in Kapstadt selbst, nämlich in der Festung, im Hafen, bei öffentlichen Arbeiten, eingesetzt. Sie waren in der bereits erwähnten sogenannten *Slave Lodge* in unmittelbarer Nähe zu den Feldern und Gärten der Kompanie untergebracht. Ihre Zahl betrug während des gesamten Zeitraums zwischen 400 und 650 Personen. Die Mehrheit der Sklaven gehörte indes Privatpersonen sowohl in Kapstadt als auch in den ländlichen Gebieten.

Bei den Privatsklaven können drei Gruppen unterschieden werden: Erstens diejenigen, die in Kapstadt lebten und meist im Haushalt ihrer Herren eingesetzt wurden, zweitens diejenigen in der näheren Umgebung Kapstadts und drittens die kleinere Zahl, die im Hinterland der Kolonie lebte. Die Situation der Sklaven in der Stadt war die erträglichste, denn viele beherrschten ein Handwerk. Sie arbeiteten als Maurer, Schreiner und Maler, als Köche oder Fischer. Manche waren in spezielleren Handwerken tätig, die ihren Herrn entsprechende Einkünfte eintrugen. Im Lauf der Jahrzehnte wurde handwerkliche Tätigkeit mit dem Stigma der Sklaverei behaftet, weshalb weiße Siedler schon im 18. Jahrhundert kaum noch Handwerker wurden. Kluge Sklavenbesitzer schufen Anreize, indem sie ihren Sklaven die Gelegenheit boten, selbst etwas Geld zu verdienen. Dies eröffnete diesen langfristig die Aussicht, sich die Freiheit zu erkaufen. Freigelassene Sklaven schlossen sich der kleinen, fast ausschließlich auf Kapstadt begrenzten Gruppe der sogenannten »freien Schwarzen« an, von denen trotz der Bezeichnung die Mehrheit nicht afrikanischer, sondern asiatischer Herkunft war. Diese ehemaligen Sklaven und ihre Nachkommen kauften ihrerseits Sklaven, aber offensichtlich erwarben diese oft nicht sehr wohlhabenden Menschen ihre Sklaven hauptsächlich, um sie so bald wie möglich in die Freiheit zu entlassen. »Kreolische« Sklaven, die in der Kapkolonie geboren waren, wurden allgemein besser behandelt, da sie bereits in die Sklaverei hineinsozialisiert waren und als weniger renitent galten.

Das Sklavereiregime war auch in Kapstadt nicht frei von Brutalität, wobei vor allem jede Form von Insubordination mit grausamen Körperstrafen geahndet wurde, von öffentlichen Auspeitschungen über Marterungen bis zur Exekution. In den 150 Jahren der VOC-Herrschaft am Kap wurde im Durchschnitt ein Sklave pro Monat exekutiert, d. h. insgesamt verloren rund 1800 Menschen so ihr Leben. Die hohe Hinrichtungsrate erklärt sich aus der Angst der VOC vor Aufständen. Tatsächlich gab es aber kaum Aufstände, weil die Sklaven zu verstreut und isoliert voneinander lebten. Formen des Widerstands waren eher Flucht, Brandstiftung, Sabotage oder Diebstahl.

Ganz anders sah es in den ländlichen Regionen in der näheren und weiteren Umgebung von Kapstadt aus. Die reichen und mächtigen Farmer, die sog. *Cape Gentry*, die neben ihrer Familienfarm ein Stadthaus in Kapstadt hatten, besaßen oft zahlreiche Sklaven, die für sie auf den Feldern und in den Weinbergen schuften mussten. In ihren Stadthäusern mussten die Sklaven im Haushalt arbeiten und allerlei Dienstleistungen erbringen, wozu im 18. Jahrhundert die modische Fortbewegung mit der Sänfte gehörte, die von Sklaven getragen wurde.

Die VOC trug dafür Sorge, dass ihre eigenen Sklaven, die in der *Slave Lodge* lebten, getauft wurden. Doch folgten ihr die Bürger in dieser Praxis keineswegs, denn eine nicht ganz eindeutige Beschlusslage der calvinistischen Synode von Dortrecht im Jahr 1618 hatte zur Taufe aufgefordert, aber die rechtlichen Folgen nicht klar artikuliert. Viele Sklavenbesitzer fürchteten, getaufte Sklaven nicht mehr verkaufen zu können oder gar gezwungen zu sein, sie freizulassen. Aus diesem Grund blieb die Zahl der getauften Sklaven bis zum Ende des 18. Jahrhunderts minimal, was zur Folge hatte, dass eine Minderheit von Sklaven sich dem Islam anschloss. Die Gleichheitslehre des Islam bot eine willkommene Alternative zur egalitären Botschaft des Christentums, die ihnen verwehrt blieb. Nur in Kapstadt aber waren die Kontakte unter den Sklaven intensiv genug, um den Islam zu verbreiten.

Abb. 2: Sklave und Aufseher.

Die Gruppe der Sklaven, die am meisten zu leiden hatte, war die zahlenmäßig größte, nämlich die jungen Männer. Während sie auf den Feldern und Weinbergen oder in Kapstadt zu schweren körperlichen Arbeiten eingesetzt wurden, waren die Frauen fast ausschließlich in den Haushalten als Köchinnen, Ammen, Haushaltshilfen tätig und etliche mussten mehr oder weniger freiwillig auch sexuell zur Verfügung stehen. Unverheiratete Männer entwickelten zu ihren Konkubinen oft ein Vertrauensverhältnis, was die vergleichsweise hohe Zahl von Freilassungen weiblicher Sklaven erklärt, allerdings meist erst testamentarisch, d. h. nach dem Tod ihres männlichen Herrn. Da insbesondere javanische Frauen als Köchinnen tätig waren, etablierte sich die südostasiatische Küche in Südafrika. Aber auch die Architektur der Wohnhäuser begann sich frühzeitig von derjenigen der Niederlande zu unterscheiden. Die für niederländische Städte typischen Häuserzeilen mit ihren dem Wasser zugewandten Giebelseiten setzten sich wegen der hohen Feuergefahr aufgrund der häufigen Stürme in Kapstadt nicht durch. Aus demselben Grund verschwanden die mit Reet gedeckten Häuser aus Kapstadt, während sie noch heute in Städten wie Stellenbosch, Paarl oder Tulbagh zu sehen sind. Sie wurden durch Häuser mit Flachdächern ersetzt, was Kapstadt ein auch in Südafrika einzigartiges architektonisches Gepräge gab. Weil Sklaven in den Häusern ihrer Herren wohnten, waren diese oft sehr groß, insbesondere die Küchen, in denen die Sklavinnen meist den ganzen Tag und die Nacht verbrachten. Die männlichen Sklaven waren entweder in einem eigenen Gebäudeteil oder in eigenen Behausungen untergebracht, weswegen ländliche Häuser Grundrisse in Form eines H oder L annahmen, da die Sklaven nie in unmittelbarer Nähe der Wohn- und Schlafräume ihrer Herren wohnten.

Die Anwesenheit der Sklavinnen im Zentrum der Haushalte hatte noch andere Folgen, da sich dort ein Assimilierungsprozess an die Lebensformen der Europäer abspielte, der vor allem ihren Nachwuchs unmittelbar prägte. Die Sklaven, insbesondere die »kreolischen«, d. h. die in Südafrika geborenen, wurden in die weißen Haushalte integriert und assimiliert, weshalb der südafrikanische Sklavereihistoriker

Robert Shell mit Recht auf deren Bedeutung als Keimzellen der südafrikanischen Rassenordnung hinweist. Die verstreute Siedlungsform von Familienfarmen, die oft weit voneinander entfernt lagen, trug das ihre zu dieser Entwicklung bei. Die Sklaven blieben meist ortsansässig, selbst wenn die Farmen verkauft wurden, da sie als lebendes Inventar mitveräußert wurden. Sklaverei in Südafrika nahm damit auch Züge dessen an, was man im Fall unfreier Arbeit in Europa als »Bindung an die Scholle« bezeichnet. Dieses System wurde später auf die Khoisan- und Bantu-Bevölkerung ausgedehnt.

Die zwangseingewanderten männlichen Sklaven blieben stärker ihrer Herkunftskultur verhaftet, konnten sie aber in der Regel nicht weitergeben, da die meisten unverheiratet blieben. Die Situation von Sklavinnen war oft besser als diejenige ihrer männlichen Leidensgenossen, da sie eher Aussicht auf Freilassung hatten. Denn auch unter den Weißen gab es einen Mangel an Frauen, insbesondere waren Soldaten davon betroffen. So kam es immer wieder vor, dass sich eine stabile Beziehung zwischen einem weißen Mann und einer Sklavin entwickelte, sodass der Mann seine Gefährtin und ihre gemeinsamen Kinder schließlich freikaufte. Etlichen dieser Nachkommen gelang die Integration in die spätere »weiße« Gemeinschaft, sodass zahlreiche prominente Familien der späteren Machtelite des Apartheidstaates »nicht-weiße« Vorfahren hatten.

In Neuengland war ähnlich wie in Südafrika Land im Überfluss vorhanden, aber im Gegensatz zu Südafrika gab es für Neueinwanderer viele Alternativen zur Landwirtschaft. Beide Faktoren, Überfluss an Land und Knappheit an Arbeitskräften, führten dazu, dass die nordamerikanischen Farmer frühzeitig in Technik investierten. In Südafrika wurde bereits kurz nach der Gründung der Kolonie ein anderer Weg eingeschlagen. Hier suchte man die knappen Arbeitskräfte durch Zwangsarbeiter zu vermehren. Mit der Einführung der Sklaverei etablierte sich das Muster der administrativen Manipulation des Arbeitsmarktes, das sich dauerhaft verfestigen sollte. Die Bereitstellung billiger Arbeitskräfte prägte die Politik und Wirtschaft des Landes bis in das späte 20. Jahrhundert. Tatsächlich wurde diese Frage im Politischen Rat 1716 diskutiert, wobei man zum Schluss kam, dass unfreie Arbeit billiger und darum vorzuziehen sei. Daraufhin entschied die VOC-Leitung, keine weitere Einwanderung freier Siedler zuzulassen und verlegte sich darauf, den Zustrom von Sklaven zu sichern. Ebenso wurden lohnabhängige Weiße, die sogenannten Knechte, im Lauf der ersten Jahrzehnte der weißen Besiedlung durch unfreie Arbeitskräfte verdrängt. Die meisten Knechte wurden Lehrer für die Farmerskinder oder Handwerker in Kapstadt; später verschwanden sie als Gruppe vollständig und gingen in der weißen Farmbevölkerung auf.

Weil die Region um Kapstadt zugleich die wohlhabendste war und die Meinungsführer der weißen Bevölkerung dort lebten, entwickelten die dortigen Verhältnisse eine normative Kraft, die weit ins Hinterland ausstrahlte. Obwohl die Mehrzahl der Sklaven im Westen der Kolonie blieb und die indigene Bevölkerung nicht versklavt wurde, wirkten die unfreien Arbeitsverhältnisse wie ein Pilz, der sich in die gesamte Gesellschaft hineinfraß. Tatsächlich glichen sich die Arbeitsverhältnisse für Sklaven und Khoikhoi ungeachtet der Tatsache, dass letztere formal frei blieben, einander immer mehr an. Insofern kann man von einer faktischen Sklaverei sprechen, denn mit Hilfe zunächst lokaler Passgesetze und anderer Formen rechtlicher Ungleichheit wurde ihre Freiheit drastisch beschränkt. Gerade im Westen der Kolonie, im unmittelbaren Hinterland Kapstadts, entstanden die eindeutigsten Hierarchien zwischen Freien und Unfreien im Kontext der Landwirtschaft. Eine Stereotypisierung nach Herkunft schuf bereits die Grundlage für den späteren Rassismus, da man Sklavengruppen bestimmte Eigenschaften zuschrieb und über die Dichotomien von frei – unfrei, Landbesitzer – Landloser, Christ – Heide den Rassismus präformierte, zu dem im Lauf des späten 18. Jahrhunderts dann der Gegensatz von hell-dunkel trat.

Die Folgen der Sklavenhaltung sind bis in die Gegenwart spürbar, denn die Sklavenhalter übten ein Züchtigungsrecht aus, das sie alsbald als ein generelles Recht gegenüber Untergebenen auf ihren Farmen beanspruchten. Die häufige Anwendung von Körperstrafen und eine brutale Strafjustiz der VOC gegenüber Sklaven förderten die Entstehung einer Gewaltkultur. Die ausufernde Gewalt im gegenwärtigen Südafrika ist nicht nur ein Erbe der jüngeren Apartheid-Vergangenheit, sondern hat ihre Wurzeln in der tiefen sozialen Kluft zwischen Freien und Unfreien. Auch der Umgang der weißen Behörden im 20. Jahrhundert mit der schwarzen Bevölkerungsmehrheit, die als Problem und nicht als Bürger behandelt wurde, dürfte seine Ursprünge in einer Gesellschaft haben, in der die Sklaven wie Ware verkauft werden konnten, in der die Buschleute wie Tiere gejagt und getötet wurden und in der unfreie Arbeitsverhältnisse auf immer weitere soziale Kreise und immer größere Räume ausgedehnt wurden.

2.3 Vom Gemüsegarten zur Flächenkolonie

Der Kolonialstaat der VOC war ein ausgesprochen schwacher Staat, dessen Handlungsfähigkeit mit zunehmender Entfernung von Kapstadt schnell abnahm. Die gesellschaftliche Ordnung, die sich im Hinterland entwickelte, war im Wesentlichen das Resultat der von den Farmern dominierten sozialen Prozesse. Aber nicht nur die staatlichen Strukturen waren rudimentär, sondern auch die Wirtschaft, insbesondere im Landesinneren, wo sich eine fast ausschließliche Subsistenzwirtschaft entwickelte, die für die kommerzielle Handelsorganisation VOC denkbar uninteressant war. Darum unternahm sie nur halbherzige Anstrengungen, eine geregelte und effiziente Verwaltung einzuführen. Die Siedler waren weitgehend sich selbst überlassen, im Landesinneren herrschte trotz der lokalen Gerichtsbarkeit des *Landdrosts* das Recht der Stärkeren, und das waren aufgrund ihres Zugangs zu Feuerwaffen die weißen Siedler – bis sie im letzten Viertel des 18. Jahrhunderts im Osten auf die bantusprachigen Afrikaner trafen.

Die ursprünglichen Freibürger waren ehemalige Angestellte der VOC, sodass sich deren personelle Zusammensetzung in der Siedlerschaft spiegelte. Für die Kompanie war es schwierig, in den Niederlanden, dem wohlhabendsten Land Europas, Personal für ihre Schiffe und die Faktoreien Asiens zu finden, weil das Risiko groß war, Opfer von Unfällen oder tropischen Krankheiten zu werden. Darum kamen viele der

VOC-Angestellten aus dem nach dem 30-jährigen Krieg weitgehend verarmten und zerstörten Heiligen Römischen Reich, aber auch aus Schweden und anderen skandinavischen Ländern. Die Zahl der Angestellten in der Kapkolonie stieg von 120 im Jahr 1660 auf 545 rund vierzig Jahre später an, während am Ende der VOC-Herrschaft 1795 ca. 2000 Männer für die VOC zumeist in Kapstadt arbeiteten. Wie in allen Niederlassungen der VOC waren Soldaten die größte einzelne, gleichzeitig die am wenigsten angesehene und am schlechtesten bezahlte Gruppe. Sie stellten im Durchschnitt die Hälfte der Gesamtzahl der VOC-Bediensteten, doch im 18. Jahrhundert wuchs ihr Anteil auf bis zu 70 %, während die Angestellten, die in der unmittelbaren Verwaltung der VOC tätig waren, nur 10 % ausmachten, dazu mit absteigender Tendenz; Handwerker, Gärtner und Hirten, die für die VOC arbeiteten, stellten den Rest.

Die 200 französischen Hugenotten, die um 1687/88 eintrafen, stellten die einzige organisierte Einwanderung dar. Sie wurden in der näheren Umgebung von Kapstadt angesiedelt, wo sie sich meist dem ihnen vertrauten Weinbau widmeten. Noch heute befinden sich in *Franschhoek* (wörtl.: Französisches Eck), Stellenbosch und Umgebung die stattlichen Weingüter, Familienstammsitze mittlerweile in ganz Südafrika verbreiteter hugenottischer Familien wie den Marais, de Villiers oder Malan. Allerdings verstreute die VOC die französischen Einwanderer unter ihre niederländischsprachigen Nachbarn, sodass die französische Sprache nach nur einer Generation verschwand. Vor allem Kommandant Simon van der Stel legte großen Wert auf eine schnelle Assimilation der Franzosen, wozu ihn möglicherweise Zweifel an der Loyalität der neuen Siedler motivierten, denn Frankreich befand sich seit 1689 im Kriegszustand mit den Niederlanden.

Auch wenn die Zahl der Hugenotten nicht sehr groß war, so war ihre Einwanderung angesichts der insgesamt noch kleinen Zahl der Siedler, die 1660 gerade 105 Personen gezählt hatten, doch bedeutsam. Immerhin nahm deren Zahl (Männer, Frauen und Kinder) bis 1700 auf 1334 Personen zu und wuchs im Verlauf des 18. Jahrhunderts, als die Neueinwanderung weitgehend ausblieb, durch natürliche Vermehrung auf das mehr als zehnfache, nämlich etwa 15 000 Menschen an.

Die Kolonie blieb in den ersten Jahren auf die unmittelbare Umgebung des Tafelbergs beschränkt, denn erst 1679 gründete Kommandant Simon van der Stel die zweite Ortschaft: das nach ihm benannte Stellenbosch. Es lag etwa 40 km weiter östlich, denn dazwischen erstreckten sich die unfruchtbaren sandigen Ebenen der *Cape Flats*. Der Distrikt von Stellenbosch zählte 1706 nur 464 Freibürger und das benachbarte Drakenstein (heute Paarl) hatte 524. Die Handelsmonopole der VOC und die folglich fehlenden Marktanreize für die Siedler beschleunigten deren Ausbreitung ins Hinterland. 1743 gründete Gouverneur Swellengrebel an der Südküste den Distrikt Swellendam. Hier lebten im Jahr 1748 ganze 551 Freibürger und am Ende der VOC-Herrschaft 2247 – ein deutlicher Hinweis, wie dünn die Besiedlung war. Schließlich entstand kurz vor der Eroberung durch die Briten im Jahr 1795 mit Graaff-Reinet im Osten der Kolonie der flächenmäßig weitaus größte Distrikt, der zu der Zeit bereits mehr als 3000 (freie) Einwohner zählte.

Wegen des Monopols der VOC und der kaum vorhandenen Infrastruktur lohnte es sich nur in der unmittelbaren Umgebung Kapstadts, für den Absatzmarkt der Handelsflotten zu produzieren. Die weißen Farmer bauten das an, was Europäer meist mit sich führten, wenn sie sich in neue Welten aufmachten: Weizen und Wein, Produkte, die für Christen von zentraler Bedeutung waren. Nördlich und östlich von Kapstadt wurde auf den dafür gut geeigneten Böden Weizen angebaut, wobei dessen Produktionsgebiete sich auf die Klimazone des Winterregengebietes beschränkten. Vor dem in Nord-Süd-Richtung verlaufenden Gebirge bei Stellenbosch und Drakenstein wurde dagegen Wein kultiviert; dem Weinanbau kam das Mittelmeerklima der Kapregion zugute. In diesen Regionen wurden die meisten Sklaven eingesetzt, sodass sich die intensive landwirtschaftliche Produktion mit einer strengen Hierarchie verknüpfte.

Die Kolonie wies ein höchst ungleiches demographisches Verhältnis der Geschlechter auf, da die meisten Neueinwanderer unverheiratete Soldaten oder andere Angestellte waren. Viele Soldaten arbeiteten, teilweise während ihrer aktiven Dienstzeit, als Handwerker oder Lehrer in den ländlichen Bezirken. Die meisten fanden keine Frau und konnten damit keine Nachkommen zeugen, sofern sie nicht mit einer Sklavin oder einer Khoikhoifrau zusammenlebten. Bei den wohlhabenden Siedlern in der Umgebung von Kapstadt glich sich das Verhältnis der Geschlechter jedoch schon früh aus, wodurch ein engmaschiges verwandtschaftliches Netz entstehen konnte. Je ausgeglichener das Geschlechterverhältnis, desto stärker die rassistische Abschließung gegenüber der dunkelhäutigen Bevölkerung: Diese Beobachtung, die sich in zahlreichen Siedlungskolonien bestätigt, trifft auch auf die Kapkolonie zu, wo sich im Verlauf des späteren 18. Jahrhunderts eine solche Verfestigung der sozialen Verhältnisse zwischen den »Rassen« herauszubilden begann. Das durchschnittliche Heiratsalter lag mit 17 Jahren bei Frauen deutlich unter dem in Europa. In manchen ländlichen Regionen trafen Reisende des 18. Jahrhunderts auf Familien mit zehn und mehr Kindern. Die hohe Fruchtbarkeit weißer Frauen kann man unter anderem damit erklären, dass sie ihre Kinder nicht selbst stillten, sondern dies ihren Sklavinnen überließen. Da die Empfängnisbereitschaft während der Zeit des Stillens erheblich reduziert ist, hatten die Sklavinnen weniger Nachwuchs als ihre weißen Herrinnen, die oft kurz nach der Niederkunft wieder schwanger wurden. Die Strapazen zahlreicher Schwangerschaften und Geburten waren nur zu ertragen, weil die Siedlerfrauen durch Arbeit ihrer Sklavinnen von vielen Tätigkeiten entlastet wurden.

Die Dynamik der kolonialen Expansion war neben dem hohen natürlichen Bevölkerungszuwachs von dem niederländisch-römischen Erbrecht der Realteilung bestimmt. Im Erbfall waren alle Kinder sowie die Witwe erbberechtigt, der die Hälfte des Erbes zustand, während die Kinder gleiche Anteile erhielten. In der Regel übernahm einer der Söhne die elterliche Farm und bezahlte seine übrigen Geschwister aus, meist in Form von Vieh. Es diente als Grundkapital, mit dem sich eine neue Herde aufbauen ließ. Die anderen Brüder zogen mit diesen Herden in die Randzonen der Kolonie und ließen sich dort nieder. Das ab 1702 eingeführte System der *loan farm* erleichterte ihnen das außerordentlich, denn sie konnten sich ein Stück Land von bis zu 2400 Hektar abstecken und mussten dafür nicht mehr als eine nominelle Pacht von 24 *Rixdollar* an die Regierung bezahlen; später konnte das Pachtverhältnis in Eigentum umgewandelt werden. Faktisch war Land für Weiße leicht zu bekommen und die Farmen waren von der Fläche so riesig, dass sie als Familienbetriebe nicht zu bewirtschaften waren. Ein Vergleich mit der Größe amerikanischer Farmen, die im Durchschnitt 64 Hektar umfassten, macht dies unmittelbar evident. Die extensive Wirtschaftsform generierte damit die Nachfrage nach billigen Arbeitskräften, die Ausbreitung der Siedlung bedeutete Land- und Weideverlust für die Khoisan, die oft keine Alternative mehr hatten, als für die weißen Farmer als Viehhirten und Hausangestellte zu arbeiten.

Die riesigen Entfernungen beschnitten die Möglichkeiten der Regierung, die Siedlungsexpansion wirksam einzugrenzen. Seit etwa 1730 beschleunigte sich das Tempo der Ausbreitung, nachdem die in Nord-Süd-Richtung verlaufenden Gebirge bei Stellenbosch und Drakenstein überwunden waren und die Zahl der Siedler durch natürliche Vermehrung weiter anwuchs. Die Farmer suchten sich zunächst die fruchtbarsten und am besten gelegenen Landstücke für ihre Farmen, sodass Gebiete zwischen diesen verblieben, die als Rückzugsräume für die Khoikhoi und San dienten bzw. von allen Bewohnern für die Jagd oder als Weideland genutzt wurden. Noch Ende des 18. Jahrhunderts gab es in dem riesigen Distrikt Graaff-Reinet lediglich 492 Farmen.

Mit der dichter werdenden Besiedlung durch Weiße nahm der übriggebliebene Raum für die Khoikhoi und San aber sukzessive ab, welche entweder in Kämpfe mit den Weißen verwickelt oder in abhängige Arbeitsverhältnisse gezwungen wurden. Die Farmer im Landesinneren entwickelten eine Subsistenzwirtschaft ohne nennenswerte Marktanbindung, zumal es kaum etwas gab, das sie mit anderen Farmern hätten tauschen können. Nur wenige spezialisierten sich auf bestimmte Tätigkeiten, wie etwa den Wagenbau. Überschüsse wurden nur produziert, um bei reisenden Händlern wichtige Waren wie Waffen und Munition, Werkzeuge und andere Dinge einzukaufen, die man nicht selbst herstellen konnte. Das war nicht sehr viel, da die meisten Farmer ihre Häuser selbst bauten, die eigene Kleidung selbst anfertigten und auch die Lebensmittel zum Eigenbedarf selbst produzierten. Die Tätigkeit des Farmers beschränkte sich oft auf die Aufsicht über seine Abhängigen sowie auf die Jagd und einen als Arbeit ausgegebenen Müßiggang. Kein Wunder, dass die Farmen wenig Produktivität entwickelten. Die Einstellung der Farmer zur Arbeit wie auch die fehlenden Marktanreize bewirkten eine gleichförmige Ausbreitung von Selbstversorgungsbetrieben.

In den ariden Gebieten im Norden der Kolonie pflegten die Farmer eine halbnomadische Lebensweise, da sie mit ihrem Vieh periodisch zwischen verschiedenen Weiden wechseln mussten, die sogenannte Transhumanz. Für sie bürgerte sich die Bezeichnung *Trekboer* (ziehender Bauer) ein, wobei sie sich an afrikanische Lebensweisen anpassten; dies konnte soweit gehen, dass die Weißen die Bauweise der leicht zu errichtenden Grasmattenhütten der Khoikhoi übernahmen. Dessen ungeachtet blieb das Ideal der Lebensstil im Boland (Oberland), der Umgebung Kapstadts, dem man sich anpasste, sobald sich die Möglichkeit ergab. Da aufgrund der relativ hohen Siedlungsdichte im Boland immer wieder Siedler abwanderten, brachten sie die Normen der dortigen sozialen Ordnung ins Hinterland. Selbst diejenigen Weißen, die mit schwarzen Frauen zusammenlebten und jahrelang am Rand der Siedlungsgebiete herumstreunten, pflegten einen ausgeprägten Rassismus. Das Christentum, die oft nur rudimentäre Alphabetisierung, der Besitz einzelner Möbelstücke und zunehmend die Hautfarbe dienten als Distinktionsmerkmale.

So entwickelten sich die Farmen, die Täler und Siedlungsinseln zu in sich gekehrten, selbstgenügsamen Gemeinschaften. Gleichzeitig erklärt dies die große

Gastfreundschaft der Farmer, die (weiße) Fremde immer bereitwillig aufnahmen und verköstigten. Denn jeder konnte in die Situation kommen, eine Unterkunft bei Unbekannten suchen zu müssen. Überdies erfuhr man in einer zeitungslosen Welt von Besuchern Neuigkeiten. Treffen der Farmer gab es alle Vierteljahre, wenn sie sich zum *Nagmaal*, dem gemeinsamen Gottesdienst mit Abendmahl, trafen. Ansonsten waren die Farmen auch religiös weitgehend auf sich gestellt. Ein Prediger kam noch seltener vorbei als der Hausierer mit seinen Waren. Die Kinder wurden auf die Farmschule geschickt, wenn es eine solche gab, wo sie von Lehrern unterrichtet waren, die oft selbst nur über eine zweifelhafte Bildung verfügten. Nur in Ausnahmen wurden auch die Kinder der dunkelhäutigen Abhängigen zum Unterricht zugelassen. So beschränkte sich die Lektüre der Farmer auf die große, meist in Leder gebundene Familienbibel, die gleichzeitig als Familienstammbuch diente, in deren freie Seiten die Geburten und Todesfälle eingetragen wurden.

Gemeinschaftsbildend wirkten militärische Aktivitäten, die über die sogenannten Kommandos, regionale Milizen, organisiert wurden. Die Beamten der Region, meist der lokale *Veldkornet* und bei größeren Aufgeboten der *Landdrost* als der höchste Distriktbeamte, beriefen die Kommandos ein und befehligten sie. Ansonsten wurde die Gesellschaft durch die Verwandtschaftsbeziehungen zusammengehalten. Da die jüngeren Familienangehörigen oft an die Siedlungsgrenze zogen, wo noch Land zu haben war, waren Verwandtschaftsnetze weit gespannt und es bildete sich früh der Brauch heraus, Besucher nach ihren Vorfahren und ihrer familiären Verortung auszufragen, um mögliche Verwandtschaften zu eruieren. Die weißen Farmer entwickelten dabei soziale Selbstzuschreibungen, die durchaus Ähnlichkeiten zu denen ihrer afrikanischen Nachbarn aufwiesen, auch wenn die Familienstrukturen grundsätzlich europäisch geprägt blieben.

Im riesigen Landesinneren, jenseits der landwirtschaftlich nutzbaren Zonen bei Kapstadt, entstand eine uniforme, auf Viehzucht ausgerichtete Farmwirtschaft, weshalb sich für die Bevölkerung außerhalb Kapstadts bald die Bezeichnung »Bauern« einbürgerte oder auf Niederländisch *Boere*, die Buren, als welche sie im deutschsprachigen Raum bis heute bezeichnet werden, obwohl sich im späten 19. Jahrhundert allmählich die Selbstbezeichnung der *Afrikaaner* durchsetzte.

Die VOC vermied es, eine Küstenschifffahrt einzurichten, da dies dem Schmuggel Vorschub geleistet hätte. Es gab auch keine Flussschiffahrt, da sich die meisten Flüsse wegen ihres periodisch stark schwankenden Wasserstandes und ihres zu großen Gefälles nicht dafür eigneten. In der Zeit vor der Eisenbahn waren Wasserwege die einzige Möglichkeit, große Warenmengen oder Gegenstände preiswert zu transportieren. Fehlte diese Möglichkeit, musste das direkte Auswirkungen auf die wirtschaftliche Entwicklungsfähigkeit eines Landes haben. Darum gab es bis ins 19. Jahrhundert kaum Marktorte, selten Dörfer und schon gar keine Städte, sodass Kapstadt eine »Metropole« von gerade 15 000 Einwohnern blieb – eine Stadt also, in der fast jeder jeden kennen konnte.

Wegen des miserablen Zustands der Wege nahm die Intensität des Handels von Kapstadt ins Landesinnere ziemlich schnell ab. Die Wein- und Getreidezonen östlich und nördlich der Stadt konnten ihre Waren auf Ochsenwagen zum Markt transportieren, für die weiter entfernten Gebiete lohnte sich das nicht mehr. Die Transportkosten waren zu hoch, das Risiko, dass die Waren verdarben, zu groß. Nur vermarktbare Güter wie Schafe und Rinder, die auf eigenen Beinen laufen und gewissermaßen ihre eigene Haut zu Markte tragen konnten, ließen sich über große Entfernungen nach Kapstadt bringen. Pferde wurden erst von den Europäern eingeführt und es gab Gegenden, in denen sie aufgrund von Krankheiten nicht überleben konnten. Pferdegespanne und schnelle, gefederte Wagen verkehrten nur in Kapstadt und der nächsten Umgebung, wo halbwegs gebahnte Straßen dies ermöglichten. Der Rest des Landes war auf die langsamen Ochsenwagen angewiesen, deren Wege, wenn man die kaum gebahnten Fahrrillen überhaupt so nennen darf, die zahlreichen kleinen Flüsse kreuzten, die in tief eingeschnittenen Betten ihr Wasser von den Bergen zum Meer führten. Dies bedeutete, dass die Wagen mühsam über steile Pfade hinab ans Ufer gebracht werden mussten, was mancherorts mehrere Tage in Anspruch nahm. An guten Furten konnten die Ochsen die Wagen durch das Wasser ziehen. An breiteren und reißenden Flüssen mussten die Wagen zunächst entladen, die Ladung und die in ihre Einzelteile zerlegten Wagen über das Wasser geschafft, dann, das war besonders riskant, die Zugtiere hinübergebracht, dort alles wieder zusammengesetzt und schließlich am anderen Ufer wieder auf die Höhe gezogen werden. Das waren gewiss keine Vergnügungsreisen, zumal selbst in der Nähe von Siedlungen noch bis ins 19. Jahrhundert wilde Tiere wie Löwen oder Hyänen schweiften, sodass nachts die Zugochsen bewacht und Feuer unterhalten werden mussten. Auf diese Weise reisten im Land nur die wenigen Händler, die Lehrer und Prediger sowie gelegentlich Beamte.

Abb. 3: Schiffe vor Kapstadt.

So entstand im Hinterland von Kapstadt eine vom Meer abgewandte Gesellschaft, die kaum Veranlassung hatte, von sich aus Verkehrsbeziehungen in die riesigen maritimen Räume des Indischen oder Atlantischen Ozeans zu unterhalten, denn dies blieb das Monopol der VOC. Im Gegensatz zur introvertierten Gesellschaft des Hinterlandes war Kapstadt die Ausnahme: Das Fenster zur Welt mit einer polyglotten Bevölkerung, einer stärkeren beruflichen Ausdifferenzierung und einer organisatorischen Anbindung an die Welt Asiens. Gleichwohl darf man den urbanen Charakter dieses Ortes, der bis Ende des 18. Jahrhunderts nur als Weiler oder Flecken bezeichnet wurde, nicht überschätzen. 1710 zählte Kapstadt ganze 155 Häuser und wuchs bis 1770 auf etwa 500 an. Gleichwohl war es dem Meer zugewandt und auf die Dienstleistungen für die Ostindiensegler eingestellt: Fast jeder Einwohner betrieb eine Kneipe oder ein Gasthaus, die meisten waren Handwerker oder boten Dienstleistungen an. Trotz des Handelsmonopols der VOC erwirtschafteten viele Bewohner über illegalen Handel ein zusätzliches Einkommen. Dieser Handel wurde in Hinterzimmern von Gasthäusern abgewickelt und lag in der Hand von Frauen, deren Ehemänner als Angestellte der VOC lieber die Finger davon ließen. Die Bevölkerung Kapstadts gliederte sich in eine kleine Oberschicht, meist hohe Amtsträger der VOC, eine überschaubare Mittelschicht und eine große Unterklasse, die zum größten Teil von Slaven sowie der geringen Zahl freier Schwarzer und verarmten Freibürgern gestellt wurde, die sich als Tagelöhner durchschlugen.

2.4 Die Unterwerfung der Khoikhoi

Schon nach wenigen Jahrzehnten lösten sich die politischen Strukturen der Khoikhoi in der Umgebung Kapstadts auf, ein Prozess, der sich mit der Ausbreitung der Kolonie im Hinterland wiederholte. Als Kleingruppen, Familienverbände und Individuen waren sie weitgehend schutzlos. Die Khoikhoi sahen sich in einem Teufelskreis gefangen, denn der Rückgang ihrer Herden ließ sie verarmen und zwang sie in Arbeitsverhältnisse bei den Europäern. Das Angebot billiger Arbeitskräfte heizte wiederum den Landhunger der Weißen an. Wie rasch die Khoikhoi im Südwesten des Landes in das Kraftfeld europäischer Herrschaft gerieten, lässt sich daran ablesen, dass sich schon ab 1672 die Gerichte in bestimmten Fällen für die Khoikhoi zuständig erklärten, obwohl es offizielle Politik blieb, die Khoikhoi als unabhängige Völker zu behandeln, mit denen rein externe Beziehungen bestehen sollten. Ihre Unterwerfung wurde erheblich beschleunigt, als 1713 ein Ostindiensegler die Pocken einschleppte. Die Khoikhoi hatten – übrigens eine Ausnahme unter afrikanischen Völkern – keine Immunität gegen die Krankheit, sodass bis zu 80 % von ihnen dahingerafft wurden. Zwei weitere Ausbrüche der Krankheit 1755 und 1763 dezimierten sie weiter. Die Überlebenden waren demographisch, sozial und kulturell so geschwächt, dass sie den weißen Herrschaftsansprüchen und der Expansionsdynamik der Siedler nicht mehr länger standhalten konnten.

Vor allem die *Trekburen*, die im trockenen Landesinneren hauptsächlich Viehwirtschaft betrieben, waren auf die etwa 20 000 in der Kolonie lebenden Khoikhoi als Hirten angewiesen. Die Reiseberichte von Europäern erzählen beredt davon, wie schlecht die Khoikhoi von vielen burischen Farmern behandelt wurden. Sie wurden oft um ihren ohnehin schon kargen Lohn geprellt, die Farmer prügelten sie wegen Kleinigkeiten und sogar Morde durch Farmer kamen vor. Zuweilen vergriffen sich weiße Farmer an Khoikhoifrauen oder sie hinderten Khoikhoifamilien mit Gewalt am Verlassen ihrer Farm.

Mit der Ausbreitung der Kolonie ins Landesinnere entwickelte sich die Farm zum eigentlichen Nukleus und der wichtigsten sozialen Institution der Kolonialgesellschaft. Auf den Farmen bildete sich die rassische Ordnung heraus, die das Land bis zum Ende des 20. Jahrhunderts prägen sollte. Die Khoikhoi wurden meist schlecht und häufig nur in Naturalien, nämlich Essen und Tabak, bezahlt, wobei die Farmer in vielen Fällen dafür sorgten, dass sie sich sogar verschuldeten und damit dauerhaft an die jeweilige Farm gefesselt blieben. In der Weingegend um Kapstadt entwickelten die Weinfarmer ein besonders perfides System, das bis weit ins 20. Jahrhundert bestand und in vereinzelten Fällen trotz Verbots noch heute existiert, nämlich einen Teil des Lohns in Alkohol auszuzahlen. Die Farmarbeiter erhielten täglich eine bestimmte Menge Wein zugeteilt, wurden folglich süchtig und an die Farm gebunden. Fluchtversuche von Khoikhoi, meist durch Misshandlungen ausgelöst, wurden durch weitere Brutalitäten bestraft, wobei die Behörden wegschauten und nur dann aktiv wurden, wenn es zu Todesfällen kam. In der Regel unterstützten sie die Farmer, etwa durch lokale Verordnungen, die die Bewegungsfreiheit von Khoikhoi an einen vom Farmer ausgestellten Pass banden. Bereits auf die zweite Hälfte des 18. Jahrhunderts lassen sich solche Passverordnungen datieren, die allerdings zuerst nur für einzelne Distrikte und noch nicht für das ganze Land galten. Demnach weitete sich die Ausbeutung der völlig rechtlosen Sklaven nun in andere Abhängigkeitsverhältnisse und auf andere Bevölkerungsgruppen aus.

Die wenigen übriggebliebenen Khoikhoi-Gruppen zogen sich in gebirgige Regionen etwa das *Bokkeveld* und *Roggeveld* nördlich von Kapstadt zurück. Diese Khoikhoi führten Angriffe auf weiße Farmer und Viehdiebstähle aus, für die in den Quellen Buschleute verantwortlich gemacht wurden, wobei jedoch darauf hinzuweisen ist, dass zwischen Khoikhoi und Buschleuten ohnehin keine scharfe Grenze gezogen werden kann. Die Beamten der Kompanie im Landesinneren reagierten auf die Bedrohung mit der Einberufung von Siedlermilizen, die gegen die Khoisan militärisch vorgingen. 1739 unternahm ein Kommando eine besonders gewalttätige Strafexpedition, die ein anderes nach 1770 nochmals steigerte. Diese Aktionen nahmen exterminatorische Formen an, als über 500 und bei späteren Angriffen mehr als 2000 Khoisan ermordet wurden. Der Nebeneffekt der Strafexpeditionen, nämlich die Entführung von Kindern, die als »Lehrlinge« auf den Farmen arbeiten mussten, entwickelte sich oft zum Hauptzweck dieser Expeditionen. Das »Einbuchen« von »Lehrlingen« war der Euphemismus, mit dem eine faktische Sklaverei bemäntelt wurde, die sich in der von der VOC geschaffenen rechtlichen Grauzone bewegte. Noch bis weit ins 19. Jahrhundert erhielt sich dieses System in ganz Südafrika und zahlreiche Kriege und Raubzüge wurden geführt, um in den Besitz von Rindern und Kindern zu gelangen. In ähnlicher Weise wurden die Kinder von männlichen Sklaven und Khoikhoifrauen, obwohl sie dem Status der freien Mutter folgend rechtlich frei waren, auf Dauer festgehalten. Die Farmer argumentierten, sie hätten sie ernährt und darum Anspruch auf ihre Arbeitsleistungen. Meist blieb den Eltern nichts anderes übrig, als sich in ihr Schicksal zu fügen und bei ihren Kindern zu bleiben. Bis zum Ende der VOC-Herrschaft waren fast alle unabhängigen Khoikhoi unterworfen, ihre politischen Strukturen zerschlagen, ihre Gemeinschaften teilweise oder zur Gänze zerstört worden. So stellte der britische Forschungsreisende John Barrow fest, als er 1797 und 1798 den Osten der Kolonie besuchte:

> »In dem ganzen großen Districte Graaffreynet ist nicht eine einzige Horde freyer Hottentotten, und vielleicht nicht zwanzig Einzelne, die außer dem Dienste der Holländer leben. Dieses schwache, hülflose Volk, welches jetzt vielleicht das unglücklichste auf der Welt ist, hat nach dem Verluste seines Landes und seiner Freyheit eine Existenz erhalten, welche der Sklaverey wenig nachsteht.«[1]

1 Johann Barrows Reisen durch die inneren Gegenden des südlichen Africa in den Jahren 1797 und 1798, Weimar 1801, S. 139 f.

3 Der Zusammenbruch der VOC-Herrschaft und die Konflikte an der Ostgrenze

3.1 Annexion – Rückgabe – erneute Annexion: ein Überblick

Gegen Ende des 18. Jahrhunderts brach die Welt der VOC zusammen. Die Herrschaft der Kompanie am Kap der guten Hoffnung geriet immer stärker unter Druck, was vor allem Folge ihres schwachen Kolonialstaates war. Während in der östlichen Grenzregion am Ende der VOC-Zeit drei Grenzkriege zwischen den weißen Siedlern und den Xhosa aufflammten, bei denen sich rächte, dass die Regierung in Kapstadt keine Konzepte zur Begrenzung der Siedlerexpansion ausgearbeitet hatte, nahm in Kapstadt und den umliegenden Bezirken die Unzufriedenheit unter der weißen Bevölkerung zu.

Neben die alten Klagen über die leidigen Monopole der VOC traten Beschwerden über Ineffizienz und Korruption der Regierung. Wohlhabende Bürger trafen sich 1778, um ihre Kritik zu artikulieren und entsandten, ungeachtet eines vom Gouverneur ausgesprochenen Verbots, ein Jahr später eine Delegation zur VOC-Führung in die Niederlande. Sie verlangten eine Aufhebung der VOC-Monopole sowie die stärkere Beteiligung der Siedler am Politischen Rat, in dem sie die Hälfte der Sitze forderten. Die VOC-Führung arbeitete, wie immer in solchen Dingen, gemächlich und verschleppte die Angelegenheit bis 1783. Weil die 17 Herren ihre Amtsträger in Kapstadt von den Vorwürfen weitgehend freisprachen, wandten sich die Siedler direkt an die Generalstände. Doch selbst nach einer Überprüfung durch die Generalstände blieb die VOC hart. 1792 entsandte sie die beiden Kommissare Nederburgh und Frykenius ans Kap, die einen rigorosen Sparkurs erzwangen, um die VOC vor dem drohenden finanziellen Kollaps zu bewahren. Damit aber verschärften sie die Polarisierung nur weiter und beschleunigten den rapiden Autoritätszerfall der Regierung.

1787 entmachtete die Patriotenbewegung in den Niederlanden die patrizischen Regenten, woraufhin sich der Statthalter nach Großbritannien ins Exil begab. Kurze Zeit später geriet jedoch die Republik der Niederlande in das Kraftfeld der Französischen Revolution. Seit der Intervention in die Amerikanische Revolution hatte Frankreich sich verstärkt auf den Weltmeeren engagiert und im Flottenbau eine regelrechte Aufholjagd begonnen. Dabei hatten die Franzosen ein starkes Interesse am Kap der guten Hoffnung an den Tag gelegt, da dessen Besitz ihnen die Ausbreitung in den Indischen Ozean erleichtert hätte. Als 1795 die französischen Armeen die Niederlande besetzten, schlugen die Briten präventiv zu, um den Seeweg in ihre mittlerweile wertvollste Besitzung Indien zu sichern und um zu verhindern, dass

Frankreich sich als neue Macht im Süden Afrikas etablieren konnte. Nach einer Demonstration der britischen Flottenmacht übergab die VOC ihre Kolonie kampflos an die neuen Herren. Die Patriotenregierung der Niederlande löste 1799 die VOC auf, die sie als Instrument der verhassten Regenten ablehnte.

Die Briten hatten 1795 zwar die Kapkolonie erobert, doch zunächst ohne die Absicht, länger zu bleiben. Die britische Herrschaft dauerte bis 1803, denn schon mit dem Abschluss des Friedens von Amiens am 25. März 1802 war allen Beteiligten klar, dass die Kolonie wieder an die Niederländer zurückfallen würde. Knapp ein Jahr später trat die Batavische Republik, ein mit Unterstützung des revolutionären Frankreichs gebildeter niederländischer Staat, das Erbe der Briten an. Nachdem General Napoleon Bonaparte den Frieden von Amiens u. a. mit den Briten abgeschlossen und damit das Wiedererstehen eines unabhängigen niederländischen Staates ermöglicht hatte, gab Großbritannien die Kolonie zurück. Die Batavische Republik verwandelte sich nach demokratischen Anfängen sukzessive in einen autoritären Staat, dem Napoleon mit der Erhebung seines Bruders Louis zum König im Jahr 1806 ein Ende setzte, was für die Briten Anlass zur erneuten Intervention wurde. Als die Feindseligkeiten zwischen Großbritannien und Frankreich einige Jahre später aufflammten, ergriff eine britische Landungstruppe am 19. Januar 1806 in Kapstadt erneut Besitz von der strategisch außerordentlich wichtigen Kolonie. Diesmal blieben die Briten und die Niederländer mussten ihnen das Gebiet in der Londoner Konvention vom 13. August 1814 abtreten, was im umfassenden Vertragswerk des Wiener Kongresses 1815 völkerrechtlich bestätigt wurde. Diese Vorgänge sind primär aus dem europäischen Kriegsgeschehen zu erklären, denn die Regierung des konservativen britischen Premierministers William Pitt schenkte der Südspitze Afrikas sonst wenig Beachtung. Es genügte ihr, dass sich die Franzosen dort nicht festsetzten.

An der Spitze der britischen Verwaltung stand ein Gouverneur, der als hoher Offizier zugleich Oberkommandierender der Truppen war. Ihm kam die höchste legislative, exekutive und rechtsprechende Autorität zu, die von keinerlei Gremien der Siedler mehr beschränkt war. Sicherlich war dies auch eine Vorsichtsmaßnahme, da man die Haltung der niederländischen Bevölkerung zunächst kaum abschätzen konnte. Der Justizrat wurde beibehalten, doch seine Zusammensetzung verändert, denn in ihm saß kein einziger Fachjurist mehr, sondern er bestand nur aus Beamten, die dem Gouverneur verantwortlich waren. Der *Fiscaal* als wichtigster Beamter verlor ebenfalls seine Unabhängigkeit.

Eine deutliche Veränderung gegenüber den Verhältnissen zur Kompanie-Zeit war die Einführung fester Gehälter für die Beamten, denen verboten wurde, für ihre Dienste eine andere Vergütung anzunehmen. Freilich ließen sich fest eingefahrene Praktiken nicht in kurzer Zeit beseitigen. Ein effizientes Vorgehen gegen Korruption und eine Rationalisierung der Verwaltung konnten erst in den 1820er Jahren erreicht werden.

Sechs Repräsentanten der Bürger Kapstadts traten in einem neugeschaffenen Bürgersenat zusammen, der lediglich lokale Befugnisse hatte, obwohl es nach wie vor keine kommunale Selbstverwaltung gab. Die Bürgervertretung im Justizrat wurde abgeschafft, gleichwohl konnte sich der Bürgersenat allmählich eine informelle Beratungsfunktion und eine Art Repräsentanz für die gesamte weiße Bevölkerung aneignen.

Noch 1795 lebten in der Kolonie nur 20 268 Bürger. Zwar wuchs diese Zahl durch natürliche Vermehrung, aber auch durch Zuwanderung, in erster Linie von britischen Soldaten, vergleichsweise schnell an – nämlich bis 1805 auf 25 727. Viele lebten in Kapstadt, das damals insgesamt 15 000 Einwohner hatte, worunter aber auch die große Zahl Sklaven gezählt werden muss. Keine andere weiße Siedlung konnte sich auch nur annähernd mit Kapstadt messen. Stellenbosch, die zweitälteste weiße Ortschaft Südafrikas, hatte im Jahr 1800 lediglich 1100 Einwohner, Swellendam 200. Um 1806 betrug die weiße Bevölkerung der beiden sehr ausgedehnten östlichen Distrikte ganze 7000 Personen, sie hatte gegen Ende des 18. Jahrhunderts aber stark zugenommen.

In der ländlichen Verwaltung rührten die Briten bis in die 1820er Jahre nicht an die bestehenden Verhältnisse und beließen sogar Niederländisch als offizielle Verkehrssprache im Hinterland der Kolonie. Die einzige Veränderung war die Etablierung der neuen Distrikte Tulbagh und Uitenhage unter den Bataviern im Jahr 1804 und weiterer Distrikte im Osten während der zweiten britischen Besatzung. Die Briten sorgten dafür, dass in den kleinen ländlichen Zentren, in denen *Drosteien* existierten, Schulen und Kirchen gebaut wurden. Allerdings blieb es im Schulbereich trotz aller aufklärerischen Bemühungen der verschiedenen Regierungen bei der engen Verbindung von Staat und Kirche. Wegen der verstreuten Siedlungsweise der Farmer machte die Verbesserung der Bildung nur äußerst langsame Fortschritte, was auch den geringen finanziellen Mitteln geschuldet war.

Die Briten bedienten sich der verfügbaren lokalen Beamten aus der Kompaniezeit, sowohl aus Kostengründen als auch, um ihre gute Gesinnung gegenüber den Buren zu zeigen und sich deren Oberschicht zu verpflichten. Kulturelle oder sprachliche Gegensätze zwischen Briten und den niederländisch sprechenden Siedlern fielen kaum ins Gewicht. Die Kolonialverwaltung zeigte sich sehr darauf bedacht, Befürchtungen der Siedler, sie würden von der fremden Macht schlechter behandelt, durch ein generöses Verhalten zu entkräften. Alle bestehenden wirtschaftlichen Privilegien der Siedler wurden anerkannt und garantiert. Zudem trugen die Briten zur Verbesserung der ökonomischen Situation bei, indem sie eine ganze Reihe verhasster Monopole aus der VOC-Zeit abschafften.

Praktiken, die als nicht mehr zeitgemäß galten, wurden beseitigt, wozu vor allem die Folter und die brutalen Formen der Todesstrafe gehörten, wie das Vierteilen oder Aufs-Rad-Flechten, während die Todesstrafe selbst beibehalten wurde. Die Vertreter der Batavischen Republik änderten nichts an dieser Entscheidung, da diese Neuerungen sich gut mit ihrem Reformprogramm vereinbaren ließen. Dies galt auch für die Religionsfreiheit, die die britische Regierung verkündete. Bereits am Ende der VOC-Herrschaft war das religiöse Monopol der reformierten Staatskirche aufgeweicht worden. Die Regierung hatte den meist deutschen und skandinavischen Lutheranern unter ihren Angestellten und Siedlern im Jahr 1780 den Bau einer lutherischen Kirche in Kapstadt genehmigt. Die Briten führten allgemeine religiöse Toleranz ein, die nicht auf die Protestanten beschränkt blieb, sondern sogar andere Religionen, wie das Judentum und den Islam, einschloss. Gerade der Islam konnte so erstmals aus seinem bisherigen Untergrunddasein heraustreten. Die Muslime durften Moscheen bauen und aktiv missionieren. Die winzige islamische Gemeinschaft unter den Sklaven und Freien Schwarzen begann sich im 19. Jahrhundert auszubreiten. Die Muslime gehörten in dieser Zeit ausschließlich der sunnitischen Glaubensrichtung an und bauten im Lauf des 19. Jahrhunderts Kontakte zur islamischen Umma, insbesondere nach Mekka und Istanbul, auf. Juden durften sich mit dem Beginn der britischen Herrschaft erstmals in der Kolonie niederlassen. Erste kleine Gemeinden von Ashkenasim entstanden in Kapstadt sowie in Kleinstädten wie Oudtshoorn. Ihre Zahl blieb bis ins späte 19. Jahrhundert sehr gering, die meisten von ihnen betätigten sich im Kleinhandel, oft als reisende Händler, sog. *smouse*, die im Auftrag von Kapstädter Kaufleuten die Farmen mit Gütern des täglichen Bedarfs versorgten.

Außer Verhandlungen mit den unabhängigen Xhosa jenseits der Kolonialgrenze, um diese zu sichern und damit Kosten für etwaige Truppen in der Gegend auf dem absoluten Minimum zu halten, geschah während der acht Jahre britischer Besatzung nicht viel. Immerhin erforschten die Briten ihre neue Kolonie und entsandten verschiedene Expeditionen, die wertvolle Berichte über die Zustände im Hinterland lieferten. Der Bericht von John Barrow aus den Jahren 1797 und 1798 sollte Nachwirkungen haben, da Barrow scharf konturierte Kollektivportraits der angetroffenen Bevölkerungsgruppen zeichnete. Während er die Xhosa als edle Wilde charakterisierte, die ihn an antike Gestalten erinnerten, kamen bei ihm die Buren ausgesprochen schlecht weg. Er stellte sie als brutal, sadistisch, faul und provinziell dar und schuf damit Vorurteile, die bis in die Zeit nach dem Burenkrieg fortwirkten.

3.2 Das Intermezzo der Batavischen Republik, 1803–1806

Für die drei Jahre von 1803 bis 1806 gehörte die Kolonie dem niederländischen Staat, da die VOC nicht mehr existierte. Die Regierung in der Kapkolonie war eine Militärherrschaft mit aufklärerischen Absichten. Die kolonialen Belange der Republik wurden von einem in Batavia residierenden Indischen Rat wahrgenommen, dem auch die Verwaltung Südafrikas oblag. Eines der Ratsmitglieder, der Jurist Jacob Abraham de Mist (1749–1823), erhielt den Auftrag, ein Verwaltungssystem für die Kapkolonie zu entwerfen. Er wurde zum Generalkommissar ernannt, der den Gouverneur beraten und beaufsichtigen sollte. Nach seinen Plänen sollte Südafrika von einer machtvollen Zentrale in Kapstadt regiert werden, die aber den Bürgern mehr Mitspracherechte als bislang einräumte. Die Regierungsgeschäfte nahm ein Gouverneur in der Person des Armeegenerals Jan Willem Janssens (1762–1838) wahr. Er initiierte Verwaltungsreformen und bemühte sich um eine friedliche Grenzregelung mit den Xhosa. Janssens stand ein Politischer Rat zur Seite, der sich aus zwei Beamten und zwei Bürgern der Kolonie zusammensetzte und die Macht des Gouverneurs einschränken und kontrollieren sollte. In der Realität spielten die Bürger in diesem Rat keine Rolle, da überhaupt nur ein Bürgervertreter für einige Monate darin vertreten war. Zudem kam es zwischen dem Rat und dem autokratischen

Gouverneur zunehmend zu Spannungen, weil er sich als verantwortlich gegenüber der Regierung der Niederlande betrachtete und keineswegs gegenüber der Kolonialbevölkerung.

Sowohl Gouverneur Janssens als auch Generalkommissar de Mist wollten während ihrer kurzen Herrschaft mit dem ganzen Impetus eines von der Aufklärung inspirierten Neuanfangs eine Bestandsaufnahme der Kolonie machen, weshalb die beiden Batavier ausgedehnte Reisen unternahmen. Ihre Reformprojekte scheiterten am Unverständnis und den gefestigten Interessen der weißen Bewohner. Auch unter den Bataviern wurden die *Landdroste* aus den Reihen der Staatsangestellten ausgewählt, die *Heemraden* und *Veldkornette* dagegen aus der lokalen Bevölkerung. Immerhin konnte wieder eine im Vergleich zur britischen Herrschaft größere Unabhängigkeit der Justiz hergestellt werden, da der *Raad van Justisie* der Kontrolle des Gouverneurs entzogen wurde. Außerdem wurde eine unabhängige *Rekenkamer* eingerichtet, die die Finanzen kontrollieren und dadurch die Korruption bekämpfen sollte.

Entsprechend ihrer aufklärerischen Überzeugung engagierten sich de Mist und Janssens besonders im Kirchen- und Erziehungswesen. Der Status der Reformierten Kirche als Staatskirche blieb aufgehoben und andere Denominationen – sogar in eingeschränktem Maß die katholische Kirche – wurden zugelassen, doch mussten sich alle Kirchen selbst finanzieren. Dies lief aber keineswegs auf eine glatte Trennung von Staat und Kirche hinaus, da der Staat sich eine Oberaufsicht über die Kirchen vorbehielt.

Im Erziehungswesen konnte de Mist aus Geldmangel viel weniger erreichen. Seine Schulordnung von 1804 sollte zu einer Verbesserung und Modernisierung des Unterrichts beitragen, doch scheiterten seine Pläne für eine Säkularisierung der Schulen. Diese Schulen waren weitgehend auf Kapstadt beschränkt, denn auf dem Land gab es nur sehr wenige, die Erziehungsarbeit wurde von oft selbst kaum gebildeten Hauslehrern erledigt. So blieb die Zahl der Analphabeten unter den Farmern in den entfernteren Bezirken sehr groß, bei der Khoikhoi- und Sklavenbevölkerung die Norm.

Den Bataviern schwebte den liberalen Vorstellungen ihrer Zeit gemäß ein System des Freihandels vor, weshalb sie alle Privilegien und den merkantilistischen Dirigismus der Kompaniezeit beseitigten wollten. Die Realität sah anders aus, denn die Regierung der Niederlande sah sich gezwungen, aus purer Geldnot sogar die alten Monopole wieder einzuführen, die die Briten abgeschafft hatten: Sie sollten die Staatseinnahmen erhöhen.

Zwischen der batavischen Verwaltung und den weißen Siedlern gab es nur geringe Zwistigkeiten. Ein Teil der Siedler hatte die britische Herrschaft abgelehnt, weniger aus einer antienglischen Haltung heraus als wegen des autokratischen Gehabes der obersten Beamten. Die Batavier befleißigten sich einer egalitären Rhetorik und genossen möglicherweise einen Sympathievorschuss, weil sie Niederländer waren, aber keineswegs beabsichtigten, die lästige und ineffiziente Kompanieverwaltung zu restaurieren. Das Verhältnis zu den Bürgern blieb auch deswegen während der drei Jahre im Wesentlichen ungetrübt, weil es de Mist und Janssens nicht gelang, ihre Reformen wirklich durchzusetzen. So waren beide z. B. entschiedene Gegner der Sklaverei und de Mist untersagte die weitere Zwangszuwanderung von

Sklaven. Angesichts der ökonomischen Notwendigkeit blieb es jedoch bei einer papierenen Verordnung. Die noch viel weiterreichenden und selbst für die damaligen revolutionären Zeiten sehr fortschrittlichen Pläne einer Befreiung aller Sklaven der Kolonie ließen sich erst recht nicht realisieren. Selbst der Versuch, schriftliche Arbeitsverträge für die Khoikhoi einzuführen und ihre Behandlung durch die Farmer besser zu kontrollieren, scheiterte bereits am Personalmangel und den riesigen Entfernungen.

3.3 Die *Frontier*

Großbritannien und die Batavische Republik erbten von der VOC eine problematische Situation an den Grenzen der Kolonie. Sie war ein Ergebnis des über viele Jahrzehnte gepflegten staatlichen Minimalismus. Die knauserige Regierung der VOC hatte die Expansion der Siedler kaum noch kontrolliert. Zwar hatte sie 1786 im Osten einen neuen Distrikt eingerichtet, mit dem kleinen Weiler Graaff-Reinet als Sitz eines *Landdrosts*. Doch war diese Verwaltungseinheit viel zu weitläufig, um effizient durch eine Handvoll Amtsträger verwaltet werden zu können. Die ungesicherten und unklaren Grenzen im Norden und Osten führten zu Konflikten, die die VOC nicht mehr beherrschen konnte.

Der »wilde Norden« Südafrikas

Die weiße Oberschicht nutzte den privilegierten Zugang zu Gerichten und zur Verwaltung, um ihre Besitzansprüche auf Land durchzusetzen, sodass andere, die über weniger Einfluss und Ressouren verfügten, in die Randzonen abwandern mussten. Im Verlauf dieses Prozesses waren die unterprivilegierten und ärmeren Mitglieder der Gesellschaft in die äußeren Randgebiete der Kolonie migriert, sodass man von einer abgestuften Form sozialer Hierarchisierung und staatlicher Ordnung sprechen kann, die in Kapstadt und deren unmittelbarer Umgebung am intensivsten war und an der nördlichen Grenze am schwächsten.

Die Menschen, die die geringsten Möglichkeiten hatten, sich in diesem sozialen Ausleseprozess zu behaupten, waren die Khoisan, die lange Zeit in gebirgigen Rückzugsgegenden innerhalb der Kolonie einige Nester von Autonomie und Widerstand hatten erhalten können. Je mehr diese aufgesiedelt wurden, desto stärker wurde der Exodus in Richtung der Kolonialgrenze. Dort entwickelte sich ein Zustand, den man nach dem Vorbild der nordamerikanischen Geschichte als *Frontier*, d. h. als wandernde Siedlungsgrenze, bezeichnet. Damit sind uneindeutige Situationen in Randgebieten von Siedlergesellschaften gemeint, in denen der Staat zu schwach war, um seinen Ordnungsanspruch durchsetzen zu können. Es war die große Zeit der *Frontier*desperados, die in diesem Raum unklarer Verhältnisse ihr Unwesen trieben. Sie gingen zudem auf beiden Seiten der Grenze ständig wechselnde Allianzen ein, mal mit den Bewohnern der Kapkolonie, mal mit afrikanischen *Chiefdoms* außerhalb von deren Grenzen.

Alle, die in der Kapkolonie keine Chancen mehr sahen, sammelten sich im ariden Norden und in der Flussoase des Oranje, der sich in seinem mittleren und unteren Lauf durch halbwüstenartige Gebiete schlängelt. Es war eine wilde Mischung aus *Trekburen*, desertierten Soldaten und entlaufenen Matrosen, flüchtigen Sklaven, Nachkommen weißer Farmer und afrikanischer Frauen oder von Sklaven und Khoisan, den sogenannten Bastard-Hottentotten, vor allem aber die Khoisan selbst. Diese waren mittlerweile meist christianisiert, trugen europäische Kleidung und sprachen ein vereinfachtes Niederländisch, den Vorläufer des späteren Afrikaans, kurzum, sie hatten sich kulturell weitgehend der dominierenden Siedlergesellschaft der Kapkolonie angeglichen, wurden von dieser wegen Abkunft und Hautfarbe aber nicht als gleichberechtigt anerkannt. Weil sie über Pferde verfügten und den Nachschub an Waffen und Munition über Kapstadt organisieren konnten, waren sie den afrikanischen *Chiefdoms* in ihrer Nachbarschaft militärisch überlegen.

Aus den heterogenen Gruppen, die sich nach klientelistischen Strukturen um einzelne Figuren und ihre Familien wie die Kok und Barends bildeten, entstanden neue Gemeinschaften, die sich zur ethnischen Gruppe der Griqua verfestigten und über Jahrzehnte hinweg von diesen auf zentrale Patrone zugeschnittenen Sozialstrukturen geprägt blieben. Da sie durch die lange Phase der Vertreibung und aufgrund der unbekannten ökologischen Verhältnisse der landwirtschaftlichen Tätigkeit entwöhnt waren, verlegten sich viele auf das lukrativere und einträglichere Geschäft des Raubes. Sie verübten Überfälle auf schwarze *Chiefdoms*, aber auch auf nichtsahnende Nachbarn, denen man ihr bewegliches Eigentum, in erster Linie die Rinder- und Schafherden, wegtrieb. Dadurch wiederum provozierten sie Gegenschläge und Racheaktionen mit dem Ergebnis, dass die ganze Grenzregion von endemischer Unsicherheit geprägt war. Hinzu kamen die Jagd auf Menschen und der Handel mit gefangenen afrikanischen Kindern, die an die weißen Farmer als billige Arbeitskräfte verhökert wurden. Außerdem betrieben die Griqua einen intensiven Handel u. a. mit Elfenbein, wofür sie Artikel des täglichen Bedarfs aus der Kolonie erhielten, wie Tabak, Kleidung, vor allem aber Waffen und Munition.

Ressourcenstarke Clans, wie die Familie Kok, die um 1800 etwa 45 000 Rinder besaß, standen im Zentrum solcher Gemeinschaftsbildungen und verpflichteten über klientelistische Verhältnisse die übrigen zu Gefolgschaftstreue, wofür sie an den Erfolgen ihrer Raubzüge beteiligt wurden. Die Entwicklung dieser auf Raub spezialisierten Gemeinschaften am Oranjefluss hatte zur Folge, dass sich im späten 18. Jahrhundert unter den sotho- und tswanasprachigen *Chiefdoms* am Rand der Kalahari und auf dem Hochland Südafrikas zentralisiertere Herrschaftsstrukturen herausbildeten. Das war eine Defensivreaktion auf die fortgesetzten An- und Übergriffe, die ihrerseits verstärkt wurde durch die ökologische Situation der südlichen und östlichen Kalahari. Um die wenigen Wasserstellen verfestigten sich größere Gemeinschaften leichter als anderswo. Immerhin entstanden bei den Tswana um die Wende zum 19. Jahrhundert Siedlungen, in denen bis zu 15 000 Menschen zusammenlebten.

Die *Frontier* im Osten

Noch unter der VOC-Herrschaft gab es erste Kontakte zwischen den nach Osten voranstrebenden Siedlern und den bantusprachigen Xhosa. Aufgrund ihrer gemischten Wirtschaftsform aus Bodenbau und Viehhaltung sowie der daraus resultierenden höheren Bevölkerungsdichte konnten die Xhosa dem kolonialen Vordringen viel härteren Widerstand entgegensetzen als die Khoisan. Nicht zuletzt ihrem kriegerischen Charakter verdankten sie den Namen Xhosa, denen ihnen die Khoikhoi beigelegt hatten und der so viel bedeutet wie: »die zornigen Männer«. Damit begann ein hundert Jahre währender Konflikt, der sich bis 1877 hinzog und insgesamt neunmal in offene Kriege ausartete.

Hier ist zunächst ein terminologischer Hinweis angebracht. Denn wenn in der Literatur des 20. Jahrhunderts von Xhosa die Rede ist, so werden damit all diejenigen gemeint, die die Xhosa-Sprache benutzen, unter denen das Xhosa-Volk nur eine Minderheit ausmacht. Die Nachbarn der Xhosa, die sich in derselben Sprache verständigen, bilden eigene Ethnien, die heute gegenüber den einst mächtigen Xhosa viel bevölkerungs- und einflussreicher sind. Wenn also umgangssprachlich von »Xhosa« die Rede ist, sind die unmittelbaren Nachbarn der Xhosa, die Tembu, denen etwa Nelson Mandela und Thabo Mbeki angehören, meist mit gemeint. Es wäre so, als ob man die Wallonen, weil sie die französische Sprache sprechen, als Franzosen bezeichnen würde. Diese Verwechslung ist darauf zurückzuführen, dass die Weißen, die selbst aus scheinbar homogenen Nationalstaaten stammten, ihre Vorstellung der Ethnie als einer Kulturgemeinschaft auf die Afrikaner übertrugen und darum alle, die dieselbe Sprache sprechen, auch der gleichen Ethnie zurechneten. Die Afrikaner dagegen definierten ethnische Identität nach politischen Einheiten, eben *Chiefdoms* oder Königreichen. Dieses Prinzip politischer Loyalität erleichterte die Aufnahme von Fremden, auch solchen, die keine Xhosa waren. Von ihnen wurde eine Anpassung an die örtlichen Sitten verlangt, wonach sie als vollwertige Xhosa akzeptiert wurden. Auf diese Weise wurden zahlreiche Khoisan, aber auch Tembu und Angehörige anderer Nachbargruppen aufgenommen und assimiliert. Die Identität der Xhosa war folglich nicht die einer Abstammungsgemeinschaft, sondern die einer politischen Gesellschaft.

Ende des 18. Jahrhundert spaltete sich die Tshawe-Dynastie der Xhosa in zwei »Häuser«, wobei der ältere Sohn des letzten gemeinsamen Königs Phalo, Gcaleka († 1778), für seine Dynastie, die weiter im Osten residierte, die Seniorität und damit auch den Titel des Nkosi (König) beanspruchte. Wegen dieser Teilung befand sich die Anhängerschaft des jüngeren Sohnes, Rharharbe, in Westexpansion, als sie in dem Grenzraum zwischen *Sunday* und *Fish River* mit den von Westen vorstoßenden weißen Siedlern auf eine weitere expansive Gesellschaft traf. Bei den Xhosa wurden schwächere Gruppen aus dem Zentrum des Reiches an die westliche Peripherie abgedrängt und bildeten dort *Frontier*-Gesellschaften. Auf der einen Seite nahm die Zahl der Häuptlinge zu, je mehr Phalos Nachkommenschaft wuchs, denn jeder seiner männlichen Nachkommen hatte das Recht, sich eine eigene Gefolgschaft aufzubauen und einen eigenen Herrschaftsbereich zu gründen. Dies führte zu einer Schwächung des Königs, löste aber auch die entgegengesetzte Entwicklung aus, nämlich immer wiederkehrende Versuche einer stärkeren Zentralisierung. Besonders mächtige Häuptlinge konnten schwächere in ihre direkte oder indirekte Abhängigkeit zwingen, die u. a. über Tributpflicht auch rituell abgesichert wurde. Gerade am Beginn des 19. Jahrhunderts gewannen beide Entwicklungen besondere Zugkraft. Im Rahmen dieses Prozesses verdrängten expandierende größere Häuptlingschaften kleinere in Richtung Westen. Noch westlich des Siedlungsraums des jüngeren Bruders Rharharbe bildeten sich aus Seitenlinien weitere *Chiefdoms*, die auch zahlreiche Khoikhoi-Flüchtlinge aus der Kolonie aufnahmen, denn viele schlossen sich lieber den Xhosa an als sich in die Farmwirtschaft der Weißen eingliedern zu lassen. Diese politisch instabilsten, zahlenmäßig schwächsten Gruppen bildeten die westliche Xhosa-*Frontier* und ihnen standen auf der kolonialen Gegenseite Weiße und Reste der unabhängigen Khoikhoi-Gemeinschaften gegenüber, die sich in einer ganz ähnlichen Situation befanden. In beiden Gesellschaften waren es also gerade nicht die fortschrittlichsten und ressourcenstärksten Gruppen, die die jeweilige Expansion vorantrieben. Auf der kolonialen Seite ließen sich vor allem die jüngeren Söhne von Farmern nieder, die von ihren älteren Geschwistern ausbezahlt worden waren und sich am Rand der Kolonie eine Existenz aufbauen wollten. In vielen Fällen lebten sie mit Khoikhoi-Frauen oder Konkubinen zusammen und waren mit den benachbarten Xhosa in dauernde Konflikte verwickelt, die durch wechselseitige Vorwürfe des Rinderdiebstahls stets neue Nahrung erhielten.

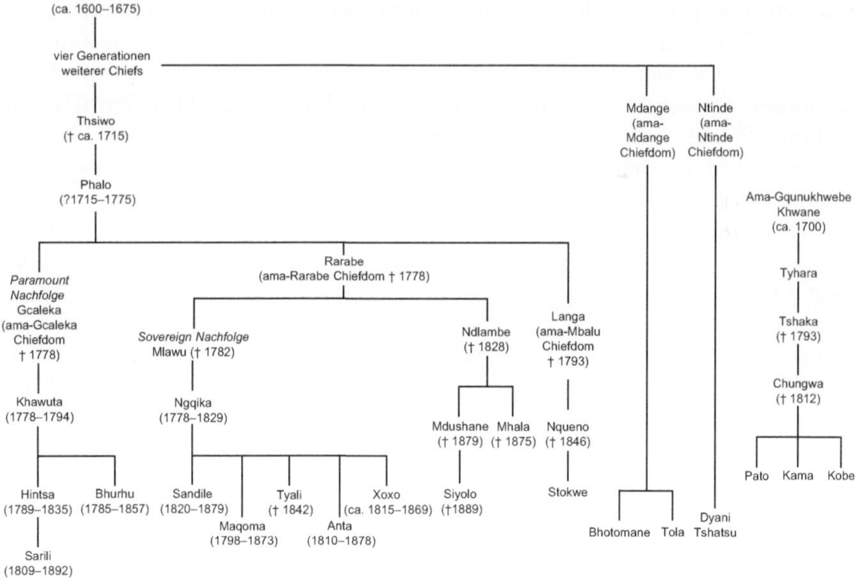

Abb. 4: Die Genealogie der Xhosa-*Chiefs*.

Besonders ein Gebiet wurde zum Zankapfel, weil es von den Xhosa als Winterweide benutzt wurde: der Raum zwischen dem *Great Fish River* und dem *Bushman River*, das sogenannte *Zuurveld*. Wie der Name schon sagt, ist das *Zuurveld*, wörtlich übersetzt

Sauerfeld, von Pflanzen bewachsen, die sich wegen ihres hohen Säuregehaltes nur während des Frühjahrs und Sommers als Nahrung für die Rinder eignen. Deswegen fanden gerade bei den westlichen Xhosa vergleichsweise großräumige Wanderungen von den Sommer- auf die Winterweiden statt. Von den weißen Siedlern wurden diese zyklischen Wanderbewegungen oft nicht als solche erkannt, sondern als aggressives Vordringen missverstanden. Gleichwohl fand eine allmähliche Expansion der Xhosa nach Westen aufgrund der genannten Zwistigkeiten statt.

Immer häufiger kamen nun auch fahrende Händler in die Gegend, die die Farmer mit nötigen Dingen des Alltags, wie Decken, Kerzen, Blei und Schießpulver, versorgten, aber auch die Xhosa und andere *Chiefdoms* besuchten und ihnen Feuerwaffen anboten, die sie gegen Elfenbein oder Tierhäute eintauschten. Damit gerieten die Verhältnisse in Bewegung, da einige *Chiefs* auf diese Weise ihre Durchsetzungschancen gegenüber ihren Rivalen vergrößern konnten.

1778 besuchte Gouverneur Joachim von Plettenberg den Osten der Kolonie und legte nach Verhandlungen mit den Xhosa eine Grenze fest. Wie illusorisch ein solches Unterfangen war, zeigte sich bereits ein Jahr später, als der erste von jenen drei Grenzkriegen ausbrach, die noch ins 18. Jahrhundert fielen. Alle drei Kriege waren hauptsächlich Raubzüge gegen die Rinderherden der jeweils anderen Seite. Die burischen Kommandos zwangen die meisten Xhosa-*Chiefs*, den *Great Fish River* weiter im Osten als Grenze anzuerkennen. Der *Landdrost* des Distrikts Graaff-Reinet musste sich aufs Verhandeln verlegen, weil die Kompanie ihm die angeforderten Soldaten verweigerte. Zudem flammten interne Konflikte unter den Xhosa auf, als der alte *Chief* Rharhabe verstarb. Sein Sohn und Erbe kam zur selben Zeit ums Leben, weshalb sein zweiter Sohn Ndlambe die Regentschaft für den noch unmündigen, erbberechtigten Enkel Ngqika übernahm und die kleineren *Chiefs* in Richtung Westen verdrängte. 1793 schickte Barend Lindeque, ein lokaler Milizoffizier, sich in Absprache mit Ndlambe an, die kleineren *Chiefs* zurückzutreiben, wo Ndlambe sie seiner Herrschaft unterwerfen wollte. Diese Rechnung ging nicht auf, da diese Xhosa sofort zum Gegenangriff gegen die weiße Miliz ansetzten, was eine allgemeine Panik unter den Siedlern auslöste, die nach Westen bis hinter den *Sunday River* flohen.

Erst einem gemeinsamen Kommando der beiden *Landdroste* von Graaff-Reinet und Swellendam gelang es, den Vormarsch der Xhosa zu beenden. Der *Landdrost* von Graaff-Reinet, Maynier, weigerte sich, ein neues Kommando auszusenden, als die Xhosa erneut ins *Zuurveld* eindrangen. Die Siedler waren sich ihrer militärischen Schwäche durchaus bewusst, doch wuchs ihre Unzufriedenheit mit Maynier, der ihnen zu wenig offensiv vorging. Zudem hatte er sich unbeliebt gemacht, weil er in seiner Funktion als Richter den Klagen über Misshandlungen von Khoikhoi nachging und die beschuldigten Farmer vorlud.

Darum kam es 1795 in beiden Distrikten zu einem Aufstand weißer Siedler, wobei sich die Rebellen am Umsturz in den Niederlanden orientierten. Sie nannten sich Patrioten und begannen, die lokalen Gremien zu dominieren, allerdings ohne dass sie ein Mandat durch Wahlen gehabt hätten. Gleichwohl sagten sie sich von der VOC-Regierung los und gründeten die beiden »Republiken« von Swellendam und Graaff-Reinet, die über keinerlei tragfähige Struktur verfügten. Es gab kein politisches Konzept, die Unterstützung durch die Siedlerbevölkerung war zweifelhaft und der

Republikanismus politisch unreflektiert. Ihre Protagonisten waren *Frontier*-Desperados, deren Hauptziel fortgesetzte Rinderraubzüge gegen die Xhosa waren. Die Situation spitzte sich zu, weil die Xhosa zurückschlugen und die Siedler erneut über den *Sunday River* nach Westen vertrieben.

Zwischenzeitlich hatten die Briten das Regiment übernommen und schnitten den burischen Rebellen den Nachschub an Waffen und Munition ab. Nur vier Jahre später kam es erneut zur Rebellion, als einer der Anführer der »Republiken«, der Farmer van Jaarsveld, verhaftet wurde und nach Kapstadt gebracht werden sollte. Seine Anhänger befreiten ihn, wurden jedoch schon bald danach von britischen Truppen verhaftet. Zu diesen Einheiten zählten auch Khoikhoi, was zur Folge hatte, dass lokale Khoikhoi sich gegen ihre Herrn erhoben und den Schutz dieser Truppen suchten. Als das Militär wieder abzog und folglich die Khoikhoi der Rache ihrer Herren aussetzte, schlugen sich diese auf die Seite der Xhosa. Im dritten Grenzkrieg (1799–1802) konnten sie mit vereinten Kräften den südlichen Teil des Distrikts von Graaff-Reinet und den östlichen Teil von Swellendam unter ihre Kontrolle bringen. General Dundas setzte den abgesetzten *Landdrost* Maynier, der großes Vertrauen bei den Khoikhoi genoss, wieder in sein Amt ein. Maynier konnte sie 1799 überreden, ihre Waffen niederzulegen. Das letzte unabhängige Khoikhoi-*Chiefdom* im Osten der Kolonie konnte noch einige Jahre unter dem Anführer Klaas Stuurman am *Sunday River* seine Unabhängigkeit bewahren. Die übrigen kehrten entweder auf die Farmen zurück oder versammelten sich in wachsender Zahl, die Rache der weißen Farmer fürchtend, unter dem Schutz Mayniers in Graaff-Reinet. Als dieser ihnen erlaubte, die lokale Kirche für Gottesdienste zu nutzen und Gerüchte unter den Farmern die Runde machten, der *Landdrost* wolle mit den Khoikhoi und Xhosa gemeinsam gegen sie vorgehen, kam es erneut zum Aufstand der Siedler. Sie belagerten Graaff-Reinet und wurden erst von den eintreffenden britischen Truppen vertrieben. Diese überbrachten jedoch gleichzeitig Maynier die Nachricht, dass er abberufen worden war. Trotz der fortdauernden Truppenpräsenz lag die Schwäche der Kolonie offen zu Tage, da bis Ende 1802 Gruppen bewaffneter Khoikhoi und Xhosa Farmen niederbrannten und sich bis weit in die Kolonie vorkämpften. Insgesamt waren bis zum Ende des Krieges 35 % aller Farmen in den beiden Distrikten verwüstet, sodass der Kolonie nicht viel übrigblieb, als mit einem Friedensvertrag den aktuellen Stand des Rinderbesitzes festzuschreiben.

Nach dem Abzug der Briten 1803 bemühten sich Janssens und de Mist um die dauerhafte Sicherung der Grenze und die Entflechtung der *Frontier* über Grenzabkommen mit den Xhosa. Zu diesem Zweck reisten beide zum mittlerweile volljährigen Ngqika, mit dem sie entsprechende Verabredungen trafen. Ngqika selbst wies darauf hin, dass er für die übrigen *Chiefs* keine verbindlichen Abmachungen treffen konnte, die Europäer aber blieben blind für die zersplitterten politischen Verhältnisse und die Rivalität unter den Xhosa-*Chiefs*, weswegen sie immer wieder von Vertragsbruch sprachen, obwohl die meisten *Chiefs* sich gar nicht an die Abmachungen gebunden fühlten.

3.4 Die Anfänge der christlichen Mission

Die VOC hatte bis fast zum Ende ihrer Herrschaft das religiöse Monopol der calvinistischen Kirche aufrechterhalten, welche weder unter den Sklaven noch unter den Khoisan missionierte und sich in Südafrika ganz ähnlich wie in den asiatischen Besitzungen der VOC verhielt. Nur zwischen 1737 und 1743 genehmigte die VOC die Tätigkeit eines Missionars der Herrnhuter Brüdergemeine unter den Khoisan, allerdings unter der Bedingung, dass er sich auf die religiöse Unterweisung beschränkte und von Taufen absah. Der Handwerker Georg Schmidt ließ sich im Süden der Kolonie in der *Baviaans Kloof* (Pavianschlucht) nieder und missionierte einige Jahre höchst erfolgreich. Als es jedoch ruchbar wurde, dass er doch Taufen vorgenommen hatte und die benachbarten Farmer zunehmend aggressiver reagierten, weil er ihnen angeblich die »faulen« Khoikhoi-Arbeiter weglockte, musste er die Kolonie wieder verlassen.

Die Herrnhuter bekundeten wiederholt ihr Interesse an einer Wiederaufnahme ihrer Missionsarbeit und sie durften noch vor der Aufhebung des kirchlichen Monopols der Reformierten während der ersten britischen Besatzung zurückkehren. Im Jahr 1792 erreichten drei ihrer Missionare Kapstadt und machten sich bald daran, an derselben Stelle in der *Baviaans Kloof*, die sie in *Genadendaal* umbenannten, mit der Missionsarbeit zu beginnen. Die Anfeindungen der Nachbarn waren ähnlich wie die, die Georg Schmidt auszustehen hatte, doch die Missionare gaben sich alle Mühe, die Khoikhoi zu braven Untertanen zu erziehen und damit ein besseres Verhältnis zu den Farmern aufzubauen, was ihnen langfristig auch gelang. Die Herrnhuter hatten aufgrund ihrer Verfolgungserfahrung in Europa den Gehorsam gegenüber der Obrigkeit zu ihrer Maxime erhoben und vermittelten diese Haltung auch ihren Konvertiten. Dadurch beruhigten sich die Gemüter und die Herrnhuter Mission erreichte sogar ein friedliches Verhältnis zu den benachbarten Farmern, allerdings verzichtete sie auf die soziale und politische Emanzipation der Khoikhoi.

Im späten 18. Jahrhundert wurden Europa und Nordamerika gleichermaßen von religiösen Erweckungsbewegungen erfasst, die von eher informellen evangelikalen Bewegungen innerhalb etablierter Kirchen bis zur Neugründung kirchlicher Gemeinschaften wie der Methodisten durch John Wesley reichten. Dieses *Great Awakening* war eine der Ursachen für die im späten 18. Jahrhundert sich in Großbritannien formierende Massenbewegung gegen den Sklavenhandel. Vor diesem Hintergrund der religiös-moralisch gespeisten Abolitionsbewegung ist auch die Entstehung verschiedener Missionsgesellschaften in Großbritannien und auf dem europäischen Kontinent in diesen Jahren zu sehen. Die für das südliche Afrika wichtigste war zunächst die 1795 gegründete *London Missionary Society* (LMS), in der vor allem Nonkonformisten vertreten waren, also Angehörige protestantischer Glaubensrichtungen, die nicht in der anglikanischen Kirche beheimatet waren. Aufgrund ihrer heterogenen protestantischen Zusammensetzung verzichtete die LMS auf eine eindeutige theologische Festlegung. Ihre Missionstätigkeit in Südafrika begann mit einem Angehörigen der niederländischen Oberschicht, dem Intellektuellen und Offizier J. T. van der Kemp (1747–1811), der sich 1799 am *Sunday River* niederließ, wo er die Station Bethelsdorp gründete. Van der Kemp unterschied sich von späteren Missionaren, da er die christliche Heilsbotschaft von der europäischen Kultur und dem Zivilisierungsanspruch trennte. Dies hatte zur Folge, dass er sich in seiner Lebensweise den Khoikhoi der Grenzregion, unter denen er missionierte, anpasste und z. B. barfuß und ohne Hut herumlief, was europäischen Forschungsreisenden, die ihn besuchten, als skandalöses Verhalten eines Angehörigen der sozialen Elite erschien. Aber gerade wegen seiner Bereitschaft, sich auf die Kultur der Khoikhoi einzulassen, war van der Kemp gemeinsam mit seinem engsten Adlatus James Read besonders erfolgreich. Bethelsdorp wurde ein Zufluchtsort für Khoikhoi, die sich den Drangsalierungen durch weiße Farmer zu entziehen versuchten, was zu einem denkbar schlechten Verhältnis zwischen Missionaren und Farmern führte.

Freilich waren die Khoikhoi keine leeren Behälter, die nun mit dem Wein des Christentums gefüllt wurden, sondern sie entwickelten vor dem Hintergrund ihrer eigenen Religion ein eigenes Selbstverständnis als Christen und neue Rituale. Reisende berichteten erstaunt von der außerordentlichen Emotionalität der religiösen Zusammenkünfte, die mit heftigen Tränenausbrüchen verbunden waren und oft nachts abgehalten wurden, worin sich eine Verbindung christlicher Glaubensinhalte mit der großen Bedeutung des Mondes in den religiösen Traditionen der Khoikhoi äußerte.

Mit den Missionaren erschienen weitere wichtige Akteure an der *Frontier*, die je nach Lage von den übrigen Beteiligten für die eigenen Zwecke eingespannt werden konnten. Van der Kemp verbreitete nicht nur die christliche frohe Botschaft unter den Khoikhoi, sondern er vermittelte ihnen über die Missionsschule auch westliche Bildung, ohne jedoch von ihnen eine Anpassung ihrer Lebensweise, Kleidung oder Alltagsverhalten an europäische Vorbilder zu verlangen. Doch andere Vertreter der LMS teilten seine Ideale keineswegs. Sie waren überzeugt, dass sich die christliche Botschaft nicht von der europäischen Kultur und Lebensweise trennen ließ und beharrten darauf, dass alle christianisierten Afrikaner sich der europäischen Zivilisation assimilieren müssten. Mit dieser Haltung erschwerten sie ihre eigene Arbeit unter den bantusprachigen Afrikanern ganz erheblich, da sie so zentrale Institutionen wie die Polygamie und *lobola*, den sog. »Brautpreis«, zu einem Kernproblem ihrer Missionstätigkeit erhoben. Des Weiteren bestanden diese Missionare auf einer klaren geschlechtlichen Arbeitsteilung nach europäischem Muster. Für sie war es ein Zeichen von afrikanischer Barbarei, dass die Frauen die Felder bestellten, was sie als Versklavung durch ihre »faulen« Männer werteten, wohingegen nach ihrem Dafürhalten Frauen ins Haus gehörten.

Als van der Kemp 1811 starb und ruchbar wurde, dass Read unverheiratet mit einer jungen Khoifrau zusammenlebte, nutzten ihre Gegner die günstige Gelegenheit, um die ganze Richtung, für die die beiden standen, zu desavouieren und nunmehr ganz auf die Kombination von christlicher mit zivilisierender Mission zu setzen. Hinzu kam, dass 1812 noch auf Betreiben van der Kemps und Reads ein reisender Gerichtshof in den Osten der Kolonie kam, um den von beiden gesammelten Vorwürfen nachzugehen, dass die burischen Farmer systematisch ihre Landarbeiter misshandelten und ausbeuteten. Die eingeschüchterten Zeugen waren jedoch nicht bereit, ihre früheren Aussagen zu wiederholen, sodass die Untersuchung der Juristen mit einem Sieg der Farmer endete, was aber deren Ressentiments gegenüber den Missionaren keineswegs dämpfte.

Zwar hatten die Khoikhoi gleichen Zugang zu den Gerichten wie die Weißen – und dieses Recht wurde ihnen nach 1795 mehrfach ausdrücklich bestätigt – doch in der Realität sah es anders aus: Kaum ein Khoikhoi fand den Mut, seinen Herrn anzuklagen aus Angst vor Repressalien seines Herrn und sogar des Richters. Der Richter war in der Regel der *Landdrost* oder einer seiner Beamten, die selbst Farmer waren. Die britische und batavische Verwaltung versuchten, schriftliche Arbeitsverträge einzuführen, um die Rechtssicherheit der Khoikhoi zu erhöhen, doch ohne großen Erfolg. Neben diesen eher papierenen Rechten mussten die Khoikhoi weitere reale Einschränkungen ihrer Freiheit hinnehmen. 1797 und 1798 wurde in Verordnungen festgelegt, dass alle Khoikhoi verpflichtet seien, in den Distrikten Swellendam und Graaff-Reinet, d. h. dem größten Teil der Kolonie, Pässe bei sich zu tragen, sobald sie die Farm ihres Herrn verließen. Mit diesen Verordnungen sollten die Khoikhoi fester an die Farm gebunden werden. Faktisch wurden sie ihren Herren noch schutzloser ausgeliefert. Ein Khoikhoi, der seinen Herrn beim *Landdrost* verklagen wollte, musste auch dafür von ihm einen Pass erhalten. Es kam häufig vor, dass die wenigen Khoikhoi, die es wagten, ihre Rechte in Anspruch zu nehmen und die auf dem Weg zum *Landdrost* waren, von anderen Farmern als Landstreicher aufgegriffen und in die eigenen Dienste gezwungen oder misshandelt wurden. Hinter diesen Maßnahmen stand allerdings auch die Angst vor der wachsenden Zahl geflüchteter Khoikhoi, die sich mangels Lebensalternativen zu Räuberbanden formierten.

Als 1799 der Aufstand der Buren an der Ostgrenze erneut aufflammte, benutzten hunderte von Khoikhoi die Gelegenheit, von den Farmen zu flüchten und sich in größeren Gruppen zusammenzuschließen. Sie zogen sich zum Teil in unzugängliche Gebiete zurück, etliche begaben sich unter den Schutz der Xhosa, viele suchten in den folgenden Jahren Zuflucht auf den Missionsstationen. Die meisten aber kehrten nach einiger Zeit aus purer Not wieder in den Dienst weißer Farmer zurück. Der Bericht des batavischen Gouverneurs Janssens nach einer Reise in die östlichen Grenzgebiete im Jahr 1803 war für die Buren nicht sehr schmeichelhaft:

> »Die Grausamkeiten gegenüber den Hottentotten übersteigen alles, was man in Kapstadt davon hört, ja, was man sich überhaupt vorstellen kann. [...] Klagen über das Zurückhalten von Kindern, Vieh, Lohn, und dergleichen mehr, sind dermaßen zahlreich, dass diese kaum aufzuzählen wären, ohne ein ganzes Buch zu füllen. Unterricht! Unterricht! fehlt ihnen vor allem; sie nennen sich selbst Christen, die Kaffern und Hottentotten dagegen Heiden, und auf Grund dessen glauben sie zu allem berechtigt zu sein. Ein Bruder von Thomas Ferreira, der glaubt über einige Bildung zu verfügen, hat die Entdeckung gemacht, dass die Hottentotten die Nachkommen der verfluchten Rassen von Ham seien, und darum von Gott zu Dienstbarkeit und Misshandlung verdammt.«[2]

2 Zit. nach H. J. van Aswegen, Geskiedenis van Suid-Afrika tot 1854, Pretoria – Cape Town 1989, S. 173; Übersetzung des Autors.

3.5 Der Beginn der dauerhaften britischen Herrschaft nach 1806

Als in Europa erneut der Krieg gegen Napoleon ausbrach, erschien abermals eine britische Flotte vor der südafrikanischen Küste. Es gelang ihr, nördlich von Kapstadt eine Landungsoperation durchzuführen. Janssens Versuche, eine Gegenwehr zu organisieren, scheiterten an den unzulänglichen Ressourcen der Kolonie. Am 18. Januar 1806 übergab er die Kolonie dem britischen Generalleutnant Sir David Baird. Diesmal blieben die Briten, und die Niederländer mussten ihnen die Kapkolonie auf Dauer abtreten. Trotzdem behielten sie den Verwaltungsaufbau aus der VOC-Zeit im ländlichen Raum bei. Abgesehen von der Vermehrung der Verwaltungsdistrikte im Landesinneren besetzten niederländische Beamte und lokale Eliten weiterhin die wichtigsten Positionen, da nur sie über die Sprachkenntnisse verfügten, um die Herrschaft zur Siedlerbevölkerung zu vermitteln. Die Machtkonzentration in den Händen der Gouverneure, von denen die meisten hohe Armeeoffiziere waren, nahm weiter zu, da sowohl das Amt des Vizegouverneurs als auch dasjenige des unabhängigen *Fiscaal* abgeschafft wurden. Die Machtfülle der Gouverneure stand durchaus im Einklang mit Vorstellungen von moderner Staatsverwaltung, da das Hauptziel die gesteigerte Effizienz und der Kampf gegen Korruption und Schlendrian war.

Gleichwohl mussten die Briten auf die historisch gewachsenen Verhältnisse Rücksicht nehmen und nichts lag ihnen ferner, als diese gewaltsam zu verändern. Zunächst mussten sie die mächtigste Gruppe der Bevölkerung, nämlich die niederländischen burischen Siedler, mit ihrer eigenen Herrschaft versöhnen. Vertrauensbildend wirkte es, als sie ihnen signalisierten, dass sie von den neuen Herren nichts zu befürchten hatten, vor allem keine umgreifende Veränderung der sozialen Ordnung. Das lag im eigenen britischen Interesse, bestand doch die Mehrheit der Bevölkerung noch immer aus Sklaven.

Ansonsten gab es eine Reihe von Gesetzesvereinheitlichungen, zu deren wichtigster die Einführung einer allgemeinen Passpflicht für die Khoikhoi zählte. 1809 dehnte Gouverneur Caledon die bis dahin eher *ad hoc* und auf bestimmte Gebiete oder Gelegenheiten beschränkten Passgesetze auf die ganze Kolonie aus. Damit generalisierten die Briten die Einschränkung der Freizügigkeit für die indigene Bevölkerung, was gleichzeitig deren freie Berufswahl und damit auch ihre Verhandlungsposition auf dem Arbeitsmarkt eng begrenzte. Die Passgesetze wurden fast 200 Jahre lang den wechselnden Umständen angepasst und modernisiert. Dies bedeutete faktisch: Sie wurden verschärft und auf weitere Bevölkerungsgruppen ausgedehnt.

Ein Jahr zuvor wurde im gesamten britischen Empire der Sklavenhandel verboten. In der Parallelität dieser beiden Maßnahmen offenbarte sich die Ambivalenz der britischen Kolonialherrschaft, die auf der einen Seite von einem humanitären und rationalen Impetus getragen war, gleichzeitig aber die Bedürfnisse der weißen Farmer berücksichtigen musste, weil die Kolonie sich möglichst umgehend zu einem gewinnbringenden Unternehmen mausern sollte.

4 *Frontiers* und Aufbrüche

Man kann die Zeit zwischen 1795 und den frühen 1820er Jahren hinsichtlich der inneren Verhältnisse der Kolonie als eine Zeit des Übergangs charakterisieren. Gegenüber den afrikanischen Nachbarn im Osten kamen dagegen sehr rasch neue Methoden der »Grenzsicherung« zum Einsatz, die für die Betroffenen so unerhört wie schockierend waren und tiefgreifende Verunsicherungen und Traumata zur Folge hatten.

Die Kapkolonie wurde nach 1795, endgültig ab 1806 in ein weltweites Gewebe wirtschaftlicher und politischer Interessen sowie formeller und informeller Herrschaftsformen integriert. Nach dem Verlust der 13 nordamerikanischen Kolonien rückte Indien als wertvollste Besitzung ins Zentrum des britischen Imperiums, weshalb es den Seeweg um Afrika sichern musste. Die neuen Kolonialherren in London dachten in globalen politischen Maßstäben, denen die Belange der Südafrikaner untergeordnet wurden. Bereits im 18. Jahrhundert hatten die Briten mit den französischen Besitzungen in Nordamerika Gebiete übernommen, in denen eine Mehrheit der Siedler nicht-britischer Herkunft war. In der Kapkolonie kam jedoch hinzu, dass hier mehr Sklaven als Weiße sowie eine bis dahin nicht erfasste Zahl von Khoisan lebten und außerdem die Lage an der Ostgrenze der Kolonie instabil war. Die Kapkolonie begründete damit einen Trend, denn Herrschaft über nicht-britische, meist indigene Bevölkerungen wurde im 19. Jahrhundert zum Normalfall, während die Siedlungskolonien einen Ausnahmestatus erhielten. Darum wurde das Kap als Kronkolonie, d. h. direkt von London aus über einen vor Ort tätigen Gouverneur mit weitreichenden Vollmachten regiert. Die Gouverneure änderten wenig an der vorgefundenen Ordnung, schließlich wollten sie die Loyalität der Bewohner zur britischen Krone sichern.

Der Beginn der britischen Herrschaft in Südafrika stellte auch deshalb eine Zäsur dar, weil neue Interessengruppen in Erscheinung traten. Damit sind zunächst die Missionare gemeint, die der afrikanischen Bevölkerung bzw. ihren *Chiefs* neben massiver Einflussnahme auf Gesellschaft und Kultur doch auch die Chance eröffneten, sich neue Handlungsspielräume im Verhältnis zu den Siedlern und der Kolonialverwaltung zu erschließen.

4.1 Die Missionare

Die *London Missionary Society* dehnte ihr Tätigkeitsfeld bald über die Ostgrenze der Kolonie aus und gründete Missionsstationen nördlich der Kolonie bei unabhängigen Tswana-*Chiefdoms*. Einer dieser Missionare war Robert Moffat, der sich in der Kalahari-Oase Kuruman niederließ und dort über fünfzig Jahre tätig war. Es gelang ihm, die komplette Bibel in die Landessprache Setswana zu übersetzen und auf der missionseigenen Druckerpresse zu vervielfältigen. Moffat baute mit Hilfe seiner vielköpfigen Familie Kuruman zu einem richtigen Betrieb aus, denn die Station unterhielt Werkstätten, bewirtschaftete Felder und Gärten und bot Schul- und Handarbeitsunterricht für die afrikanischen Frauen an. In den 1840er Jahren stieß der junge schottische Missionar David Livingstone zu ihm und zog dann weiter ins Landesinnere, um seine eigene Station zu begründen. Später heiratete er die älteste Tochter Moffats, gab aber in den frühen 1850er Jahren die Missionstätigkeit zugunsten der Forschungsreisen in Zentralafrika auf.

Neben der LMS kamen weitere Missionsgesellschaften ins südliche Afrika, nämlich 1795 die Methodisten, die *Wesleyan Missionary Society*, 1822 die *Société des missions évangéliques de Paris*, 1829 die Rheinische Missionsgesellschaft, 1834 die Berliner Mission, 1835 die in Boston beheimatete *American Board of Commissioners for Foreign Missions*, 1844 die Norwegische Missionsgesellschaft und 1854 die Hermannsburger Mission. In der zweiten Jahrhunderthälfte folgten weitere, allen voran die Katholiken 1852 in Natal, die mit großem Aufwand und Elan die Verspätung gegenüber ihren protestantischen Konkurrenten rasch aufholten. Dies lag auch am koordinierten Einsatz katholischer Missionsorden, die in vielen Gebieten sehr erfolgreich missionierten, etwa in Lesotho ab 1862, wo die Mehrheit der Bevölkerung katholisch wurde. Trotz vieler Rückschläge waren die Missionen so erfolgreich, dass die Zahl der christlichen Konvertiten im südlichen Afrika um 1860 bereits auf eine halbe Million geschätzt werden kann.

Mit der Zahl der Missionsgesellschaften wuchs der Koordinierungsbedarf. Aus diesem Grund und um einen mit Autorität ausgestatteten Sprecher gegenüber der Kolonialregierung zu haben, richtete die *London Missionary Society* das neue Amt eines Superintendenten ein, dem die Aufsicht über alle Missionare oblag und der auch die Aktivitäten anderer protestantischer Missionsgesellschaften koordinierte. Die Wahl fiel auf den schottischen Missionar John Philip, dem es für einige Zeit gelang, Einfluss auf die Regierung in Kapstadt auszuüben. Philip schickte Neuankömmlinge zielgerichtet in Gebiete, wo bislang noch niemand tätig war. Auf diese Weise sorgte er dafür, dass die meisten afrikanischen Gemeinschaften jenseits der Nordgrenze ihren Missionar erhielten und die protestantischen Missionsgesellschaften ein flächendeckendes Netz von Stationen einrichten konnten. Nur so konnten sie friedensstiftend wirken, da sie oft untereinander verhandelten, um Kriege zwischen afrikanischen *Chiefdoms* zu vermeiden. Nicht selten machten sich die Missionare die Interessen afrikanischer Gemeinschaften zu eigen und verteidigten sie gegen den Landhunger weißer Siedler. In der ersten Hälfte des 19. Jahrhunderts hielten sich die Missionserfolge in bescheidenen Grenzen, da die meisten *Chiefs* zwar die handwerklichen und diplomatischen Fähigkeiten der Missionare schätzten, für die christliche Botschaft aber wenig übrighatten. Gleichwohl wurde durch die beharrliche Arbeit der Missionare der Boden für die Erfolge bereitet, die sich nach den kolonialen Eroberungen in der zweiten Jahrhunderthälfte einstellen sollten.

4.2 Die Wirtschaft bis zu den 1830er Jahren

Die vielleicht wichtigste Änderung, die die Anwesenheit der Briten brachte, war die Einbindung der Kapkolonie in das weltweite britische Handelsnetz, von dem in erster Linie englische Kaufleute profitierten, die neu nach Kapstadt zugewandert waren. Dessen ungeachtet blieb die Kolonie während der ersten Jahrzehnte britischer Herrschaft ein Zuschussunternehmen, da sie außer landwirtschaftlichen Erzeugnissen nichts produzierte. Diese stießen auf den überseeischen Märkten kaum auf Interesse; einzig der Wein erschien als lukratives Exportprodukt und die britische Regierung setzte alles daran, wenigstens diesen Sektor auszubauen.

Schutzzölle und andere merkantilistische Maßnahmen sorgten für einen kräftigen Aufschwung der Weinproduktion, unterstützt durch gezielte Werbekampagnen in Großbritannien. Diese Anreize führten dazu, dass viele Farmer ihre Anbauflächen erheblich ausweiteten, zwischen 1809 und 1825 insgesamt um 83 %. Die sozialen Kosten hatten vor allem die Sklaven und Khoikhoi zu tragen, auf die nun erheblicher Druck ausgeübt wurde, um ihre Arbeitsleistung zu steigern, da die Zahl der Rebstöcke ungleich stärker zugenommen hatte als diejenige der Arbeitskräfte. Die Erweiterung der Weinproduktion war mit keiner qualitativen Verbesserung des Getränkes verbunden und als 1825 die Vorzugsbehandlung für Kapwein wieder abgeschafft wurde, brach der Markt ein. Die Folge waren zahlreiche Bankrotte, sodass viele Investoren aus Kapstadt ihr Geld verloren.

Die zuvor schon rigide Sklavenhaltergesellschaft kapselte sich nach der Abschaffung des Sklavenhandels in einer geradezu kastenartigen Ordnung ab, die immer deutlicher rassistische Züge annahm. Bis dahin existierende Gruppen, die eine soziale Zwischenstellung einnahmen, verschwanden, denn die freien Schwarzen blieben zwar nominell frei, gingen aber in der farbigen Unterklasse auf.

4.3 *Frontiers* und Aufbrüche

Nachdem der Besitzwechsel der Kolonie in die Hände der Briten verhältnismäßig unspektakulär und wenig gewaltsam über die Bühne gegangen war, kam es im Verlauf des frühen 19. Jahrhunderts zu umso tiefgreifenderen und teilweise außerordentlich blutigen Umbrüchen in der gesamten Region. Waren die Buren den wesentlich zahlreicheren Xhosa militärisch unterlegen, so sah es gegen die San ganz anders aus. Diese Konflikte spielten sich an der Nord- und Nordostgrenze der Kolonie ab, wohin die San aus ihren Jagdgebieten abgedrängt wurden. 1795 waren viele Farmen in diesem Gebiet verlassen worden, weil sie sich gegen die Angriffe der San nicht wehren konnten. Dies hatte in erster Linie damit zu tun, dass die San als Wildbeuter nur in kleinen, beweglichen Verbänden agierten. Es gab damit keine Oberhäupter, mit denen man hätte verhandeln können. Gleichzeitig waren diese kleinen Gruppen militärisch nicht so einfach zu besiegen, als Wildbeuter auch nicht in ihrem Nachschub zu treffen. Das resultierte in jahrelangen Konflikten, die häufig in regelrechte Treibjagden auf die San eskalierten.

Die Nordgrenze

Die Missionare – allen voran John Philip – bemühten sich, die verschiedenen Gruppen am Mittellauf des Oranje politisch zu vereinen, um sie gegen die expandierenden weißen Siedler der Kolonie zu sichern. Diese Gruppen zerfielen in die Rinderzüchter, die sich ihrerseits um die großen Familien der Kok oder Barends scharten, daneben in eine Minderheit, die als Bauern sesshaft lebten und unter den Einfluss der Missionsgesellschaften gerieten.

Die Benutzung des alten Khoikhoi-Ethnonyms Griqua für die heterogene Bevölkerung der Grenzregion erleichterte die Integration vieler Khoikhoi der Koranna-Gemeinschaften, die ebenfalls in der Region siedelten. Das Siedlungszentrum Klaarwater wurde denn auch programmatisch in *Griquatown* umbenannt, um eine überwölbende Identität zu festigen. Den bestehenden Machtstrukturen wurde insoweit Rechnung getragen, als Adam Kok der Jüngere und Barend Barends Anfang des Jahrhunderts zu Oberhäuptern dieses Gemeinwesens ernannt wurden. Diese großen Familienverbände waren die Ordnungsfaktoren nördlich des Oranje und wurden als solche durch die symbolische Vergabe von »Amtsstäben« durch die Kolonialregierung anerkannt. Weiße, die nördlich des Oranje ihr Vieh weiden oder siedeln wollten, mussten sich in klientelistische Abhängigkeiten begeben. Cornelius Kok hatte sogar weiße »*Bywoner*«, d. h. landlose Weiße, die auf seinem Land gegen die Erbringung von Dienstleistungen lebten.

Die Missionare der *London Missionary Society* setzten Konvertiten für die weitere Missionsarbeit ein, die ihrerseits zur Entstehung einer regionsübergreifenden kollektiven Identität der später sogenannten »*Coloureds*« beitrugen. Als die Griqua sich jedoch weigerten, Rekruten für die Khoikhoi-Einheiten der Kolonialtruppen zu stellen, zog die Kolonialverwaltung 1814 die Anerkennung ihrer politischen Verbände zurück. Diese Maßnahme wiederum, die den deutlichen Rückgang des Handels zur Folge hatte, schwächte die Position der Missionare in einem solchen Ausmaß, dass es 1815 zu einem regelrechten Aufstand gegen die Vorherrschaft von Griquatown kam. Ganze Gruppen wanderten ab und erhoben den Anspruch, eigenständige Gemeinschaften zu bilden. Da die Kolonialregierung den Griqua auch die Handelsprivilegien aberkannte und die Missionare sich als unfähig erwiesen, daran etwas zu ändern, setzte ein Zerfall des fragilen Gemeinwesens ein. Die Missionare konzentrierten sich darum umso mehr auf die wenigen sesshaften Bauerngemeinschaften unter den Griqua. Der von ihnen protegierte Andries Waterboer konnte zunächst einige Erfolge verbuchen, als er die Selbstverwaltung der Griqua effizienter organisierte. Doch als er sich 1822 bereit erklärte, im Gegenzug zur Wiederaufnahme offizieller Kontakte mit der Kapkolonie die Anwesenheit eines Regierungsvertreters in Griquatown zu akzeptieren, verschlechterte sich sein Verhältnis zu den Rinderzüchtern dramatisch. Ein weiterer Zerfallsprozess setzte ein und die Griqua, von denen ganze Gruppen zum lukrativen Geschäft des Rinderraubs zurückkehrten, wurden ein Faktor der Destabilisierung in der ganzen Region.

Zielscheibe der Griqua-Raubzüge waren die südlichen Tswana, die ihrerseits begannen, sich mit Feuerwaffen auszurüsten und ihre Sozialstruktur auf die neuen Verhältnisse umzustellen, nachdem die Invasion und Expansion der Griqua einige ihrer Häuptlingschaften, wie die Rolong, aufgesplittert und geschwächt hatten. Unter dem Einfluss der Missionare nahmen sie in den 1840er Jahren die für sie neue Technologien des Pflugs und der künstlichen Bewässerung an. Vor allem die Tlhaping entwickelten eine zentralisiertere Form des Zusammenlebens und die für die Tswana charakteristische Siedlungsform in Städten dürfte im Wesentlichen aus dieser defensiven Reaktion hervorgegangen sein. Außer den Griqua schalteten sich Kaufleute aus der Kapkolonie vermehrt in den lukrativen Fernhandel ein. Sie entsandten reisende Handelsagenten mit Ochsenwagen über den Oranje, um mit den Griqua und anderen Bevölkerungsgruppen Handel zu treiben. Später gingen sie sogar zur Einrichtung von festen Läden in den Siedlungszentren über.

Philip trug dem zersplitterten Zustand der Griqua Rechnung und befürwortete den Umzug von Adam Kok und seiner ganzen Anhängerschaft nach Philippolis, südwestlich von Bloemfontein, im Jahr 1826. Damit wollte er dem Vordringen der Weißen einen Riegel vorschieben. Aber alle Versuche, eine Einheit unter den Griqua herzustellen, scheiterten, da die Barend- und Kok-Familien nicht bereit waren, sich der Oberhoheit Waterboers zu unterstellen, der für sie ein Emporkömmling und eine Kreatur der Missionare war. 1837 schrieben Kok und Waterboer die faktische Zweiteilung des Griqualandes in einem Vertrag fest.

Zunächst nur zeitweise im Rahmen ihrer transhumanten Wechselweidewirtschaft, dann ab etwa 1830 kamen immer mehr Trekburen, die sich dauerhaft nördlich des Oranje niederließen. Dadurch erodierte die Machtbasis Koks, denn bereits 1838 lebten mindestens 800 weiße Familien nördlich des Oranje. Traditionelle Oberhoheiten verloren ihre Bedeutung, und das Recht des effektiven Besitzes wurde über kurz oder lang zur Grundlage des Eigentums. Nach der Gründung einer unabhängigen Republik nördlich des Oranje verlor die Existenz eines eigenständigen Griqua-Gemeinwesens seine materielle Grundlage und endete mit der Vertreibung von Kok und seinen Anhängern 1861, als sie in die Transkei zogen. Ihr Siedlungsgebiet um Kokstad erhielt später den Namen *Griqualand*-East, ihre frühere Heimat am Oranje wurde zu *Griqualand*-West. Die dort bleibenden Griqua wurden von der Kolonialmacht fallengelassen. Die Anwesenheit der Weißen und die bessere Bewaffnung ihrer Sotho- und Tswana-Nachbarn sorgten dafür, dass die Griqua ihre hegemoniale Stellung verloren. Nach dem Tod Waterboers 1852 beschleunigte sich ihre Desintegration. Als 1867 Diamanten in ihrem Siedlungsgebiet entdeckt wurde, führte dies zum endgültigen Verlust ihrer Eigenständigkeit.

Die Ostgrenze

Der Osten der Kolonie blieb ein Hauptproblem, da dort zwei expansive Gesellschaften in Konkurrenz um die Ressource Land aufeinander trafen. Der Dauerkonflikt wurde erst 1877 mit der gewaltsamen Eingliederung der letzten unabhängigen afrikanischen *Chiefdoms* in die Kapkolonie beendet. Die Zeit zwischen 1811 und 1856 war von zahlreichen, mit zunehmender Härte und Brutalität geführten Kriegen bestimmt, die auf Seiten der Xhosa zu wachsender Verzweiflung und einer tiefen Traumatisierung führten. Im frühen 19. Jahrhundert fand eine wesentliche Veränderung statt, als die bantusprachigen Afrikaner nicht mehr aus einem bestimmten Territorium hinausgedrängt, sondern in die Kapkolonie eingeschlossen und als billige Arbeitskräfte unterjocht wurden. Statt einer exkludierenden Grenzsicherung ging der Kolonialstaat seit den 1830er Jahren über zu einer inkludierenden Grenzerweiterung.

Die Grenzkriege gegen die Xhosa 1811–1856

Mit dem Vierten Grenzkrieg (1811/12) änderte sich die Situation an der *Frontier* grundlegend, denn die Briten setzten erstmals Soldaten ein, die gerade auf den Schlachtfeldern der napoleonischen Kriege in Europa gekämpft hatten und entsprechend verroht waren. Die bisherige defensive Grenzsicherung wurde von einer aktiven Vertreibungspolitik abgelöst, die sich zunächst auf das *Zuurveld* richtete, dessen Weiden sowohl die Siedler als auch die Xhosa für ihre Herden nutzen wollten. Mit diesem Krieg zeichnete sich zudem erstmals ein Bündnis von Siedlern, Militärs und Kolonialverwaltung ab, das die folgenden Konflikte weitgehend bestimmte. Gouverneur Cradock legte Wert darauf, dass die Truppen einen »angemessen Terror« ausübten, wofür er in Oberst John Graham einen willigen Exekutor fand. Die 700 regulären Soldaten, verstärkt durch 900 Angehörige der Siedlermilizen, die wegen der Aussicht auf Beute teilnahmen, vertrieben etwa 20 000 Xhosa aus dem *Zuurveld* bis hinter den *Great Fish River*. Dabei durchkämmten sie die unzugänglichen Schluchten und Klüfte der Gebirgsgegenden und schossen auf alle dunkelhäutigen Menschen, die sie in dem dichtbewachsenen Buschland wahrnahmen. So kamen zahlreiche Frauen und Kinder zu Tode, da die Soldaten sie im Unterholz oft nicht von den Männern unterscheiden konnten.

Die Kriege der Xhosa waren eher auf Besitzvermehrung und Status ausgerichtete Rinderraubzüge, wie noch die ersten drei Grenzkriege. Umso größer war der Schock für die Xhosa, als im vierten Grenzkrieg von 1811/12 eine rücksichtslose Soldateska mit ungeheurer Brutalität gegen die Menschen und ihre lebenswichtigen Ressourcen vorging. In den folgenden Jahrzehnten nahm die Gewaltsamkeit noch weiter zu und ging mit der Einbeziehung immer weiterer Xhosa-Gruppen einher, bis sich der Krieg schließlich faktisch gegen das gesamte Volk richtete. Umgekehrt lernten die Xhosa sehr rasch, dass sie mit ihrer traditionellen Kampfordnung diesen Gegnern nicht gewachsen waren. Sie verschafften sich Feuerwaffen und gingen von der traditionellen Feldschlacht in geschlossener Formation zu einem effizienten Guerillakrieg über, bei dem ihnen ihre Kenntnis des Geländes zugutekam. Sie verstanden es, einzelne Trupps der Engländer in Hinterhalte zu locken; sie wussten, dass die Feuerwaffen der Weißen bei Regenwetter nicht funktionierten und sie griffen später auch gezielt die Proviantwagen an.

Die Vertreibung der Xhosa war ein Raubzug, in dessen Verlauf ihnen ein großer Teil ihrer Rinderherden abgenommen und an die weißen Farmer verteilt wurde. Da die Kolonialtruppen systematisch die kurz vor der Ernte stehenden Feldfrüchte zerstörten und verbrannten, war das Ergebnis des Krieges vorhersehbar: Eine Hungersnot, die Verarmung der Xhosa, ein wachsender Bevölkerungsdruck und damit geradezu zwangsläufig ein neuer Krieg; zumal die Siedler nachdrängten und bald ihrerseits jenseits der festgelegten Grenze am Fischfluss siedelten. Die Xhosa hatten durchaus Anlass, sich ungerecht behandelt zu fühlen, denn die Siedler eigneten sich oft Rinder deswegen an, weil sie ihre Brandzeichen trugen, ohne sich darum zu kümmern, ob die Afrikaner sie von ihnen eingehandelt oder tatsächlich gestohlen hatten. So verloren die Xhosa bei den Kommando-Operationen oft Rinderherden in fünfstelliger Zahl, wobei die Weißen nicht nur Rinder raubten, sondern auch Menschen verschleppten – insbesondere Kinder, die sie dann auf ihren Farmen zu billigen Arbeitskräften aufzogen.

Um diese Zeit begann sich die *Frontier* zu »schließen«, wie der südafrikanische Historiker Hermann Giliomee einen Prozess nannte, durch den das Land knapp wurde und kaum noch Expansionsmöglichkeiten vorhanden waren, nicht zuletzt, weil eine staatliche Macht in der Grenzzone intervenierte. Die Schließung der *Frontier* trug zur Stratifizierung der weißen Gesellschaft bei, denn die 26 % Weiße, die 1798 als Farmbesitzer registriert wurden, besaßen 75 % aller Sklaven in den östlichen Bezirken, 56,6 % der Rinder, 55,8 % der Schafe und 51,3 % der Pferde. Die Anhäufung der meisten Ressourcen in den Händen einer Minderheit macht deutlich, dass die Chancen für landlose Farmer, selbst Land zu erwerben, schwanden. Der Kolonialstaat wollte den instabilen Zustand der *Frontier* durch den stabilen der *Boundary* ersetzen, durch eine auf einer Karte verzeichnete Grenzlinie, die gleichzeitig eine ethnische Grenze darstellen sollte. Das Vordrängen einer Siedler*frontier*, die die Kolonialregierung nicht wollte, und eine schrittweise staatliche Eroberung, die die Siedler nicht beabsichtigten, wechselten einander ab. Ein solcher Prozess konnte sein Ende erst mit der vollständigen, flächendeckenden Unterwerfung der Afrikaner finden. Was 1812 an der *Frontier* geschah, war nichts anderes als eine »ethnische Säuberung«. Das Ziel der Kolonialregierung war es, die Lebensgrundlage der schwarzen Bevölkerung in dem umstrittenen *Zuurveld* so zu zerstören, dass sie nicht wieder zurückkehren konnte. Anschließend wurde das *Zuurveld* mit einer Reihe von Befestigungen gesichert, zu deren Zentrum sich bald eine kleine Garnisonsstadt entwickelte, die dem britischen Kommandanten zu Ehren *Grahamstown* genannt wurde.

Mit dem Vierten Grenzkrieg lässt sich zugleich der Beginn der modernen Kolonialherrschaft in Afrika datieren. Dazu zählten auch Methoden, die man später als die Totalisierung des Krieges bezeichnete, nämlich seine Ausweitung auf die Zivilbevölkerung und gegen die Ressourcenbasis des Gegners, wie Viehherden und Getreidespeicher. Das erstmalige Auftreten staatlicher Macht an der *Frontier* brachte eine tiefgreifende strukturelle Änderung. Hatten die vordringenden Siedler und die Lebensweise der Xhosa mit ihren zyklischen Wechseln der Weidegründe eine Situation der *Frontier* geschaffen, die durch permanent schwankende Machtbalancen, kreuz und quer geschlossene Allianzen, ein Gemisch von Abhängigkeit, Konkurrenz, Misstrauen und Unverständnis geprägt war, so zielte die Kolonialregierung auf eine dauerhafte Befriedung der Grenze ab. Die in Europa ausgebildeten Entscheidungsträger in Kapstadt verstanden die eigenartige Dynamik einer *Frontier* nicht und sahen nicht, dass alle Versuche, diese Interaktionszone zu entflechten, vergeblich bleiben mussten. Sie glaubten, wenn sie den ranghöchsten *Chief* in Verträge einbanden, die Situation kontrollieren zu können. Dieser Auserwählte war Ngqika, das Oberhaupt der Rharharbe, der Ambitionen nährte, die von ihm unabhängigen Häuptlingschaften der westlichen Xhosa seiner Herrschaft zu unterwerfen. Seine Haltung gegenüber seinen Rivalen verhärtete sich, da er auf die Hilfe der Kolonialmacht vertraute, sodass die westlich von ihm lebenden Xhosa nicht bereit waren, ihre Wohnsitze weiter in den Osten zu verlagern, da sie dann die Unterwerfung fürchten mussten.

Die Xhosa konnten das, was ihnen im Vierten Grenzkrieg widerfahren war, nicht im Rahmen ihrer kulturellen Deutungsmuster erklären. Darum schenkten sie Propheten Gehör, die nun erstmals in ihrer Mitte auftraten. Der Prophet Makanna, der auch Nxele (der Linkshänder) genannt wurde, hatte sich eine Zeit lang in *Grahamstown* aufgehalten, wo er sich intensiv mit dem Christentum auseinandersetzte. In seine Heimat zurückgekehrt, wandelte er sich zu einem entschiedenen Gegner des Christentums, von dem er jedoch Elemente übernahm. Die Auferstehung der Toten und ein Endgericht gab es in der Xhosa-Religion nicht, sodass Makanna mit seinen Vorstellungen eine neue Antwort auf existentielle Fragen in Zeiten von Krieg und Hunger gab. Er schloss sich dem einflussreichen *Chief* Ndlambe an, der unter dem europäischen Vordringen am meisten gelitten hatte. Die *Chiefs* waren allesamt alarmiert, da sie vermuteten, die Briten wollten ihnen ihr gesamtes Land wegnehmen. Die wahllosen Viehbeschlagnahmungen durch Militärpatrouillen und Kommandos verstärkten diesen Eindruck. Infolge der steigenden Aggressivität der Briten nahm die Verhandlungsbereitschaft der *Chiefs* ab. Bald hatte Makanna eine wachsende Anhängerschaft um sich geschart und trat, obwohl er nicht aus dem Herrscherhaus stammte, wie ein *Chief* auf und riss die politische Initiative an sich. Seine Weissagung versprach einen Sieg über die Weißen, die aus dem Land vertrieben würden. 1818 führte er im Fünften Grenzkrieg eine riesige Armee von Xhosa-Kriegern gegen *Grahamstown*. Hätte er nicht im Vertrauen auf seine übernatürliche Sendung am hellen Tag die Stadt angegriffen, so hätte er durchaus Chancen auf den Sieg gehabt. So aber wurde seine Armee unter gewaltigen Verlusten zurückgeschlagen, wobei ironischer Weise die entscheidende Hilfe für die bedrängte Garnison von einer Khoikhoi-Truppeneinheit kam. Schon die VOC hatte gegen Ende ihrer Herrschaft ein sogenanntes Hottentotten-Korps eingerichtet, das die Briten beibehielten. Sie erweiterten diese Militäreinheit sogar noch, da sie der rebellischen weißen Bevölkerung wenig trauten und in den Khoikhoi eine verlässliche Truppe hatten. Allerdings war diese keine Freiwilligen-Einheit, auch wenn dies auf dem Papier so aussah, sondern viele Khoikhoi wurden zum Militärdienst gezwungen, wobei es für sie keine Aufstiegsmöglichkeiten über bestimmte Ränge hinaus gab.

Makanna ergab sich kurz darauf den Briten, um weiteren Schaden von der afrikanischen Bevölkerung abzuwenden, ohne allerdings dieses Ziel zu erreichen. Er wurde zu lebenslanger Haft nach *Robben Island* in der Tafelbucht vor Kapstadt gebracht und ertrank wenig später bei einem Fluchtversuch. Viele Xhosa weigerten sich, an seinen Tod zu glauben, sodass die Rückkehr des Propheten selbst zu einer Prophezeiung wurde.

Gouverneur Somerset wollte nach dem Fünften Grenzkrieg eine menschenleere Pufferzone zwischen den weißen Siedlern und den Xhosa schaffen, wofür letztere ihr Land verloren, das sogenannte *Ceded Territory*. Insgeheim beabsichtigte der Gouverneur, dieses Land möglichst bald für weiße Siedler freizugeben. Während einer kurz darauf ausbrechenden Dürre drangen Weiße wie Xhosa in das Gebiet ein und schufen so die Voraussetzung für den nächsten Konflikt.

Die englische Einwanderung von 1820

Nachdem sich herausgestellt hatte, dass die Xhosa keineswegs militärisch unterlegen waren und die dünne Besiedlung der Kolonie zur instabilen Lage beitrug, griff die Regierung zu neuen Methoden, um das Grenzgebiet besser zu sichern. Sie schob zwischen die beiden Parteien, die Buren der Kapkolonie auf der einen und die Xhosa auf der anderen Seite der Grenze, neben dem *Ceded Territory* auch weiter südlich eine Art Pufferzone. Hierzu sollten britische Siedler, von denen man mehr Berechenbarkeit im Verhalten erwartete, im *Zuurveld* angesiedelt werden. Um die richtigen Siedler zu finden, wurde in Großbritannien eine Werbeaktion in die Wege geleitet. Aus den 80 000 Interessierten, die sich meldeten, wurden 4000 ausgewählt und mit mehreren Schiffen nach Südafrika gebracht. Es handelte sich bei diesen Siedlern, für die sich in Südafrika nach dem Jahr ihrer Ankunft der Name *1820 Settlers* einbürgerte, nicht um vereinzelte Individuen, sondern um ganze Gruppen. Der Plan, die Neusiedler flächendeckend als Kleinfarmer in der Landwirtschaft zu beschäftigen, scheiterte nicht zuletzt an den fehlenden Kenntnissen der meist aus den Städten stammenden Einwanderer. Zudem waren die ihnen zugewiesenen Parzellen zu klein, sodass nur eine Minderheit auf Dauer das Land besiedelte. Die Mehrheit der britischen Siedler zog in die kleinen Forts und Garnisonsstädtchen. Neben dem Siedlungsmittelpunkt *Grahamstown* ließen sich viele in der entstehenden Hafenstadt Port Elizabeth, dem Ort ihrer Ankunft, nieder. Daraus entwickelte sich allmählich ein Stadt-Land-Gegensatz, der auch ethnische Konnotationen erhielt, da die Briten mehrheitlich Stadtbewohner waren, während die Buren auf dem Land lebten.

Auch das Kalkül der Kolonialregierung, von den Neusiedlern könne eine pazifizierende Wirkung ausgehen, erfüllte sich nicht. Im Gegenteil, sie hatten maßgeblichen Anteil an der weiteren Eskalation der *Frontier*situation, während die Buren, die mittlerweile meist fernab der *Frontier* lebten, in den 1830er Jahren an den Konflikten kaum noch beteiligt waren.

In der südafrikanischen Forschung wurde viel über die Entstehung und Bedeutung des Rassismus im Zusammenhang mit der *Frontier* diskutiert. Einer älteren Lehrmeinung zufolge führten die staatsfernen, chaotischen Verhältnisse an der *Frontier* dazu, dass die Weißen diese Konfrontation als Aufeinandertreffen der zivilisatorisch Überlegenen mit den Barbaren interpretierten. Seit den 1970er Jahren wurde diese These durch eine andere, differenziertere Interpretation abgelöst, denn empirisch ließ sich eine besondere Virulenz des Rassismus an der *Frontier* nicht nachweisen. Der Rassismus geht vielmehr auf die Sklaverei zurück, denn unfreie Arbeit wurde sukzessive mit schwarzer Hautfarbe assoziiert. Da sich immer wieder jüngere Familienangehörige weißer Familien aus den etablierten landwirtschaftlichen Zonen bei Kapstadt an der *Frontier* niederließen, wurde in einem ständigen Strom die Vorstellung einer rassischen Hierarchie als normative Ordnung an die Siedlungsgrenze und in die Gebiete einer auf Viehzucht ausgerichteten ländlichen Wirtschaft exportiert und dort verbreitet.

Gleichwohl entstand im Osten ein autonomes Zentrum der Artikulation rassistischer Ideologie, nämlich der Siedlungsgürtel, in dem die *1820 Settlers* lebten. Der Markt im Osten der Kolonie war sehr begrenzt, die wichtigsten Kunden der britischen Ladenbesitzer waren die Soldaten, die an der Grenze in Garnison lagen. Das ureigenste Interesse der Siedler ging dahin, sie möglichst lange und in großer Zahl in der Gegend zu halten. Dazu gab es kein besseres Mittel, als die Konflikte an der *Frontier* anzuheizen, wozu sich die Lokalpresse trefflich eignete. Aus den Seiten des von Robert Godlonton herausgegebenen *Graham's Town Journal* strömte eine Flut schmähender Artikel über die Xhosa, die nicht anders als rassistisch zu nennen sind. Die ersten dezidiert rassistischen Äußerungen über die schwarze Bevölkerung Südafrika erklangen an der *Frontier*, aber sie stammten von britischen Neueinwanderern.

Mit der Ankunft der britischen Siedler änderte sich die Situation an der Ostgrenze, denn der Raum war mit etwa 30 000 Menschen nun deutlich dichter besiedelt als zuvor und gewann allein dadurch auch größeres politisches Gewicht. Bald entwickelte sich ein lukrativer Immobilienmarkt, wobei einige Siedler erfolgreiche Bodenspekulanten wurden, die häufig zu den wichtigsten Akteuren an der expansiven *Frontier* zählten. Sie nahmen das fruchtbare Land der Rharharbe ins Visier und suchten nach Vorwänden, um den Schwelbrand einer instabilen *Frontier*situation in das helle Feuer eines offenen Krieges auflodern zu lassen. Bei einem Gouverneur wie Lord Somerset hatten sie mit ihren Bemühungen wenig Erfolg. Nicht, dass er eine besondere Vorliebe für die Xhosa gehegt hätte; aber er pflegte eine ausgeprägte Abneigung gegen die Siedler, die für diesen Angehörigen des Hochadels und überzeugten High-Tory allesamt aufmüpfige Kleinbürger waren, deren Pressegeschrei für ihn einer Insubordination gleichkam.

Tatsächlich gelang es den Siedlern, eine Kriegshysterie zu schüren, die 1828 zu einer Intervention der Armee jenseits des Keiflusses (Transkei) führte. Sie »befreite« Flüchtlinge, die bei den Xhosa als Klienten untergekommen waren, und brachte sie in die Kolonie. Dort wurden die ca. 16 000 Mfengu, die von den Briten *Fingo* genannt wurden, in der Umgebung von Fort Peddie als weiterer »Pufferzone« angesiedelt. Die Mfengu entwickelten sich in den folgenden Jahren zur ersten bantusprachigen Bevölkerungsgruppe, die sich westlicher Manier und Missionierung öffnete.

Nach 1820 wurde die eng mit den britischen Siedlern verbundene *Wesleyan Missionary Society* unter den Xhosa und Mfengu aktiv, doch ergriffen ihre Missionare stets Partei für die Siedler und arbeiteten auch als Informanten für die Regierung. Gemeinsam mit den Händlern, die neue Konsumbedürfnisse weckten, trugen die Missionare entscheidend zur Unterminierung der gesellschaftlich-politischen Ordnung der Xhosa bei.

Annexion – Rückgabe – Annexion: Vom Sechsten bis zum Achten Grenzkrieg

Generalmajor Sir Benjamin D'Urban war ein Veteran der napoleonischen Kriege und wurde 1834 zum Gouverneur ernannt, um auf dem Verhandlungsweg mit den Xhosa die lästige Situation an der Ostgrenze zu bereinigen. Statt mit den Xhosa einigte er sich mit den britischen Siedlern, schenkte ihren Behauptungen Glauben, ohne sie zu überprüfen, da er vom verräterischen und barbarischen Charakter der Xhosa überzeugt war. Bald nach seiner Ankunft begannen »Strafaktionen« gegen die Xhosa. Tatsächlich handelte es sich um eine weitere Vertreibung der Xhosa aus ihren angestammten Siedlungsgebieten. Der offene Krieg (Sechster Grenzkrieg) brach 1834 aus, als das Xhosa-*Chiefdom* des mittlerweile verstorbenen Ngqika sich gegen die fortdauernden Vertreibungen und Übergriffe zur Wehr setzte. Etwa 12 000 Xhosa drangen in kleinen Gruppen über die Grenze vor und führten einen sehr effizienten Guerillakrieg gegen die Weißen. Im Gegensatz zu den Briten töteten sie bei ihren Angriffen zwar einige Farmer, ließen aber durchweg Frauen und Kinder sowie Missionare unbehelligt.

Demgegenüber griffen die britischen Truppen wie in den Kriegen zuvor die Lebensgrundlage der Afrikaner an. Die Xhosa waren zwar zahlenmäßig überlegen, doch hatte D'Urban rund 1000 gut ausgerüstete kriegserfahrene britische Soldaten sowie eine große Zahl Siedlermilizionäre zu seiner Verfügung, einschließlich Kavallerie- und Artillerieeinheiten. In ihrem Treiben erreichte das Vorgehen der Briten einen moralischen Tiefpunkt, da der Gouverneur nur darauf aus war, den Xhosa im Interesse der Siedler und Spekulanten ihr Land wegzunehmen und die Rharharbe zu billigen Arbeitskräften für die Farmer zu degradieren.

Erstmals richtete sich die Aggression gegen den Xhosa-König Hintsa (1789–1835) selbst, der jenseits des Keiflusses weitab vom Geschehen lebte. D'Urban vermutete in ihm den eigentlichen Anstifter, bei dem die angeblich geraubten Rinderherden versteckt worden seien. Hintsa wurde unter Zusicherung freien Geleits zu Verhandlungen vorgeladen. Als er nach Abschluss der Verhandlungen gefangen gesetzt wurde und wegen der unmittelbaren Bedrohung seines Lebens fliehen wollte, wurde er erschossen, woraufhin die ›zivilisierte‹ Soldateska seine Leiche verstümmelte und die Soldaten mit Bajonetten seine Zähne als Souvenirs herausbrachen.

D'Urban annektierte das Gebiet bis zum Keifluss, den gesamten Lebensraum der Rharhabe, und stellte es unter dem Namen *Province of Queen Adelaide* unter weiße Verwaltung mit seinem Truppenkommandeur Sir Harry Smith als Gouverneur. Doch waren die Expansionisten diesmal einen Schritt zu weit gegangen, denn mittlerweile hatten die Abolitionisten in London mobil gemacht. Auf Betreiben von Thomas Fowell Buxton, ihrem Führer im Unterhaus, hatte dieses einen Untersuchungsausschuss eingesetzt, vor dem der Superintendent der *London Missionary Society*, John Philip, und andere Missionare aussagten. Doch keine Wortmeldung hatte eine solche Wirkung wie die von Andries Stockenström, dem ehemaligen *Landdrost* von Graaff-Reinet und Generalkommissar für die östlichen Distrikte. Er bestätigte die Übergriffe und die Substanzlosigkeit vieler Klagen von Seiten der Siedler gegen die Xhosa. Aufgrund seiner Darstellung entschloss sich Kolonialminister Lord Glenelg, am 26. Dezember 1835 die Annexion rückgängig zu machen, und zwang

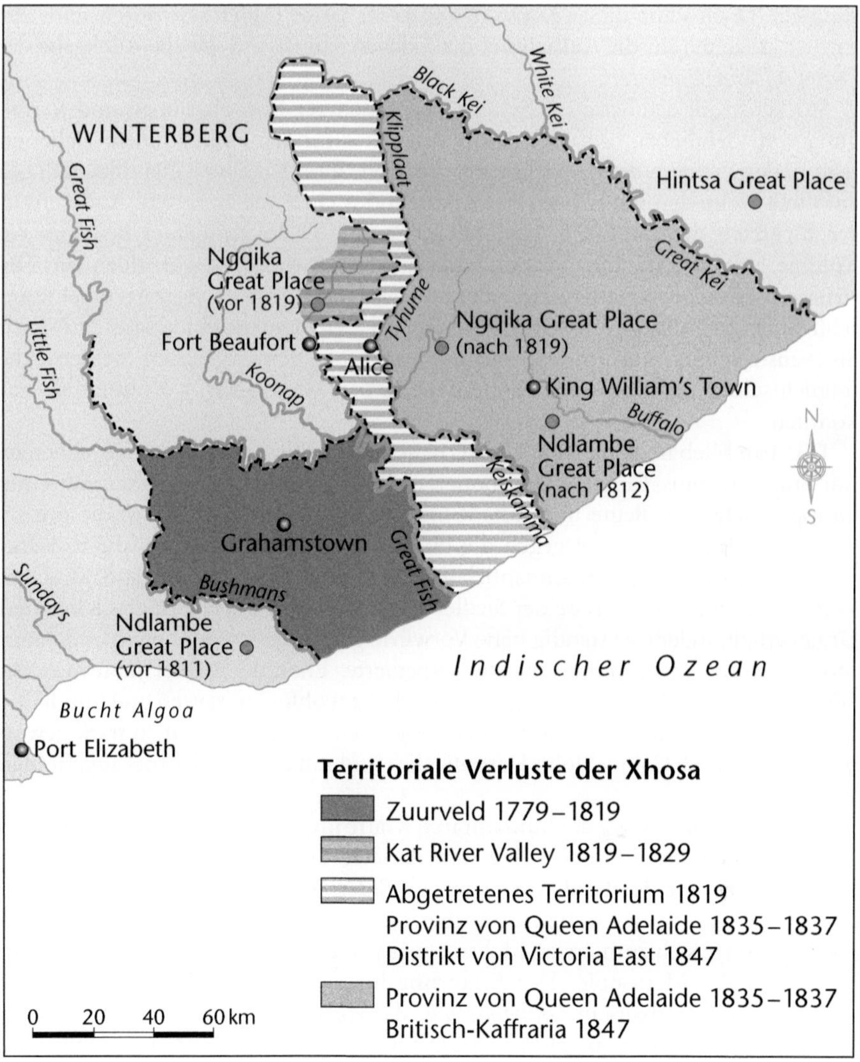

Karte 1: Territoriale Verluste der Xhosa 1779–1847.

Gouverneur D'Urban, das Gebiet den Xhosa-*Chiefs* zurückzugeben. Er ernannte Stockenström zum stellvertretenden Gouverneur mit besonderer Zuständigkeit für den östlichen Teil der Kolonie. Dies war der Höhepunkt des Einflusses humanitärer Interessen, die in Großbritannien und in der Kapkolonie einander wechselseitig unterstützten. Stockenström erhielt neben der Unterstützung Philips, der seine Aussagen vor dem Unterhaus bestätigte, auch Hilfe von dessen Schwiegersohn John Fairbairn, dem Herausgeber einer der ersten unabhängigen Zeitungen in der Kolonie, des *Cape Commercial Advertiser*. Fairbairn trat für eine friedliche Einigung mit den Xhosa und eine allgemeine Verbesserung der Lage der afrikanischen Bevölkerung ein. Doch sollte dieser Konstellation keine lange Dauer beschieden sein: Die Farmer kreideten ihr die Aufhebung der Sklaverei an ebenso wie die Rückgabe der *Queen Adelaide Province*.

Stockenström etablierte ein System wechselseitiger Konsultationen und Verfolgung von Viehdieben ohne die automatisch erfolgenden Strafaktionen. Dabei erlegte er den Farmern die Beweislast auf, die Diebe ihrer Rinder zu identifizieren, um auf diese Weise den Raubzügen der Kommandos ein Ende zu setzen. Andererseits verpflichteten sich die *Chiefs*, tatsächlich erkannte Diebe samt ihrer Beute an die Kolonie auszuliefern. Das System funktionierte einige Jahre gut, doch die Obstruktionspolitik der englischen Siedler und des grollenden Gouverneurs brachten es schließlich zu Fall. Wegen seiner Aussage vor dem Untersuchungsausschuss war Stockenström der wohl meistgehasste Mann unter den englischen Siedlern, die folglich seiner Vertragspolitik Hindernisse in den Weg legten, wo immer sie nur konnten.

D'Urban blieb noch bis 1838 Gouverneur und tat alles in seiner Macht stehende, um Stockenströms Tätigkeit zu sabotieren. Dabei wurde er unterstützt von einer Gruppe reicher Kaufleute in Kapstadt um J. B. Ebden und C. J. Brand, die mit öffentlichen Versammlungen gegen die humanitären Kräfte mobil machten. Selbst John Fairbairn schlug sich allmählich auf ihre Seite, da er um die Auflage seiner Zeitung fürchtete. Die Presse der Siedler an der Ostgrenze befeuerte das Klima der Unsicherheit, indem sie ständig neue Vorwürfe gegen die Xhosa richtete und damit Stockenströms Vermittlungsversuche torpedierte. Ende der 1830er Jahre war der Widerstand der Kolonisten, fast ausschließlich der wohlorganisierten und durch ihre Presse gut hörbaren englischen Siedler, gegen den Vizegouverneur so stark geworden, dass er durch Colonel John Hare abgelöst und mit einem Adelstitel abgefunden wurde.

Der kurzzeitige Erfolg der humanitären Kräfte im Jahr 1835 hatte zur Folge, dass sich im Osten der Kolonie die ersten Ansätze eines Separatismus bemerkbar machten, der mit der Forderung nach größeren Mitspracherechten der Siedler verbunden war. In der Indignation über die Entscheidungen der Londoner Regierung rührte sich zum ersten Mal so etwas wie ein koloniales Selbstbewusstsein gegenüber der Metropole. Der Erfahrungshintergrund war die zehnmonatige Anwesenheit D'Urbans in *Grahamstown*, das sogar vorübergehend Kapstadt als Hauptstadt der Kolonie abgelöst hatte. Die britischen Siedler hatten die Nähe zum Gouverneur und den Zugang zur Regierungspatronage, zu lukrativen Aufträgen und kurzen Wegen der Einflussnahme schätzen gelernt und wollten später nicht mehr darauf verzichten. Die Regierung in London lehnte die Abtrennung als eigene Kolonie ab, kam den Forderungen aber insofern entgegen, als die ohnehin geplante Einrichtung lokaler Selbstverwaltung in den Städten 1837 umgesetzt wurde.

1846 gab Gouverneur Sir Peregrine Maitland dem Druck der Siedler nach und schaffte das System der gegenseitigen vertraglichen Bindungen zugunsten erneuter militärischer Strafaktionen gegen die Xhosa ab. Daraufhin spitzte sich die Lage rasch zu und entlud sich ein Jahr später im Siebten Grenzkrieg (1846/47), nachdem die Siedlerpresse die Gerüchteküche abermals angeheizt und Kriegsstimmung verbreitet hatte. Im April 1846 rückte das britische Militär in das Xhosa-Gebiet vor, doch zunächst errangen die Afrikaner die Oberhand und eroberten das Gebiet bis nach Port Elizabeth. Obwohl sie den Briten anfangs militärisch überlegen waren, erklärten sie sich im September 1847 zur bedingungslosen Unterwerfung bereit. Aufgrund der umfassenden Zerstörungen durch die Kolonialtruppen und weil ihre Wintervorräte aufgebraucht waren, standen sie buchstäblich vor dem Hungertod. Die Buren hielten sich mit ihrem kriegerischen Engagement auffallend zurück und waren erst bereit, in den Kommandos zu dienen, als Stockenström zu ihrem Kommandanten ernannt wurde. Offensichtlich betrachteten sie die Auseinandersetzungen zwischen Xhosa und Briten an der *Frontier* nicht mehr als ihre Angelegenheit. Als Stockenström einen Vertrag mit Hintsas Sohn und Nachfolger, dem Xhosa-König Sarhili (1809–1892), abschloss, kassierte Maitland den Vertrag und drängte auf Weiterführung des Krieges. Kolonialminister Earl Grey wollte die Stabilisierung der *Frontier*zone als Voraussetzung für die geplante Selbstverwaltung der Kapkolonie. Um die *Frontier* zu befrieden, wurde der unfähige Maitland durch Sir Henry Pottinger ersetzt, der bereits in China die »Öffnung« der Häfen erzwungen hatte. Obwohl er ein Zivilist war, gab er sich besonders martialisch und erhielt erweiterte Vollmachten mit der Ernennung zum Hochkommissar. In dieser Funktion konnte er im Namen Großbritanniens außerhalb der Kolonialgrenzen Verträge abschließen. Gleichwohl erzielte er nicht den raschen militärischen Sieg, den seine Auftraggeber in London erwarteten, sodass er nach knapp einem Jahr durch Sir Harry Smith ersetzt wurde. Damit war genau der richtige Mann für eine aggressive Vorwärts-Strategie gefunden. In den fünf Jahren, die er als Gouverneur amtierte (1847–1852), nahm er weitreichende Annexionen im Gebiet nördlich des Oranjeflusses sowie an der Ostgrenze vor. Er annektierte die kurzlebige *Queen Adelaide Province* erneut und nannte sie nun *British Kaffraria*. Dieses Gebiet wurde als eigenständige Kolonie verwaltet und erst 1865 der Kapkolonie eingegliedert. Smith verleibte das von Lord Somerset annektierte *Ceded Territory*, ursprünglich als Pufferzone zwischen weißer und afrikanischer Besiedlung gedacht, unter dem Namen *District Victoria East* endgültig der Kolonie ein und setzte dort dieselbe fatale Politik der Landenteignung der afrikanischen Bevölkerung in Gang, wie in *British Kaffraria*.

Demonstrativ zerriss Smith vor den versammelten Xhosa-*Chiefs* ein Stück Papier und erklärte ihnen: »Seht ihr das? Das waren die Verträge! Hört ihr? Keine Verträge mehr.«[3] Anschließend demütigte er sie, indem er sie vor seiner versammelten Equipage zwang, ihm die Stiefel zu küssen. In seinem vollkommenen Unverständnis der Gesellschaft und Mentalität der Xhosa meinte Smith, sie mit grandiosen Zeremonien und selbstherrlichem Auftrumpfen einschüchtern zu können. Er setzte seinem anmaßenden Verhalten die Krone auf, als er, der sich selbst zum höchsten *Chief* der Xhosa proklamierte, den Erben Ngqikas, *Chief* Sandile, ab- und einen weißen Beamten an dessen Stelle einsetzte. Das Ergebnis seines Vorgehens war eine Destabilisierung, sogar Desintegration der Xhosa-*Chiefdoms*, die nach der Niederlage zu keiner militärischen Gegenwehr in der Lage waren.

3 Alan Lester, Imperial Networks. Creating Identities in nineteenth-century South Africa and Britain, London – New York 2001, S. 151.

Abb. 5: Treffen zwischen Vizegouverneur J. Hare und den Xhosa 1846.

Der Krieg hatte die Xhosa stark geschwächt, die Bevölkerungszahlen der Rharharbe waren um etwa die Hälfte auf 27 000 zurückgegangen, denn viele flohen wegen akuten Hungers in benachbarte Gebiete. Die Rharhabe wurden in den kolonialen Herrschaftsverband eingegliedert und weil viele von ihnen völlig verarmt waren, mussten sie sich in großer Zahl den Weißen als billige Arbeitskräfte anbieten. Es blühte ihnen nun ein ähnliches Schicksal wie den Khoikhoi unter der Herrschaft weißer Farmer. Das System unfreier Arbeit, ursprünglich auf der Sklaverei errichtet, griff auf weitere Gruppen der Kolonialgesellschaft, wie die Xhosa, über.

Angesichts dieser Entwicklung war es wenig erstaunlich, dass mit Mlanjeni erneut ein Prophet unter den Xhosa erschien, der forderte, als ersten Schritt zu einem Endkampf gegen die Weißen die eigenen Rinder zu töten. Zudem verteilte er magische Mittel, die die Kugeln der Weißen in Wasser verwandeln sollten. Im nun folgenden Krieg (1850–1853) standen die Xhosa den Weißen nicht allein gegenüber, denn gut bewaffnete Khoikhoi im nahe gelegenen *Kat River Settlement* erhoben sich ebenfalls.

Ursprünglich hatte das fruchtbare Land am *Kat River*, einem Nebenfluss des *Fish River*, den Xhosa gehört, denen es im Fünften Grenzkrieg von 1818–19 abgenommen worden war. Unter dem Druck der Missionare wurde eine Missionsstation eingerichtet und die Khoikhoi, die dort siedelten, hatten in den Kriegen von 1834/35 und 1846 loyal auf Seiten der Kolonialmacht gekämpft. Doch blieb es kaum aus, dass der begehrliche Blick der Bodenspekulanten auch auf ihr für die Schafzucht besonders geeignetes Tal fiel. Godlonton diffamierte im *Graham's Town Journal* die Bewohner als verarmte, sozial nutzlose Faulenzer. Als die Pläne für die Einrichtung eines Parlaments allmählich Gestalt annahmen, gaben sich die Bewohner von Kat River keinerlei Illusionen darüber hin, dass das nicht-rassische Wahlrecht ihnen genügend Einfluss verleihen würde, um ihre Interessen wirksam vertreten zu können. Als an Weihnachten 1850 der Achte Krieg mit den Xhosa ausbrach, stellten sie sich darum auf deren Seite.

1851 überschritten die landlosen, völlig verzweifelten Xhosa erneut in kleinen Guerillagruppen die Grenze. Sie waren mittlerweile wesentlich besser bewaffnet als zuvor, denn ausgerechnet ihre erbittertsten Gegner, die Siedler von *Grahamstown*, hielten den Waffenschmuggel aufrecht. Die Briten reagierten mit einer Strategie der verbrannten Erde in nie dagewesenem Ausmaß. So zog sich der Krieg lange hin, doch dieses Mal fand Smith seinen Meister in Maqoma, Sohn des verstorbenen Ngqika und bedeutendster militärischer Führer der Xhosa. Mehrere Jahre lang hielt er mit etwa 200 Kriegern eine zwanzigmal so starke britische Truppe beschäftigt, wodurch die Kriegskosten immens stiegen.

Die ruchlose Form der Kriegführung ließ diesen Achten Grenzkrieg zum blutigsten Konflikt in Südafrika während des 19. Jahrhunderts werden. Felder und Häuser wurden niedergebrannt, Vieh entweder weggetrieben oder massakriert, Frauen und Kinder wurden genauso erbarmungslos niedergemacht wie die Männer. Schätzungsweise 16 000 Xhosa starben in dieser Auseinandersetzung, die ihre Gesellschaft tief zerrüttete und den Boden bereitete für die abschließende Tragödie, das *Cattle Killing* von 1856. 50 Jahre später wandten die Briten ganz ähnliche Methoden gegen die Buren an, was einen Skandal auslöste und Oppositionsführer im britischen Unterhaus veranlasste, von Methoden der Barbarei zu sprechen. Dabei hatten die britischen Truppen nur gegen Weiße angewandt, was im Vorgehen gegen Afrikaner schon seit Beginn des Jahrhunderts eine gut eingeübte und skandalfreie Praxis gewesen war.

Abb. 6: *Chief* Maqoma (1798–1873).

Militärisch hatten die Khoikhoi vom *Kat River* so wenig eine Chance wie die Xhosa. Sie verloren ihr Land, die *Kat River*-Siedlung wurde aufgelöst, ihre Bewohner über die ganze Kolonie verstreut. Einige zogen nach Norden über den Oranje und schlossen sich den dortigen Gruppen an. Erstmals tauchten in diesem Zusammenhang Vorstellungen einer *Coloured Nation* auf. Die weißen Siedler ließen sich die günstige Gelegenheit nicht entgehen und strichen riesige Gewinne ein. Parzellen, die zuvor kaum 20 £ wert gewesen waren, wurden jetzt für 1000 £ gehandelt. Maqomas Strategie brachte Gouverneur Smith zu Fall, denn dessen rücksichtslose Unterwerfungspolitik hatte mitnichten zu dem Erfolg geführt, den er seinen Vorgesetzten in London in leuchtenden Farben ausgemalt hatte. Statt weniger Truppen waren mehr als je zuvor an der Grenze erforderlich und das angestrebte Ziel der Kostenminimierung für die britischen Steuerzahler war weit verfehlt worden. Der neue Gouverneur Sir George Cathcart (1852–1854) nahm viele der harten Strafmaßnahmen gegen die Xhosa zurück oder milderte sie ab. Er beendete die direkte Herrschaft über die Xhosa diesseits des *Kei River* und gelobte, die bestehenden Institutionen der *Chiefdoms* künftig zu achten. Die Kolonialpolitik löste er von den Siedlerinteressen und äußerte sich abfällig über die rassistische und kriegstreiberische Hetze des *Graham's Town Journal*:

> »Ich bin ziemlich angewidert von diesen gemeinen, ehrlosen Leuten; die Kafirs sind von den beiden die weitaus bessere Rasse.«[4]

Das Vordringen der Kolonialmacht war nicht primär einzelnen eroberungsdurstigen Gouverneuren geschuldet, noch viel weniger den angeblichen ökonomischen Interessen einer fernen Metropole, sondern es war Resultat einer dynamischen *Frontier*situation, bei der die militärisch hochgerüsteten Weißen allmählich die Oberhand gewannen. Die Eskalation wurde getrieben von einer wachsenden Konkurrenz um knappe Ressourcen, nämlich Land und Rinder. Der Prozess einer spiralförmig sich abwärtsdrehenden Abfolge von Landverlust, Übervölkerung, Hungersnot, sozialer Destablisierung und kultureller Desorientierung der Xhosa war 1853 bereits so weit fortgeschritten, dass er nicht mehr aufzuhalten war und in die Katastrophe führte.

Das Cattle Killing von 1856

Nun entfaltete die Innovation der Prophetie eine verhängnisvolle Dynamik, die durch die traumatisierenden Erfahrungen des Achten Grenzkrieges angetrieben wurde. Hinzu kam eine von europäischen Schiffen eingeschleppte, bis dahin in Südafrika unbekannte Lungenkrankheit, welche die Rinderherden befiel. Diese Krankheit erreichte auch die Tiere der Xhosa und konnte erst erkannt werden, wenn die Rinder kurz vor dem Verenden waren. Die Xhosa reagierten zwar mit Quarantäne-Maßnahmen, indem sie ihre Herden in abgelegene Gebiete trieben, aber ohne sich sicher sein zu können, ob sie nicht schon mit der tödlichen Krankheit infiziert waren. In dieser Zeit erhöhter Unsicherheit fand eine neue Prophezeiung

---

4 Zit. nach Timothy Keegan, Colonial South Africa and the Origins of the Racial Order, Cape Town – Johannesburg 1996, S. 243. Übersetzung des Autors.

Resonanz. Nongqawuse, ein junges Mädchen, hatte im Mündungsgebiet eines Flusses im Gcalekagebiet Stimmen gehört, die sie als diejenigen der Ahnen identifizierte. Sie verkündeten ihr, dass sie bereitstünden, mit neuen gesunden Rinderherden aus dem Reich der Toten zurückzukehren, um die Weißen zu vertreiben. Doch müssten die Xhosa zuvor ihre sämtlichen Rinder töten, was angesichts der großen Ansteckungsgefahr als durchaus sinnvolles Unterfangen gelten konnte.

Xhosa-König Sarhili schenkte der Prophezeiung Glauben. Aufgrund seiner großen Popularität veranlasste sein Beispiel, dass immer mehr Xhosa ihre Rinder töteten, aber keineswegs alle. Der südafrikanische Historiker Jeffrey Peires, der zwei bedeutende Bücher über die Geschichte der Xhosa geschrieben hat, konnte nachweisen, dass diejenigen, die bereits in intensiverem Kontakt mit christlichen Missionaren standen, den Prophezeiungen misstrauten. Dadurch kam es zu gewalttätigen Auseinandersetzungen, da die Prophetin insistierte, dass die Prophezeiung nur dann eintreten würde, wenn sämtliche Rinder getötet würden. Wie so häufig musste auch Nongqawuse, weil ihre Voraussagen nicht eintrafen, die Bedingungen verschärfen, um Zeit zu gewinnen. So fügte sie dem Gebot, die Rinder zu töten, noch das der Vernichtung der Getreideernte hinzu. Es war darum unausweichlich, dass sich eine fürchterliche Tragödie abspielte, als die Xhosa ihre Lebensgrundlage verloren, zu hunderten verhungerten und den Weißen danach auf Gedeih und Verderb ausgeliefert waren. Der Rückgang der gesamten Xhosa-Bevölkerung wurde von ca. 105 000 zu Beginn des 19. Jahrhunderts auf 27 000 Menschen geschätzt. Der neue Gouverneur, Sir George Grey, ein Vertreter der Zivilisierungsmission und Advokat einer kulturellen Assimilierung der Xhosa, nutzte die Gunst der Stunde und unterband alle Hilfseinsätze weißer Siedler. Aufgrund dieses Verbots starben viele Xhosa, die hätten gerettet werden können. Doch Grey zielte auf eine vollständige Niederlage ab, um die Gesellschaftsstruktur der Xhosa auflösen und sie in die Kolonialgesellschaft eingliedern zu können. Die *Chiefs*, allen voran Maqoma, wurden inhaftiert und auf *Robben Island* gefangengesetzt, die überlebenden Rharhabe als billige Arbeitskräfte auf die Farmen verteilt. Große Teile ihres Landes eigneten sich die weißen Siedler an, die umso erpichter darauf waren, als in der Zwischenzeit mit der Zucht von Merinoschafen ein neuer lukrativer Erwerbszweig entstanden war, der viele britische Stadtbewohner bewog, nun doch als Rancher tätig zu werden. Die östlich lebenden Xhosa, die Gcaleka, durften den Rest ihres Landes jenseits des Kei-Flusses, die sogenannte Transkei, behalten. Sie wurde im letzten Grenzkrieg von 1877 ebenfalls der Kapkolonie einverleibt, wobei nicht nur die Xhosa, sondern auch ihre Nachbarn, die Tembu, Mpondo und zahlreiche andere *Chiefdoms*, unter koloniale Herrschaft kamen.

Die seit 1811 mit zunehmender Brutalität geführten Kriege gegen die Xhosa, die sukzessiven Landverluste, der schwunghafte Handel mit Waffen und Konsumgütern sowie das Vordringen der Missionare und reisenden Händler hatten Auswirkungen bis weit in das östliche und nördliche Hinterland der *Frontier*.

4.4 Der Mfecane und die Entstehung großer Reiche

Im späten 18. Jahrhundert zeichneten sich im Randbereich der Kalahari unter den tswana-sprechenden *Chiefdoms* und in dem mehrere hundert Kilometer langen Küstenstreifen vom heutigen Mosambik bis zur Ostgrenze der Kapkolonie Zentralisierungstendenzen ab. Dort kommt es zu Steigungsregen zwischen der Küste und dem parallel verlaufenden Gebirge, weshalb eine Vielzahl von Flüssen und Bächen den Küstenstreifen durchzieht. Diese ökologisch günstige Lage mit oft erheblichen Höhenunterschieden erlaubte den leichten Wechsel von Sommer- und Winterweide sowie einen diversifizierten Anbau von Feldfrüchten. Die starke Gliederung der Region gab Raum für eine Vielzahl wirtschaftlich autonomer *Chiefdoms*. Wenn sich die Herrschaftsverhältnisse im 18. Jahrhundert hier zu ändern begannen und mächtige afrikanische Reiche entstanden, musste es triftige Gründe dafür geben, die aber durch die Forschung bislang noch nicht einwandfrei erschlossen werden konnten, da keine schriftlichen Zeugnisse aus der Region existieren. Darum liegen verschiedene Interpretationsangebote vor, die von ökologischen Veränderungen über endogene, also aus den Gesellschaften selbst stammende Impulse, bis zu exogenen, d. h. von außen herangetragenen Einflüssen, reichen.

Lange Zeit wurde der endogene Faktor als ausschlaggebend bewertet. Dies hat seinen Ursprung in der kolonialen Geschichtsschreibung, als einflussreiche Historiker wie George McCall Theal (1837–1919) die Zentralisierungen politischer Herrschaft im frühen 19. Jahrhundert auf die überragende Gründungsleistung von Shaka Zulu zurückführten und als epischen Vorgang darstellten. Daraus entwickelte sich eine Meistererzählung, ja geradezu eine koloniale Rechtfertigungslehre, die Shaka zum Inbegriff des afrikanischen Despoten stilisierte, wonach sich die Schlussfolgerung geradezu aufdrängte, die spätere europäische Kolonialeroberung habe die Afrikaner vor ihren eigenen Tyrannen gerettet.

Doch 1966 veröffentlichte der aus Südafrika stammende, an der Universität Ibadan in Nigeria lehrende John Omer-Cooper sein Buch *The Zulu-Aftermath – A Nineteenth-Century Revolution in Bantu Africa*. Dieses Buch fasste das bisherige Wissen über die Entstehung des Zulu-Reiches und seine Folgen zusammen, gab ihm aber eine so neuartige Interpretation, dass es neue Maßstäbe setzte. Omer-Cooper wollte das bis dahin vorherrschende Bild europäischer Innovation und afrikanischer Stagnation, europäischer Zivilisation und afrikanischer Barbarei ablösen durch eine positive Neubewertung afrikanischer Reichsgründungen. Er ersetzte die eurozentrische durch eine afrikanistische Perspektive, indem er die Innovationskraft der Afrikaner, ihre militärisch-politischen Organisationsleistungen sowie die gänzliche Eigenständigkeit von europäischen Einflüssen betonte.

Im Zentrum von Omer-Coopers Buch steht der Zulu-König Shaka (etwa 1787–1828). Shaka war der angeblich illegitime Sproß von Senzangakhona, des relativ unbedeutenden *Chiefs* der zahlenmäßig kleinen Zulu, der seinerseits zur Klientel eines viel mächtigeren Herrschers, des Mthethwa-Königs Dingiswayo, gehörte. Shaka wurde von Dingiswayo als besonders talentierter Militärführer protegiert und nach dem Tod seines Vaters an den legitimen Erben vorbei zum *Chief* der Zulu erhoben. Nach Dingiswayos Tod setzte Shaka sich in den Diadochenkämpfen durch und trat sein Erbe an. Durch eine militärtechnische Neuerung und die Neuorganisation der ihm unterworfenen Häuptlingschaften in militärische »Regimenter« baute Shaka eine unüberwindbare Militärmaschine auf, die allen Nachbarn haushoch überlegen war, sodass er innerhalb weniger Jahre ein riesiges Reich begründete. Die Brutalität, mit der seine Armee vorging, die Tyrannei, die Shaka ausübte, führte zu Fluchtbewegungen vieler Nachbarvölker sowie zu wachsendem Unmut in den eigenen Reihen. Shakas Bruder Dingane machte sich diesen internen Widerstand zunutze und ermordete Shaka im Jahr 1828. Shakas große Leistung neben seinen militärischen Innovationen bestand Omer-Cooper zufolge darin, dass er die kleinräumig siedelnden Häuptlingschaften in einen neuen großen Herrschaftsverband zusammenfasste und der Bevölkerung des nördlichen Natal eine neue, bleibende Kollektividentität verschaffte. Shaka war demzufolge nichts weniger als der Gründer der Zulu-Nation.

Was war das Neuartige an Shakas Reich? Worin unterschied es sich von vergrößerten *Chiefdoms*? Wo lag der qualitative Sprung? Mit der Expansion der Häuptlingschaften ging eine Militarisierung der Gesellschaft einher. Die jungen Männer an der Ostküste wurden normalerweise initiiert, ein Ritus, der den Übergang von der Jugend in das Erwachsenenalter markierte. Damit war eine Resozialisation verbunden, denn in vielen Gesellschaften zog sich die Gruppe der Initianten unter Führung eines älteren Lehrers in die Wildnis zurück. Dort wurden sie in ihren neuen Pflichten als erwachsene Männer unterwiesen und übten als Gruppe eine Solidarität ein, die für den Rest ihres Lebens erhalten blieb. Shaka machte diese Gruppensolidarität zum Kern seiner militärischen Organisation, den *Amabutho*. Die Gruppe blieb nun über die Initiation hinaus erhalten, weil die jungen Krieger in eigenen Unterkünften wohnten und ihre Solidarität als die einer kämpfenden Einheit fortbestand. Erst ab einem bestimmten Alter durften sie heiraten und das Zeichen eines vollwertigen Erwachsenen tragen, nämlich einen in die Stirnhaare eingeflochtenen Ring. Shaka verlängerte die Initiation auf Jahre, da der Ausnahmezustand, das Herausgehobensein aus dem alltäglichen Leben, durch die dauerhafte militärische Mobilisierung perpetuiert wurde. Dies führte zu einer tiefgreifenden Veränderung der gesamten Machtstrukturen, da dem König eine Armee zu seiner unmittelbaren Verfügung stand, während bis dahin selbst mächtige Herrscher auf die von den untergebenen *Chiefs* gestellten Kriegerverbände angewiesen waren. Der direkte Zugriff auf die Armee steigerte seine Macht nach außen wie nach innen. Gleichzeitig verfügte der König mit diesen »Regimentern« über ökonomische Macht, weil die jungen Krieger seine Rinderherden hüteten, deren Bestände stark zunahmen. Die »Regimenter« dienten auch einer generellen Umstrukturierung der Gesellschaft, da die Loyalität aller auf den König ausgerichtet wurde.

Die soziale Veränderung ging einher mit einer Innovation in der Kampfesweise. Bis dahin waren Kriege zwischen afrikanischen *Chiefdoms* vergleichsweise unblutige Angelegenheiten gewesen, in denen die gegnerischen Formationen aus einiger Entfernung ihre Wurfspeere aufeinander schleuderten, die sie mit ihren großen Schilden aus Ochsenhaut unschwer abwehren konnten. In Shakas Zeit wurde ein kurzstieliger Speer eingeführt, der als Nahkampfwaffe benutzt wurde. Die Zulu mussten also nur warten, bis ihre Gegner ihre weitgehend wirkungslosen Wurfspeere abgeworfen hatten, um ihnen dann mit den gefährlichen und scharfen Nahkampfwaffen zu Leibe zu rücken. Dadurch wurden die Kriege erheblich blutiger und Shaka konnte ganze Völkerschaften seiner Herrschaft unterwerfen. Die neue Waffe war sehr effektiv, wenn sie von einer disziplinierten Truppe benutzt wurde und wenn der Gegner sie noch nicht kannte.

So stellte die Geschichtsschreibung noch bis in die 1980er Jahre die Entstehung des Zulureiches als eine ausgesprochen gewaltsame Entwicklung dar, die mit vielen Todesopfern verbunden war. Autoren wie der Kolonialhistoriker George McCall Theal waren maßlos genug, diese auf ein oder zwei Millionen zu beziffern, was angesichts der vergleichsweise dünnen Besiedlung der Region absurd hohe Zahlen waren. Da ganze Generationen von Geschichtsschreibern dies wiederholten und einander in der Dramatisierung der Schrecken zu überbieten trachteten, wurde diese Sichtweise geradezu kanonisch. Die Zulu wurden zum Epizentrum eines quasi naturhaften Prozesses stilisiert, in dessen Verlauf eine Flut der Gewalt wie die Schockwellen eines Erdbebens ganze Regionen verwüstete und entvölkerte, sodass die Weißen, die nur wenig später diese Gegenden besiedelten, menschenleere Regionen antrafen. Dass diese Geschichtserzählung nützlich für die Rechtfertigung der Kolonialherrschaft und sogar noch der Apartheidpolitik des 20. Jahrhunderts war, dürfte auf der Hand liegen.

Mit der Geschichte vom Aufstieg Shakas zum unbestrittenen Herrn der Ostküste war eine Dominotheorie verbunden, weil sich an die Zentralisierung der Zulu eine Kettenreaktion in ihrer Nachbarschaft anschloss. Denn den anderen *Chiefs* blieb, wollten sie nicht untergehen oder über kurz oder lang ins Zulureich inkorporiert werden, gar nichts anderes übrig, als Shakas Kampfmethoden zu kopieren, sich aber gleichzeitig räumlich von ihm abzusetzen. Einige benutzten die von Shaka entwickelte Kampftechnik, um nach ihrer Migration im Landesinneren eigene Reiche nach dem Vorbild der Zulu aufzubauen. So lösten sie weitere Fluchtbewegungen und Reichsgründungen, gewissermaßen solche zweiter und dritter Ordnung, aus. Das Ergebnis war eine völlige Destabilisierung der gesamten Region, eine veritable Völkerwanderung, die den gesamten Subkontinent bis ins heutige Tansania in Mitleidenschaft zog.

Der junge Khumalo-*Chief* Mzilikazi (etwa 1795–1868) setzte sich um 1821 mit seinem Anhang in den Transvaal ab. Aus seiner kleinen Anhängerschaft entstand innerhalb von zehn Jahren durch Eroberung und Assimilierung ein neues Volk, die Ndebele. Ihre Kampftechnik gab ihnen eine solche Überlegenheit, dass andere Gruppen sich ihnen anschlossen und viele sich lieber dem Verband der Ndebele eingliederten als Opfer ihrer Raubzüge zu werden. Durch diese Mischung aus kalkuliertem Terror gegen die Unbotmäßigen und Schutz für die Unterwerfungswilligen konnte Mzilikazi im westlichen Transvaal ein Reich aufbauen, dem keines der umwohnenden Völker gewachsen war. Erst nach verlustreichen Kämpfen mit Weißen und Zulu 1837 zogen die Ndebele nach Norden und ließen sich im heutigen Simbabwe nieder. Ihre kollektive Identität überlebte sogar das Königtum, das mit dem Tod von Mzilikazis Sohn Lobengula 1894 erlosch. Diese Identität bildete sich im Fall der Ndebele um den König und seinen engsten Anhang von Nguni-sprechenden Kriegern, gewissermaßen einem ethnischen Kristallisationskern. Mit Ausnahme der engsten Anhängerschaft entwickelte sich die Zusammensetzung der Ndebele laufend weiter. Einzelne Gruppen schlossen sich zeitweise an, blieben zurück oder machten sich selbstständig.

Ein anderer Heerführer aus der Küstenregion, Zwangendaba, zog ebenfalls nach Norden, zerschlug das Rozvireich, das letzte große Königtum der Shona im heutigen Simbabwe, und überquerte den Sambesi. Seine durch Eroberungen und Unterwerfungen ständig wachsende Anhängerschar wanderte fast bis zum Victoria-See und teilte sich nach Zwangendabas Tod in mehrere Gruppen, die bis heute in Tansania und Malawi unter dem Namen Ngoni siedeln. Die nördlichen Nachbarn der Zulu wiederum begründeten zwei Reiche, die viele Ähnlichkeiten mit dem der Zulu aufwiesen, nämlich die Ngwane, für die sich nach ihrem zweiten König Mswati der Name Swazi einbürgerte, und das Gaza-Königreich im heutigen Süd-Mosambik, dessen Bewohner nach ihrem Gründerkönig Soshangane als Shangaan bekannt wurden.

Andere Gruppen flohen vor Shaka aus Natal über die Drakensberg-Pässe auf das *Highveld*. Die Hlubi und die Ngwane Matiwanas verkamen als vorübergehend heimatlose Gruppen zu Räuberbanden, die die Bewohner des *Highveld* terrorisierten, bis diese sich ihrerseits zu defensiven Bündnissen zusammenschlossen, aus denen im Lauf der Zeit Königreiche hervorgingen. Das bekannteste dieser Reiche ist Moshoeshoes Reich der südlichen Sotho entlang des Caledon-River, eines der größten Nebenflüsse des Oranje. Aber auch die nördlichen Sotho im Transvaal vereinigten sich in einem politisch zentralisierten Reich, dem der Pedi, das schon früher existiert hatte, aber nach dem Durchzug der erobernden Armeen aus Natal vorübergehend zerfallen war.

Vor allem das *Highveld* selbst, die Gegend zwischen dem Oranje und etwa dem heutigen Pretoria, war Schauplatz wilder Kämpfe, die verschiedenste *Chiefdoms* in Mitleidenschaft zogen. Ein weiterer energischer Herrscher war Sebituane, der versprengte Sotho-Gruppen unter seiner Herrschaft vereinte und noch weiter ins Innere des Kontinents vorstieß als Mzilikazi. Er ließ sich mit seinen Kololo nördlich der Ndebele am Mittellauf des großen Sambesistroms nieder, wo er das alte Reich Bulozi überwältigte und sich zum neuen Oberherrn aufschwang. Dort traf ihn viele Jahre später der Afrikareisende David Livingstone, der von Sebituanes intellektuellen und politischen Fähigkeiten tief beeindruckt war, sich rasch mit ihm anfreundete und ihm helfen wollte. Denn das Sambesital war malariaverseucht, wogegen die Kololo im Gegensatz zur alteingesessenen Lozi-Bevölkerung kaum eine Immunität entwickelt hatten, sodass sie in Massen starben. Doch Livingstones Versuche der Rettung kamen zu spät. Die Lozi nutzten die günstige Gelegenheit, um sich ihrer Oberherren zu entledigen, indem sie die geschwächten Kololo entweder massakrierten oder sie ihrerseits unterwarfen und ihr eigenes Reich wieder herstellten.

Ähnliche Zentralisierungsprozesse spielten sich in anderen Regionen Südafrikas ab: *Chief* Faku vereinte südlich vom Zulu-Reich die Mpondo unter seiner Herrschaft, verschiedene Tswanafürsten fügten die versprengten Teile älterer Ethnien zu neuen Herrschaftseinheiten am östlichen Rand der Kalahari zusammen, wo sie bald Besuch von Missionaren der *London Missionary Society* erhielten, die ihnen die westliche Zivilisation bringen wollten und durch ihre Kommunikationsnetzwerke untereinander aber auch zur Verhinderung von Kriegen und der Förderung von friedlichem Ausgleich beitragen konnten.

Die oben erwähnte positiv konnotierte Darstellung Omer-Coopers über die *Bantu Revolution* ist einer historischen Perspektive verpflichtet, die Geschichte als das Werk großer Männer ansieht und beschreibt, während sie strukturelle Ursachen vernachlässigt. Tatsächlich war das Bild von Shaka sehr ambivalent, da er einerseits als blutrünstiger Despot dargestellt wurde, dem die Historiker andererseits ihre Hochachtung als einem großen Gestalter der Geschichte nicht versagten. Nicht zuletzt dem narrativen Potential war es zu verdanken, warum trotz der unübersehbaren und unbefriedigenden Erklärungsansätze diese ausgeprägt personenbezogene Geschichtserzählung eine erstaunliche Beharrungskraft aufwies und bis in die 1980er Jahre in den Geschichtsbüchern in immer neuen Varianten aufgetischt wurde. Das Bild eines grandiosen Völker-Dramas wurde unter der Bezeichnung *Mfecane* (die große Zerschmetterung) als historisches Großereignis zusammengefasst.

Shaka war eben nicht nur eine außergewöhnliche Person, sondern er war gleichzeitig repräsentativ für die barbarische Gewalttätigkeit und Kulturunfähigkeit der Afrikaner, was sich mit der unbeschränkten Macht ihrer Herrscher erklären ließ. Die dominierende Persönlichkeit eines genialen Militärführers und rücksichtslosen Disziplinierers ist die Achse, um die sich das Rad des *Mfecane* dreht. Die Innovationen Shakas, die von allen denen übernommen wurden, die vor ihm flohen, sind der Treibstoff dieses Prozesses von Zerstörung und Reichsgründung, von Zersplitterung und Zentralisierung. Shakas Reichsgründung stand im Zentrum und am Ursprung des ganzen Geschehens.

Es ist sicher kein Zufall, wenn gerade in den späten 1980er Jahren, als das Ende der Apartheid absehbar wurde, das Bedürfnis erwachte, diese Interpretation einer wichtigen Episode südafrikanischer Geschichte einer durchgreifenden Revision zu unterziehen. Der südafrikanische Historiker Julian Cobbing bot in einem viel beachteten Aufsatz aus dem Jahr 1989 eine neue Sichtweise an. Er ersetzte das Bild einer vom Tyrannen Shaka angestoßenen endogenen Entwicklung durch eine von außen induzierte Zentralisierung afrikanischer Herrschaft.

Die eigentliche Ursache des *Mfecane* waren ihm zufolge Sklavenjäger, die vom portugiesischen Delagoa-Bay, dem heutigen Maputo, aber auch von der Kapkolonie aus, die afrikanischen Gemeinwesen durch ihre Raubzüge destabilisierten. Die Afrikaner reagierten darauf, indem sie sich ihrerseits militarisierten und am Sklavenhandel partizipierten. Gleichzeitig machte Cobbing dem gesamten Konzept des *Mfecane* den Garaus, indem er behauptete, es habe sich nicht um einen, sondern um eine ganze Reihe von Prozessen gehandelt, mit mehreren Brennpunkten statt dem einen Epizentrum im Zulugebiet. Shaka sei überhaupt nur eine Nebenperson in dieser ganzen Entwicklung gewesen, wie auch die Zulu nicht die Hauptakteure waren. Man müsse, so Cobbing, vom »Zuluzentrismus« der bisherigen Geschichtsdarstellung abkommen. Cobbings These, die von einer unübersehbar moralischen Verurteilung der Weißen getragen ist, entbehrt nicht einer gewissen Ironie. Denn – und das wurde ihm auch von seinen Kritikern vorgeworfen – Omer-Cooper hatte seine *Mfecane*-These gerade mit dem Anspruch vorgetragen, die Afrikaner als Akteure der Geschichte zu zeigen. Cobbing dagegen setzte mit seinem Versuch, der Apartheid und ihrer *Homeland*-Politik die historische Grundlage zu entziehen, gerade wieder die Weißen als die eigentlichen Akteure ein, während die Afrikaner zu weitgehend passiven Opfern oder bloß, mechanisch reagierenden Spielfiguren wurden.

Die von Cobbing ausgelöste Diskussion in der südafrikanischen Geschichtswissenschaft machte bald deutlich, dass seine Interpretation in die richtige Richtung wies, in der Radikalität eines neuen Ansatzes aber über das Ziel hinausgeschossen war. Die zwangsweise Rekrutierung afrikanischer Kinder als so genannte »Lehrlinge« (*Apprentices*) gab es tatsächlich und sie kam einer Versklavung gleich. Dieses System hatte sich bereits in der niederländischen Kolonialzeit entwickelt und wurde von den Briten weiterhin toleriert, auch wenn sie anordneten, dass diese so genannten Lehrlinge mit Erreichen des 25. Lebensjahres auf freien Fuß gesetzt werden mussten, eine Regelung, die oft genug unterlaufen wurde. Ob diese unkoordinierten Angriffe aber eine so massive Reaktion wie die Gründung des Zulureiches auslösen konnten, erscheint höchst fraglich.

Andere südafrikanische Historiker wie John Wright entwickelten das von Cobbing entworfene Bild weiter und differenzierten es: Die Destabilisierung der kleineren afrikanischen *Chiefdoms* an der Ostküste Südafrikas war mehreren Faktoren zu verdanken, zu denen neben den gelegentlichen Sklavenjagden die sich in ihrer Häufigkeit und Brutalität verstärkenden Kriege an der Ostgrenze der Kolonie sowie ihre Wirkungen ins Hinterland gehörten. Gut bewaffnete und berittene Gruppierungen, wie die Griqua am Oranjefluss, zählten ebenso zu den auslösenden Faktoren wie die reisenden Händler aus der Kapkolonie, ambitionierte Offiziere der britischen Armee und die burischen Kommandos. Hinzu kam der Handel mit Waffen und anderen prestigeträchtigen Waren, der die Macht der *Chiefs* deutlich vergrößerte und jungen, dynamischen Herrschern wie Shaka Chancen bot, diese Situation zur eigenen Machtsteigerung zu nutzen. Die segmentären selbstgenügsamen Wirtschaftseinheiten der *Chiefdoms* wurden durch die Allokation knapper Güter, die sie über den Handel bezogen, aufgebrochen. Möglicherweise liegt dem politischen Zentralisierungsprozess ein ähnlicher Einfluss überregionalen Handels zugrunde wie in Mapungubwe um 1000 n. Chr.

Das neue Bild einer Verflechtung der Geschichten der Weißen und Schwarzen, der Kolonie und der afrikanischen *Chiefdoms*, der verschiedenen Regionen sowie ein multikausaler Erklärungsansatz, der militärische, ökonomische, politische und kulturelle Erklärungen gleichermaßen einbezieht, dürfte der historischen Wirklichkeit näher kommen als es die von Wunschdenken und Ideologie geprägten eindimensionalen Narrative der Vergangenheit vermocht hatten. Shaka war allenfalls Vollender eines bereits laufenden Prozesses, er kann nicht als der große Demiurg der afrikanischen Geschichte angesehen werden. Andere Herrscher, die ähnliche Zentralisierungen in die Wege leiteten, kommen nun auch historiographisch stärker zu ihrem Recht, da die Geschichtswissenschaft besser in der Lage ist, deren eigene Leistungen zu würdigen, seit sie diese nicht mehr als reine Reaktion auf den schrecklichen Shaka interpretiert. Der Historiker Norman Etherington ist überdies nach einer genauen Sichtung der Quellen zum Schluss gekommen, dass das frühe 19. Jahrhundert bei weitem nicht so gewalttätig war, wie es Theal und seine Nachfolger glauben machen wollten. Es war eine Zeit verstärkter Unsicherheit, die aber vermutlich eher mit Dürren und kurzfristigen Klimaproblemen zu tun hatte, mehr mit der Bedrohung durch die Kolonie als mit blutigen Ausrottungskriegen, wie sie lange Zeit mit dem Namen Shaka verknüpft waren. Die allmähliche Ausweitung der größeren *Chiefdoms* ging nicht immer in Form von Kriegszügen, als historische Ereignisse also, vor sich, sondern als allmähliche Prozesse der Expansion, der sich verdichtenden und stratifizierenden Patronagebeziehungen zwischen mächtigeren und schwächeren *Chiefdoms*, aber auch als Handelsnetze und als kultureller Austausch, als interkulturelles Lernen.

So gelang es Moshoeshoe (etwa 1786–1870), dem Erben eines unbedeutenden *Chiefdoms* auf dem Hochland Südafrikas, durch eher traditionelle Methoden ein Reich aufzubauen, das in ähnlicher Weise entwicklungsfähig war wie dasjenige Shakas. Er zog mit seinen Anhängern auf den Berg Thaba Bosiu, eine regelrechte Bergfestung, die uneinnehmbar war, zumal es auf dem Berg selbst genügend Wasser gab, um eine längere Belagerung zu überstehen. Moshoeshoe machte diese Bergfestung zum Zentrum eines ständig wachsenden Reiches. In diesem Fall ist die Bezeichnung Reich besonders gut angebracht, denn es blieb immer ein Konglomerat von *Chiefdoms* unter der Oberhoheit Moshoeshoes. Der König versuchte, seine Autorität auszuweiten, indem er seine Söhne gezielt in peripheren Gebieten siedeln ließ, um die dortigen *Chiefs* zu kontrollieren. Doch fanden die Söhne im Lauf der Zeit Geschmack an politischer Eigenständigkeit, sodass zwar die Legitimation der Königsfamilie durch deren allseitige Herrschaftsausbreitung allmählich gestärkt wurde, aber die Herrschaft Moshoeshoes über alle südlichen Sotho immer prekär blieb. Moshoeshoe baute französische protestantische Missionare in seinen Herrschaftsapparat ein, indem er sie als Berater und Briefschreiber heranzog, vor allem aber, indem er seinen Söhnen jeweils eine Missionsstation vor die Haustür setzte. Da er mit dem bei ihm residierenden Missionar Eugène Casalis eng befreundet war, konnte er sich mit Hilfe des Briefwechsels der Missionare über die Verhältnisse in den entlegeneren Provinzen seines Reiches informieren. Kaum ein afrikanischer Herrscher hat so systematisch die Missionare für seine eigenen Ziele instrumentalisiert wie Moshoeshoe.

Ihn bewegte weniger das Interesse am Christentum, das ihm wie den meisten afrikanischen *Chiefs* fremd und unzugänglich blieb, sondern die Kenntnisse und Fertigkeiten der Missionare waren für afrikanische Herrscher attraktiv, die immer stärker auf Kontakte und Ausgleich mit der weißen Kolonie, mit weißen Farmern und deren Patronen angewiesen waren. Missionare waren gesucht als Diplomaten im Sinn afrikanischer Herrschaftssicherung, als geschickte Handwerker, die Gewehre und Ochsenwagen reparieren konnten, als Lehrer in zunächst geheimnisvollen Fertigkeiten wie dem Übertragen mündlicher Botschaften auf Papier.

Moshoeshoe nutzte die Möglichkeiten der Rinderpatronage, denn durch die anhaltenden und weitverbreiteten Dürren hatten viele Afrikaner ihre Rinderherden verloren. Er stellte ihnen Rinder aus seinen eigenen großen Herden, die in der ökologisch günstigen Zone des Caledon-Tales im späteren Oranje Freistaat überlebt hatten, zur Verfügung, sodass sie sich neue Herden aufbauen konnten. Im Gegenzug mussten sie sich Moshoeshoes Oberherrschaft unterstellen und ihm Gefolgschaft im Krieg leisten. Je erfolgreicher Moshoeshoe Menschen an sich binden konnte, desto mehr wuchs seine militärische Schlagkraft. Je stärker seine militärische Macht, desto mehr Schutz konnte er gewähren, d. h. mit der wachsenden Abschreckung gegen äußere Feinde ließ sich die innere Pazifizierung vorantreiben.

Damit wird ein weiterer Grundzug afrikanischer Herrschaftsbildung sichtbar, die sie von der europäischen Neuzeit deutlich unterscheidet. Während sich europäische Herrschaft im Verlauf der frühen Neuzeit territorialisierte, d. h. die Herrschaft über klar umgrenzte Territorien immer wichtiger wurde, blieb dies im unterbevölkerten Afrika von untergeordneter Bedeutung. Für den Herrschaftsaufbau war vielmehr wichtig, dauerhafte Kontrolle über Menschen zu gewinnen. Um Menschen an sich zu binden, musste ein Herrscher über bestimmte Eigenschaften und Tugenden verfügen, zu denen Brutalität eher nicht gehörte, sondern vielmehr Großzügigkeit und Gerechtigkeit. Ein gerechter und überdies freigiebiger Herrscher wirkte wie ein Magnet, ein habgieriger und brutaler Herrscher schreckte ab und konnte seine Macht nur dann behaupten, wenn er die Menschen unter seine Herrschaft zwang. Das aber war erst dann möglich, als der Kontinent dichter besiedelt und moderne Territorialstaatlichkeit durchgesetzt war, d. h. im 20. Jahrhundert. Ein Herrscher wie Moshoeshoe verhielt sich darum im Kontext afrikanischer Herrschaftsbildung völlig »normal«, wenn er Sicherheit und Schutz mit ökonomischen Entfaltungsangeboten verknüpfte.

Ganz ähnliche Strukturen der Herrschaft wie bei den südlichen entwickelten sich auch bei den nördlichen Sotho. Durch die verheerenden Kriegszüge, die vor allem das mittlere *Highveld* in der weiteren Umgebung des Vaal-Flusses heimsuchten, wurden die Sotho auseinandergetrieben. Die südlichen suchten Zuflucht in Moshoeshoes Machtbereich, die nördlichen sammelten sich unter der Herrschaft der Pedi. Zwangendaba und Mzilikazi zogen aus Natal durch den Transvaal nach Norden und brachten mit ihren Attacken das ältere Pedi-Reich an den Rand der Desintegration. Insbesondere unter den Angriffen der Swazi hatte es schwer zu leiden; gerade diese Angriffe führten zu einer erneuten defensiven Reichsbildung durch Sekwati (1780–1861) und Sekhukhune (1814–1882). Letzterem gelang es, von der Bergfestung Thaba Mosega aus sein Reich zu festigen.

Blickt man auf die *Frontier*, so war nicht alles Bedrohung und Zerstörung durch die heranrückende Kolonialmacht, sondern gleichzeitig ergaben sich daraus neue Handlungsoptionen, Bereicherungsmöglichkeiten und eine Diversifizierung der eigenen wirtschaftlichen Basis. Der Mfecane war nicht nur ein destruktiver Vorgang als Zerstörungswerk Shakas oder der expansiven Kolonie, sondern hier zeichnete sich erstmals ein Prozess gegenseitiger Verflechtung ab, des intensivierten Austauschs und der allmählichen Integration unterschiedlicher Gesellschaften, Kulturen und Wirtschaftsformen in eine gemeinsame Gesellschaft.

Wie Metallspäne in einem Magnetfeld ordneten sich in der Umgebung der Kapkolonie die sozialen Verhältnisse neu, ohne dass dies bereits als Abhängigkeit oder als Beginn des Kolonialismus gesehen werden kann. Eine solche Perspektive wäre eine teleologische Interpretation ganz aus der Perspektive derer, die wie wir viel später kamen und wissen, wie die Entwicklung weiter verlief. Für die Zeitgenossen war dergleichen nicht absehbar, ja noch nicht einmal erahnbar. Sie verfolgten ihre Eigeninteressen und dies durchaus erfolgreich.

4.5 Die Modernisierung der Kapkolonie seit den 1820er Jahren

Die Ankunft der britischen Siedler sollte weitreichende Folgen für die Kolonie haben. Denn im Gegensatz zu den Buren bewahrten sie intensive Kontakte nach Großbritannien und traten mit einem erheblichen Selbstbewusstsein gegenüber dem Gouverneur auf. Im Jahr 1823 setzte ein mehrjähriger Kampf gegen den autokratischen Gouverneur Lord Charles Somerset um Pressefreiheit ein, da Somerset mehrmals Zeitschriften unterdrückte. Nachdem Journalisten sich 1825 direkt an die britische Regierung gewandt hatten, entzog diese 1828 dem Gouverneur die Kontrolle über die Presse. Dies war ein wesentlicher Sieg für die sich politisch formierende Siedlerschaft. Aber Klagen und Beschwerden über Cliquenwirtschaft und Patronage des Gouverneurs hatten London schon früher erreicht. Das *House of Commons* debattierte bereits 1822 über die Kapkolonie und entsandte eine Untersuchungskommission nach Südafrika, um die Zustände vor Ort zu überprüfen und Änderungsvorschläge zu unterbreiten.

Ihre Vorschläge, die ab 1825 umgesetzt wurden, bedeuteten einen entscheidenden Schritt in Richtung einer Verwaltungsrationalisierung. Sie zielten auf dreierlei: Erstens die Schaffung einer effizienten Verwaltung; zweitens die Förderung des freien Unternehmertums sowie die Abschaffung merkantilistischer Restriktionen und drittens die Einrichtung einer unabhängigen Justiz. Korrupte Praktiken wurden fortan unterbunden, Beamten wurde es verboten, weiterhin für ihre Dienste Gebühren zu erheben, die sie in die eigene Tasche steckten.

Die Schaffung einer effizienten Verwaltung: Seit britische Siedler im Land lebten, war die Rücksichtnahme auf die niederländische Bevölkerung weniger notwendig, weshalb Englisch 1828 zur offiziellen Gerichtssprache erklärt wurde. Dem Gouverneur wurde ein *Council of Advice* zur Seite gesetzt, in dem zwar nur ernannte Beamte saßen, das aber doch zum ersten Mal seine Macht begrenzte. Alle höheren Dienstposten konnten nicht mehr von ihm besetzt werden, die Beamten wurden nun von London ernannt. Dieses Council wurde 1834 aufgeteilt in ein *Legislative* und ein *Executive Council,* ersteres die Vorform eines Parlaments, letzteres die einer Kabinettsregierung. Im *Legislative Council* saßen zunächst noch mehrheitlich ernannte Beamte und wenige Bürgervertreter. Doch verschob sich während der folgenden Jahre die Machtbalance durch die Zunahme gewählter Siedlerrepräsentanten.

Die Förderung des freien Unternehmertums: Somersets Nachfolger Sir Richard Bourke (1826–1828), der als erster Gouverneur der Liberalen Partei nahestand, leitete Wirtschaftsreformen ein. Das Hafenmonopol Kapstadts, ein Relikt der VOC-Zeit, wurde abgeschafft, als 1826 Port Elizabeth die volle Gleichberechtigung und die östliche Kolonie damit direkten Zugang zum Fernhandel erhielt. 1828 wurde zum ersten Mal eine verlässliche und umfassende Landvermessung durchgeführt, nicht zuletzt, um die Besitztitel in einer nachprüfbaren Weise festlegen zu können. Alle lokalen Abgaben und Steuern sowie die verbliebenen Monopole aus der VOC-Zeit, beispielsweise für Bäcker, Weinhändler und Metzger, wurden abgeschafft und eine allgemeine Gewerbefreiheit eingeführt. Der Infrastrukturausbau führte zu sinkenden Preisen für Grundnahrungsmittel und sollte durch verbesserten Marktzugang zur Produktion exportfähiger Waren anregen. Allerdings stellte sich bald heraus, dass das wirtschaftliche Potential sehr begrenzt war, denn erst mit der kommerziellen Schafzucht zur Wollproduktion ergab sich eine spürbare Verbesserung.

Die Einrichtung einer unabhängigen Justiz: Die bedeutendsten Änderungen betrafen das Rechtswesen: Die 1828 erlassene *Charter of Justice* etablierte erstmals eine unabhängige Rechtsprechung, womit professionelle Juristen unter Leitung eines *Chief Justice* betraut wurden. Gleichzeitig wurde ein Jury-System für Strafprozesse eingeführt. Der Gouverneur, der bis dahin die höchste Appellationsinstanz gewesen war, verlor dieses Recht. Das Amt des *Fiscaal* wurde abgeschafft und durch einen *Attorney General* ersetzt, der von London und nicht vom Gouverneur ernannt wurde. Dem bis dahin allein gültigen niederländisch-römischen Recht wurde nun das britische Common Law zur Seite gestellt, was zu der für Südafrika eigentümlichen Gleichzeitigkeit verschiedener Rechtssysteme führte, aber mit Englisch als Gerichtssprache.

Die Ämter der *Landdrosten* und *Heemraden* wurden abgeschafft und statt ihrer wurden *Magistrates* und *Civil Commissioners* eingeführt, die durchweg mit englischen Fachjuristen besetzt wurden. Dies hatte die Verdrängung der burischen Notablen zur Folge, sie mussten wegen der liberalen Reformen einen erheblichen Einflussverlust hinnehmen. Die britischen Siedler dagegen begrüßten die Rationalisierungsmaßnahmen im Verwaltungsapparat.

Die britische Verwaltung sorgte für eine Vereinheitlichung auch der rechtlichen Situation der farbigen Bevölkerung. Die »Verordnung Nr. 50« schrieb die grundsätzliche Rechtsgleichheit der Khoisan mit der weißen Bevölkerung fest, doch in der Praxis beugte sich die Regierung in Kapstadt den Erfordernissen der Farmwirtschaft und hob mit anderen Verordnungen die rechtliche Gleichheit faktisch wieder auf. Dies waren in erster Linie die *Masters and Servants Ordinances*, die später vom Kapparlament in Gesetzesform gegossen wurden und mit Modifizierungen bis 1974 in Kraft blieben. Durch diese Verordnungen wurden frühneuzeitliche patrimoniale Rechtsverhältnisse zwischen Herr und Knecht festgeschrieben, die die Autorität der Farmer erheblich stärkten und die Freizügigkeit der Khoisan und ehemaligen Sklaven so einschränkten, dass der Zustand einer Leibeigenschaft vergleichbar war.

Wirtschaftlicher Aufschwung

Als es in Südafrika gelang, Merinoschafe mit hochwertiger Wolle zu züchten, wurden die bislang ökonomisch wenig interessanten Cape Midlands zu einer Boom-Region. Bis zu diesem Zeitpunkt waren die indigenen, wollarmen Schafe nur für die Fleisch- und Fettproduktion gehalten worden. Die Wolle der Merinoschafe dagegen fand einen aufnahmebereiten Absatzmarkt in den Kernzonen der Industrialisierung in Großbritannien, der Textilindustrie von Lancashire. Die kommerziellen Eliten von Kapstadt wie die Siedler im Osten verfügten über ausreichend Kapital, um in diesen Zweig zu investieren, zudem kam durch den Abzug vieler Buren während des Großen Trek Land zu Schleuderpreisen auf den Markt. Die Schafhaltung konzentrierte sich zunächst auf die Gegend um *Grahamstown*, wurde dann aber weiter Richtung Norden in die große Karoo ausgeweitet.

Die Wollexporte erzielten 1835 einen Gewinn von 16 186 £, bereits zehn Jahre später 1845 mehr als das zehnfache, nämlich 176 741 £, 1855 634 130 £, 1865 1 680 826 £ und 1872 3 275 150 £, eine Summe, in deren Nähe die Gewinne sich dann stabilisierten. Wolle blieb das wichtigste Exportprodukt bis zur Entdeckung von Diamanten in den 1860er Jahren. Ihr Stellenwert lässt sich daran ablesen, dass sie

1851 51 % aller Exporteinkünfte erwirtschaftete. Der rasante Aufschwung von Port Elizabeth in den 1840er Jahren zur wichtigsten Hafenstadt im Osten der Kolonie war der Wollproduktion geschuldet sowie der Erschließung neuer Pässe über die Küstengebirge. Allein über Port Elizabeth wurden 1859 etwa 7 Millionen Kilogramm Wolle ausgeführt. Die immense wirtschaftliche Bedeutung der Wollproduktion erklärt auch das wachsende politische Gewicht der britischen Siedler.

Daneben konnte sich Kapstadt ökonomisch behaupten, weil es der Standort der neuen kapitalistischen Kolonialbourgeoisie war. 1837 wurde mit der Cape of Good Hope Bank die erste Bank der Kolonie gegründet, der bald weitere Gründungen und Filialunternehmen in *Grahamstown* und anderen Orten folgten. Damit wurde die Basis für ein geregeltes Kreditwesen und eine Strukturierung finanzieller Transaktionen gelegt. Tatsächlich erschlossen sich die Kaufleute nun verstärkt das Hinterland, wohin sie reisende Händler entsandten, die eine breitere Warenpalette anboten. Selbst die *Trekburen* und Viehfarmer, die nicht an der Schafhaltung partizipierten, wurden in kommerzielle Marktverhältnisse einbezogen. Vor allem Neueinwanderer übernahmen mangels Alternativen diese oft sehr anstrengenden Reisen, unter ihnen zahlreiche Juden, die nach dem Fall des religiösen Monopols der reformierten Kirche einwandern durften.

Die Abschaffung der Sklaverei

1834 beschloss das britische Parlament das Ende der Sklaverei im gesamten Empire, wobei sich die politisch Handelnden aber mehr Sorgen um das wirtschaftliche Wohlergehen der Sklavenbesitzer machten als um die Zukunft der Sklaven. Denn die Besitzer, nicht die Sklaven, sollten entschädigt werden; allerdings mussten sie die festgesetzte Summe in London abholen. Dazu waren die meisten Sklavenbesitzer der Kapkolonie nicht in der Lage und viele waren gezwungen, windige Geschäftsleute mit der Abholung des Geldes gegen teilweise hohe Provisionszahlungen zu beauftragen. Für viele Farmer gerade im Hinterland war das Ende der Sklavenhaltung ein herber wirtschaftlicher Verlust, schließlich waren die Sklaven oft ihr wertvollstes Kapital. Es war nur ein schwacher Trost, dass die Regierung in London eine Übergangsfrist von vier Jahren einräumte, innerhalb derer die ehemaligen Sklaven als sogenannte »Lehrlinge« an die Farmen gebunden blieben. Die burischen Farmer waren erbost und entdeckten allmählich die Vorteile einer Mitsprache in der Kolonialverwaltung. So setzte ein langsamer Politisierungsprozess ein. Schon 1830 entstand mit der Zeitschrift *Die Suid-Afrikaan* ihr wichtigstes Sprachrohr.

Dagegen waren die Sklaven endlich frei und konnten eigene Familien gründen, sie konnten sich taufen lassen und einige wenige konnten sogar den Beruf frei wählen. In den folgenden Jahrzehnten sollten die ehemaligen Sklaven allmählich ihren bisherigen Sonderstatus verlieren, denn sie gingen in der größeren Gruppe der *Cape Coloured People* auf, bei deren Formierung sich die Christianisierung über die Missionskirchen als entscheidender Faktor auswirkte.

4.6 Vom Großen Trek bis zu den Republikgründungen (1834–1854)

Durch die Verwaltungsreformen sah sich die ländliche Oberschicht der Kapkolonie von der Patronage der Regierung abgeschnitten. Als lokale Amtsträger hatten sie Vergünstigungen erwirken, in Streitfällen beim Gouverneur intervenieren oder in anderer Weise ihren Einfluss geltend machen können, was wiederum ihrer lokalen Machtstellung zugutekam. Die wichtigsten ländlichen Ämter gingen nun nicht mehr an die reichen burischen Farmer, die ihren bisherigen Zugang zur Verwaltung in Kapstadt verloren. Jetzt saßen dort Verwaltungsjuristen, die zudem meist nur Englisch sprachen.

Was bewog die verschiedenen Gruppen burischer Einwohner, Mitte der 1830er Jahre die Kolonie Richtung Norden zu verlassen? Statusverlust der ländlichen Oberschicht, Gefährdung ihrer Klientelnetze, Anglisierung der Verwaltung, Landknappheit und die Freilassung der Sklaven. In seinem berühmten Manifest fasste Piet Retief, einer der Anführer des *Großen Trek*, diese Beweggründe zusammen: Neben persönlichen finden sich Motive, die von vielen geteilt wurden. Die weitaus meisten »Emigranten«, wie sie sich selbst nannten, stammten aus dem Osten der Kolonie, wo die Landknappheit besonders akut war. Ihre Anführer waren wohlsituierte Handwerker und Kaufleute, wie etwa Gerrit Maritz, dem eine gut gehende Werkstatt für Ochsenwagen gehörte. Daneben gab es Gruppen wie die sogenannten Doppers, besonders konservative Protestanten, deren Traditionsbewusstsein in ihrer altertümlichen Kleidung zum Ausdruck kam. Sie wanderten als geschlossene Gruppe unter der Führung von Andries Potgieter aus, der sie auch später zusammenhielt und schließlich im Westtransvaal ansiedelte; mit dieser Gruppe zog der junge Paul Kruger, der Ende des Jahrhunderts für 20 Jahre Präsident des Transvaal werden sollte. Für diese unterschiedlichen Auswanderungszüge bürgerte sich erst gegen Ende des 19. Jahrhunderts der Name *Großer Trek* ein.

Die Verordnung Nr. 50 der Kapregierung aus dem Jahr 1828 brachte eine formale Angleichung der Rechte der Khoikhoi an die der Weißen. Darum nannten die *Voortrekker*, wie die Teilnehmer an der Auswanderung bezeichnet wurden, als eines ihrer Ziele »ein angemessenes Verhältnis zwischen Herren und Knechten« aufrechtzuerhalten, die sie in der Kolonie nicht mehr gewährleistet sahen. In den Verfassungen der späteren Burenrepubliken wurde jede Gleichstellung in Kirche und Staat ausgeschlossen. Die Freilassung der Sklaven fügte sich in eine Reihe staatlicher Maßnahmen wie der Rückgabe der *Queen Adelaide Province*, die als proafrikanisch und als »Gleichstellung«, als Bruch der tradierten Gesellschaftsordnung, interpretiert wurden. Eine dezidiert antibritische Einstellung lässt sich bei den *Voortrekkern* mit der Ausnahme von Andries Potgieter nicht nachweisen und die jüngere Forschung geht davon aus, dass die Buren kaum eine Identität als eine distinkte Gruppe hatten. Sehr wahrscheinlich waren viele *Voortrekker* landlose Weiße, die in der Hoffnung auf eigenes Land in das Gebiet jenseits des Oranje zogen. Andere verkauften ihre Farmen an englische Spekulanten, weil sie auf eine bessere Farm in den neu zu erschließenden Gebieten hofften. Am Verhalten der Gruppen während des Trek und an den

Formen persönlicher Loyalität lässt sich ablesen, dass lang etablierte Abhängigkeiten wegen des Vertrauens auf später vom jeweiligen Anführer zu erhaltendes Land die Belastungen des Trek überstanden.

Unter den Trekführern gab es einige wie Louis Trichardt, die aus *Frontier*-Gemeinschaften kamen und als erste loszogen. Offenbar war Trichardt über Jahre hinweg in den Waffenschmuggel zu den Xhosa verwickelt gewesen. Die Kolonialregierung, die im Grenzgebiet kein weiteres Land zur Besiedlung freigeben wollte, setzte seinem ökonomischen Expansionsdrang enge Grenzen, was ihn schließlich zur Auswanderung bewog. Andries Hendrik Potgieter wollte dagegen so weit entfernt wie möglich vom Zugriff der englischen Kolonialverwaltung leben.

Im *Großen Trek* zogen Ende der 1830er Jahre sukzessive verschiedene Gruppen burischer Siedler mit ihrer gesamten Habe, die sie auf Ochsenwagen mit sich führten, über den Oranje-Fluss und damit aus dem Herrschaftsbereich der Kolonie. Insgesamt verließen etwa 15 000 Buren die Kolonie, ihre Zahl wurde aber von derjenigen ihrer Khoikhoi-Begleiter übertroffen. Der Trek brachte innerhalb kurzer Zeit eine riesenhafte Ausweitung des von Weißen beanspruchten Landes, vor allem aber des Handels, der den allmählich versiegenden Quellen des Elfenbeins folgte. Die eigentliche Erschließung des Hinterlands erfolgte bereits in den 1820er Jahren durch die Fernhändler, die Elefantenjäger, *Trekburen*, Missionare und Griqua-Gemeinschaften, während der *Große Trek* selbst ein Resultat dieser Öffnung war.

Häufig findet man in der Literatur die Behauptung, die Buren hätten sich als auserwähltes Volk betrachtet. Der südafrikanische Politikwissenschaftler André du Toit ist den Spuren dieser Ansicht nachgegangen und stellte fest, dass es sich um einen historiographischen Mythos handelt. Die theologischen Kenntnisse der Emigranten waren so gering, dass man sie kaum als Calvinisten bezeichnen konnte und die Prädestinationslehre war den meisten wahrscheinlich gänzlich unbekannt. Der britische Afrikaforscher und Missionar der *London Missionary Society*, David Livingstone, beschuldigte die Buren, den Afrikanern mit der Begründung, sie selbst seien ein auserwähltes Volk, ihr Land wegnehmen zu wollen. Aus den Schriften des vielgelesenen Afrikaforschers, so du Toit, sei der Mythos von den Buren als auserwähltem Volk hervorgegangen.

Die etablierte Niederländisch-Reformierte Kirche hatte in ihrer Loyalität gegenüber der Kolonialmacht den Trek verurteilt und es abgelehnt, den *Trekkern* einen Pastor mitzuschicken. Dieses Amt übernahm zeitweilig einer der *Trekker*, später der amerikanische Missionar Lindley. Vor allem im Transvaal führte die Zurückhaltung der Kirche dazu, dass sich dort später zwei neue reformierte Kirchen bildeten.

Andries Potgieter geriet in Konflikt mit den Ndebele, deren Reich sich im südlichen Transvaal befand, und die die Buren offenbar für Griqua hielten, von denen sie schon mehrfach überfallen worden waren. Der Ndebele-König Mzilikazi erwartete nichts Gutes, als große Wagenkolonnen von bewaffneten Weißen in seinem Machtbereich auftauchten. Ein Angriff von 5000 Ndebele-Kriegern gegen die in ihrer Wagenburg gut verschanzten *Voortrekker* unter Potgieter wehrte dieser am 19. Oktober 1836 erfolgreich ab. Vor allem die Pferde verschafften den Weißen, die immer wieder in einzelnen Stoßtrupps aus dem Wagenlager hervorbrachen, die entscheidende Überlegenheit über die Ndebele, die mit ihren Nahkampfspeeren gegen die mit Gewehren bewaffneten Reiter nicht viel ausrichten konnten. Als die Ndebele ein

Jahr später den Transvaal verließen und in Richtung des heutigen Simbabwe abwanderten, nahm Potgieter das Recht des Eroberers in Anspruch, demzufolge das gesamte Land nun den Weißen gehörte. Nach dieser Konfrontation mit den Ndebele zog er mit seinen Leuten nach Thaba N'Chu, wo mittlerweile Gerrit Maritz mit einer großen Gruppe eingetroffen war und andere Trekgruppen bereits warteten. Potgieter wurde zum obersten Militärführer der vereinten Trekkergruppen gewählt, Maritz zum Vorsitzenden des *Volksraad* (Parlament), der aus sieben gewählten Personen bestand, die Gesetze verabschiedeten und sie gleichzeitig als Gerichtshof auch anwandten. Potgieter und Maritz gerieten alsbald in heftigen Streit miteinander und die Eifersüchteleien zwischen den beiden klangen erst ab, als Piet Retief zu ihnen stieß.

Die berühmteste Figur des *Großen Trek* war Piet Retief, der später fast zu einem Heiligen und Märtyrer stilisiert wurde. Als städtischer Geschäftsmann war er der am wenigsten typische *Voortrekker*führer. Ursprünglich hatte er ein reiches Anwesen in der Nähe von Stellenbosch geerbt, eine Weinfarm, die er aber bald wegen einer Fehlspekulation verlor. Um seinen Gläubigern zu entgehen, zog er 1812 in den Osten. Er ließ sich in Grahamstown nieder und wurde Vertragslieferant für die Regierung. Er verspekulierte sich erneut mehrmals und musste seinen gesamten Besitz verkaufen, um wenigstens einige seiner Schulden abzubezahlen. Während der folgenden 14 Jahre war er völlig überschuldet und hielt sich mit Gelegenheitsarbeiten über Wasser, landete sogar zeitweise im Schuldgefängnis. Als er 1836 offiziell für bankrott erklärt wurde, zog der ehemals wohlhabende Mann den *Voortrekkern* nach.

Retief wurde zum »Gouverneur« der versammelten etwa 2000 *Trekker* gewählt, ein Amt, aus dem später das des Präsidenten der Burenrepubliken hervorging. Als ältester aller Trekführer war er der einzige, der keine substantielle Gefolgschaft hatte. Wahrscheinlich konnten sich die anderen so leicht auf ihn einigen, weil seine Stellung schwach war. Seine Führungsrolle konnte er nur ausfüllen, wenn er erfolgreich die anderen Anführer auf seiner Seite hielt und zwischen ihnen vermittelte. Die Versammlung ermächtigte ihn, mit dem Zulu-König Dingane über die Abtretung von Land zur Besiedlung durch die Buren zu verhandeln. Er zog gemeinsam mit Gerrit Maritz und dessen Anhang an die Ostküste nach Natal. Dingane war verständlicherweise misstrauisch, als plötzlich Scharen von Weißen an seiner Westgrenze auftauchten. Mit Sicherheit wusste er vom Sieg der Weißen über Mzilikazi, den mächtigsten afrikanischen Regenten auf dem Highveld. Er verhandelte mit Retief, ließ ihn und seine Begleiter aber nach der Vertragsunterzeichnung töten. Anschließend richteten die Zulu unter den weiter entfernt ahnungslos wartenden *Trekkern* ein Blutbad an.

War Retief der Märtyrer des *Großen Trek*, so kam mit Andries Pretorius der Rächer. Er wurde zum neuen Generalkommandanten gewählt und mit einem Kriegszug gegen die Zulu beauftragt, um die Landabtretung mit Gewalt durchzusetzen und gleichzeitig das Massaker an Retief und seinen Begleitern zu vergelten. Seinem etwa 300 Mann starken Kommando gelang es, im Dezember 1838 eine Armee von etwa 20 000 Zulu in der Schlacht am Blood River zu besiegen, was den Feuerwaffen und dem mitgeführten Feldgeschütz zu verdanken war.

Die Buren verloren einige ihrer wichtigsten Führer in den nun folgenden Kämpfen, aber es traten auch neue in Erscheinung. Jacobus Boshof, ein Büroangestellter aus Graaff-Reinet, wurde von den etwa 3600 *Trekkern* mit offenen Armen empfangen und wegen seiner Rechtskenntnisse beauftragt, eine Verfassung für die noch zu gründende Republik Natalia auszuarbeiten. Boshof spielte bald eine wichtige Rolle im politischen Leben der *Voortrekker*, zunächst als Gegenspieler von Andries Pretorius und später als zweiter Präsident des Oranje-Freistaats.

Die Republik, die die Buren 1839 in Natal gründeten, erwies sich als ausgesprochen unzulänglicher Staatsapparat. Die Hauptschwäche lag in der fehlenden Kohärenz der Siedlergruppen, die sich in Form permanenter Eifersüchteleien zwischen den Trekführern äußerte. Pretorius, der siegreiche Kommandant und nach dem Tod anderer Anführer in Natal die herausragende Figur, geriet in Konflikt mit dem *Volksraad*, dem gewählten Parlament. Dieser Gegensatz blieb ein Kennzeichen der burischen Gemeinwesen bis weit ins späte 19. Jahrhundert hinein. Der *Volksraad* wurde dominiert von Jacobus Boshof, der eine formidable Kraft gegen Pretorius' zunehmend selbstherrliches Regiment organisierte. Anders als der eher auf vertragliche Friedenssicherung eingestellte *Volksraad* erwies sich Pretorius in Natal und auch später im *Highveld* als Expansionist, der auf Kosten der afrikanischen Bevölkerung eine aggressive und gewalttätige Form der Staatenbildung verfolgte.

Pietermaritzburg, nach Retief und Maritz benannt, wurde die Hauptstadt der Republik Natalia, die nicht nur das Gebiet südlich des Zululands umfasste, sondern das gesamte *Highveld* beanspruchte. Allerdings gab es dort große und machtvolle afrikanische Reiche, mit denen die *Trekker* zunächst ein friedliches Auskommen suchten. Nur gegen Dingane zog ein weiteres Kommando aus, das ihn in die Flucht schlug. Der König wurde außerhalb seines Reiches getötet, woraufhin sein Bruder Mpande die Herrschaft übernahm. Dieser hatte sich schon früher mit seinen Anhängern zu den Buren abgesetzt. Sie leisteten ihm nun Hilfe gegen massive Zugeständnisse an Land und Wohlverhalten.

Die *Voortrekker* stießen in Natal in Gebiete vor, die keineswegs von europäischem Einfluss unberührt waren. Seit Anfang des Jahrhunderts hatte sich eine kleine Gemeinschaft englischer Händler in dem winzigen Flecken Port Natal (heute Durban) südlich des Zulureiches festgesetzt. Diese Händler unterhielten Verbindungen nach Grahamstown. Die britischen Händler begannen angesichts der Unfähigkeit der Buren, eine stabile Ordnung herzustellen, für die Übernahme der Republik Natalia durch Großbritannien zu werben. Dabei hoben sie hervor, dass die in erster Linie auf Pretorius' Konto gehende Politik der Aggression gegenüber den kleinen afrikanischen Gemeinschaften den Druck auf die Ostgrenze der Kolonie verstärken würde. Aber auch die Gefahr, dass sich eine fremde Macht an der Ostküste festsetzen und den Seeweg nach Indien gefährden könnte, bewog Großbritannien dazu, 1843 Natal formell zu annektieren. Ausschlaggebend für den bald erfolgenden Abzug der *Voortrekker* aus Natal war der wachsende Einfluss der Händler und Bodenspekulanten. Die neue britische Verwaltung erkannte den Besitz eines Stückes Land nur an, wenn der jeweilige *Voortrekker* es wirklich bewohnte und bewirtschaftete. Demgegenüber akzeptierte sie die Ansprüche britischer Spekulanten ohne weiteres, sodass diese in kurzer Zeit große Landstriche unter ihre Kontrolle brachten.

Die Rückkehr der *Voortrekker* auf das *Highveld* verstärkte die dortigen Spannungen, die vor allem zwei Konfliktregionen betrafen. Im Gebiet südlich des Vaal-Flusses gerieten die *Voortrekker* mit den am Oranjefluss lebenden *Trekburen* aneinander, ein

Konflikt, der noch die frühe Geschichte des Oranje-Freistaats nach 1854 beherrschte. Nördlich des Vaal waren die Hauptgegenspieler Potgieter und der neu zugewanderte Pretorius.

Mit dem Großen Trek weitete sich der weiße Herrschaftsanspruch territorial bedeutend aus und erstmals wurden in diesem Anspruch die heutigen Grenzen der Republik Südafrika vage erkennbar. Bislang hatten die burische Siedlungsfrontier und die staatliche Expansion der Kapkolonie den fortschreitenden Landverlust der Xhosa zum Ergebnis gehabt. Nun waren die Buren weit über die staatlich festgesetzten Grenzen hinausgezogen und hatten neue Frontiers eröffnet. Doch griff auch auf dem *Highveld* bald der imperiale Staat ein, dessen Vertreter der expansionistische Draufgänger Harry Smith war.

Bis dahin hatte die Kolonialmacht die Zusammenarbeit mit der stärksten politischen und militärischen Macht nördlich des Oranje, mit dem Sotho-Reich von Moshoeshoe, gesucht. Die Sotho lebten auf beiden Seiten des *Caledon River*, dessen fruchtbares Tal sie intensiv landwirtschaftlich nutzten. Sie versorgten die ganze Umgebung, einschließlich der *Voortrekker*-Gemeinschaften und sogar der nördlichen Distrikte der Kapkolonie, mit Getreide. Lesotho war die Kornkammer des ganzen riesigen Raumes nördlich des Oranje. Gleichzeitig hatte Moshoeshoe eine respektgebietende Militärmacht aufgebaut, die aber grundsätzlich defensiv ausgerichtet war. Im Gegensatz zu den Xhosa konnten die Sotho es mit den Weißen sogar in offener Feldschlacht aufnehmen, da sie über eine eigene Kavallerie verfügten. Moshoeshoe, der durch französische Missionare und den Superintendenten der *London Missionary Society*, John Philip, von den wohlwollenden Absichten des Empire überzeugt worden war, vertraute weiterhin auf die britische Kolonialmacht, zumal er fürchtete, dass die *Voortrekker*, die ab 1843 in großer Zahl nördlich des Caledon River auftauchten, ihm sein Land streitig machen könnten. Erst allmählich sollte er durch bittere Erfahrung lernen, dass die imperiale Macht ihn keineswegs besser behandelte.

Mit der Anwesenheit vieler Weißer nördlich des Oranje verschob sich die Machtbalance allmählich. Doch bevor Smith tätig wurde, waren die eigentlichen Profiteure der Expansion schon am Werk. Ab 1847 wurden die ersten britischen Siedler als Bodenspekulanten aktiv. Dabei gerieten sie zwangsläufig in Konflikt mit Moshoeshoe, denn Bodenspekulanten wollen statt personalisierter Beziehungen verbriefte Eigentums- und eindeutige Rechtstitel. Die *Voortrekker* erhielten ihr Land von Moshoeshoe und begaben sich damit in ein Klientelverhältnis zum Sotho-Herrscher, den sie auch bereitwillig anerkannten. Die lockere Abhängigkeitsbeziehung zu Moshoeshoe, die Sicherheit, die sie dadurch erhielten, und die Handelsmöglichkeiten, die sich boten, reichten ihnen in diesen Jahren noch völlig aus.

In den Jahren zwischen 1848 und 1854 wiederholten sich Abläufe, wie sie von der Ostgrenze der Kolonie bereits vertraut sind: Die ersten Spekulanten zogen andere nach sich, es kam zu Transaktionen in großem Stil. Die Buren und die Sotho sahen dem mit wachsendem Unbehagen zu, konnten den angewandten Methoden aber nichts entgegensetzen. Die Engländer bildeten eine eigene Interessengruppe, sie wurden durch eine *Corporate Identity* zusammengehalten und sie verfügten über Mittel, die ihnen einen Vorsprung gegenüber allen anderen verschafften, vor allem wegen ihres Zugangs zum Gouverneur. Smith reiste bereits 1848 in die Gegend nördlich des Oranje, versuchte Moshoeshoe und Griquaführer Adam Kok mit einer auftrumpfenden Vorführung seiner Militärmacht einzuschüchtern und annektierte kurzerhand das gesamte Gebiet zwischen Oranje und Vaal als *Orange River Souvereignty* für Großbritannien. In Bloemfontein regierte fortan ein britischer Resident mit einem kleinen Kontingent Soldaten, in den größeren Weilern wie Winburg oder Smithfield – zu Ehren des Gouverneurs benannt – wurden Magistrate eingesetzt, die mit den englischen Siedlern kooperierten. Godlonton, Besitzer und Redakteur des *Graham's Town Journal*, gründete 1850 in Bloemfontein eine eigene Zeitung, *The Friend of the Sovereignty*, die zum Sprachrohr der Spekulanten wurde. Nun begann eine Kampagne, mit der über Eingaben und Zeitungsartikel versucht wurde, Moshoeshoes hohes Ansehen zu untergraben. Die Sotho wurden als Aggressoren präsentiert, als Viehdiebe und Landräuber, wobei die Spekulanten vorgaben, für alle Weißen zu sprechen. Tatsächlich erklärten sich die meisten Buren zu dieser Zeit noch für Moshoeshoe, denn sie profitierten vom Handel mit dem Sotho-Reich.

Die *Voortrekker* hatten in Natal eine Republik begründet, die auch an ihrer eigenen Unzulänglichkeit gescheitert war. Ihre staatenbildenden Fähigkeiten waren so wenig ausgeprägt wie ihr Interesse daran. Sie wurden durch die sehr vage Selbstbezeichnung als *maatschappy* (Gesellschaft) zusammengehalten, blieben aber faktisch in die einzelnen Trekgruppen aufgeteilt. Daran änderte sich auch nach ihrer Rückkehr auf das *Highveld* kaum etwas.

Andries Pretorius, der Smith vergeblich aufgefordert hatte, die Annexion der Burenrepublik zurückzunehmen, organisierte den Widerstand. Dazu suchte er die Unterstützung Moshoeshoes, der ihm aber im Vertrauen auf seine britischen Verbündeten eine Absage erteilte. Pretorius marschierte auf Bloemfontein, doch im Süden des Landes kam ihm Gouverneur Smith mit Truppenmacht entgegen und schlug Pretorius in der Schlacht von Boomplaats. Damit war der Widerstand der *Voortrekker* zunächst gebrochen. Pretorius, auf dessen Kopf ein Preis ausgesetzt wurde, floh und ließ sich im Transvaal nieder, wo er unverzüglich mit Potgieter und anderen in Streit geriet.

Unter dem Druck der englischen Siedler ging der Resident mit Hilfe der örtlichen Magistrate und anderer Amtspersonen dazu über, das Land zu vermessen und eine Politik territorialer Trennung durchzuführen, die schon an der Ostgrenze so fatale Folgen gehabt hatte. Erneut versuchte man, die *Frontier* in eine Grenze aufzulösen, den Raum gemeinsamer Siedlung von Buren und Sotho zu entflechten. Die Farmen der Buren wurden als Eigentumstitel von der Kolonialregierung ausgegeben, ungeachtet der Vorhaltungen vieler Buren, dass das Land Moshoeshoe gehöre. In allen Distrikten waren Vermessungskommissionen am Werk, die oft Hand in Hand mit den Spekulanten arbeiteten. Weite Flächen im Norden des Gebietes blieben faktisch unbesiedelt, weil die Eigentümer in der Kapkolonie lebten; es gab sogar Einzelne in England selbst, die Boden nur zu Spekulationszwecken kauften. Die Investitionen lohnten sich, innerhalb von nur zwei Jahren stiegen mancherorts die Bodenpreise um 400 %.

Moshoeshoe versuchte, diese Entwicklung zu verhindern, wurde aber zu Kompromissen gezwungen. Mehrere Grenzziehungen, verbunden mit militärischer Aggression, beraubten die Sotho stückweise ihres fruchtbarsten Bodens. Als der britische *Resident* Warden 1851 unter dem Druck der Siedler auf Thaba Bosiu marschierte, musste er eine empfindliche Niederlage von den zahlreicheren und gut bewaffneten

Sotho einstecken. Der mit Moshoeshoe befreundete Händler Josias Hoffman organisierte Versammlungen, die das britische Vorgehen gegen das Sotho-Reich verurteilten. Gleichzeitig begannen die Sotho mit genau geplanten Überfällen auf britische Loyalisten unter den burischen Farmern, wobei sie alle anderen sorgfältig von ihren Aktionen ausnahmen. Der forsche Expansionismus des Gouverneurs Smith war nun auch in der nördlichen Frontierzone vom Scheitern bedroht. Sein Nachfolger Cathcart marschierte mit 2400 Mann gegen Moshoeshoe, doch diente dieser Angriff primär der Wiederherstellung der Truppenmoral und dem militärischen Ehrbegriff. Moshoeshoe, der diese Beweggründe durchschaute, erklärte sich nach einem unentschiedenen Gefecht für geschlagen und zahlte den Briten bereitwillig einen Tribut, worauf diese ihre Angriffe einstellten.

In Großbritannien war nach der Abberufung von Smith der Entschluss gereift, sich aus dem Gebiet nördlich des Oranje wieder zurückzuziehen und das Geschäft der Staatsbildung den lokalen Kräften zu überlassen. Andries Pretorius nutzte die Gunst der Stunde, die Unabhängigkeit des Gebietes nördlich des Vaal durchzusetzen. Der *Volksraad* entsandte im Januar 1852 Delegierte zu einem Treffen mit Vertretern des *High Commissioners* am Sand River. In dem ausgehandelten Abkommen erkannte Großbritannien die Selbstständigkeit des burischen Gemeinwesens nördlich des Vaal an und erklärte alle britischen Abkommen mit dort lebenden afrikanischen Potentaten für null und nichtig. Außerdem wurde den Buren ein exklusiver Zugang zu Waffen und Munition zugesichert.

Danach kam die Stunde der Unabhängigkeit auch für das südliche Gebiet. Ein eigens entsandter Special Commissioner hatte das Problem, überhaupt Verhandlungspartner zu finden, da die Buren wenig Interesse zeigten, einen Staat zu gründen, sondern sich mit Zuständen, wie sie vor der britischen Annexion geherrscht hatten, durchaus zufriedengeben wollten. Erst allmählich fanden sich Gesprächspartner in den Kreisen um Moshoeshoes Freund und Handelspartner Josias Hoffman, mit denen im Februar 1854 ein Vertrag in Bloemfontein unterzeichnet wurde, der das Ende der direkten britischen Herrschaft und die Gründung des Oranje-Freistaates besiegelte, dessen erster Präsident Hoffman wurde.

5 Freihandelsimperialismus und Siedlerbeteiligung

5.1 Administrativer Rückzug Großbritanniens

Als die Europäer Ende des 19. Jahrhunderts begannen, den afrikanischen Kontinent unter sich aufzuteilen, nannte der englische Sozialwissenschaftler John Hobson diesen Vorgang »Imperialismus«. In den 1960er Jahren erweiterten die beiden britischen Historiker Ronald Robinson und John Gallagher diesen Begriff, indem sie ihn zeitlich früher ansetzten und nicht auf die Phase gewaltsamer Eroberung begrenzten. Sie sprachen für die Mitte des 19. Jahrhunderts, die große Zeit des Liberalismus in der englischen Politik, von »Freihandelsimperialismus«, der geprägt war von der Ablehnung territorialer Eroberungen sowie von indirekter Machtausübung mittels ökonomischer Einflussnahme und des Drohpotentials der britischen Flotte.

In Südafrika manifestierte sich der Freihandelsimperialismus als Rückzug Großbritanniens aus bereits erworbenen Gebieten sowie als Abgabe politischer Verantwortung an Siedlergemeinschaften. In der Kapkolonie wurden 1853 die Mitspracherechte für die Siedler erheblich erweitert. Dieses Jahr ist umrahmt von den beiden anderen, in denen London zuerst der Republik nördlich des Vaal-Flusses, der *Zuid-Afrikaansche Republiek* (Transvaal) im Jahr 1852 und zwei Jahre später auch der Region zwischen Oranje und Vaal, dem Oranje-Freistaat, vertraglich die Unabhängigkeit zugestand.

Die Kapkolonie

1853 erhielt die Kapkolonie ein eigenes Parlament mit beschränkten Befugnissen. Die Briten nannten das *Representative Government*, weil das Parlament den politischen Willen der Bevölkerung der Kapkolonie zum Ausdruck brachte und über den Haushalt entschied. Damit konnte es den Gouverneur von allzu selbstherrlichen Entscheidungen abhalten, denn er blieb Regierungschef und war nur dem Kolonialministerium in London verantwortlich. Einzig der britische Minister als unmittelbarer Vorgesetzter konnte einen Gouverneur abberufen oder einsetzen. Das alte *Legislative Council* bestand als Oberhaus fort, dessen 15 Mitglieder nun aber nicht mehr ernannt, sondern ebenfalls gewählt wurden, acht in den westlichen, sieben in den östlichen Distrikten, wobei die Wählerschaft durch schärfere Zensusbestimmungen exklusiver war als diejenige, die über die Zusammensetzung des *House of Assembly*, des Unterhauses mit seinen 46 Abgeordneten in 21 Wahlkreisen, bestimmte. An diesen Zahlen lässt sich ablesen, dass in den meisten Wahlkreisen mehr als ein Abgeordneter nach dem Mehrheitsprinzip gewählt wurde. Im Lauf der Jahre nahm die Zahl der Wahlkreise mit der Expansion der Kolonie zu.

Die britische Regierung bestand auf einem sogenannten »farbenblinden« Wahlrecht, d. h. die Hautfarbe sollte keine Rolle beim Zugang zum Wahlrecht spielen: Schwarze und Farbige durften in der Kapkolonie wählen. Theoretisch hätte ein *Coloured* ins Parlament entsandt werden können. Faktisch geschah dies aufgrund der lokalen Mehrheitsverhältnisse jedoch nie. Denn gewählt wurde nach einem Zensuswahlrecht, das an einen Bildungsminimalstandard sowie bestimmte Eigentumsvoraussetzungen gebunden war, nämlich Grundeigentum im Wert von 25 £ bzw. ein regelmäßiges Einkommen von mindestens 50 £. Bis 1865, als *British Kaffraria* in die Kapkolonie integriert wurde, war ähnlich wie bei den *Coloureds* nur ein geringer Prozentsatz der schwarzen Bevölkerung der Kolonie am politischen Leben beteiligt. Hinzu kam, dass kommunales Grundeigentum, das der jeweilige *Chief* nach traditioneller Art verwaltete, nicht als Voraussetzung für das Wahlrecht gewertet wurde. Die Zahl der farbigen Wähler war deutlich größer, umfasste aber ebenfalls nur eine Minderheit. Selbst arme Weiße wurden vom Wahlrecht ausgeschlossen, gleichwohl zählte die große Mehrheit der Weißen zu den Wählern. Grundsätzlich wurde allen Frauen das Wahlrecht verwehrt, wobei sich eine nennenswerte Suffragettenbewegung unter den Frauen erst im frühen 20. Jahrhundert formierte.

Mit der Verfassung hatte man mehrere Ziele erreicht: Das Wahlrecht war an europäische Zivilisationsstandards im zeitgenössischen Verständnis gekoppelt, die Mehrheit der dunkelhäutigen Bevölkerung blieb ausgeschlossen, aber gleichzeitig hatte man eine offene Diskriminierung vermieden und ließ eine Minderheit der schwarzen und farbigen Bevölkerung am System partizipieren. Man konnte durch verschärfte Zensusbestimmungen das Wahlrecht weiter beschränken oder es umgekehrt auf größere Bevölkerungskreise ausweiten. Den Briten Heuchelei vorzuwerfen, wäre unhistorisch, da ein Zensuswahlrecht im 19. Jahrhundert weltweit eher die Regel als die Ausnahme war. Darum nahm an den Bestimmungen für die Kapkolonie auch niemand Anstoß, sie wurden sogar als besonders generös empfunden, handelte es sich doch im Rahmen des Empire um ein Experiment: Nirgendwo sonst wurde eine nicht-europäische Bevölkerung am politischen System direkt beteiligt. Vielmehr war die Ausweitung des Wahlrechts Teil der britischen Zivilisierungsmission.

Das Experiment erwies sich als erfolgreich, denn die farbigen und schwarzen Männer nahmen ihr Wahlrecht eifrig wahr und legten ein bemerkenswertes politisches Interesse an den Tag. Bei den Schwarzen handelte es sich hauptsächlich um die Angehörigen der entstehenden Bildungselite, die aus den Missionsschulen hervorgingen und denen die dort vermittelten westlichen Vorstellungen von Zivilisation in Fleisch und Blut übergegangen waren. Im Lauf der Jahre kamen zur schwarzen Wählerschaft vereinzelt erfolgreiche Bauern mit privatem Landbesitz hinzu. Daraufhin manipulierten die dominierenden Kräfte innerhalb der Kapkolonie das Wahlrecht im Sinn einer Rassenschranke, indem sie die Zensusbestimmungen verschärften. In den folgenden zwei Jahrzehnten etablierte sich ein parlamentarisches Leben, das sich ganz an der Tradition des britischen Unterhauses orientierte, wobei die Abgeordneten in der Regel der wohlhabenden und gebildeten weißen Elite angehörten.

Abb. 7: Erste Eröffnung des Kapparlaments 1854.

Parteien bildeten sich in dieser Zeit noch keine, allenfalls auf bestimmte Gesetzgebungsprojekte bezogene und damit kurzfristige Allianzen. Erst später sollten sich diese verstetigen, als Politiker sich auf der Grundlage gemeinsamer Interessen und politischer Glaubensbekenntnisse dauerhaft zusammenschlossen. Die Jahre des *Representative Government* waren noch ganz vom individuellen Abgeordneten geprägt, der die Wähler seines Wahlkreises repräsentierte. Für organisierte Interessenbündelung im Parlament bestand kein Anlass, weil der Einfluss des Parlaments auf die Regierung noch zu gering war. Die Verantwortlichen in London sahen mit Genugtuung, dass sich in Kapstadt eine Kultur des lebendigen Parlamentarismus entfaltete, was sie dazu bewog, dieses Erfolgsmodell weiter auszubauen. Gleichzeitig entstand innerhalb der Kolonie ebenfalls Reformdruck.

Mit dem Ende des Amerikanischen Bürgerkrieges ging ein plötzlicher Preisverfall auf den internationalen Wollmärkten einher. Da Wolle das Hauptexportprodukt der Kapkolonie war, hatte dies eine schwere wirtschaftliche Depression zur Folge. Die massiven Steuererhöhungen, die Gouverneur Wodehouse durchsetzen wollte, stießen auf Ablehnung. Von der britischen Regierung genötigt, die Inkorporierung von *British Kaffraria* durchzusetzen, belastete er die Kapkolonie zusätzlich mit den Verwaltungskosten für dieses Gebiet. Der Widerstand gegen den Gouverneur bewog die britische Regierung, die Selbstverwaltung auszuweiten.

1872 erhielt die Kapkolonie *Responsible Government*, wodurch die Verantwortlichkeit der Regierung vom britischen *Colonial Office* auf die südafrikanischen Wähler verschoben wurde. Die Regierung verwandelte sich von einer bürokratischen Behörde des Kolonialministeriums in eine Einrichtung, die sich ihre Legitimation durch Wahlen suchen musste. Der Gouverneur trat in seiner Bedeutung weiter zurück und beschränkte sich zunehmend auf rein repräsentative Aufgaben und informellen Einfluss. Zum eigentlichen Regierungschef avancierte demgegenüber ein Premierminister, der vom Parlament gewählt wurde und von diesem auch jederzeit aus seinem Amt entfernt werden konnte. Seine Regierung war nach dem Vorbild des britischen Kabinettsystems gebildet und bestand bis zum Ende der Kolonie im Jahr

1910 aus etwa sieben Ministern. Das *House of Assembly*, das Unterhaus, blieb die entscheidende Kammer, während das Oberhaus nie eine vergleichbare Bedeutung errang. Da organisierte Parteien bis Ende der 1870er Jahre noch fehlten, war der Premierminister von den ständig wechselnden Mehrheitsverhältnissen und den Stimmungen im Parlament abhängig. Sobald er die Mehrheit verlor, blieb ihm nur der Rücktritt, was die häufigen Regierungswechsel in den ersten Jahren erklärt. *Responsible Government* wurde in Südafrika wie in London als Erfolg wahrgenommen, das politische System wurde mit der Zivilisierungsmission Großbritanniens unmittelbar verkoppelt. Gleichwohl war der Parlamentarismus in der Kapkolonie der einer abhängigen Kolonie, d. h. die Politiker waren letztlich immer von der Zustimmung durch Großbritannien abhängig. Eine Abschaffung des Wahlrechtes für die Afrikaner wäre in dieser Zeit kaum denkbar gewesen.

Das Fehlen von Disziplinierungsinstrumenten, wie sie der moderne Parlamentarismus mit seinem Fraktionszwang kennt, ermöglichte einzelnen Abgeordneten, sich zu profilieren. Zu diesen sogenannten Kap-Liberalen zählten neben Saul Solomon und John X. Merriman auch James Rose Innes, der Großvater des deutschen Widerstandskämpfers Helmuth James Graf von Moltke, sowie der Missionarssohn J. W. Sauer. Diese vier und eine Reihe weniger bedeutender Personen wurden wegen ihrer Befürwortung einer allmählichen Integration der schwarzen Bevölkerung als *Friends of the Natives* bekannt. Zu ihnen kam Anfang des 20. Jahrhunderts William Schreiner hinzu, der jüngere Bruder der berühmten feministischen Schriftstellerin Olive Schreiner. Schreiner war während der Krisenzeit kurz vor dem Ausbruch des Burenkrieges 1899 und während der ersten Kriegsmonate Premierminister. Er galt als eher konservativ, doch nach seinem Rücktritt unternahm er eine Reise durch den Osten der Kapkolonie, wo er zum ersten Mal mit der Lebensrealität der Afrikaner konfrontiert wurde. Nach dieser Reise trat er als der vielleicht vehementeste Fürsprecher einer Gleichberechtigung der Afrikaner auf. Nur unter den besonders günstigen Umständen der Kapkolonie, die sich unter dem imperialen Schirm befand, konnte der Liberalismus blühen, denn er verlor nach 1910 schnell an Boden, als Großbritannien sich aus Südafrika zurückzog und das Minenkapital und der burische Nationalismus sich über die politische Entmündigung der afrikanischen Bevölkerung verständigten.

1878 formierte sich eine außerparlamentarische Organisation, die *Boeren Beschermings Vereniging* (BBV), ein Zweckverband burischer Farmer, der anschließend die erste nationalistische Organisation der Buren, den *Afrikaner Bond*, infiltrierte. Die Gründer des *Afrikaner Bond* um den calvinistischen Pfarrer S.J. du Toit wurden politisch marginalisiert und die Funktionäre der BBV übernahmen die Schlüsselpositionen einer Organisation, die faktisch die BBV unter anderem Namen war. In der Folgezeit wurde der *Afrikaner Bond* die erste moderne politische Partei Südafrikas, die als Interessenvertretung der burischen Farmer an ihrer Loyalität zum britischen Empire keinen Zweifel ließ. Der *Bond* war eine ethnische, aber keine nationalistische Partei. Die Durchsetzung des Niederländischen als parlamentarische Verhandlungssprache im Jahr 1882 war ein wichtiger Schritt zur Integration der burischen Bevölkerung in das politische System des *Responsible Government* und zur Entfaltung ihrer politischen Macht. Der Vorsitzende des Afrikaner Bond, Jan Hofmeyr, war ein Journalist, der von seinen Anhängern den Ehrennamen Onze Jan (Unser Jan) erhielt. Er war die graue Eminenz des Kap-Parlamentarismus, da er nie selbst Regierungsverantwortung übernahm, sondern die Politik von außen steuerte. Seine Partei verfügte als erste über die für moderne politische Parteien typischen Disziplinierungsinstrumente in Gestalt einer außerparlamentarischen *Kommissie van Toezicht* (Kontrollkommission), die die wesentlichen Entscheidungen traf und der Hofmeyr vorstand. Hofmeyr war jedwedem Radikalismus abhold und versuchte vergeblich, den Ausbruch des Burenkriegs zu verhindern, indem er die radikalen Elemente im Transvaal zur Mäßigung bewegte. Neben dem *Afrikaner Bond*, und durch seine Existenz provoziert, begannen in der zweiten Hälfte der 1890er Jahre die englischsprachigen Siedler und Unternehmer, sich in der *Progressive Party* zu organisieren.

Die Schwarzen spielten eine vergleichsweise marginale Rolle, weil es nur wenigen gelang, sich als Wähler registrieren zu lassen. Der letzte Grenzkrieg von 1877/78, der zur endgültigen Niederwerfung der Xhosa und schließlich zur sukzessiven Inkorporation der übrigen schwarzen Häuptlingschaften und Königreiche zwischen der bisherigen Ostgrenze und Natal führte, traumatisierte die Afrikaner dermaßen, dass sie lange Zeit kein neues Vertrauen in die Selbstregierungsorgane entwickelten.

Doch wuchs an den Missionsschulen, insbesondere in Lovedale im *Eastern Cape*, eine Generation westlich gebildeter, christianisierter Intellektueller heran, Ende des Jahrhunderts waren es insgesamt bereits ca. 100 000. Sie gründeten verschiedene kleinere Organisationen, die durchaus politische Ambitionen verfolgten. Als sich in den 1880er Jahren die Versuche mehrten, den Schwarzen das Wahlrecht zu entziehen, begannen diese Intellektuellen, sich politisch zu engagieren. 1892 verabschiedete die Regierung Rhodes eine Wahlrechtsverschärfung, indem sie die Eigentumsvoraussetzungen von 25 £ auf 75 £ erhöhte. Der bekannteste Vertreter der schwarzen Intellektuellen dieser Zeit war John Tengo Jabavu, ein Lehrer und Journalist, der den Wahlkampf für James Rose Innes unter den schwarzen Wählern organisierte und einer der engsten Verbündeten der *Friends of the Natives* wurde. Jabavus moderate Haltung, seine elitäre Ausrichtung und die Tatsache, dass er seine Wahlkämpfe in englischer Sprache führte, brachten ihn allmählich in die Isolation unter den anderen, meist den Xhosa oder Tembu zuzurechnenden Intellektuellen, wozu möglicherweise auch seine Zugehörigkeit zu den Mfengu beitrug. Jedenfalls entstand um 1890 eine weitere Organisation der Bildungselite, die sich *South African Native Congress* nannte und eine etwas radikalere Linie vertrat als Jabavu. Weil schwarze Wähler nur eine kleine Minderheit darstellten, blieben diese Gruppen auf die Zusammenarbeit mit Weißen angewiesen. Aber auch umgekehrt: Diejenigen Weißen, die in den östlichen Wahlkreisen antraten, mussten sich bemühen, die schwarzen Wähler zu überzeugen, zumal diese oft den Ausschlag für den einen oder anderen Kandidaten gaben. Das war keineswegs eine einfache Aufgabe, denn die weißen Politiker mussten manchmal stundenlang die sehr pointierten und informierten Fragen ihrer afrikanischen Wähler beantworten. Immerhin erkannten einige weiße Politiker die Nützlichkeit einer partiellen Integration der afrikanischen Bevölkerung in das politische System.

Natal

Nachdem die letzten *Voortrekker* ihre kurzlebige Republik Natalia nach deren Annexion durch die Briten Ende 1848 geräumt hatten, setzten Einwanderungswellen aus England ein. Zwischen 1849 und 1852 siedelten sich etwa 5000 britische Neueinwanderer in Natal an, die sich, ähnlich wie die 1820 *Settlers* im Osten der Kapkolonie, alsbald auf Handel und Gewerbe konzentrierten. Schon in den 1850er Jahren ließ die Einwanderung nach und kam bald ganz zum Erliegen. Darum entwickelten sich in Natal Großfarmen, welche sog. *Absentee Landlords* gehörten, also Besitzern, die das Land nicht selbst bewirtschafteten. Natal, das bis 1856 vom Gouverneur der Kapkolonie mitregiert wurde, erhielt in diesem Jahr den Status einer Kronkolonie mit *Representative Government*. Das zog eine administrative Trennung von der Kapkolonie nach sich, der sie aber bis 1881 untergeordnet blieb; an der Spitze der Regierung stand darum ein Vize-Gouverneur und erst ab 1881 ein Gouverneur. Natal war zu dieser Zeit auf das Gebiet südlich des Tugelaflusses begrenzt, d. h. etwa auf die südliche Hälfte der heutigen Provinz KwaZulu-Natal. Denn das Zulugebiet blieb ein eigenständiges Königreich und bis 1879 völkerrechtlich unabhängig. Die Kolonie war, was Weiße betraf, viel dünner besiedelt und die weiße Bevölkerungszahl war auch insgesamt wesentlich kleiner als in der Kapkolonie.

Der Missionarssohn Theophilus Shepstone hielt als Sekretär für Eingeborenenangelegenheiten die schwarze Bevölkerung von der weißen Gesellschaft getrennt, indem er sie ihrem eigenen traditionellen Recht unterstellte und auch die Verfügungsgewalt der *Chiefs* über den Landzugang aufrechterhielt. Gleichzeitig manipulierte er diese Traditionen, indem er zahlreiche *Chiefs* selbst einsetzte, die dann von ihm abhängig waren. Doch sorgte er dafür, dass innerhalb Natals größere Landgebiete als Reservationen bereitgestellt wurden, sodass die Afrikaner ausreichend Land behielten, um ihre Subsistenz zu sichern. Der Politologe David Welsh hat in Shepstones Politik der Reservate das Vorbild für die spätere Politik der territorialen Rassentrennung gesehen, mithin das Modell für die spätere *Homeland*-Politik des Apartheidstaates. Dies dürfte übertrieben sein, da Shepstone die Rigidität der späteren *Homeland*-Politik fernlag, zumal er in erster Linie ein pragmatischer Politiker war.

Erst mit dem Langalibalele-Aufstand von 1872–1873 verlor Shepstone sein bis dahin sehr hohes Ansehen bei britischen Politikern. Langalibalele, der *Chief* der Hlubi, hatte sich geweigert, die Feuerwaffen, die seinen Leuten gehörten, registrieren zu lassen und hatte die Kolonie in Richtung Transvaal verlassen. Der Gouverneur Natals setzte seine Auslieferung durch und ließ einen anschließenden Aufstand der Hlubi mit Waffengewalt niederschlagen, wobei die Afrikaner mehr als 150 Todesopfer zu beklagen hatten. Ihr *Chiefdom* wurde anschließend zerschlagen und Langalibalele zu lebenslanger Haft auf *Robben Island* verurteilt. Die britische Regierung intervenierte wegen zahlreicher Unregelmäßigkeiten und Unrechtmäßigkeiten im Prozessverlauf und ordnete Langalibaleles Rückkehr an.

Der Oranje-Freistaat (1854–1902)

Als der Oranje-Freistaat 1854 durch die Konvention von Bloemfontein seine Unabhängigkeit erhielt, war man in London froh, die Kosten für die Verwaltung dieses Gebietes los zu sein. Die Regierungsgewalt an weiße Siedler zu übergeben, ließ sich bestens mit den Handlungsmaximen des Freihandelsimperialismus vereinbaren, denn der neue Staat würde von der viel größeren und mächtigeren Kapkolonie und damit von Großbritannien abhängig bleiben. Solange der Freistaat Ordnung halten konnte, wollte die britische Regierung sich auf informellen Einfluss beschränken.

Trotz allem wäre der Oranje-Freistaat fast gescheitert, weil er nicht in der Lage war, ein friedliches Auskommen mit seinem Nachbarn, dem Sotho-Reich Moshoeshoes, zu finden. Unterschiedliche Auffassungen von Landbesitz waren der Hauptgrund für fortgesetzte politische und militärische Konflikte. Die Buren leiteten mittlerweile aus der Vergabe von Land durch den König Eigentumsrechte ab. Als sie begannen, ihre Gebiete zu arrondieren und die Sotho-Bauern aus dem fruchtbaren *Caledon-Valley* zu vertreiben, häuften sich die Streitigkeiten.

Die Sotho hatten durch die einander folgenden Verträge, die ihnen die Briten aufnötigten, das Tal des Caledon stückweise an die Buren verloren. Der erste Präsident der neuen Republik, Josias Hoffman (Mai 1854–August 1855), wurde deswegen gewählt, weil ihn eine persönliche Freundschaft mit dem Sotho-König verband und sich die Siedler erhofften, dass er ohne Krieg einen Ausgleich würde herstellen können. Allerdings zwangen ihn die Hardliner nach nur wenigen Monaten im Amt zum Rücktritt und ersetzten ihn durch Jacobus Boshof, der jedoch nach einem erfolglosen Krieg gegen die Sotho 1858 sein Amt aufgab. Mehrere militärische Angriffe wurden von den Sotho, die über Feuerwaffen und Pferde verfügten, erfolgreich abgeschlagen und die Erstürmung von Moshoeshoes Bergfestung Thaba Bosiu scheiterte. Wegen der unentschiedenen Situation im Konflikt mit dem gut gerüsteten und diplomatisch geschickt agierenden Moshoeshoe geriet der Freistaat nach dem Rücktritt von Präsident Marthinus Pretorius (1859–1863), der einige Jahre erfolglos versucht hatte, die beiden Republiken zu vereinen, in eine Existenzkrise. In der Not suchten die Siedler einen neuen Präsidenten in der Kapkolonie, da sie in ihren Reihen niemanden fanden, dem sie eine erfolgreiche Lösung ihrer Probleme zugetraut hätten. Ihre Wahl fiel auf den erfahrenen Juristen Jan Brand, einen Angehörigen der Oberschicht in Kapstadt. Brand, der 1864 sein Amt antrat, sollte tatsächlich der Republik die gewünschte Stabilität verleihen, denn es gelang ihm, in den Jahren 1866–1868 den Sotho-König militärisch in die Defensive zu zwingen, wobei ihm freilich das Kriegsglück zu Hilfe kam.

Eine dauerhafte Lösung wurde erst 1868 erreicht, als der um sein Reich fürchtende Moshoeshoe mit Hilfe der Missionare erfolgreich an die Briten appellierte. Gouverneur Wodehouse (1862–1870) war der erste britische Gouverneur, der die berechtigten Ansprüche der Sotho anerkannte und auf das Angebot des Königs einging, sein Land unter britisches Protektorat (Basutoland) zu stellen. Damit war dem greisen König ein letzter und entscheidender Coup gelungen, denn tatsächlich rettete er auf diesem Weg sein geschrumpftes Reich, das bis heute als Enklavenstaat innerhalb Südafrikas weiterexistiert.

Mit der Errichtung des Protektorats waren die Verhältnisse geklärt und der Freistaat fand endlich zur lange gesuchten Stabilität. Obwohl er in seiner weiteren Expansion eingeschränkt war, konnte er von der engen Verbindung zur Kapkolonie wirtschaftlich profitieren. Präsident Brand wurde immer wieder in seinem Amt bestätigt, das er ununterbrochen 25 Jahre lang bis zu seinem Tod im Jahr 1888 innehatte. Tatsächlich entstand während seiner Präsidentschaft ein Freistaat-Patriotismus. In dieser Zeit erhielt Bloemfontein mit einigen repräsentativen Gebäuden ein wenig von der Würde einer Hauptstadt. Als der Präsident 1882 von Königin Victoria geadelt und zu Sir John Brand wurde, illustrierte diese Ehrung, wie selbstverständlich Großbritannien den Oranje-Freistaat trotz seiner völkerrechtlichen Unabhängigkeit dem eigenen Machtbereich zurechnete.

Der Oranje-Freistaat entwickelte sich in der Amtszeit Brands und seiner Nachfolger zu einem stabilen Staatswesen, das von einer weitgehend agrarischen burischen Oberschicht regiert wurde. Denn bald kristallisierte sich hier wie im Transvaal eine Notablenschicht heraus, die, wie früher in der Kapkolonie, ihre Stellung über den Zugang zu den wichtigsten Ämtern festigen konnte. In Brands Amtszeit wurde die Infrastruktur ausgebaut, insbesondere die Eisenbahnen, die Brand einer zunächst widerstrebenden Farmerschaft geradezu aufnötigen musste. Dann allerdings fand sie sehr schnell Akzeptanz, als die Farmer erkannten, welche Vermarktungschancen für ihre Produkte sich ihnen damit eröffneten, wohingegen die *Transportryers*, die Fuhr- und Speditionsunternehmer mit ihren Ochsenwagen, allmählich ins Hintertreffen gerieten. Ebenso konnte Brand die Bildungsinstitutionen wesentlich verbessern und zahlreiche Neuerungen in der Verwaltung einführen.

Die lokale Verwaltung im Freistaat und im Transvaal wurde nach dem Modell der alten Kapkolonie mit *Landdrosten*, *Heemraden* und *Veldkornets* als wichtigsten Amtsträgern organisiert. Die Bevölkerungsmehrheit bildeten freilich nicht die Weißen, sondern sotho- und tswanasprachige Pächter, *Sharecropper* – afrikanische Bauern, die einen Teil ihrer Ernte als Pacht bezahlten – und Landarbeiter, denen jede politische Mitsprache verweigert wurde. Der Anspruch des Oranje-Freistaats, ein weißer Staat zu sein, konnte sich nur auf die Herrschaftsform, keinesfalls auf die Bevölkerung als ganze beziehen. Der Gegensatz zwischen einem von *Trekburen* bewohnten, auf die Kapkolonie ausgerichteten Süden und einem von den *Voortrekkern* dominierten und den Schulterschluss mit dem Transvaal suchenden Norden beherrschte den Oranje-Freistaat lange. Er war bedeutsamer als der ethnische zwischen Buren und Engländern. Erst allmählich konnte sich eine mittlere Linie durchsetzen, die auf größere Eigenständigkeit des Oranje-Freistaats pochte. Obwohl die britischen Siedler nie mehr als eine kleine Minderheit ausmachten, waren sie wegen ihres größeren Reichtums und ihres engen sozialen Zusammenhalts einflussreich. Gordon Fraser, ein angesehenes Mitglied einer Bloemfonteiner Oberschichtfamilie, wurde zwar nie zum Präsidenten gewählt, doch war er als *Speaker* des Parlaments einer der einflussreichsten Notabeln des Landes.

Die Verfassungsväter des Oranje-Freistaats orientierten sich an der Konstitution der USA, der sie das Prinzip der Gewaltenteilung ebenso entnahmen wie den rigiden Charakter. Mit rigide ist gemeint, dass sich die Verfassung als Grundgesetz deutlich von den anderen Gesetzen unterscheidet und nur mit einer Drei-Viertel-Mehrheit in mehreren Lesungen veränderbar war. Weil die Kompetenzen und Befugnisse der staatlichen Institutionen in dieser Verfassung klar und deutlich beschrieben und voneinander abgegrenzt wurden, erwies sie sich als so praktikabel, dass in der fast 50-jährigen Zeit ihrer Geltung nur geringfügige Änderungen vorgenommen werden mussten.

Der Präsident, der als Regierungschef und oberster Repräsentant des Staates fungierte, wurde für fünf Jahre direkt vom Volk gewählt, war aber vom Parlament abhängig. Sein Exekutivrat wurde vom Parlament bestimmt, das bei Ernennungen von Amtsträgern sowie über Krieg und Frieden mit entschied. Zur Stabilität trug auch der Aufbau einer unabhängigen Gerichtsbarkeit bei, die aus unbedeutenden Anfängen mit der Einrichtung eines obersten Gerichtshofes im Jahr 1867 große Bedeutung erlangte. Politische Karrieren verliefen in der Regel über die juristische Laufbahn. Die späteren drei Präsidenten waren alle Juristen und, im Fall der beiden letzten, Reitz und Steyn, zuvor oberste Richter des Landes gewesen.

Nach Brands plötzlichem Tod im Jahr 1889 verschob sich die außenpolitische Orientierung unter seinen beiden Nachfolgern Reitz und Steyn zu einer stärkeren Anlehnung an den Transvaal. 1889 manövrierte sich der Oranje-Freistaat durch ein Beistandsabkommen in eine sicherheitspolitische Abhängigkeit vom Transvaal und trug unbeabsichtigt zur politischen Polarisierung der Region bei. Weil der Oranje-Freistaat bis dahin so gut funktioniert hatte, waren hier die Ressentiments nach dem verlorenen Burenkrieg besonders virulent, woraus sich erklärt, warum er zur Wiege des burischen Nationalismus wurde.

Die erste Zuid-Afrikaansche Republiek (Transvaal 1852–1877)

Das Vierteljahrhundert der Geschichte der ersten Transvaal-Republik ist geprägt von tiefgreifenden Gegensätzen zwischen regionalen *Voortrekker*gruppen, die in geschlossenen Gebieten zusammen lebten. Zwischen diesen Siedlungsinseln dehnten sich oft hunderte Kilometer Land aus, das sie nicht kontrollierten, ganz abgesehen von den afrikanischen Großreichen in ihrer Mitte, die die Existenz eines so dünn besiedelten, innerlich gespaltenen, militärisch und ökonomisch schwachen Staates wie des Transvaal ständig gefährdeten. Diese Großreiche waren die der Pedi und der Swazi im Nordosten bzw. Osten, wozu noch das Zulureich kam, mit dem der Transvaal in den 1870er Jahren in Konflikt geriet.

Zunächst war Andries Pretorius der wichtigste *Voortrekker*führer nördlich des Vaal-Flusses. Er führte die vier Siedlungsinseln im Transvaal zu einer instabilen Allianz zusammen, deren Geschicke von einem gemeinsamen *Volksraad* gelenkt werden sollten. Doch war der Zusammenhalt gering, die Eifersüchteleien der politischen Führer groß, die Regierung darum ineffizient. Pretorius' Sohn Marthinus setzte nach 1853 den expansionistischen Kurs seines Vaters fort, insbesondere in seinem beharrlichen Bestreben, die Republiken beiderseits des Vaal zu vereinen. Zwar konnte er 1860 für kurze Zeit Präsident beider Republiken, des Transvaal und des Oranje-Freistaats, werden, doch wurde er von deren Einwohnern wie von Großbritannien an der Verwirklichung seiner Ziele gehindert. Er geriet sogar immer stärker in den Strudel der inneren Konflikte im Transvaal, der in einen mehrjährigen Bürgerkrieg der Buren untereinander ausartete (1857–1864). Potchefstroom war in den ersten Jahren die Hauptstadt, wo Marthinus Pretorius residierte. 1855 gründete er eine neue Stadt in zentraler Lage, die er nach seinem Vater Pretoria taufte und 1860 zur neuen Hauptstadt erhob, in der trügerischen Hoffnung, so die Zentralgewalt zu stärken. Im Gegensatz zum Oranje-Freistaat verstand sich der Transvaal dezidiert als eine protestantische Republik. Weil die *Nederduits Gereformeerde Kerk* der Kapkolonie die *Voortrekker* nicht oder nur sehr zögerlich unterstützt hatte, riefen starke Kräfte im Transvaal eine eigene Staatskirche ins Leben, die *Nederduits Hervormde Kerk*, was bei der Gemeinschaft in Lydenburg, einer der drei wichtigsten Siedlungen der Buren, auf scharfe Ablehnung stieß, da sie einem anderen reformierten Bekenntnis folgten. Die Lydenburger im Osten schlossen sich mit Gleichgesinnten in anderen Regionen des Transvaal zusammen und wiesen die neue Staatskirche zurück. Ein bewaffneter Konflikt zwischen den verfeindeten Gruppen, die sogar je eigene Parlamente einrichteten, wurde nur durch das Eingreifen von Paul Kruger verhindert. Kruger war als militärisch-politischer Führer im Westtransvaal einflussreich und brachte die verfeindeten Gruppen an den Verhandlungstisch, was zur Rustenburg-Verfassung von 1858 führte, die auf Dauer zum Grundgesetz des Transvaal werden sollte – auch noch nach dem Intermezzo der britischen Herrschaft von 1877–1881. Dennoch gelang auch Kruger keine wirkliche Befriedung oder Stabilisierung.

In der Verfassung des Transvaal spiegelten sich diese verworrenen Verhältnisse. Es fehlte dieser Verfassung die Stringenz und Klarheit, welche jene des Oranje-Freistaates auszeichnete. Neben dem Präsidenten war das Amt des Generalkommandanten, des Oberkommandierenden der Streitkräfte, das zweitwichtigste Staatsamt. Im Oranje-Freistaat existierte ein solches Amt als permanentes gar nicht, sondern der Oberkommandierende wurde jeweils im Kriegsfall und nur für die Dauer eines Krieges gewählt. Dagegen hatte der Generalkommandant des Transvaal Sitz und Stimme im »Ausführenden Rat«, der Regierung. Darum verliefen die Politikerkarrieren hier über militärische Ämter. Paul Kruger selbst begann als *Veldkornet* und so verfuhren praktisch alle Politiker der Republik. Die militärische Tradition war und blieb bedeutsamer als der juristische Sachverstand, der den Oranje-Freistaat prägte. Dies schlug sich noch bis in die Geschichte Südafrikas in der ersten Hälfte des 20. Jahrhunderts nieder, weil sich die Transvaal-Traditionen durchsetzten, als 1910 der Generalkommandant der Republik Transvaal im Burenkrieg, Louis Botha, erster Ministerpräsident des vereinten Südafrika wurde.

Da es immer wieder Streit um das Präsidentenamt gab und die jeweiligen Präsidenten Probleme hatten, von rivalisierenden Gruppen anerkannt zu werden, verfiel man auf die gleiche Lösung wie der südliche Nachbar: Die Transvaler wandten sich an die Kapkolonie und »importierten« einen Präsidenten, der nicht in ihre Streitereien involviert war und darum bessere Chancen hatte, sich eine Autorität als von allen anerkanntes Staatsoberhaupt zu erwerben. 1872 lud man den Pfarrer Thomas Burgers ein, Präsident der Republik zu werden. Er fand wegen seiner liberalen theologischen Standpunkte wenig Freunde unter den konservativen *Doppers*. Ein besseres Verhältnis konnte er zu den deutschen Missionaren der Berliner und der Hermannsburger Missionsgesellschaften aufbauen, die seit 1861 bzw. 1857 im Transvaal tätig waren. Die Berliner hatten sich in der Nähe des Pedireiches niedergelassen, durften aber nach einem Verbot durch König Sekhukhune (1861–1879) im Reich selbst nicht mehr missionieren. Die afrikanischen *Chiefs* hatten sich gut bewaffnet, denn sie schickten, wie etwa das mächtige Pedireich nordöstlich von Pretoria, ihre jungen Männer als Wanderarbeiter in die Diamantfelder, wo sie Geld verdienen und sich damit Feuerwaffen und Pferde kaufen konnten. Die weiße Republik selbst war arm und kaum an die Märkte der Kapkolonie angeschlossen. Die Farmer produzierten hauptsächlich zum Eigenverbrauch oder handelten mit ihren afrikanischen Nachbarn. Ohne Steuerzahlungen seiner Bürger war jedoch ein starker Staat kaum aufzubauen.

Als Burgers es Jan Brand nachmachen und das Pedireich durch Krieg in die Knie zwingen wollte, scheiterte er an der militärischen Überlegenheit der Afrikaner, der Uneinigkeit in den eigenen Reihen und der dilettantischen Durchführung des Kriegszuges. Nach der Niederlage trat Burgers von seinem Amt zurück, es fand sich aber kein Nachfolger. Erforderliche Steuererhöhungen ließen sich weder beim *Volksraad* noch bei der Bevölkerung durchsetzen. Der Transvaal war so hoch verschuldet, dass er vor dem Bankrott stand. Der Staat desintegrierte in seine Siedlungsinseln. Es war das erste Beispiel von Staatszerfall auf dem afrikanischen Kontinent.

In dieser desolaten Lage ging die britische Annexion geradezu geräuschlos vor sich. Unter dem Beifall der deutschen Missionare ritt der frühere Secretary for Native Affairs der Kolonie Natal, Theophilus Shepstone, im Auftrag Großbritanniens mit einer zwölfköpfigen Polizeitruppe nach Pretoria, verkündete dort die Annexion durch Großbritannien und hisste den Union Jack. Die erste Republik der Buren wurde für vier Jahre (1877–1881) zu einer britischen Kolonie.

5.2 Kommerzialisierung und Industrialisierung

Die wirtschaftliche Entwicklung der Kapkolonie folgte dem seit den 1830er Jahren eingeschlagenen Weg. Der Binnenmarkt für Getreide und Wein wurde in dieser Zeit weiter entwickelt, Handelsbeziehungen wurden mit den afrikanischen Nachbarn aufgebaut und intensiviert, während der Export und die Einbindung in die Weltwirtschaft bis in die 1860er Jahre auf die Wollproduktion beschränkt blieb. Danach dehnte sie sich auf die Zuckerproduktion in Natal sowie die Diamantenförderung in Griqualand West aus.

Experimente mit verschiedenen vermarktbaren Anbauprodukten (*Cash Crops*) ergaben, dass sich der Küstenstreifen der Kolonie vorzüglich für den Anbau von Zuckerrohr eignete. Natal konnte damit die weltweite Angebotslücke in der Rohrzuckerproduktion füllen, die durch den Niedergang ehemals wichtiger Karibik-Inseln, insbesondere Jamaikas, geschlagen worden war. Da die Zuckerproduktion körperlich höchst anstrengend ist und lange Zeit in der Karibik oder Brasilien mit Sklavenarbeit betrieben wurde, kamen nur unfreie Arbeiter in Betracht. Zwar gab es bereits afrikanische Wanderarbeit, die aber nicht von den Weißen, sondern durch die *Chiefs* kontrolliert wurde. George Grey, der zu dieser Zeit auch noch für Natal zuständige Gouverneur der Kapkolonie (1854–1861), schlug vor, Vertragsarbeiter aus anderen Teilen des Empire nach Natal zu holen. Dafür kam in erster Linie Indien in Frage. Seit den 1830er Jahren wurden indische Vertragsarbeiter nämlich in etlichen Plantagenkolonien, wie Mauritius, vor allem aber auch in der Karibik, eingesetzt. Diese Arbeiter waren unfrei, da sie zwar Verträge mit einer begrenzten Laufzeit von fünf Jahren hatten, während dieser Zeit aber ihrem Arbeitgeber ausgeliefert waren und häufig genötigt wurden, Folgeverträge abzuschließen. Der jeweilige Arbeitgeber hatte weitreichende Möglichkeiten der Disziplinierung und Bestrafung und wurde von den Kolonialbehörden nicht in wirksamer Weise kontrolliert.

Die Inder in Natal

Die ersten Inder kamen 1860 in Durban an. Nach einigen Schwierigkeiten, insbesondere nach einem von der indischen Regierung verhängten Auswanderungsstop wegen ihrer schlechten Behandlung, stieg ihre Zahl von weniger als 10 000 im Jahr 1875 bis auf das zehnfache gegen Ende des Jahrhunderts. Die meisten dieser Einwanderer, darunter viele Frauen, waren Hindus aus den niedrigen Kasten. Der Anteil der Frauen, die auch auf den Plantagen arbeiteten, war ähnlich wie früher bei den Sklaven sehr gering. Da sich die Zuckerplantagen nicht in der Nähe der städtischen Siedlungen befanden, fiel die Anwesenheit der Inder zunächst kaum auf. Das änderte sich, als indische Kaufleute einreisten, um Südafrika als lukrativen Markt zu erschließen. Während die Vertragsarbeiter vorrangig tamilische Bewohner Südostindiens waren, stammten die meisten Kaufleute aus Gujarat im Nordwesten. Beide Gruppen hatten kulturell wenig miteinander gemeinsam, zumal sich die Kaufleute in den städtischen Zentren niederließen, während die Vertragsarbeiter auf den Plantagen oder in den Kohlebergwerken von Newcastle (Natal) arbeiteten. Einige Kaufleute waren ausgesprochen kapitalkräftig und unterhielten internationale Verbindungen. Häufig waren ihre Niederlassungen in Natal nur Filialen größerer Unternehmen in Indien selbst, die über Großfamilien miteinander vernetzt waren. Die Gujarati waren sowohl Muslime als auch Hindus, während die Vertragsarbeiter fast ausschließlich tamilische Hindus waren. Die Angehörigen niedriger Kasten oder Unberührbare nutzten die Chance, ihren Status durch die Konversion zu christlichen Pfingstkirchen aufzuwerten, sodass der Anteil der Christen unter den Indern bald etwa 10 % ausmachte. Diejenigen, deren Vertragszeiten abliefen und die nicht nach Indien zurückkehrten, bearbeiteten fortan kleine Parzellen, wo sie Obst und Gemüse anbauten, das sie dann in Durban und anderen Städten direkt an die Verbraucher verkauften. Damit riefen sie den Zorn der weißen Ladenbesitzer hervor, die sich durch »unfairen Wettbewerb« übervorteilt sahen. Die weißen Siedler übten Druck auf die Regierung Natals aus, die ihrerseits wegen der wachsenden Zahl der Inder alarmiert war und durch verschiedene Gesetze die Rechte der Inder drastisch einschränkte. Dies galt auch für den Transvaal, da indische Kaufleute sich in Johannesburg niedergelassen hatten, während der Oranje-Freistaat ein völliges Niederlassungs- und Betätigungsverbot erließ, das bis in die 1990er Jahre bestehen blieb.

Die Situation in Natal unterschied sich auch darin von der Kapkolonie, dass die privilegierte weiße Minderheit fast ausschließlich aus Engländern bestand, dafür aber mit der Einwanderung indischer Vertragsarbeiter und Kaufleute ab 1860 andere Konfliktfelder entstanden. Die weißen Kaufleute und Händler nutzten ihre parlamentarischen Einflussmöglichkeiten, um sich die lästige Konkurrenz vom Hals zu schaffen, indem sie die Inder einer Vielzahl diskriminierender Einschränkungen unterwarfen. Hier kam den Indern zugute, dass sie 1893, ein Jahr, nachdem auch Natal *Responsible Government* erhalten hatte, in dem jungen indischen Rechtsanwalt Mohandas Gandhi, dem späteren Mahatma, einen politischen Anführer fanden. Gandhi war aus Indien angereist, um einen indischen Kaufmann in einem Rechtsstreit zu vertreten, blieb aber wegen der, auch von ihm selbst, erfahrenen Diskriminierung anschließend im Land und ging mit einem ganzen Spektrum politischer Aktivitäten dagegen vor. Dazu zählten die Gründung einer eigenen Zeitung und des

Natal Indian Congress sowie verschiedene Vorgehensweisen, die Beschwerden der Inder zu artikulieren. Zunächst beschritt er die vertrauten Pfade der Petitionen und Protestresolutionen, entwickelte aber bald innovative Ansätze, indem er das britische Selbstverständnis kolonialer Herrschaft als Zivilisierungsmission an der Realität maß und in außerordentlich geschickter Weise die Öffentlichkeit instrumentalisierte, um auf die Diskrepanzen hinzuweisen. Dadurch konnte er moralischen, rechtlichen und politischen Druck auf die Regierungen in Pietermaritzburg, London und Kalkutta ausüben.

Gandhi erzielte trotzdem kaum dauerhafte Verbesserungen für die Inder, da ihn die Politiker immer wieder hinhielten, oder ihm Zusagen und Versprechungen machten, die sie später brachen. Dies führte zu seiner politischen Radikalisierung. Gandhi griff immer stärker auf kulturelle Ressourcen zurück. Er entwickelte ein idiosynkratisches Gemisch aus Askese, multireligiöser Spiritualität und demonstrativer Aufrichtigkeit, das er als *Satyagraha* bezeichnete. In seiner Autobiografie übersetzte er den Begriff als »Experimente mit der Wahrheit«. Auf diese Weise konnte Gandhi die Inder, denen die Weißen durch ausgrenzende Maßnahmen von außen eine Gemeinsamkeit aufgezwungen hatten, zu einer selbstbewussten Gruppe zusammenführen. Dennoch gelang es ihm erst 1911, über seine ursprüngliche Klientel, die Kaufleute, hinaus auch indische Arbeiter wirksam in seine Kampagnen einzubeziehen. Gandhi selbst wurde in Südafrika zum indischen Nationalisten. Und die Südasiaten unterschiedlicher regionaler, sprachlicher und religiöser Herkunft, die sich in Natal und Transvaal niedergelassen hatten, entdeckten sich unter seiner Führung über religiöse und Kastengrenzen hinweg nun erst als Inder. Seine langfristige Wirkung war beträchtlich, denn seine »militante Gewaltlosigkeit« (Erikson) beeinflusste noch über Jahrzehnte die Strategien der indischen und schwarzen Opposition.

Diamanten in Griqualand

Nördlich der Kapkolonie, in der Trockenzone, wo nur im Tal des Oranje eine dichtere Besiedlung möglich war, lebten seit dem frühen 19. Jahrhundert verschiedene Gemeinschaften von Khoisan und Griqua, die von Missionaren religiös und diplomatisch betreut wurden. Nach dem *Großen Trek* hatten sich seit den späten 1830er Jahren weiße Siedler in der Gegend niedergelassen. Als 1867 ein erster Diamant gefunden wurde, änderte sich binnen kurzem die ganze Situation.

Innerhalb kurzer Zeit setzte ein wahrer *Diamond Rush* ein, der eine so tiefgreifende Änderung Südafrikas einleiten sollte, wie sie zuvor nur die Ankunft der ersten weißen Siedler nach sich gezogen hatte. Was änderte sich?

1. *Die Wirtschaft Südafrikas:* Von überall her strömten Diamantengräber, aus der Kapkolonie, den Burenrepubliken und aus dem fernen Natal; immer stärker aber wurde der Zustrom aus Übersee, meist aus Europa und Nordamerika. Innerhalb kurzer Zeit arbeiteten etwa 45 000 Menschen in den Diamantenfeldern, unter denen die Afrikaner mit 20 000 den größten Anteil ausmachten. Nach britischem Bergrecht konnte jeder sich einen *Claim* abstecken und registrieren lassen, ihn aber auch weiterverkaufen. Die Farmer veräußerten ihre Ländereien – wie sich schnell her-

ausstellte, unter Wert. Der Wert der Diamantenfelder lässt sich daran ermessen, dass innerhalb von nur fünf Jahren der Export der Edelsteine bei mehr als 1 600 000 £ jährlich lag. Zwischen 1867 und 1967 wurden Diamanten im Gesamtwert von 700 000 000 £ gefördert. Hunderte und tausende von Diamantengräbern beteiligten sich, aber die Afrikaner unter ihnen wurden frühzeitig mit Gewalt ausgegrenzt, denn die weißen Diamantsucher degradierten sie teilweise mit rabiaten Mitteln zu lohnabhängigen Arbeitern.

Abb. 8: Kimberley: The Big Hole um 1900.

Zunächst konzentrierte sich die Suche auf das Flusstal des Oranje und das Mündungsgebiet seines größten Nebenflusses, des Vaal. Diamanten wurden im Ufersand gefunden und aus dem Schlamm ausgewaschen. Bald wurde erkennbar, dass es sich dabei nur um die vom Wasser davongeschwemmten und über weite Gebiete verteilten Diamanten handelte. Dann entdeckte man die eigentlichen geologischen Formationen. Diamanten sind bekanntlich komprimierter Kohlenstoff, der unter extremem vulkanischem Druck zu glasklaren Steinen gepresst wurde. Tatsächlich stieß man auf trichterförmige Kamine, sogenannte *pipes*, die man an der bläulichen

Farbe des Erdreichs identifizieren konnte. Die Fläche der diamanttragenden Schichten nahm ab, je tiefer man in die Trichter hineingrub. Dies leistete einem Konzentrationsprozess der Industrie Vorschub, eine Entwicklung, die durch notwendige Investitionen in Anlagen zum Abpumpen des Grundwassers gefördert wurde. Die Claims wurden tiefer gegraben; ein Gewirr von Flaschenzügen beförderte die abgegrabene Erde nach oben, wo sie gesiebt und die Steine aussortiert wurden. Die Schwarzen erledigten die eigentliche Dreckarbeit, sie gruben den Boden auf und transportierten das Erdreich mit Hilfe von Seilwinden aus den immer tieferen Gruben hinauf. Oben saßen die weißen Claimbesitzer an primitiven Holztischen, an denen sie die Diamanten sortierten.

Vieles geschah in einem rechtsfreien Raum, da das Abbaugebiet jenseits der Grenzen der Kapkolonie lag, die Regierung der Griqua zu schwach war und ihre Autorität gegenüber den Diamantengräbern auch nicht wirksam durchsetzen konnte. Die Griqua wurden die Hauptopfer der Entwicklung, da sie von den neuen Gemeinschaften, die sich in ihrem Gebiet bildeten, einfach auf die Seite geschoben wurden und bald auch ihre Ansprüche auf staatliche Souveränität aufgeben mussten. Stattdessen schickte der Oranje-Freistaat, der Ansprüche auf das Gebiet geltend machte, Polizeikräfte in die Region.

Die verschiedenen Bergbaucamps wichen bald dauerhafteren Strukturen. Die chaotischen und lärmerfüllten Zustände der Anfangsjahre, die aufgrund der Bordelle, Spielhallen und Saloons eher an einen Rummelplatz als an kapitalistische Betriebsamkeit erinnerten, machten Platz für Villenviertel, steinerne Verwaltungsgebäude und feste Straßen. Innerhalb weniger Jahre entstand in der Nähe eines der Diamantenfelder eine neue Stadt, die nach dem damaligen britischen Kolonialminister Kimberley benannt wurde. Neben der Versorgungsleistung für die Diamantenschürfer war sie auch der erste Absatzmarkt für Rohdiamanten, denn Edelsteinhändler siedelten sich an, die den *Diggers* ihre Funde abkauften. Etliche Diamantschürfer wurden von den Händlern über den Tisch gezogen, viele verloren ihren Reichtum so schnell wie sie ihn errungen hatten, als der Abbau wegen der immer größeren Tiefe zunehmend kapitalintensiv wurde.

Die Finanzjongleure siegten über die *Diggers*, weil sich herausstellte, dass das Problem der Diamantenindustrie in einem Überangebot auf den Edelsteinmärkten bestand. Nur ein Monopolist konnte das Angebot künstlich knapp und damit die Diamantenpreise hoch halten. Die Spekulation und die Überschwemmung der Märkte mit Diamanten führten zwischen 1882 und 1886 zu einem Preisverfall mit nachfolgender Depression. Die Diamantenindustrie hatte zahlreichen Einwanderern eine Chance geboten, die sie entschlossen nutzten und deshalb innerhalb kurzer Zeit zu beträchtlichem Reichtum kamen. Darunter waren Leute wie Barney Barnato (1851–1897), eigentlich Barney Isaacs, der aus einem jüdischen Elendsviertel im Londoner *East End* stammte und zunächst in den Minencamps als Clown und Schaukämpfer auftrat, bevor er seine Ersparnisse in Diamantenclaims investierte. Er erwies sich als außerordentlich geschickt und blieb unter den letzten Konkurrenten, d. h. er stand einem großen international vernetzten Konzern vor, doch konnte er den »Makel« seiner Herkunft nicht abschütteln. Antisemitische Vorurteile und die hochnäsige Verachtung der englischen Oberschicht versperrten ihm den Zugang zu politisch einflussreichen Kreisen. Barnato galt als geschmacksunsicherer Parvenü, für den sich kein Mitglied der traditionsbewussten und exklusiven britischen Oberschicht eingesetzt hätte, ohne befürchten zu müssen, das eigene Renommee zu ramponieren. Ganz anders der große Konkurrent Barnatos, Cecil Rhodes. Er war ein jüngerer Sohn einer anglikanischen Pfarrersfamilie aus England, der seinen älteren Brüdern nach Südafrika folgte. Seine Verbindungen in die führenden Kreise Kimberleys, vor allem aber die sorgfältig gepflegten Beziehungen in Großbritannien selbst, waren eine wichtige Voraussetzung für seinen rasanten Aufstieg zum größten Diamantproduzenten Südafrikas. Der misogyne und wahrscheinlich homosexuelle Rhodes umgab sich Zeit seines Lebens mit jüngeren Männern, die ihn abgöttisch bewunderten und die er für seine Ziele instrumentalisierte. Er pendelte zwischen Südafrika und Großbritannien, da er erkannt hatte, dass nur der übliche *Cursus Honorum* eines Oberschichtangehörigen ihm Anerkennung in Englands führender Schicht sichern konnte. So studierte er, obwohl bereits Millionär, in Oxford und baute sich ein weitreichendes Netzwerk sozial nützlicher Kontakte in die Machtelite des Königreiches auf. Dadurch konnte er Kreditklemmen überwinden und Geld bei Londoner Großbanken, u. a. bei Rothschild, aufnehmen, um sein wachsendes Diamantenimperium mit frischem Kapital zu versorgen. So schwamm er in der Welle des Konzentrationsprozesses der Bergbauindustrie in Kimberley immer obenauf. Sein wichtigster Partner war der aus Deutschland stammende Alfred Beit, das Finanzgenie im südlichen Afrika. Bis in die 1880er Jahre hinein spielte sich in Kimberley ein Monopolisierungsprozess ab, bei dem sich Rhodes schließlich durchsetzen konnte, dessen Konzern den Namen des ursprünglichen Farmbesitzers de Beers beibehielt.

Abb. 9: Gewirr von Flaschenzügen in der Diamantmine bei Kimberley 1873.

Parallel zu diesem Konzentrationsprozess wuchs der Kapitalaufwand, sodass der individuelle Abbau zunehmend in eine industrielle Produktionsform überging. Pumpanlagen und Fördertechniken lösten primitivere Geräte ab. In den 1880er Jahren wurde der Untertagebau mit Einsatz von Maschinen notwendig. Mit dieser Konzentration und Technisierung der Betriebe wuchs auch die Repression gegenüber den schwarzen Arbeitern. Oft waren die Afrikaner gegangen, wenn die Bedingungen unerträglich wurden oder wenn sie genug verdient hatten, um sich ein Gewehr zu kaufen, was der Hauptanreiz für die meisten war, sich überhaupt zur Lohnarbeit zu verdingen. Nun wurde ihre Freizügigkeit drastisch eingeschränkt und auf die Einhaltung schriftlicher Arbeitsverträge gepocht. Sie wurden in sogenannten Compounds untergebracht, lagerähnlichen Unterkünften, aus denen sie nur zur Arbeit oder mit besonderer Genehmigung herausgelassen wurden. Angesichts der prekären Marktsituation entwickelte sich der Diamantenschmuggel zu einer preisgefährdenden Aktivität, wogegen die Minenbesitzer rigoros vorgingen. Die Arbeiter mussten entwürdigende Durchsuchungen über sich ergehen lassen, die selbst vor den Körperöffnungen nicht Halt machten. Da immer wieder Diamanten aus den Compounds herausgeschmuggelt wurden, überzog man sie mit Maschendraht, sodass sie riesigen Käfigen glichen, in denen man die schwarzen Arbeiter festhielt.

Mit den Diamantminen wurden in der Wirtschaft demnach mehrere Innovationen in Südafrika eingeführt:

a) Kapitalstarke, moderne, an europäischen und amerikanischen Vorbildern orientierte Unternehmen.
b) Bergbautechniken, die sich auf dem damals neuesten Stand befanden und zum Ausgangspunkt einer tiefgreifenden Modernisierung wurden, nicht zuletzt in der Infrastruktur.
c) Neue Formen der Unterwerfung und Ausbeutung lohnabhängiger Arbeiter. Immer mehr Afrikaner wurden in das Kraftfeld des sich entfaltenden Kapitalismus hineingezogen, die noch intakten afrikanischen Reiche wurden dadurch langfristig destabilisiert; dies gilt insbesondere für Moshoeshoes Sothoreich, das zunächst die meisten Arbeiter stellte.

2. *Das Territorium der Kapkolonie*: Der plötzliche Boom in einem Land, das zwar den Griqua gehörte, aber von allen anderen als eine Art Niemandsland angesehen wurde, weckte Begehrlichkeiten der Staatsverwaltungen, die sich die lukrative Steuereinnahmequelle nicht entgehen lassen wollten. Den glaubhaftesten Anspruch auf das Gebiet hatte der Oranje-Freistaat, der direkt bis an den Zusammenfluss von Vaal und Oranje heranreichte und dessen Territorium, das 1854 in der *Bloemfontein Convention* mit Großbritannien festgelegt worden war, das Diamantgebiet umfasste. Von den Griqua um Hilfe gebeten, intervenierte die Kapkolonie als deren Schutzmacht; aber auch der Transvaal reklamierte das Territorium für sich. Es kam zu heftigen Kontroversen und diplomatischen Verwicklungen zwischen der Kapkolonie und dem Oranje-Freistaat, dessen Präsident Brand nachdrücklich daran erinnert wurde, dass seine kleine Republik ohne Zugang zum Meer leicht von lebenswichtigem Nachschub abgeschnitten werden konnte. Schließlich einigte man sich darauf, den Gouverneur des unbeteiligten Natal als Schiedsrichter anzurufen. Dass dieser als britischer Gouverneur sich für die Kapkolonie entschied und diese die Gegend um Kimberley 1871 annektierte, war wenig überraschend; die Abfindung von 90 000 £, die der Oranje-Freistaat fünf Jahre danach erhielt, erschien schon den Zeitgenossen als Eingeständnis der validen Rechte der Republik.

3. *Infrastruktur und Verkehr*: Für die Kapkolonie war die Annexion ein wichtiger ökonomischer Zugewinn mit weitreichenden Folgen. Denn die fortschreitende In-

dustrialisierung des Diamantenbergbaus und die fortgesetzte Bautätigkeit erforderten bessere Transportmöglichkeiten. Bis dahin hatte man alle Waren mühsam mit Ochsenwagen auf wenig gebahnten Wegen ins Landesinnere geschafft. Seit der Frühzeit der niederländischen Kolonie hatte sich die Infrastruktur nur wenig gebessert. 12- oder 16-spännige Ochsenwagen sahen zwar imposant aus, waren aber alles andere als schnell. Um größere Geräte zu transportieren, musste man zudem Ersatzgespanne parat haben, die bei Steigungen mitziehen mussten. Eine Reise von Kapstadt nach Kimberley mit dem Ochsenwagen dauerte Wochen oder Monate. Doch wie sollte man eine schnell wachsende Stadt versorgen, in der tausende von Menschen Lebensmittel, Kleidung und Gerätschaften benötigten? Mit den Diamantfunden begann der Eisenbahnbau, für den sich genügend Investoren fanden, sodass er schnell Fortschritte machte.

Karte 2: Bodenschätze Südafrikas (um 1910).

Fast zur selben Zeit wurde Südafrika auch von Europa leichter erreichbar. Mit der Eröffnung des Suezkanals 1869 sank zwar Kapstadts Bedeutung als Hafen, doch stieg diejenige Durbans am Indischen Ozean. Zehn Jahre später wurde ein Unterseekabel gelegt, wodurch Nachrichten vom Kap in bis dato unvorstellbarer Geschwindigkeit Europa erreichen konnten. Dadurch konnte das *Colonial Office* die Gouverneure und Beamten in Südafrika an die kürzere Leine administrativer Kontrolle nehmen. Aber auch Nachrichten über Wirtschaftsdaten und Börsenkurse banden Südafrika immer enger an die globale Wirtschaft.

Dazu trug maßgeblich der Schiffsverkehr bei, der seit Mitte des 19. Jahrhunderts von Dampfschiffen dominiert wurde, die witterungsunabhängiger und damit nach einem verlässlichen Zeitplan fahren konnten. Der Übergang von hölzernen zu eisernen Schiffen war überhaupt die Voraussetzung, um die für den Eisenbahn- und Bergbau erforderlichen Maschinen und Materialien nach Südafrika zu schaffen. Denn alles, von Eisenbahnschienen bis zu Lokomotiven, von Gesteinzertrümmerungsanlagen und Kompressoren bis hin zu Pumpen und Förderanlagen, musste aus Europa importiert werden.

4. *Gesellschaft und Politik*: Der numerische Anteil englischsprachiger Menschen stieg und mit dem Aufstieg Kimberleys entstand ein drittes städtisches Zentrum in der Kapkolonie neben Kapstadt und Port Elizabeth. Kimberley war eine reine Bergbaustadt, während Kapstadt sich von der wichtigsten Hafen- in eine Verwaltungs- und Dienstleistungsstadt mit einem sich herausbildenden Bildungssektor verwandelte, der im Lauf des 19. Jahrhunderts an Bedeutung gewann. Neben der *South African Library*, dem *Natural History Museum* und der Sternwarte siedelten sich Bildungsstätten an, als deren Krönung 1873 die *University of the Cape of Good Hope* gegründet wurde. Port Elizabeth dagegen blieb die Hafenstadt des Ostens, über die die Wolle als Hauptprodukt der *Cape Midlands* verschifft wurde. Nach einem anfänglichen Boom verlor sie relativ an Bedeutung, weil andere Häfen wie das 200 km östlich gelegene *East London*, vor allem aber Durban in Natal, wichtiger wurden.

Mit J. B. Robinson, Barney Barnato und Cecil Rhodes tauchte ein neuer Sozialtyp in der Kapkolonie auf, den es bis dahin noch nicht gegeben hatte, nämlich der Industrieunternehmer und Finanzspekulant. Neben die bisher landsässige Oberschicht der Großgrundbesitzer des *Western Cape* und die städtische Kaufmannsschicht in Kapstadt traten nun aggressive Kapitalisten, die sich alsbald in die Politik der Kolonie einmischten. Hier liegt der wahre Ursprung der Parteienentwicklung in der Kapkolonie, da diese Leute Interessen verfolgten, die denen der alteingesessenen Bevölkerung und des *Afrikaner Bond* häufig nicht entsprachen.

Mit dem Aufstieg Kimberleys veränderte sich die politische Landkarte der Kolonie, da die neu annektierten Gebiete in Wahlkreise gegliedert wurden und aufgrund ihrer vergleichsweise großen Bevölkerung Gewicht im Parlament gewannen. Unternehmer wurden Politiker und Lobbyisten in eigener Sache. Barnato und Rhodes ließen sich ins Parlament wählen. Während Barnato mit seinen pompösen Auftritten und seinem zweifelhaften Geschmack Anlass zu allerlei abschätzigen Bemerkungen in der Kapstädter Oberschicht bot, wurde Rhodes ernst genommen. Erfahrene Politiker wie John X. Merriman, der führende liberale Parlamentarier, förderten ihn und halfen ihm, sich in der Welt des Parlamentarismus zurecht zu finden. Allerdings war Merriman bald ernüchtert, als Rhodes unorthodoxe Wege beschritt. Denn er setzte seinen Reichtum als entscheidungsförderndes Mittel in der Politik ein, sodass bald Gerüchte über Korruption und Bestechung die Runde machten.

Rhodes trat 1884 mit nur 31 Jahren als Finanzminister ins Kabinett von Premierminister Upington ein, nachdem er 1881 für den neugeschaffenen Wahlkreis Kimberley erstmals ins Parlament eingezogen war. Seine wirtschaftliche Macht stellte nur die Basis dar für weitreichende politische Pläne. Er sorgte dafür, dass die Obst- und Weinkulturen der Umgebung Kapstadts qualitativ verbessert und auf Export ausgerichtet wurden.

Darüber hinaus erfasste die Kommerzialisierung immer neue Bereiche, als abgelegene, aride Gebiete wie die *Karoo* Bedeutung erlangten. Das Klima der Kleinen *Karoo*, eines langgestreckten Tals mit dem Zentrum Oudtshoorn, bot ideale Lebensbedingungen für die großen Straußenvögel. Die europäische Mode der Zeit mit Federboas und Federhüten schuf den Anreiz für eine hochkommerzialisierte Straußenzucht, bei der einige »Straußenbarone« innerhalb weniger Jahre große Reichtümer anhäuften. Indes ist die Welt der Mode unbeständig und dem Boom folgte ein ebenso plötzlicher Zusammenbruch, den nur diejenigen überlebten, die die großen Laufvögel nicht nur wegen ihrer Federn züchteten, sondern Fleisch und hochwertiges Leder produzierten. Noch heute beherbergt dieses Tal etwa 75 % der Straußenpopulation der Welt.

Gold im Transvaal

Selbst einem strategisch agierenden Kapitalisten wie Cecil Rhodes blieb es nicht erspart, dass ihn die wirtschaftliche Dynamik überholte, weil er noch mit der Konsolidierung seines Monopols in Kimberley beschäftigt war. Über die Existenz von Gold im Transvaal wusste man schon seit einiger Zeit, es hatte auch schon in den 1870er Jahren erste Versuche der Goldgewinnung im Osttransvaal gegeben, die aber wegen zu geringer Erträge wieder aufgegeben wurden. Trotz dieser Misserfolge und Enttäuschungen ging die Suche nach Gold weiter, bis sie von Erfolg gekrönt wurde, als 1886 im Südtransvaal Vorkommen entdeckt wurden, deren außerordentliche Ergiebigkeit rasch zutage trat.

Südlich einer Hügelkette, dem Witwatersrand, lag das goldtragende Flöz an der Erdoberfläche, hier begann darum der Abbau. Das Flöz zog sich von dort nach Süden, aber gleichzeitig auch in die Tiefe. Nach dem Zweiten Weltkrieg wurde das Gold bereits 300 km weiter südlich und in mehr als 3 km Tiefe abgebaut. Der Goldanteil im Erz war so gering, dass große Mengen davon gefördert werden mussten, um nennenswerte Mengen des Edelmetalls zu gewinnen; das goldtragende Flöz war aber so riesig, dass sich die Förderung lohnte. Doch kam von Anfang an nur ein industrieller Abbau in Frage, was Folgen hatte, die viel weiter reichten als die Diamantenfunde: Sie lösten die industrielle Revolution in Südafrika aus. Der Goldabbau war ausgesprochen kapitalintensiv, sodass darüber auch überseeische Investoren in großem Maß in die südafrikanische Wirtschaft involviert wurden. Die bereits in Kimberley erprobten Betriebsformen wurden auf Johannesburg übertragen. Unternehmer mussten sich nach einer breiten Kapitalbasis umsehen, was auf die Bildung großer Konzerne hinauslief, wie etwa die Firma Wernher, Beit und Co., die sich mit anderen in der *Chamber of Mines* als einem monopolartigen Interessenkartell zusammenschloss.

Die Konzerne wurden an den Johannesburger und Londoner Börsen notiert, da sie nicht über genügend Eigenkapital verfügten, um einen rentablen Goldabbau in Angriff zu nehmen. Zwischen 1887 und 1934 wurden mehr als 200 000 000 £ am Witwatersrand investiert, woraus sich das große Interesse erklärt, das Südafrika nun für britische Kapitalinteressen und die britische Politik hatte. Schon 1888 produzierten 44 Minen Gold im Wert von 1 300 000 £ pro Jahr. Die Investitionskosten stiegen, weil sich die technischen Probleme verschärften, als das Oberflächenvorkommen abgebaut war und der Untertagebau einsetzte. Hier waren zusätzliche Probleme zu bewältigen: Belüftung, Entwässerung, Hitzeregulierung sowie neuartige Methoden der chemischen Herauslösung des Goldes aus dem Erz mit dem gerade entwickelten Cyanid-Verfahren. Mit der Entdeckung riesiger Kohlevorkommen in der Umgebung ließ sich das Energieproblem lösen und gleichzeitig etablierte sich ein weiterer lukrativer Zweig des Bergbaus. Die industrielle Revolution, die sich in den westeuropäischen Ländern und in Nordamerika innerhalb einiger Generationen entfaltete, lief in Südafrika gewissermaßen im Zeitraffer ab, denn die Industrialisierung war importiert und griff auf die in Europa bereits entwickelte Technologie zurück. Fast über Nacht brach der vollentwickelte Industriekapitalismus in Südafrika ein, doch sollte es noch Jahrzehnte dauern, bis die industrielle Entwicklung über den Bergbausektor hinausging und eine weiterverarbeitende Industrie entstand.

Kartellartig waren nicht nur die Konzerne selbst organisiert, sondern auch ihre Rekrutierung der Arbeitskräfte. Wegen der nur sehr zögerlichen Bereitschaft der Afrikaner, in den Goldminen zu arbeiten, wegen der starken Konkurrenz der Minen um diese Arbeitskräfte und aufgrund des hohen Risikos in den Anfangsjahren übten die Konzerne Druck auf die Regierung aus, um die Bereitstellung von Arbeitskräften zu sichern. Tatsächlich spielte sich bald eine enge Zusammenarbeit zwischen Minen und Staat beim Aufbau eines repressiven Systems der Arbeitskräfterekrutierung und -regulierung ein. Die Minen nutzten über die Minenkammer ihren politischen Einfluss auf die Regierung des Transvaal, um mit administrativen Mitteln, etwa Passgesetzen und der politischen Entmündigung der Afrikaner, für einen Nachschub an billigen Arbeitskräften zu sorgen. Die bereits in Kimberley erfolgreiche Methode der Disziplinierung der Arbeiter durch das *Compound System* wurde auch in Johannesburg eingeführt, kombiniert mit einem monopolartigen Rekrutierungssystem der Arbeitskräfte. Die Konzerne gründeten gemeinsam die *Native Recruiting Corporation*, die in Südafrika und den drei *High Commission Territories* Bechuanaland (Botswana), Basutoland (Lesotho) und Swaziland Arbeiter rekrutierte. Die *Witwatersrand Native Labour Association* warb dagegen in den benachbarten Kolonien Arbeiter an, vor allem in Mosambik. Diese gemeinsamen Anwerbeagenturen sollten die Konkurrenz zwischen den Konzernen um Arbeitskräfte möglichst ausschalten und damit die Löhne niedrig halten. Wegen des geringen Goldgehaltes im Erz waren die Investitionskosten für Minen, besonders für diejenigen, die in großer Tiefe arbeiteten, sehr hoch. Gleichzeitig war der Goldpreis international festgeschrieben, weswegen die Löhne die größte Variable waren. Daraus ergab sich eine Konkurrenz zwischen dem Bergbau und dem Agrarsektor hinsichtlich des Zugangs zu billigen

Arbeitskräften. Gleichwohl bemühte sich auch der Transvaal unter Paul Kruger, den Bedarf der Minen zu befriedigen, die ihm immerhin einen Großteil seines Steuereinkommens bescherten. Dennoch lässt sich erst für das frühe 20. Jahrhundert von einer, wenn auch instabilen, Allianz zwischen Minen- und Agrarinteressen sprechen, als der modernisierende kommerzielle Farmsektor und die Minen gemeinsam ihren Einfluss geltend machten, um die Afrikaner rechtlos zu halten und ihnen alternative Einkommensmöglichkeiten zunehmend zu versperren. In Siedler-, Plantagen- und Bergbaukolonien war die Ausbeutung natürlicher Ressourcen und menschlicher Arbeitskraft besonders intensiv. Da sich in Südafrika alle drei Kolonialtypen auf engstem Raum fanden, verstärkten sie einander in ihrer Wirkung auf die koloniale Herrschaftsordnung.

Mit dem Goldabbau entstand allmählich eine Zulieferindustrie im Land selbst. Der völlig unterentwickelten Landwirtschaft des Transvaal eröffnete sich ein gigantischer Absatzmarkt. Der Goldabbau löste die Kommerzialisierung der Landwirtschaft aus, zunächst in der näheren Umgebung der Minen. Außer den üblichen weit verstreut liegenden Farmen gab es am Witwatersrand keine Siedlung. Pretoria, die Hauptstadt des Transvaal, lag als nächstgrößeres Städtchen etwa 60 km nördlich des neuen Bergbaugebiets. Die Regierung schickte aber zügig Beamte, die die sich abzeichnende Wiederholung des Chaos von Griqualand verhindern sollten. So brachte sie sofort und erfolgreich ihre Autorität in einem Areal zur Geltung, das von den benachbarten Farmern als Weideland für ihre Tiere genutzt wurde. Als Staatsland wurde es zum Kern eines neuen Minencamps. Beamte der Regierung legten eine rechtwinklige Gitterstruktur von Straßen an, wiesen Parzellen aus und versteigerten sie an die Höchstbietenden. Die Grundstücke verkauften sich gut, da das Gebiet nördlich der ersten in Betrieb genommenen Minen lag, diese also gut erreichbar waren. Dabei bildete sich dem südafrikanischen Stadtgeograph Keith Beavon zufolge ein Grundmuster von vier Quadranten, das die entstehende Stadt dauerhaft prägen sollte. Im Südwesten etablierten sich die Finanzinstitutionen und wenig später auch die Börse. Der Südosten wurde für Werkstätten sowie Industrieanlagen genutzt und im Nordosten errichteten die wohlhabenderen Einwohner ihre Villenviertel. Im Nordwesten dagegen gelang es einer Reihe von Natal zugezogenen indischen Geschäftsleuten, Parzellen zu ersteigern, woraufhin sofort in der gesamten Umgebung die Grundstückspreise fielen. Dies war einzig und allein auf den Rassismus der Weißen zurückzuführen. Aus diesem Grund ließen sich im Nordwesten der Siedlung neben den eigentlich kapitalkräftigen Indern Arme aller Hautfarben nieder – ein Prozess, der sich später in den nach Nordwesten expandierenden Vorstädten fortsetzte.

Dort wo ursprünglich offenes Gelände gewesen war, schoss innerhalb von nur zehn Jahren eine Großstadt von 100 000 Einwohnern aus dem Boden, die zu Ehren des Präsidenten des Transvaal, Paul Kruger, einen seiner Vornamen erhielt und Johannesburg getauft wurde. Das frühe Johannesburg war eine Stadt der Männer, die in privaten Wohnheimen und Wohngemeinschaften hausten. Erst im frühen 20. Jahrhundert nahm der Anteil weißer Frauen zu, die meist als Hausangestellte Arbeit fanden, was ansonsten eine Domäne schwarzer Männer blieb. Das Nebeneinander weißer Frauen und schwarzer Männer in privaten Haushalten wurde als skandalös gebrandmarkt, doch fanden die meisten Frauen binnen kurzem Ehepartner unter den zahlreichen weißen Junggesellen.

Die Afrikaner strömten in großer Zahl in die neuen Bergbaugebiete am Witwatersrand, durchaus nicht nur, um sich *nolens volens* den repressiven Arbeitsbedingungen in den Goldminen zu unterwerfen, sondern um die anderweitigen Chancen, die sich ihnen boten, zu nutzen. Der südafrikanische Sozialhistoriker Charles van Onselen hat im Einzelnen beschrieben, wie sich an den einsetzenden Bergbau eine breit gefächerte Dienstleistungsbranche anlagerte, die von Bordellen über Taxifahrer bis zu Alkoholschmugglern und professionellen Wäschern reichte. Diese waren teilweise ethnisch dominiert: die Wäscher etwa waren Zulumänner, die als Berufskleidung von indischen Wäschern in Durban einen weißen Turban übernommen hatten. Verarmte Buren stellten Backsteine für den Häuserbau her, die in der rasch wachsenden Stadt dringend gebraucht wurden. Wie die übrigen Kleinunternehmer aller Hautfarben wurden sie jedoch später von kommerziellen Großbetrieben verdrängt.

Die Industrialisierung, oder allgemeiner gesprochen der Einbruch des modernen Kapitalismus, war von krasser Ungleichzeitigkeit und großen territorialen Unterschieden geprägt. In Johannesburg und bei Kimberley entstanden industrielle Inseln inmitten einer traditionsverhafteten Umwelt, die vor den 1880er Jahren im Transvaal und Oranje-Freistaat noch kaum auf Marktproduktion ausgerichtet war. Prozesse sozialer Ausdifferenzierung, ja Polarisierung beschleunigten sich. Die Kommerzialisierung der Landwirtschaft verstärkte soziale Konflikte und Ausleseprozesse innerhalb der weißen Farmerschaft, vor allem aber zwischen weißen Farmern und schwarzen Bauern. Afrikanische Pächter erhielten von den Farmern zu immer schlechteren Bedingungen Land. Im späten 19. Jahrhundert setzte in einigen Gegenden, insbesondere in der Kapkolonie, der Aufstieg eines schwarzen Bauerntums ein, das in viel schnellerer und dynamischer Weise auf die neuen Marktanreize reagierte als viele der weißen Farmer. Der von Weißen dominierte Staat zerstörte diese aufstrebende soziale Gruppe, nicht zuletzt durch das Landgesetz von 1913.

5.3 Die Entstehung neuer Städte

Johannesburg unterschied sich von allen Siedlungsformen, die Südafrika bis dahin gekannt hatte. Kapstadt war ein Verwaltungszentrum, eine Hafen- und Dienstleistungsstadt, die zudem langsam aus bescheidenen Anfängen gewachsen war. Johannesburg dagegen schoss wie ein Pilz aus dem Boden, mit allen Kennzeichen einer auf dem Reißbrett gezeichneten Struktur und gleichzeitig chaotischen Formen des Wachstums. Um den Stadtkern siedelten sich Neuzuwanderer an, landlose Buren, Afrikaner, Einwanderer aus Übersee. Slumähnliche Siedlungen entstanden neben den Villenvierteln der Neureichen, der Minenbesitzer, für die sich bald der Name *Randlords* einbürgerte.

Der innerstädtische Transport erwies sich in Johannesburg frühzeitig als wachsendes Problem. Bis weit ins 20. Jahrhundert war die Innenstadt dicht bevölkert, wo sich die ärmeren Einwanderer niederließen, die sich die hohen Transportkosten nicht leisten konnten. Die *Commissioner Street*, die Hauptverkehrsachse, war das Auffangbecken für jüdische Flüchtlinge, die gegen Ende des Jahrhunderts nach den Pogromen im Zarenreich ihre Heimat verließen. Einwanderer, denen es gelang, beruflich Fuß zu fassen und die es zu bescheidenem Wohlstand brachten, zogen in den Norden der Stadt. Südlich der Innenstadt erstreckten sich die Bergwerke, sodass jeder, der etwas auf sich hielt, soweit wie möglich im Norden wohnte. Daraus ergab sich ein soziales Nord-Süd-Gefälle, das trotz aller Änderungen und trotz des Endes aktiver Bergbautätigkeit im Stadtgebiet bis heute sichtbar geblieben ist. Eine Besonderheit war *Parktown*, wo die ganz Reichen, die Minenbesitzer und ihre Familien, lebten, denn es lag vergleichsweise nahe an der Innenstadt, aber jenseits der Hügelkette des Witwatersrand. Die Stadt wuchs gewissermaßen von dieser exklusiven Wohngegend weiter nach Norden. Ein Stadtviertel wie Sachsenwald verriet schon in seinem Namen, welche Bevölkerungsgruppe sich dort ansiedelte; mit dem Ausbruch des Ersten Weltkriegs wurde in patriotischem Bekenntnis zur neuen Heimat die Umbenennung in ein phonetisches Englisch vorgenommen: *Saxonwold*. Wohl gab es in Johannesburgs Innenstadt repräsentative Gebäude, von denen einige noch erhalten sind: Gerichtsgebäude, die Bibliothek und das Rathaus. Doch typischer war der kommerzielle Charakter: die Börse, die Warenhäuser und das *Corner House*, Sitz des größten Minenkonzerns Wernher, Beit und Co., dessen Vorstandsvorsitzender passend zum Haus den Namen Eckstein trug.

Die weitläufige Anlage der Stadt jenseits des Innenstadtbereichs war nur möglich, weil ein System öffentlichen Transports eingerichtet wurde, das in den Anfangsjahren aus pferdegezogenen Taxis und Trams bestand, die von der Stadtmitte in die Wohnviertel fuhren, ab 1906 aber von einer elektrischen Tram abgelöst wurden. Im Gegensatz zu den meisten Metropolen der Welt baute Johannesburg keine Untergrundbahn, was sicher mit dem Bergbaubetrieb und den damit verbundenen Gefahren zusammenhing, eine Stadtbahn ist ein Projekt des frühen 21. Jahrhunderts geworden, um den mittlerweile fast paralysierten Individualverkehr zu entlasten.

Die Goldvorkommen am Witwatersrand fanden in Johannesburg ihr Abbauzentrum, doch reichten sie westlich und östlich viel weiter, sodass sich neben Johannesburg in einem breiten Streifen zahlreiche kleinere Bergbaustädte entwickelten, von Krugersdorp im Westen bis Springs im Osten. Im Lauf der Zeit wuchsen sie zusammen zu einem Städtekonglomerat, für das sich die Bezeichnung Witwatersrand, oder kurz Rand, einbürgerte.

Andere Städte entwickelten sich gewissermaßen im Windschatten dessen, was man in Südafrika als *Mineral Revolution* bezeichnet. Pretoria, ca. 60 km nördlich des Witwatersrand, mauserte sich mit Hilfe der rapide wachsenden Steuereinkünfte zu einer wirklichen Stadt. Die Repräsentativgebäude, die heute noch den zentralen *Church Square* zieren, entstanden in den letzten Jahren des 19. Jahrhunderts und lösten die älteren, meist einstöckigen, stroh- oder wellblechgedeckten Häuser ab. Kleine Nester, die meist um Kirchen entstanden waren, zeigten ebenfalls ein zaghaftes Wachstum, verdienten aber erst ab dem 20. Jahrhundert die Bezeichnung Kleinstädte. Während 1860 nur 13 % der Bevölkerung der Kapkolonie in städtischen Siedlungen lebten, waren es 1904 bereits 53 % der Weißen, 51 % der Inder, 37 % der *Coloureds*, aber nur 10 % der Schwarzen, wobei die Wanderarbeiter nicht als Stadtbewohner gezählt wurden. Dennoch deutet die vergleichsweise geringe Urbanisierungsrate der schwarzen Bevölkerung darauf hin, dass es zu dieser Zeit für Afrikaner noch ausreichend Möglichkeiten in der Landwirtschaft gab, die erst mit dem *Native Lands Act* von 1913 drastisch eingeschränkt wurden.

Abb. 10: Johannesburg, Commissioner Street 1895.

Die Goldfelder Südafrikas waren mit Abstand die größten der Welt, aus ihnen kam fast ein Drittel des gesamten Goldes, das jemals gefördert wurde. Der Transvaal, bis dahin die wirtschaftlich unbedeutendste und provinziellste Region, wurde zum Zentrum des ökonomischen und infrastrukturellen Fortschritts. Doch wollten alle Nachbarregionen an dem Aufschwung und den finanziellen Gewinnen partizipieren, weshalb von verschiedenen Hafenstädten Eisenbahnen gebaut wurden: von Kapstadt, Port Elisabeth und East London in der Kapkolonie, von Durban in Natal und von Lorenço Marques (Maputo) im benachbarten Portugiesisch-Ostafrika (Mosambik). Letzteres lag in der kürzesten Entfernung von Johannesburg und hatte für die Regierung des Transvaal überdies den unschätzbaren Vorteil, dass es keine britische Besitzung war. Denn die Bergbauunternehmer waren meist Briten, die Eisenbahngesellschaften waren britisch, alle Hafenstädte waren britisch, die Nachbarkolonien Natal und Kapkolonie waren britisch. 1892 erreichte die Eisenbahnlinie von Kapstadt den Witwatersrand, drei Jahre später diejenige von Durban. Der mit dem Segen der Transvaal-Regierung von einem niederländischen Konsortium begonnene Bau einer Linie ins mosambikanische Lorenço Marques konnte erst 1895 abgeschlossen werden.

Die Eisenbahnen erstreckten sich wie Arterien vom pulsierenden Herzen Johannesburg in die verschiedenen Hafenstädte. Die dazwischen liegenden Regionen wurden bald vom Sog der Kommerzialisierung erfasst. Für viele Farmer lohnte es sich auf einmal, nicht nur Rinder zu züchten, denn mit den neu entstandenen Märkten wurde auch der landwirtschaftliche Anbau lukrativ, zumal die Eisenbahnen verderbliche Waren schnell anliefern konnten. Johannesburg war ein ständig wachsender Absatzmarkt für Lebensmittel und andere landwirtschaftliche Produkte, doch auch in die Gegenrichtung, zu den Häfen und von dort weiter in überseeische

Märkte, gelangten die Produkte nun per Eisenbahn und Dampfschiff. Tatsächlich konnte die Regierung der Kapkolonie den teuren, staatlich betriebenen Eisenbahnbau bei den zurückhaltend interessierten Parlamentariern erst durchsetzen, als sie die Hauptstrecke um den Bau zahlreicher regionaler Nebengleise erweiterte, wodurch immer weitere Farmgebiete Anschluss an die Märkte erhielten. Insgesamt wurden zwischen den 1860er Jahren und 1919 über 15 000 km Eisenbahnnetz gebaut. Doch größere Querverbindungen, wie die Bahn zwischen Kapstadt und Port Elizabeth wurden erst viel später angelegt. Andere Regionen, insbesondere die von der schwarzen Bevölkerung bewohnten Gebiete wie die Transkei oder das Zululand wurden von der modernen Infrastruktur gar nicht erst erfasst, was die afrikanischen Bauern im Wettbewerb mit den weißen Farmern dauerhaft benachteiligte.

Als die verschiedenen Eisenbahnlinien den Witwatersrand erreicht hatten, waren die Probleme keineswegs beseitigt. Denn die Transvaal-Regierung unter Paul Kruger hatte der Niederländisch-Südafrikanischen Eisenbahngesellschaft die Eisenbahnrechte im Transvaal übertragen. Sie begünstigte ihre eigene Trasse nach Mosambik, was einen Konflikt zwischen der Kapkolonie und dem Transvaal heraufbeschwor. Die Kapkolonie, damals von Rhodes regiert, verlangte, die Hälfte des Eisenbahnverkehrs auf ihrer Strecke abzuwickeln, was die Eisenbahngesellschaft nicht zugestehen wollte; die Gespräche wurden 1895 ergebnislos abgebrochen. Der Streit um Quoten, die Versuchung für den Transvaal, den größten Teil des Außenhandels über Lorenço Marques abzuwickeln, und die Auseinandersetzung um Zoll- und andere Tarifeinnahmen stellten im letzten Jahrzehnt des 19. Jahrhunderts Hauptstreitpunkte zwischen den Kolonien und den Republiken dar.

Der Ausspruch, der Rhodes zugeschrieben wird, er wolle eine Eisenbahn von Kapstadt nach Kairo bauen, ist nicht wörtlich zu nehmen, sondern steht für den Expansionswillen dieses rastlosen Mannes, der mit nur 49 Jahren seine ohnehin schwache Gesundheit völlig ruiniert hatte und 1902, noch vor dem Ende des Burenkrieges, starb. Rhodes hatte den Blick auf die riesigen Gebiete nördlich des Limpopo geworfen, die er bis zur Grenze des damaligen Deutsch-Ostafrika, des heutigen Tansania, unter seine Kontrolle brachte, was wichtige Rückwirkungen auf die Situation in Südafrika selbst hatte. Denn damit hatte Rhodes sein Ziel erreicht, den Transvaal, seit den Goldfunden das ökonomische Herzland der ganzen Region, politisch einzukreisen. Nur die Grenze nach Mosambik war nicht unter britischer Kontrolle und Kruger, der diesen Ausweg aus der britischen Umklammerung zu nutzen versuchte, geriet darüber in einen immer härteren und eskalierenden Konflikt mit Großbritannien, das mit seiner ganzen imperialen Macht Rhodes unterstützte.

5.4 Der Transvaal Krugers

Noch vor dieser tiefgreifenden wirtschaftlichen Umwälzung hatte der Transvaal seine Unabhängigkeit wiedererlangt. Im Lauf der vier Jahre britischer Herrschaft (1877–1881) formierte sich der Widerstand. Großbritannien beseitigte aus Sicht der

Buren durch die Zerschlagung des Pedi- und des Zulureiches 1879 den Grund einer fortgesetzten Herrschaft. Die burische Bevölkerung fand ihre Führer in einer Troika, bestehend aus dem früheren Präsidenten Marthinus Pretorius, aus Piet Joubert und Paul Kruger, mit letzterem als der treibenden Kraft. Nach ergebnislosen Eingaben und Petitionen an die britische Regierung kam es 1881 zu bewaffneten Auseinandersetzungen, bei denen es den Buren gelang, die britischen Garnisonen im Transvaal zu isolieren, teilweise sogar zur Kapitulation zu zwingen. Eine aus Natal heranrückende Entsatztruppe wurde von den burischen Streitkräften auf dem Majuba-Berg an der Grenze von Transvaal und Natal besiegt. Das kam der neuen liberalen Regierung Gladstone in London durchaus gelegen, weil die Niederlage einen willkommenen Vorwand bot, eine unnötige und kostspielige Form der territorialen Herrschaft aufzugeben. In der *Pretoria Convention* von 1881 wurde dem Transvaal eine beschränkte Unabhängigkeit eingeräumt. Innenpolitisch autonom, waren ihm in der Außenpolitik enge Grenzen gesetzt, die aber 1884 in der London Convention weitgehend aufgehoben wurden. Im gleichen Jahr setzte sich allerdings Deutschland in Südwestafrika (Namibia) fest und nur kurze Zeit darauf erlebte der Transvaal seinen unerwarteten Aufstieg zum wirtschaftlichen Kernland des ganzen Subkontinents, das von einem besonders konservativen Politiker regiert wurde.

Paul Kruger wurde 1825 in der Kapkolonie geboren und nahm als Kind am Großen Trek teil. Obwohl er nur über eine rudimentäre Bildung verfügte, hatte er beträchtliche Fähigkeiten und politisches Talent, was ihm den raschen Aufstieg in die Notabelnelite des Transvaal erleichterte. Durch Tatkraft und Geschäftssinn brachte er es zu einigem Wohlstand und begann den typischen *Cursus Honorum* eines Amtsträgers im Transvaal: Zunächst wurde er Veldkornet, 1864 unter Präsident Marthinus Pretorius General-Kommandant, faktisch der zweite Mann im Staat. Als Burgers nach der Annexion des Transvaal 1877 von der politischen Bildfläche verschwand, rückte Kruger in die vorderste Front des Widerstands gegen die Briten vor. Nach der Wiederherstellung der Unabhängigkeit wurde er 1883 mit großer Mehrheit zum Präsidenten gewählt und insgesamt drei Mal in seinem Amt bestätigt. Hinter seinem konservativen Äußeren, seinem manchmal unbeholfen und hinterwäldlerisch anmutenden Auftreten verbarg sich ein klares Gespür für das Machbare. Kruger war ein Pragmatiker, kein dogmatischer Eiferer oder fundamentalistischer Reaktionär. Er konnte seine persönlichen Neigungen sehr genau von seinen politischen Zielsetzungen trennen. Er praktizierte eine Politik der religiösen Toleranz und unterhielt ausgezeichnete Beziehungen zu zahlreichen Juden, auch wenn er sich den *Faux Pas* leistete, eine Synagoge in Johannesburg »im Namen des Vaters, des Sohnes und des Heiligen Geistes« zu eröffnen. Soweit es in seiner Macht stand, bemühte er sich, die schlimmsten Missstände in seinem Staat abzustellen und den Minenbesitzern entgegenzukommen. Doch waren im Transvaal Patronage und Günstlingswirtschaft von struktureller Bedeutung, standen jedoch den Interessen der kapitalistischen Bergwerksbetreiber diametral entgegen.

In den Burenrepubliken hatten sich die Klientelnetze aus der Zeit des *Großen Trek* erhalten können. Dieser Klientelismus mit seinen rivalisierenden Patronen war einer der Gründe für den Zusammenbruch des Transvaal im Jahr 1877 gewesen. Kruger führte diese Klientelgruppen unter seiner Präsidialpatronage erstmals zusammen und stärkte gleichzeitig seine eigene Machtstellung, indem er Experten von außen in die Regierungsarbeit einband, entweder ehrgeizige junge Kolonialburen aus dem Kap wie Jan Smuts oder Niederländer wie W. J. Leyds, die über keine eigene Hausmacht verfügten. Ein typisches Beispiel ist die frühe Karriere von Piet Grobler, einem Verwandten des Präsidenten und Mitglied der *Dopper*-Gemeinde, der von Kruger über Jahre hinweg protegiert wurde und entsprechend schneller als andere Karriere im Staatsapparat machte.

Der *Volksraad*, das Parlament, wurde von einer Oligarchie reicher Farmer beherrscht, die wichtige lokale Ämter besetzten und darüber zu ihren ärmeren Mitbewohnern ein Patron-Klient-Verhältnis aufgebaut hatten, das sich nach unten weiter fortsetzte, etwa zwischen Farmern und ihren weißen, landlosen *Bywonern* oder schwarzen Pächtern. In den Parlamenten beider Republiken waren es diese reicheren Farmer und Amtsträger, die den Ton angaben.

Diese Klientelnetze begannen zu reißen, als durch die neuen Marktchancen der Kommerzialisierungsdruck zunahm. Das Problem weißer Armut wurde in dieser Zeit akut, als die erfolgreichen Farmer anfingen, die unproduktiven weißen *Bywoner* durch schwarze *Sharecroppers* oder lohnabhängige Arbeiter zu ersetzen. Seit dem späten 19. Jahrhundert nahm die Zahl landloser Weißer zu, die obdachlos waren, auf Ochsenwagen durchs Land zogen und sich mit Gelegenheitsarbeiten über Wasser hielten.

Das entscheidend Neue in Krugers Transvaal war die Gruppierung dieser Klientelgruppen um die staatliche Zentralmacht. Statt segmentierter, rivalisierender Patronagegruppen konnte Kruger sie zusammenschließen, indem er selbst als Präsident die vereinende Spitze darstellte. Entscheidend war der Zugang zu den Ressourcen des Staates, die mit dem expandierenden Goldbergbau ständig zunahmen. Kruger vergab an seine persönlichen Freunde bestimmte wirtschaftliche Monopole, etwa für die Dynamitherstellung, wodurch die Preise für Güter künstlich verteuert und die Produktionskosten der Goldminen in die Höhe getrieben wurden.

Genau hier brachen die Konflikte zwischen den Bergbaukapitalisten und Krugers Staat auf. Kruger, der seine eigene Machtbasis nicht gefährden wollte, konnte die Bräuche und Institutionen nicht einfach abschaffen, die den Kapitalisten als Missstände erschienen. Weil er den Interessen der Minenbesitzer nicht weit genug entgegenkam, versuchten ihn die erstarkenden imperialistischen Kräfte in England und ihre unmittelbaren Verbündeten am Witwatersrand dazu zu zwingen.

6 Eroberung und Unterwerfung 1877–1902

6.1 Staatliche Konsolidierung und imperiale Arrondierung

In den verschiedenen Regionen Südafrikas erfolgte in der zweiten Hälfte der 1870er Jahre eine Wiederaufnahme des imperialistischen Expansionismus. Dieser fällt auf Afrika insgesamt bezogen mit dem *Scramble for Africa* zusammen, der Aufteilung fast des gesamten Kontinentes unter eine Handvoll europäischer Mächte. Der imperialistische Eroberungsdrang war nun, im Gegensatz zu früheren Phasen, stärker von metropolitanen Kräften getragen, sowohl von Interessen des Kapitals als auch vom Wunsch nach der Schaffung eines einheitlichen Südafrika. Betroffen war davon neben den noch unabhängigen afrikanischen Großreichen südlich des Limpopo wie dem Pedi- oder dem Sothoreich auch der Transvaal, der vorübergehend (1877–1881) unter britischer Herrschaft stand.

Im Verlauf des 19. Jahrhunderts setzte sich das Verständnis von Staatlichkeit durch, das sich in Europa im Gefolge der napoleonischen Kriege als Norm ausgebreitet hatte. Der Staatsrechtler Georg Jellinek sollte es Ende des 19. Jahrhunderts so fassen, dass der moderne Staat sich durch die Einheitlichkeit von Territorium, Staatsgewalt und Staatsvolk auszeichne. Dies war und blieb ein Anspruch, dem die Staaten in verschiedener Weise gerecht wurden. Das Verlangen nach der Einheitlichkeit des Staatsvolks lässt erkennen, dass Jellineks Beschreibung den Nationalstaat meinte, der durch eine als kulturell homogen wahrgenommene Bevölkerung ausgezeichnet ist. Wolfgang Reinhard ging in seiner grundlegenden Untersuchung zur »Geschichte der Staatsgewalt« noch weiter, indem er als Kennzeichen moderner Staatlichkeit generell die Tendenz zur Homogenisierung ausmacht. Dies kann je nachdem die Einheitlichkeit des Rechtes oder die gleichmäßige Präsenz der Staatsmacht in der Hauptstadt wie in den entferntesten Provinzen bedeuten. Auch die britischen Kolonien und die Burenrepubliken wollten diesen normativen Ansprüchen gerecht werden oder sahen sich dem Erwartungsdruck durch andere Europäer konfrontiert, die dergleichen von ihnen verlangten. Hinzu kam mit dem *Scramble for Africa* in den 1880er Jahren das Prinzip der effektiven Beherrschung kolonialer Territorien, das zur Voraussetzung für die wechselseitige Anerkennung kolonialen Besitzes wurde.

Darum unternahmen die verschiedenen Staaten in Südafrika im letzten Viertel des Jahrhunderts vermehrt Anstrengungen, autonome afrikanische Gemeinwesen ihrer unmittelbaren Kontrolle zu unterwerfen. Wie das Beispiel des Transvaal 1877 gezeigt hat, gelang dies keineswegs immer, sondern das Scheitern wurde sogar zum Anlass für den anschließenden Zerfall der Staatsmacht. Auch für den Oranje-Freistaat war die allmähliche Zurückdrängung von Moshoeshoes Sothoreich ein Test für die Tragfähigkeit der eigenen staatlichen Strukturen. Die beiden Burenrepubliken mussten die Ansprüche auf ihr Territorium erst zur Geltung bringen, sowohl gegenüber der weißen Bevölkerung, die, wie im Transvaal, sich noch lange Zeit staatlichen Ansprüchen gegenüber abweisend verhielt, als auch gegenüber den unabhängigen und machtvollen afrikanischen Reichen, die sich innerhalb ihrer Grenzen befanden. In einem sich beschleunigenden Prozess wurden seit den 1870er Jahren bis zum Ende des Jahrhunderts die unabhängigen *Chiefdoms* und Königreiche nach und nach erobert. Die Etablierung moderner Staatlichkeit fiel in eins mit imperialistischem Ausgreifen.

Der Rückzug der Briten im Kontext des Freihandelsimperialismus während der 1850er Jahre blieb nur eine vorübergehende Erscheinung. Für sie ging es um die Arrondierung ihrer kolonialen Machtsphäre, und die kapitalistischen Minenmagnaten am Witwatersrand zielten auf die Bereitstellung billiger Arbeitskräfte. In der marxistisch beeinflussten Literatur ist letzteres stark betont worden, auch um zu unterstreichen, wie sehr der Staat Instrument der herrschenden Klasse war.

Die neuere Forschung hat indes bewiesen, dass eine solche Interpretation der Differenzierung bedarf. Die südafrikanische Historikerin Lize Kriel hat in ihrer Studie über die Hananwa im äußersten Nordwesten des Transvaal nachweisen können, dass deren unabhängiges *Chiefdom* bereitwillig Arbeitskräfte für den Goldbergbau stellte, konnte der *Chief* doch auf diesem Weg die Löhne seiner jungen Krieger nutzen, um sie mit modernen Gewehren auszustatten. Die militärische Niederwerfung der Hananwa war gar nicht notwendig, um Arbeitskräfte zu gewinnen. Auch andernorts, etwa im Fall des Pedireiches, wurde die Staatlichkeit unabhängig von den Wünschen kapitalistischer Unternehmer durchgesetzt.

Großbritannien trat unverzüglich auf den Plan, wenn die Staaten, durch die es seinen Einfluss ausübte, ihre Funktion nicht mehr erfüllten. Das Eingreifen Shepstones im Transvaal und die Annexion der Republik 1877 ist das bekannteste Beispiel für solchen Interventionismus. Doch schon in den 1860er Jahren war ein Wandel in der britischen Politik zu verzeichnen. Nach der erfolgreichen Verwirklichung einer föderalen Einigung Kanadas im Jahr 1867 strebte der Kolonialminister Lord Carnarvon auch für das südliche Afrika einen Zusammenschluss der einzelnen Kolonien und Staaten unter britischer Oberherrschaft an. Die Niederwerfung der afrikanischen Großreiche der Zulu und der Pedi, die Inkorporierung der noch unabhängigen Gcaleka-Xhosa und ihrer sämtlichen Nachbarn in die Kapkolonie, aber auch die Annexion des Transvaal sind in diesem Zusammenhang zu sehen. Die Kolonisierung der Tswana am Rand der Kalahari gehört dagegen eher in den Kontext der Einverleibung der Diamanten-Felder und des von Cecil Rhodes geleiteten Ausgreifens in die Regionen nördlich des Transvaal.

Die Unterwerfung der Afrikaner

Auf die Militäroperationen, die zur Niederwerfung und zwangsweisen Integration der afrikanischen *Chiefdoms* in allen südafrikanischen Kolonien und Republiken führten, kann aus Platzgründen nicht im Einzelnen eingegangen werden. Ihnen gemeinsam war das von der Ostgrenze der Kapkolonie bekannte Muster: Vordringen einer Siedler*frontier*, woraus eine Konkurrenz um Land als Ressource resultierte, direkte Streitereien über Landzugang und Eigentumstitel. Die Landkonflikte intensivierten die Raubzüge um Rinderherden und die folgende Destabilisierung der *Frontier* führte schließlich zum Eingreifen der staatlichen Macht, die die unabhängige Existenz der afrikanischen Reiche gewaltsam beendete. Dieses Muster wiederholte sich in allen Fällen mit Ausnahme der Sotho und Swazi, da sie ihre politische Existenz unter der Protektoratsherrschaft der Briten wenigstens in modifizierter Form erhalten konnten, während das Zulu- wie auch das Pedi-Reich 1879 zerschlagen und in die koloniale Herrschaftsordnung integriert wurden.

Die Eroberung der Transkei 1877/78 war der letzte Akt der stückweisen Eingliederung großer Gebiete der Xhosa. Die Kapkolonie hatte im früheren Siedlungsgebiet König Sarhilis die nördlichen Nachbarn der Xhosa, die Thembu, angesiedelt, die als Schützlinge des weißen Staates galten. Als deswegen Konflikte zwischen Xhosa und Thembu ausbrachen, stellte sich die Kapkolonie auf die Seite ihrer Verbündeten und intervenierte. Die folgenden Eroberungszüge entfalteten eine Eigendynamik, sodass innerhalb kurzer Zeit, nämlich bis zum August 1879, auch sämtliche weiter östlich lebenden Nachbarn der beiden genannten afrikanischen Gemeinwesen niedergeworfen und dem weißen Herrschaftsverband eingegliedert wurden. Damit stellten die Eroberer aus der Kapkolonie gleichzeitig die Landverbindung zur Kolonie Natal her, sodass der gesamte Küstenbereich britisches Gebiet wurde.

Im Jahr 1871, noch bevor die Kapkolonie *Responsible Government* erhielt, überließ ihr die britische Regierung das bisherige Protektorat über die Sotho. Abermals war die Kostenminimierung für den britischen Steuerzahler ausschlaggebend. Protektorat hieß eigentlich Übertragung der außenpolitischen Kompetenzen an ein anderes Land, in diesem Fall Großbritannien, während die innere Autonomie gewahrt bleiben sollte. Die Regierung der Kapkolonie wollte ihre eigene staatliche Autorität im Sotho-Reich zur Geltung bringen und es vom Status eines autonomen Königreichs auf das Niveau der eroberten Xhosa-*Chiefdoms* in Ciskei und Transkei degradieren, um die weißen Farmer mit billigen Arbeitskräften zu versorgen. Die Voraussetzung war die Zerschlagung des Königreiches als einer eigenständigen Militärmacht, weshalb die Sotho ultimativ aufgefordert wurden, ihre Feuerwaffen abzugeben. Als sie sich weigerten, kam es 1880 zum *Gun War*. Die schwachen Truppen der Kapkolonie erlitten herbe Niederlagen gegen die Sotho, die, obwohl der Führung ihres 1870 verstorbenen Königs Moshoeshoe beraubt, zähen und erfolgreichen Widerstand leisteten. Innerhalb der Kapkolonie formierte sich unter Führung des einflussreichen Parlamentariers John X. Merriman die Opposition gegen das unbedachte Vorgehen der Regierung von Premierminister Sprigg, der schließlich zurücktreten musste. Die Kolonie erkannte ihr Scheitern und, da sie nicht über die Ressourcen verfügte, um eine angemessene Verwaltung im Sotho-Reich aufzubauen, bat sie die britische Regierung, den früheren Zustand eines britischen Protektorats wiederherzustellen. Diese folgte dem Ersuchen und unterstellte das Gebiet 1884 erneut ihrer direkten Autorität, vertreten durch ihren Hochkommissar. Das Sotho-Reich, Basutoland genannt, blieb ein *High Commission Territory* bis zu seiner Unabhängigkeit unter dem Namen Lesotho im Jahr 1966.

Der Oranje-Freistaat hatte als einziges dieser Länder keine weiteren Konflikte durchzustehen, auch wenn die Abtretung der Diamantengebiete an die Kapkolonie eine bittere Pille war. Aber die ließ sich schlucken, da ihre Wirkung in einer dauerhaften Stabilität eines zwar verkleinerten, aber territorial saturierten Gemeinwesens bestand. Eine ausgeprägte Schwäche im Umgang mit starken afrikanischen Gemeinwesen offenbarte der Transvaal, der im Vergleich zur Kapkolonie wesentlich ärmer war. Was die Weißen betraf, war er dünner besiedelt und politisch instabil. *Landdroste* in den Grenzregionen zum Pedireich machten Politik auf eigene Faust und trugen zu einer Zuspitzung der Situation bei. Gleichzeitig gerieten christianisierte Pedi, die außerhalb des eigentlichen Königreiches lebten, mit den deutschen Missionaren in Konflikt. Die Regierung des Transvaal beschuldigte das Pedireich, für diesen neuen Unruheherd verantwortlich zu sein, obwohl König Sekhukhune mit den Vorgängen nicht viel zu tun hatte. Nach dem Scheitern der Eroberung 1876 kämpfte eine viel modernere Militärmacht, nämlich die britische Kriegsmaschine, die Pedi nieder. Doch selbst diese musste sich großer Hilfskontingente ihrer Swazi-Verbündeten bedienen, die den Hauptangriff trugen und die meisten Verluste erlitten. Der Übergang zu einem Guerilla-Krieg im zerklüfteten Kernland des Pedi-Reiches mit zahlreichen großen Höhlen, in denen sich die Pedi verschanzten, zog den Krieg in die Länge. Nach einem erfolgreichen Sturm im Jahr 1879 auf Sekhukhunes Hauptstadt, die Bergfestung Thaba Mosega, musste sich der Herrscher ergeben und wurde als Gefangener nach Pretoria gebracht. Nach einigen Jahren Haft durfte er zurückkehren, aber nur noch als »gewöhnlicher« *Chief*, und wurde bald darauf von einem Rivalen getötet. Das Reich der Pedi wurde institutionell zerschlagen und dauerhaft dem Transvaal eingegliedert.

Zur selben Zeit waren die Briten an einer weiteren Front beschäftigt, nämlich jenseits der Ostgrenze des Transvaal, wo sie gegen das noch unabhängige Königreich der Zulu vorgingen. Der Konflikt eskalierte, weil burische Siedler vom Transvaal her immer weiter ins Zulu-Kernland vordrangen und dort Farmland für sich beanspruchten, Zulu-Gemeinschaften in ihre Dienste zu zwingen versuchten und, wenn die Zulu sich wehrten, die Hilfe ihres Staates anriefen. Die Situation wurde instabil, zumal mit dem jungen Zulu-Herrscher Cetshwayo ein neuer Militärführer nach seinem friedfertigen Vater Mpande auf den Thron kam. Cetshwayo versuchte ähnlich wie Moshoeshoe, die beiden Mächte Großbritannien und Transvaal gegeneinander auszuspielen, wobei ihm letzterer als der gefährlichere Gegner erschien. Er begab sich so in eine fatale Abhängigkeit von Theophilus Shepstone, der ihn 1873 sogar formell krönte und daraus später einen Anspruch auf britische Oberherrschaft ableitete. Immerhin hatte Cetshwayo mit seiner Politik solange Erfolg, als die Republik Transvaal noch unabhängig war. Als sie aber 1877 durch die Intervention desselben Shepstone britisches Territorium wurde, sahen sich die Briten nicht mehr als die Schutzmacht der Zulu, sondern machten sich die Forderungen ihrer neuen burischen Untertanen im Transvaal zu eigen.

Der neue *High Commissioner*, Sir Bartle Frere, vertrat einen expansionistischen und aggressiven Kurs gegen die Zulu, verband einen Schiedsspruch zugunsten der burischen Landnahme mit einem Ultimatum an die Zulu und massierte Truppen an den Grenzen des Königreiches. Er glaubte an den verbreiteten Mythos von der Gefährlichkeit des Kriegervolkes der Zulu und sah in der bloßen Existenz ihres Reiches eine direkte Bedrohung der zivilisatorischen Fortschritte im gesamten südlichen Afrika. Für ihn war Cetshwayo, der Sohn Mpandes und Neffe Shakas, ein finsterer, von barbarischer Grausamkeit erfüllter Despot, dessen Macht gebrochen werden musste. Der nun folgende Krieg war ein unprovozierter imperialistischer Angriffskrieg, nicht der kolonialen Truppen der Kapkolonie, sondern der britischen Armee unter dem Oberbefehl von General Wolseley. Zum Entsetzen der Briten und zum Erstaunen der internationalen Öffentlichkeit mussten die Briten zunächst eine verheerende Niederlage einstecken. Die Zulu, noch ganz in der zu Beginn des Jahrhunderts entwickelten Formation kämpfend und fast ausschließlich mit Speeren und Schilden ausgerüstet, brachten am 22. Januar 1879 einer nach dem neuesten Stand der Waffentechnik ausgerüsteten britischen Einheit bei Isandhlwana eine vernichtende Niederlage bei. Die Briten konnten nicht umhin, die Tapferkeit und Geschicklichkeit der Zulu beim Angriff auf ihre Stellungen zu bewundern – soweit sie dazu noch Gelegenheit hatten. Denn die Zulu, die sich bei ihren Angriffswellen den Gegebenheiten des Geländes anpassten, überwanden die Briten im Nahkampf, wo sich ihre Speere als überlegene Waffen erwiesen. Diese Niederlage der Briten erregte in Europa Aufsehen, zumal Prinz Louis Napoléon, der Sohn des französischen Kaisers Napoleon III., der mit den Briten kämpfte, dabei ums Leben kam.

Der Sieg sollte sich allerdings für Cetshwayo als Phyrrus-Sieg erweisen, denn einerseits war die Schlacht für ihn enorm verlustreich, andererseits setzte sich in der Londoner Regierung die Auffassung durch, dass der Aggressionskrieg von Sir Bartle Frere nicht zu rechtfertigen war. Doch ging es nach der Niederlage der britischen Armee um deren Ehre und darum, kein Exempel eines erfolgreichen Widerstands eines ›primitiven‹ Volkes gegen ›zivilisierte‹ Briten in die Welt zu setzen – der Krieg ging also weiter. Als einige der wichtigeren *Indunas* (Kriegshäuptlinge) Cetshwayos zu den Briten überliefen, war das Schicksal des Königs besiegelt. Er wurde gefangengenommen und auf eine Farm bei Kapstadt verbannt. Über ein sorgfältig gesponnenes Netz diplomatischer Beziehungen erreichte er eine Audienz bei Königin Victoria, die ihm die Rückkehr in seine Heimat ermöglichte. Indes trug seine Ankunft zu einer erneuten Destabilisierung des Zulureiches bei, die in einem Bürgerkrieg und mit dem Tod des Königs endete. Die Briten zerschlugen das Zulu-Reich, indem sie es in einzelne Häuptlingschaften aufgliederten, Cetshwayos Nachfolger entmachteten und auf den Status eines Häuptlings unter anderen reduzierten. In den folgenden Jahren waren die Zulu dem Vordringen von Siedlern in ihr Land ausgeliefert, doch blieb die Furcht vor der Militärmacht der Zulu bei den Weißen so groß, dass es sehr lange dauerte, bis sie als Wanderarbeiter in die koloniale Ökonomie einbezogen wurden. Dies ist einer der Hauptgründe für die noch heute vergleichsweise konservativen Strukturen unter den Zulu. In zäher politischer Arbeit gelang es den Nachfolgern Cetshwayos, insbesondere seinem Sohn Dinuzulu, das gewaltige Prestige der Dynastie zu einem schleichenden Wiederaufbau der königlichen Machtposition zu nutzen. Selbst Dinuzulus zeitweilige Verbannung in den Transvaal und ein nachfolgender Gerichtsprozess wegen angeblichen Hochverrats im Jahr 1908 konnten den Wiederaufstieg der Zulumonarchie innerhalb des kolonialen Machtsystems lediglich bremsen, nicht jedoch dauerhaft verhindern. Die Wiederherstellung der Autorität gegenüber der eigenen Bevölkerung war das Ziel Dinuzulus, Ambitionen auf politische Selbstständigkeit nach außen ließ er klugerweise nicht erkennen.

Etwas anders lagen die Dinge im Fall der Tswana, denn ihre Siedlungsgebiete am Rand der Kalahari gerieten mit dem Beginn des Diamant- und Goldbergbaus ins Fadenkreuz imperialer Politik. 1884 erschien mit Deutschland eine weitere europäische Großmacht in der Region, als es das Gebiet des sogenannten Südwestafrika (heute Namibia) zu seinem Protektorat (Schutzgebiet) erklärte. Die Briten fürchteten ein Ausgreifen der Deutschen nach Osten und einen Schulterschluss mit Krugers Republik im Transvaal. Aus diesem Grund fand Cecil Rhodes in London mit seiner Forderung offene Ohren, das Gebiet zwischen der deutschen Kolonie und dem Transvaal als *Road to the North* für Großbritannien zu erwerben. Die Tswana-*Chiefdoms*, die sich in diesem Gebiet befanden, wurden über Verträge in den britischen Herrschaftsbereich eingebunden und der Raum der Kalahari sowie ihre Randgebiete wurden 1885 von Großbritannien annektiert. Die beiden kleinen Burenrepubliken Goshen und Stellaland, die seit den 1870er Jahren ein Zankapfel zwischen dem Transvaal und der Kapkolonie gewesen waren, wurden durch das Eingreifen Großbritanniens den beiden neuen Kolonialgebieten einverleibt. Dabei kam es zu einer wesentlichen Unterscheidung, weil das südliche Gebiet zur Kronkolonie und das nördliche zum Protektorat erklärt wurden. Der südliche Teil wurde 1895 der Kapkolonie zugeschlagen und bildet bis heute die nordwestliche Region der Republik Südafrika, während der Rest unter direkter Verwaltung des britischen *High Commissioners* verblieb und in den 1960er Jahren als Republik Botswana die Unabhängigkeit erhielt.

Neben imperialer Eroberung und staatlicher Machtdurchsetzung war der Diamantenmillionär Cecil Rhodes die große Ausnahme, weil er einen eigenständigen Imperialismus betrieb, der zunächst auch gar nicht allzu sehr an Großbritannien angebunden sein sollte. Vielmehr propagierte er ihn zumindest in Südafrika als »nationales« Projekt der weißen Bevölkerung. Dennoch brauchte er die rechtliche Absicherung aus London, die er 1889 mit der Erteilung einer königlichen Charta für die von ihm gegründete *British South Africa Company* (BSAC) erhielt. Diese Kompanie war eine Wiederauflage eines Geschäftsmodells der frühen Neuzeit, eine Auslagerung der Risiken europäischer Expansion auf ein Konsortium privater Unternehmer, denen im Gegenzug weitreichende Rechte und Befugnisse erteilt wurden. Dazu zählten staatliche Hoheitsaufgaben wie das Recht, Krieg zu führen sowie Verträge zu schließen. Rhodes gründete die BSAC, weil er an den Gebieten nördlich des Transvaal interessiert war, wo er reiche Goldvorkommen vermutete. Motiviert wurde er von Wunsch und Wissen: Zum einen hoffte er, dass das goldtragende Flöz, das am Witwatersrand entdeckt worden war, sich nach Norden fortsetzte und man jenseits des Limpopo auf einen zweiten Witwatersrand stoßen könnte. Zum anderen wusste er über historisch verbürgten Goldabbau in diesem Gebiet. Die frühneuzeitlichen portugiesischen Quellen berichteten von einem regen Goldhandel in der Region und manche glaubten sogar, die antiken Goldminen von König Salomon hätten sich dort befunden. Doch die goldführenden Erze waren, soweit dies ohne moderne Schacht- und Belüftungsanlagen sowie Wasserpumpen möglich war, bereits von der afrikanischen Bevölkerung weitgehend abgebaut worden. Untertagebau lohnte sich nur an manchen Orten und warf bei weitem nicht die Gewinne ab, die man sich in der *British South Africa Company* erhofft hatte: Den zweiten Witwatersrand gab es nicht. Rhodes' Unternehmen wurde keine Saga eines afrikanischen Eldorado, sondern führte zur Gründung dreier Kolonien, von denen zwei, Nord- und Südrhodesien (heute Sambia und Simbabwe), sogar nach ihm benannt wurden; die dritte war das erstmals von Livingstone erschlossene Nyasaland, das heutige Malawi.

In den späten 1880er Jahren umwarb der Politiker Rhodes zielstrebig den *Afrikaner Bond* von J. H. Hofmeyr, da er nur im Bündnis mit dieser großen und schlagkräftigen Partei seine Ziele erreichen konnte. Er entwarf das verführerische Bild einer neuen südafrikanischen Nation, in der niederländisch- und englischsprechende Weiße zusammenkommen sollten. Dies überzeugte Hofmeyr, weil Rhodes keinen Zweifel daran ließ, dass für ihn die Interessen Südafrikas Priorität vor denjenigen des Empire haben sollten. Rhodes vertrat einen südafrikanischen Subimperialismus, er zielte auf eine regionale Großmachtstellung Südafrikas ab, inklusive einer Einheit mit den Burenrepubliken im Norden. Während sein bisheriger parlamentarischer Mentor Merriman auf Distanz zu Rhodes ging, wurde dieser mit Hilfe des *Afrikaner Bond* 1890 zum Premierminister der Kapkolonie gewählt.

Mit der Eroberung des Gebietes nördlich des Transvaal war ein verlockender Expansionsraum für ein zukünftig vereintes Südafrika geben; die Zukunft als Großmacht schien zum Greifen nahe. Die Anwesenheit von Millionen Afrikanern trübte diese Träumereien ebenso wenig wie die verhältnismäßig geringe Zahl weißer Neueinwanderer. Bezeichnenderweise waren ein Drittel der Siedler in Südrhodesien verarmte Buren aus dem Transvaal und den anderen südafrikanischen Gebieten, wo das Land mittlerweile verteilt war.

Rhodes baute im Norden eine Verwaltung auf, die in den Händen seiner Kompanie blieb, was von zahlreichen Missbräuchen und Übergriffen auf die afrikanische Bevölkerung durch Missachtung ihrer Landrechte, von Steuererhebungen und Landenteignungen, von Willkür und Gewalt begleitet war. Nichtsdestoweniger sah seine Erfolgsbilanz in den frühen 1890er Jahren höchst beeindruckend aus: Er war einer der reichsten Männer nicht nur Südafrikas, sondern des Empire, seine zupackende Art und seine Visionen wirkten mitreißend auf viele, sodass er immer willige und eifrige Mitarbeiter fand, die wähnten, an großen historischen Taten beteiligt zu sein. Zu seinen Anhängern zählte anfangs auch der junge Rechtsanwalt Jan Smuts (1870–1950), der gerade von einem erfolgreichen Jurastudium in Cambridge zurückgekehrt war. Er war beeindruckt von Rhodes' Visionen und blieb zeitlebens ihr Verfechter. Noch nach dem Zweiten Weltkrieg strebte Smuts danach, über die Masseneinwanderung von Weißen und eine Ausdehnung des südafrikanischen Staatsgebiets nach Norden, wenn möglich bis zum äthiopischen Hochland, Südafrika zu einer Großmacht nach dem Muster der USA zu entwickeln. Für Rhodes eigene weitreichende Pläne erwies sich der auf seine Souveränität bedachte Transvaal als lästiges Hindernis.

Als sich die Hoffnungen auf große Reichtümer in Rhodesien zerschlagen hatten, musste Rhodes zusehen, wie er seine Situation am Witwatersrand verbessern konnte.

Dies brachte ihn binnen kurzem in einen massiven politischen Konflikt mit der Regierung der *Zuid-Afrikaansche Republiek*, wie der Transvaal offiziell hieß, insbesondere mit ihrem Präsidenten Paul Kruger. Damit wurde eine Konfrontation zwischen einem augenscheinlich altmodischen, provinzlerischen Präsidenten und einem Repräsentanten der imperialen und industriellen Moderne in Gang gesetzt, die sich von der britischen Seite propagandistisch bestens vermarkten ließ.

Die Jameson Raid

Nachdem der Transvaal 1881 seine Unabhängigkeit wiedererlangt hatte, sah er sich seit 1886 mit dem plötzlichen Reichtum durch die Besteuerung der Goldindustrie gesegnet. Damit konnte ein Staat stabilisiert werden, der zuvor schon einmal an den Zentrifugalkräften seiner Siedlergruppen gescheitert war. Die finanziellen Ressourcen erlaubten nicht nur den Bau repräsentativer Staatsgebäude in der Hauptstadt Pretoria, sondern die Einrichtung einer tragfähigen Verwaltung und Investitionen in den Ausbau der eigenen Wirtschaft. Darüber hinaus nutzte Kruger den neuen Reichtum des Landes, um seine persönliche Machtstellung auszubauen, indem er lukrative Staatsaufträge an treue Gefolgsleute, persönliche Freunde und strategisch wichtige politische Partner vergab. Das war sicher einer der wesentlichen Faktoren, warum er sämtliche folgenden Wahlen bis zum Untergang seiner Republik gewinnen konnte. Die Staatsaufträge lohnten sich für die Beteiligten aber nur in der Form von Monopolen, durch die auswärtige Konkurrenz etwa aus der Kapkolonie oder aus dem Empire ausgeschlossen wurde. Auf diese Weise konnte sich Krugers Freund Alois Hugo Nellmapius das Dynamitmonopol sichern, während Sammy Marks die erste Schnapsbrennerei für einen rasch wachsenden Konsumentenmarkt gründete. Gerade das Dynamitmonopol wurde zum Zankapfel zwischen der Regierung in Pretoria und den in der mächtigen Minenkammer zusammengeschlossenen Bergwerksbetreibern in Johannesburg. Denn die Minen, von denen immer mehr im Untertagebau betrieben wurden, benötigten Dynamit, das aufgrund des Monopols aber völlig überteuert war und die Kosten des Bergbaus massiv in die Höhe trieb.

Die Regierung kam den Minenbesitzern durchaus entgegen. So erhoffte man sich in Pretoria, die Gemüter beruhigen zu können, wenn man die hohen Aufwendungen für Dynamit mit geringen Lohnkosten kompensierte und alles daransetzte, die Rekrutierung billiger schwarzer Arbeitskräfte zu organisieren. Wegen der Goldpreisbindung der europäischen Währungen gehorchte der Goldpreis nicht den Marktgesetzen, sondern war festgelegt. Das stabilisierte zwar den Absatz, da die Minenbesitzer sicher sein konnten, dass eine wachsende Produktion nicht wie im Fall der Diamanten zu einem Überangebot und dadurch sinkenden Gewinnen führen würde. Andererseits konnte der Goldpreis aber auch nicht steigen, sondern war ein fixer Bezugspunkt des ganzen Preis- und Lohngefüges. Dieser Invariablen standen darum Variablen wie die Lohnkosten der Arbeitskräfte gegenüber. Doch vergrößerte die Regierung Krugers durch ihre Monopolvergabe den Anteil der invariablen Kosten gegenüber den variablen. Alle Eingaben, Einsprüche, Proteste und Gespräche der Minenkammer fruchteten wenig: die wichtigsten Monopole blieben bestehen, denn die ganze Existenz der Regierung beruhte zu einem nicht geringen Anteil auf der Patronage, zu der eben die Vergabe von Monopolen gehörte.

Die Zahl der englischsprachigen Einwohner des Transvaal stieg ständig. Sie lebten fast ausschließlich in Johannesburg und widmeten sich primär dem Bergbau. Das Stadt-Land-Gefälle konnte kaum größer sein, weil es zusätzlich ein soziales und kulturelles war. Die ländlichen burischen Bewohner des Transvaal empfanden Johannesburg, das alle Siedlungen im Land um ein Vielfaches an Größe übertraf, als einen Fremdkörper und ein Sündenbabel, ja als eine Bedrohung der staatlichen und moralischen Ordnung ihres Landes. Kruger hegte mit einigem Recht Zweifel an der Loyalität der neuen Einwohner seines Staates und musste auf seine ultrakonservative Anhängerschaft Rücksicht nehmen. Der Volksraad, das Parlament der Republik, schränkte den Zugang der Neubürger zum Wahlrecht erheblich ein, um zu verhindern, dass die Buren in ihrem eigenen Land in die Minderheit geraten und die Kontrolle über ihren Staat verlieren könnten. Dies erboste die Bewohner Johannesburgs, von den Transvalern als *Uitlanders* (Ausländer) bezeichnet, nur noch mehr, sodass Rhodes auf eine aufrührerische Stimmung unter ihnen vertraute.

1895 setzte sich Premierminister Cecil Rhodes an die Spitze der Unzufriedenen und heckte zusammen mit seinen engsten Gefolgsleuten einen hochriskanten und abenteuerlichen Plan aus. Er wollte einen bewaffneten Aufstand in Johannesburg mit Hilfe einer Invasion von außen verstärken und der Regierung in Pretoria auf dem Weg eines Putsches die Macht entwinden. Mächtige Vertreter der Minenkammer und anderer Bergwerksunternehmen unterstützten Rhodes in seinem Vorhaben, während er die Möglichkeiten nutzte, die ihm Rhodesien bot. Er hatte in London mit teilweise dubiosen Begründungen durchsetzen können, dass ein an den Transvaal im Westen angrenzender Landstreifen, der zum Bechuanaland-Protektorat gehörte, seiner Kompanie unterstellt wurde, weil sie dort eine Eisenbahn nach Rhodesien bauen wollte. Das war aber nur ein Vorwand, denn wenn dieser Streifen nicht mehr der imperialen Regierung in London unterstand, konnte man ihn als Aufmarschbasis für die Putschisten nutzen. Tatsächlich versammelten sich dort 600 Angehörige der weißen rhodesischen Polizei unter dem Kommando des Generaladministrators Rhodesiens, Leander Starr Jameson, eines Arztes und engen Vertrauten von Rhodes. Rhodes realisierte im letzten Moment, dass mit einem Aufstand in Johannesburg nicht zu rechnen war. Neben dem verständlichen Unwillen, sich von burischen Truppen erschießen zu lassen, war es die Uneinigkeit, die das Projekt zum Scheitern brachte. Viele wollten keineswegs eine britische Präsenz im Transvaal, da es sich in vielerlei Hinsicht im korrupten Staat Krugers recht gut wirtschaften ließ. Eine reformierte Republik hätte ihnen dazu ausgereicht. Die Mehrheit der *Uitlanders* litt also keineswegs in dem Maß, wie es der Öffentlichkeit in Großbritannien suggeriert wurde.

Eilig sandte Rhodes ein Telegramm an Jameson und ordnete an, die Aktion abzublasen, doch dieser hatte die Telegrafenleitung bereits zerschnitten, um die Kommunikation der burischen Regierung zu unterbrechen. Sein Versuch, mit 600 Bewaffneten nach Pretoria zu marschieren und sich der dortigen Waffenarsenale zu bemächtigen, scheiterte kläglich, als Jamesons Truppe von gut verschanzten burischen Kommandos am 2. Januar 1896 zur Übergabe gezwungen wurde. Kruger reagierte außerordentlich geschickt, weil er aus Jameson keinen Märtyrer machte, sondern ihn zur Aburteilung als Hochverräter der britischen Regierung überstellte. Die Mitverschwörer in Johannesburg wurden verhaftet und zu hohen Freiheitsstrafen verurteilt, wobei führende Repräsentanten der Minenindustrie zu den Häftlingen gehörten, die ein Jahr später gegen beträchtliche Geldstrafen entlassen wurden.

Für Rhodes war das selbstverschuldete Desaster der *Jameson Raid* komplett. In Rhodesien nutzten die drangsalierten *Chiefs* der Shona und Ndebele die Gelegenheit, als ein Großteil der Polizeikräfte außer Landes war, für einen großen Aufstand, den die *British South Africa Company* erst nach über einem Jahr heftiger Kämpfe niederschlagen konnte. Hofmeyr kündigte empört die Koalition mit Rhodes auf, dem nur noch der Rücktritt blieb. Seine politischen Ambitionen waren vorerst gescheitert, das politische Klima in Südafrika dauerhaft vergiftet. Denn nun begannen die eigentlich dem Empire loyalen Buren der Kapkolonie, sich mit den Bewohnern der beiden Republiken zu solidarisieren. Seit der *Jameson Raid* war eine ethnische Polarisierung zwischen Buren und Briten in der Kapkolonie feststellbar, wobei sich aber die englischsprechenden Liberalen um Merriman dem *Afrikaner Bond* annäherten. Das Misstrauen saß tief, zumal Gerüchte die Runde machten, der britische Kolonialminister Joseph Chamberlain sei in Rhodes' Pläne eingeweiht gewesen und hätte ihn gewähren lassen.

Chamberlain war der sicherlich dynamischste Politiker der konservativen Regierung von Lord Salisbury, die im Jahr 1895 an die Macht gekommen war. Der erfolgreiche Schraubenfabrikant aus Birmingham und soziale Aufsteiger stand ursprünglich auf der äußersten Linken Großbritanniens und wurde als Parvenü sowie wegen seines Radikalismus von der britischen Machtelite mit kaum verhohlener Verachtung behandelt. Lange galt er als Kronprinz des alternden Führers der Liberalen Partei, William Gladstone, entzweite sich jedoch mit diesem, als Gladstone *Homerule*, eine beschränkte Autonomie, für Irland ermöglichen wollte. Chamberlain, der vom englischen Nationalismus und einem zeitüblichen – nicht zuletzt gegen die Iren gerichteten – Rassismus durchdrungen war, wechselte die Seiten und suchte den Schulterschluss mit der Konservativen Partei, ohne allerdings Abstriche an seinen sozialreformerischen Projekten zu machen. Er überlebte die *Jameson Raid* politisch, wobei ihm der Umstand zu Hilfe kam, dass er selbst dem Parlamentsausschuss angehörte, der seine eigene mögliche Verwicklung in den Putschversuch untersuchen sollte. Chamberlain nahm in den folgenden Jahren die Fäden auf, die Rhodes hatte fallen lassen müssen und erhob die Sache der *Uitlander* zu einer imperialen Angelegenheit.

Als Vertreter imperialer Interessen entsandte Chamberlain einen neuen Gouverneur und Hochkommissar nach Kapstadt, nämlich Lord Alfred Milner, der in noch stärkerem Maß als er selbst für einen aggressiven imperialistischen Kurs gegenüber Kruger eintrat. Milner, der Parlamentarismus und Demokratie verachtete und autoritäre Ordnungsmodelle befürwortete, gelang es, die bislang nur auf dem Papier mögliche Kompetenzfülle des Hochkommissars in reale Macht umzusetzen, die parlamentarische Regierung der Kapkolonie auf die Seite zu schieben und die Konfrontation voranzutreiben, wobei es ihm gleichgültig war, ob er die burischen Bewohner der Kapkolonie damit entfremdete und die ethnische Polarisierung in der Kolonie verschärfte.

Milner schraubte die Forderungen der britischen Seite hoch und schlug mehrere Gelegenheiten aus, mit einer konzilianter gewordenen Regierung Kruger zu einem Kompromiss zu kommen. Denn weder die Regierung des alternden Präsidenten noch der *Volksraad* bestanden nur aus den verbohrten konservativen Provinzlern, als die sie die imperiale Propaganda gern hinstellte. Vielmehr hatte sich schon seit längerem eine progressive Gruppe von Abgeordneten gebildet, die im Generalkommandanten der Armee, Piet Joubert, ihren prominentesten Repräsentanten fand. Zu dieser Gruppe gehörten Abgeordnete wie Lucas Meyer oder Louis Botha, die die Entstehung neuer Märkte für landwirtschaftliche Produkte in Johannesburg zur Kommerzialisierung ihrer eigenen Farmen genutzt hatten und darum die Goldindustrie keineswegs grundsätzlich ablehnten. Sie erhielten Verstärkung durch den 27-jährigen Jan Smuts, den Kruger zum Justizminister ernannte. Smuts führte eine Reihe von Reformen durch und machte sich in Johannesburg bei den Minenbesitzern beliebt, weil er energisch gegen Kriminelle durchgriff und mehr Rechtssicherheit garantieren konnte. Milner trieb diese reformorientierten und den neuen industriellen Kräften gegenüber aufgeschlossenen Politiker durch seine intransigente Haltung in die Arme der Konservativen. Als der Präsident des Oranje-Freistaats, Marthinus Steyn, seine Dienste für eine Vermittlung anbot, ließ Milner die Konferenz in Bloemfontein an neuen Forderungen scheitern und brüskierte mit seinem Vorgehen nicht zuletzt Steyn. Bei all diesen Aktivitäten hatte er entweder die Rückendeckung Chamberlains oder er konnte ihn vor vollendete Tatsachen stellen, sodass nicht immer klar war, ob Milner das Instrument Chamberlains war oder ob umgekehrt der Gouverneur seinen Minister für seine Ziele einspannte.

Milner manipulierte geschickt die britische Öffentlichkeit und schaltete ab 1897 die Zeichen auf Krieg. Um ihren Forderungen nach Einbürgerung und Wahlrecht für die *Uitlanders* sowie einer faktischen Unterwerfung des Transvaal unter die imperiale Vormacht Nachdruck zu verleihen, ließ die britische Regierung Truppen an den Grenzen der Republik aufmarschieren, wodurch sich deren Regierung unmittelbar bedroht sah. Ein Ultimatum des Transvaal, die Soldaten abzuziehen, ließ Großbritannien verstreichen, sodass es im Oktober 1899 zur formellen Kriegserklärung durch den Transvaal und durch den mit diesem in einem Beistandspakt verbündeten Oranje-Freistaat kam.

6.2 Der Burenkrieg (1899–1902)

Der Krieg, der während der nächsten drei Jahre wütete, wird herkömmlicherweise als Burenkrieg bezeichnet. Um dem lange unterschätzten Anteil der Schwarzen und *Coloureds* stärker Rechnung zu tragen, ist die südafrikanische Geschichtsschreibung dazu übergegangen, vom »Südafrikanischen Krieg« zu sprechen. Er gilt als der letzte *Gentlemen's War*, in dem Grundregeln der Kriegführung und des überkommenen Offiziersethos eingehalten wurden. Gleichzeitig war es jedoch ein Krieg, in dessen Verlauf die weiße und schwarze Zivilbevölkerung massiv in Mitleidenschaft gezogen wurde. Der Burenkrieg war der erste größere Krieg, bei dem in großem Maßstab Maschinengewehre und andere Massentötungsinstrumente eingesetzt wurden. Die Buren führten ihn als Guerillakrieg, die Briten reagierten darauf mit der Strategie der »verbrannten Erde«.

Dieser Konflikt lässt sich in drei Phasen unterteilen: Der ersten kurzen Phase, die bis Ende 1899 dauerte und von der burischen Überlegenheit geprägt war, folgte der britische Durchmarsch, der mit der Annexion der beiden Republiken im März bzw. Juni 1900 beendet wurde. Dem schloss sich die dritte und mit Abstand längste Phase der Guerillakriegführung an, die etwa zwei Jahre dauerte und mit dem Frieden von Vereeniging am 31. Mai 1902 ihr Ende fand.

Nach dem Kriegsausbruch am 11. Oktober 1899 war der Faktor Zeit für die Kriegsparteien von gegensätzlicher Bedeutung. Die Briten mussten Zeit gewinnen, um ihre aus dem gesamten Empire zusammengezogenen Truppen auf dem Seeweg nach Südafrika zu transportieren. Umgekehrt musste den Buren daran gelegen sein, so schnell wie möglich militärische Entscheidungen herbeizuführen, bevor das Empire seine ganze materielle Überlegenheit entfalten konnte. Dem standen aber Traditionen der Republiken und ihrer Militärorganisation entgegen. Wie in Milizsystemen üblich, wählten die Truppen ihre Offiziere, zumindest in der Anfangsphase des Krieges. Hier kamen nun die klientelistischen Strukturen dergestalt zum Tragen, dass die Politiker, Patrone in ihrer Heimatregion, sich in Militärführer verwandelten, was für den Zusammenhalt der militärischen Einheiten gewiss kein Nachteil war, aber nicht unbedingt militärisch begabte Leute in die Führungspositionen brachte. Tatsächlich befehligten in den ersten, entscheidenden Monaten meist ältere Männer die burischen Truppen. Sie hatten sich in früheren Einsätzen Verdienste erworben, waren aber für einen solchen Krieg weder ausgebildet noch hatten sie die nötige Flexibilität, um auf neue Herausforderungen reagieren zu können. Der Oberkommandierende der Truppen des Transvaal, Piet Joubert, war der Dauerrivale von Paul Kruger, zählte zu dessen Generation und erwies sich als ein eher zögerlicher Generalkommandant in einer Situation, wo es schneller und flexibler Entscheidungen bedurfte.

Jüngere Kommandeure wie der Abgeordnete Louis Botha, der aufgrund seiner militärischen Begabung binnen kurzem vom einfachen Mannschaftsdienstgrad zum Offizier befördert wurde, fanden in dieser Phase noch wenig Gehör. Botha plädierte dafür, sofort an der Ostgrenze des Transvaal den Durchmarsch auf die Hafenstadt Durban zu beginnen, was nach Anfangssiegen der Buren durchaus möglich gewesen wäre. Mit einer Besetzung Durbans als wichtigstem Hafen in Südafrika hätten die Buren die weitere Anlandung von britischem Nachschub an Soldaten und Material verhindern können. Joubert ließ sich stattdessen auf das ein, was die Buren am wenigsten konnten, nämlich auf einen langwierigen Belagerungskrieg einiger Städte, in denen die bedrängten Briten sich einigelten. So wurden im Osten Ladysmith, jenseits der Westgrenze in der Kapkolonie Mafeking und die Diamantenmetropole Kimberley monatelang belagert, was auf burischer Seite Truppen und Material band. Ein schneller Bewegungskrieg, für den Botha im Transvaal und im Oranje-Freistaat der ebenfalls noch in untergeordneter Funktion dienende Christian de Wet eintraten, hätte zumindest die Chancen auf einen Verhandlungsfrieden mit Erhaltung der Unabhängigkeit der Republiken erhöht. Mit den Belagerungen gaben die Buren ihren größten Trumpf aus der Hand.

So gewannen die Briten Zeit, um ihren Nachschub heranzuschaffen und in der Kapkolonie sowie in Natal in aller Ruhe einen koordinierten Angriff aufzubauen. Bislang erfolglose Generäle wurden abberufen oder dem neuen Oberkommandieren Lord Roberts unterstellt, der im Dezember 1899 den Befehl übernahm. Da die Buren an der östlichen und westlichen Grenze ihrer beiden Republiken die britischen Einheiten in den belagerten Städten festgenagelt hatten, entschied sich Roberts dafür, in der Mitte durchzustoßen und eine Invasion des Oranje-Freistaats direkt von Süden zu beginnen, wo kaum Truppen standen und er die Eisenbahn für den Transport nutzen konnte.

Unterstützung fanden die Briten bei der schwarzen und farbigen Bevölkerung, von denen viele als Fahrer, Sanitäter, Helfer und manchmal sogar als Kombattanten Hilfe leisteten, was auf burischer Seite auch, aber in weniger starkem Maß, stattfand. Wenn solche Afrikaner gefangen genommen wurden, wurden sie oft hingerichtet, weil beide Seiten – vor allem aber die Buren – Afrikaner aus dem Kampfgeschehen heraushalten wollten. Man fürchtete um die soziale Ordnung in Südafrika, sollten sie als Kombattanten auftreten. Die Afrikaner verfolgten durchaus ihre eigenen ökonomischen wie politischen Ziele, stellten sich den Briten als bezahlte Hilfstruppen zur Verfügung und wurden häufig Opfer von Racheakten beider Kriegsparteien. Es kam zu massiven Übergriffen gegen die afrikanische Zivilbevölkerung, der spätere Premierminister Hertzog betätigte sich, wie zahlreiche seiner Kollegen, als Kriegsverbrecher, wenn er afrikanische Hilfstruppen der Briten, die in seine Hände fielen, ohne Gerichtsverfahren summarisch erschießen ließ. Freilich wurden Übergriffe gegen afrikanische Kombattanten nie geahndet, während der Gouverneur alle weißen Einwohner der Kapkolonie, die sich als sogenannte Kap-Rebellen auf die Seite der burischen Streitkräfte schlugen, bestrafte, da er solches Verhalten – formal-juristisch durchaus zu Recht – als Hochverrat einstufte. Milner und die Militärverwaltung in der Kapkolonie gingen mit rabiaten Mitteln gegen die interne Opposition vor. Selbst ein so weithin anerkannter und gemäßigter Politiker wie John X. Merriman wurde für einige Zeit unter Hausarrest gestellt.

Die Disziplinlosigkeit in den burischen Reihen war groß, denn sobald die ersten Rückschläge eintraten, begannen zahlreiche Kommandos auseinanderzulaufen. Vor allem die landlosen, verarmten Buren streckten schnell die Waffen und stellten sich in vielen Fällen sogar den britischen Truppen als *National Scouts* zur Verfügung. Umgekehrt zählten die wohlhabenden Farmer zu denjenigen, die am erbittertsten gegen die Briten kämpften, ironischerweise angeführt gerade von Leuten wie Louis Botha, die im Parlament immer für Reformen des Staatswesens eingetreten waren und die Ansprechpartner der Briten hätten sein können.

Lord Roberts Strategie ging auf und er konnte durch den schwach geschützten Süden des Oranje-Freistaats durchstoßen, nach einem Sieg in einer regulären Schlacht gegen die Armee der Republik unter General Cronjé deren Widerstand brechen und am 13. März 1900 die Hauptstadt Bloemfontein in Besitz nehmen. Nach mehreren Wochen ging der Vormarsch weiter, wobei die britischen Truppen ihre überlegene Zahl und Stärke in dieser Angriffsphase voll ausspielen konnten. Am 31. Mai besetzten sie den weitgehend von seinen Bewohnern verlassenen Witwatersrand und bald darauf, am 6. Juni, nahmen sie die 60 km nördlich gelegene Hauptstadt Pretoria ein. Präsident Kruger hatte sich auf Anraten seiner Regierung und wegen seines hohen Alters über Mosambik ins europäische Exil begeben. Dort hoffte er die lokalen Solidaritätsbewegungen so aufzustacheln, dass greifbare militärische Vorteile daraus erwachsen könnten. Doch erkannte er bald, dass etwa der deutsche Kaiser trotz persönlicher Sympathie für die Buren zu sehr die europäische Machtkonstellation im Blick hatte, um sich auf Abenteuer im fernen Südafrika einzulassen.

Als Lord Roberts Pretoria okkupiert hatte, erklärte er die Existenz der unabhängigen Republiken durch die britische Annexion ebenso für beendet wie den Krieg selbst. Daraufhin kehrte er nach London zurück, um sich gebührend als Sieger feiern zu lassen, während sein bisheriger Stabschef, Lord Kitchener, der kurz zuvor die Armee des Mahdi im Sudan vernichtet hatte, den Oberbefehl übernahm. Kitchener sollte die letzten Widerstandsnester beseitigen und helfen, eine Nachkriegsordnung einzuleiten. Keiner der britischen Generäle und Politiker hatte damit gerechnet, dass dieser Krieg keineswegs beendet war, sondern in veränderter Gestalt nun eigentlich erst begann. Denn in einer geheimen Konferenz beriet sich der neue Oberbefehlshaber des Transvaal, Louis Botha, mit seinen Generälen und deren Kollegen aus dem verbündeten Oranje-Freistaat, wie weiter zu verfahren sei. Übereinstimmend kamen sie zum Schluss, dass die Unabhängigkeit noch keineswegs verloren sei und es sich lohne, weiter zu kämpfen. Damit begann die dritte und weitaus längste Phase des Krieges, nämlich der mehr als zwei Jahre dauernde Guerillakrieg. Die alten Generäle und Kommandeure der Buren waren mittlerweile verstorben, hatten kapituliert oder waren gefangen genommen worden, sodass der Weg frei war für eine neue Generation, deren Tragik darin lag, dass sie in Führungspositionen kam, als die Entscheidungen bereits gefallen waren. Großbritannien musste auf der Annexion der Republiken bestehen und konnte sich gegenüber den Guerillakämpfern nicht auf Kompromisse einlassen, ohne einen massiven Gesichtsverlust auf der internationalen Bühne zu riskieren.

Louis Botha, der neue Generalkommandant des Transvaal, erwies sich in der Folgezeit als herausragender Stratege. Einer seiner engsten Mitstreiter war der altgediente, militärisch aber ausgesprochen innovative General Koos de la Rey. Justizminister Jan Smuts war ebenfalls zum General ernannt worden, obwohl er bis dahin über keinerlei militärische Erfahrung verfügte. Gleichwohl erwies sich seine Ernennung als Glücksgriff, da er sich als besonders begabter Guerillastratege erwies. Er drang bis in die Kapkolonie, mitten durch Feindesland bis in Sichtweite des Tafelberges vor und wich erfolgreich allen Versuchen der Briten, ihm den Weg abzuschneiden, aus. Die Generäle Jan Kemp und Ben Viljoen führten unter Botha eigene Kommandos wie eine ganze Reihe weiterer Kommandanten, denen es in den folgenden Jahren gelang, der riesigen britischen Übermacht Paroli zu bieten. Eigenständig, aber wenn es möglich war, auch in enger Absprache, operierten die verbliebenen Verbände des Oranje-Freistaats unter dem neuen Oberkommandierenden Christian de Wet, einem der weltweit erfolgreichsten Guerillaführer der Neuzeit, mit dem Präsident Marthinus Steyn herumzog und auf diese Weise zumindest den Anspruch auf eine Fortexistenz seiner Republik unterstrich. Die Briten unternahmen mehrere große Versuche, geradezu Treibjagden, um de Wet auszuschalten, indem sie ihn mit umfassenden Truppenbewegungen in die Enge trieben, aber er entwischte ihnen immer, wenn auch zuweilen durch schieres Glück und in letzter Minute.

Lord Kitchener wollte den Krieg schnell beenden, da er sich erhoffte, den gerade freiwerdenden Posten eines Oberkommandierenden der indischen Kolonialarmee zu ergattern. Zudem sah er sich mit der wachsenden Ungeduld der britischen Öffentlichkeit konfrontiert, der die Ursachen für die lange Kriegsdauer verborgen blieb. Und so griff er zu immer rigoroseren Mitteln. Um die Mobilität der burischen Verbände einzuschränken, ließ er tausende Kilometer Stacheldrahtverhaue kreuz und quer durch das Land ziehen, wobei vorgefertigte Blockhäuser, in festgelegten Abständen und mit kleinen Einheiten besetzt, das Durchbrechen der Buren verhindern sollten. Diese ihrerseits störten den britischen Nachschub, indem sie immer wieder die Eisenbahnlinien in die Luft sprengten, britische Verbände überfielen und ihnen Kleider, Lebensmittel und vor allem Munition abnahmen, um ihre eigenen knappen Vorräte aufzufüllen. Mao Zedong sollte später lehren, dass die Guerilla sich wie ein Fisch im Wasser bewegen müsse, d. h. in einem freundlichen Umfeld. Das traf auf die burischen Guerillakämpfer zweifellos zu, die auf Farmen Lebensmittel erhielten, sich dort manchmal verstecken konnten und die von den Farmern über Truppenbewegungen informiert wurden. Kitchener wusste, dass er nur dann Aussicht auf Erfolg hatte, wenn er dem Fisch das Wasser entzog und das hieß, eine Strategie der verbrannten Erde anzuwenden. In der dritten Kriegsphase begannen die britischen Truppen gegen die Zivilbevölkerung vorzugehen: Sie brannten mehr als 30 000 Farmen nieder, löschten einige Ortschaften völlig aus, stachen systematisch das Vieh mit ihren Bajonetten ab und zündeten das reife Getreide auf den Feldern an. Die obdachlos gewordenen Frauen und Kinder »konzentrierten« sie in Lagern, die zunächst nicht einmal umzäunt waren und weder im Lagerregime noch in einer Vernichtungsabsicht etwas mit den ähnlich benannten Konzentrationslagern des Dritten Reiches zu tun hatten; es handelte sich um schlecht geführte Internierungslager. Das enge Zusammenleben der Flüchtlinge, administrativer Schlendrian der Militärbehörden und mangelnde Hygiene bei den Internierten führten zum Ausbruch von Seuchen, denen insgesamt 26 000 burische Frauen und Kinder und mindestens 14 000 Schwarze zum Opfer fielen. Denn auch die schwarzen Farmarbeiter und Hausangestellten der entwurzelten Farmer wurden interniert, aber in eigenen Lagern, die meist in der Nähe von Bahnlinien eingerichtet wurden. Im Gegensatz zur weißen Bevölkerung mussten die Schwarzen für ihre eigene Lagerhaft bezahlen, indem sie zu Zwangsarbeit bei der Reparatur zerstörter Eisenbahnstrecken und anderen Arbeiten eingesetzt wurden. Als die Engländerin Emily Hobhouse die britische Öffentlichkeit mit Berichten über die Zustände und das Massensterben in den Lagern für Weiße aufgeschreckt hatte, übernahm die Zivilverwaltung unter Milner die Lager, woraufhin die Mortalitätsrate innerhalb kurzer Zeit deutlich sank, was abermals belegt, dass es keine Vernichtungsabsicht der Briten gegeben hatte; die Situation der schwarzen Internierten änderte sich dagegen kaum.

Die Strategie der verbrannten Erde zeigte Wirkung, denn einige burische Militärführer begannen angesichts der hohen Todesraten und der Zerstörungen umzudenken. Während Christian de Wet und Präsident Steyn die harte Linie vertraten und auf keinen Fall zu einer Aufgabe der republikanischen Unabhängigkeit bereit waren, traten Botha, de la Rey und Smuts für einen Friedensschluss ein, selbst wenn dabei die Republiken ihre Selbstständigkeit verlieren sollten. Schließlich gelang es, auch de Wet zur Unterzeichnung des ausgehandelten Friedens zu bewegen und

Abb. 11: Afrikanische Zwangsarbeiter laden Eisenbahngleise ab, Burenkrieg.

damit den Krieg endlich zu beenden. Doch setzte Jan Smuts in Verhandlungen mit Kitchener und Milner wichtige Änderungen des Friedensvertrages durch, der am 31. Mai 1902 in *Vereeniging* unterschrieben wurde. Auf Smuts' Drängen wurde eine Klausel so modifiziert, dass über die Zulassung der afrikanischen Mehrheit zum Wahlrecht erst nach der Gewährung interner Selbstregierung für die eroberten Republiken entschieden werden sollte. Faktisch hieß das, dass Großbritannien das Schicksal der afrikanischen Bevölkerung in die Hände der burischen Kriegsverlierer legte, die im Fall der Selbstregierung die Zügel wieder in die Hand bekommen sollten. Damit kam Jan Smuts, der lange als Vertreter liberaler westlicher Werte gepriesen wurde, maßgebliche Verantwortung zu für die dauerhafte politische Entmündigung der schwarzen Bevölkerungsmehrheit Südafrikas.

7 Die Übergangszeit nach dem Burenkrieg

7.1 Direkte britische Herrschaft

Mit dem Ende des Burenkrieges hatten Vertreter einer harten Linie wie Chamberlain und Milner erreicht, was sie wollten, nämlich die Unterwerfung sämtlicher Territorien Südafrikas unter britische Herrschaft. Damit schloss der Burenkrieg einen Prozess ab, der 100 Jahre zuvor mit der Eroberung der Kapkolonie und dem Vierten Grenzkrieg gegen die Xhosa begonnen hatte. In der Kapkolonie kehrte allmählich wieder eine gewisse Normalität ein, obwohl lange Zeit das Damoklesschwert über den sogenannten Kaprebellen schwebte, denjenigen burischen Bürgern des Gebietes also, die sich auf die Seite der beiden Republiken geschlagen und aktiv gegen die eigene Regierung gekämpft hatten. Gouverneur Lord Milner wollte sie wegen Hochverrats aburteilen lassen, was auf die Todesstrafe hinausgelaufen wäre. Schließlich setzten sich doch mit Blick auf das zukünftige Zusammenleben gemäßigtere Haltungen durch und die meisten Rebellen erhielten milde Strafen. Vielen wurden die Bürgerrechte aberkannt, wodurch sie für eine Reihe von Jahren vom Wahlrecht ausgeschlossen blieben.

Dies kam der englischsprachigen und empiretreuen Minderheit zugute, die sich plötzlich in die Lage versetzt sah, Wahlen zu gewinnen. Ausgerechnet derjenige, der für den Kriegsausbruch maßgeblich mit verantwortlich war, Leander Starr Jameson, beerbte den 1902 verstorbenen Cecil Rhodes als Führer der sogenannten Progressiven und wurde 1904 zum Premierminister der Kolonie gewählt. Milner konnte zufrieden sein, denn damit war die Empiretreue der Kapkolonie zumindest fürs erste gesichert. Aber eben nur fürs erste und Milner wusste, dass ihm die Zeit davonlief.

Er selbst übernahm den Gouverneursposten der beiden neuen Kolonien *Orange River Colony* und Transvaal und gab denjenigen der Kapkolonie ab. Die viel wichtigeren Befugnisse eines Hochkommissars behielt er jedoch bei, womit ihm die zentrale Kompetenz für politische Richtungsentscheidungen für ganz Südafrika zustand. Die beiden ehemaligen Burenrepubliken wurden nach Abschluss des Friedensvertrags von Vereeniging am 31. Mai 1902 als Kronkolonien unter die zivile Verwaltung des Kolonialministeriums gestellt, das über den Gouverneur und Hochkommissar die Regierungsgeschäfte ausübte. Allen Beteiligten – auch Joseph Chamberlain, der Südafrika 1903 besuchte und Petitionen der besiegten Buren zurückwies, die auf eine baldige Selbstverwaltung drängten – war aber klar, dass die Zeit einer direkten Verwaltung durch London nur begrenzt sein konnte. Das Recht auf Selbstverwaltung in Kolonien, in denen eine größere Anzahl weißer und aus England stammender Siedler lebte, war mittlerweile so selbstverständlich, dass eine dauerhafte bürokratische Administration durch einen autokratischen Gouverneur auch in der britischen Öffentlichkeit nicht mehr legitimierbar war. Chamberlain war als Radikaler viel zu sehr von der Notwendigkeit demokratischer Partizipation überzeugt, als dass er sich dem Ansinnen der Buren auf Dauer hätte widersetzen können. Doch für die nächste Zeit schloss er eine Selbstverwaltung kategorisch aus. Milner strebte an, die beiden eroberten Burenrepubliken dauerhaft in das Empire einzubinden. Um das zu erreichen, musste die Loyalität der Bevölkerung zur britischen Krone gesichert werden. Milner gab sich keinen Illusionen hin, dass die burische Bevölkerung nach all den Brutalitäten des Krieges für das Empire zu gewinnen sein würde. Zudem war unter ihnen die Auffassung weit verbreitet, dass Großbritannien nur mit Hilfe zweifelhafter Methoden, nämlich mit der Strategie der verbrannten Erde, den Krieg gewonnen hatte.

Auf die aus heutiger Sicht nächstliegende Idee, nämlich die Rechte der schwarzen Bevölkerungsmehrheit zu erweitern, kam Milner nicht, obwohl er es im Vorfeld und während des Krieges immer wieder versprochen hatte. Er nahm jetzt Abstand von seinen Ankündigungen, teilweise aufgrund seiner eigenen rassistischen Überzeugungen, teilweise weil er erkannte, dass dergleichen auch bei der englischsprachigen weißen Bevölkerung Südafrikas nicht durchsetzbar war. Schwarze sollten dem Produktionsprozess als billige Arbeitskräfte zur Verfügung stehen, darum mussten sie politisch entmündigt werden. So blieben nur noch zwei Wege, die der Gouverneur denn auch beschritt: Er musste die Mehrheitsverhältnisse unter der weißen Bevölkerung zugunsten des Empire ändern, indem er Einwanderung in großem Stil ankurbelte. Die andere Strategie war die Umerziehung der burischen Bevölkerung und das hieß in erster Linie, die Umerziehung ihrer Kinder.

Mit beiden Projekten scheiterte Milner: Es gelang ihm zwar, demobilisierte Soldaten zum Verbleib und zur Ansiedlung im Land zu bewegen, indem er ihnen günstige Bedingungen, etwa beim Landerwerb, anbot. Doch war ein kriegszerstörtes Land nicht allzu attraktiv für junge Menschen, die sich eine neue Existenz aufbauen wollten. Auch die Umerziehung der burischen Kinder konnte nicht gelingen. Milner ordnete an, dass die Unterrichtssprache in allen Schulen in Zukunft Englisch sein sollte, was zu systematischen Schikanen führte. Niederländischsprachige Kinder durften nur wenige Stunden in der Woche ihre Muttersprache benutzen, wer außerhalb dieser Zeit dabei ertappt wurde, hatte mit Strafen zu rechnen. Dem betreffenden Kind wurde ein Schild um den Hals gehängt, mit dem es vor der Klasse stehen musste: »Ich bin ein Esel, ich habe niederländisch gesprochen.« Auch die Unterrichtsinhalte zielten auf eine Anglisierung der Bevölkerung im kulturellen Sinn ab, da Großbritannien und das Empire als »Heimat« vorgestellt und gepriesen wurden. Hätte Milner sich darauf beschränkt, den Buren ihre Sprache zu lassen und die Umorientierung ihrer Loyalitäten subtiler und weniger offen anzustreben, hätte er mittelfristig vielleicht sogar Erfolg haben können. Aber die grobschlächtige Art der Umsetzung und die offene Beleidigung der Muttersprache der Kinder und ihrer Herkunft führten zu organisiertem Widerstand. Einem »Rassenpatrioten«, als den Milner sich betrachtete, wobei er mit »Rasse« primär den kulturellen Unterschied zwischen Engländern und Buren meinte, lag der Gedanke völlig fern, dass die burische Bevölkerung unter Beibehaltung ihrer Sprache und Kultur eine Loyalität zum Empire entwickeln könnte. Was er demnach umzusetzen versuchte, war ein englischer Kulturnationalismus, dem auch Kolonialminister Chamberlain anhing. Es war wenig erstaunlich, dass die Gegenreaktion der Buren die Form einer Besinnung auf die eigenen kulturellen Werte annahm. Der Aufstieg des Kulturnationalismus der Buren in der Nachkriegszeit wurde durch Milners zwangsweise Assimilierungspolitik deutlich befördert.

Die Buren begannen, Privatschulen zu gründen und ihre Kinder dorthin zu schicken. Finanziert wurden diese mit Geldsammlungen – teilweise sogar in den Niederlanden – und dem freiwilligen Einsatz von Lehrern. Diese »christlich-nationalen« Schulen sollten für spätere kulturnationalistische Unternehmungen das Modell abgeben, denn sie waren nicht nur als Bildungseinrichtungen zunächst sehr erfolgreich, sondern gerieten auch zum Startsignal und Kristallisationspunkt des burischen Widerstands gegen die Besatzungsmacht.

Neben der mittelfristigen Sicherung der neuen Kolonien durch Einwanderung und Assimilierungspolitik hatte Milner mit kurzfristigen Sorgen und Problemen zu kämpfen, vor allem dem Wiederaufbau der beiden kriegszerstörten ehemaligen Republiken. Dazu holte er sich eine Gruppe junger Verwaltungsfachleute, die wie er an der Universität Oxford studiert hatten. John X. Merriman, der Milner verabscheute, aber für Wortspiele und Witze immer gut war, nannte diese Gruppe »Milner's Kindergarten«, was als Begriff sogar Eingang in die Geschichtsschreibung fand. Diese jungen Technokraten übernahmen zentrale Verwaltungsämter im Transvaal wie in der Stadt Johannesburg und setzten per Dekret Maßnahmen durch, auf die die Briten vor dem Krieg immer gedrängt hatten. So wurden etwa die Stadtgrenzen von Johannesburg, über die die Metropole längst hinausgewachsen war, erheblich erweitert, sodass sie von der Fläche, nicht von der Einwohnerzahl her, nach Tokyo die zweitgrößte Stadt der Welt wurde. Dadurch wurde eine längerfristige Stadtplanung möglich, die zunächst darauf hinauslief, das, was Stadtplaner als »Wildwuchs« ansehen, nämlich die unkontrollierte Ansiedlung ihrer Bewohner, bürokratischer Planung zu unterwerfen. Die ersten Opfer waren die indischen und schwarzen Bewohner, die in den folgenden Jahren sukzessive aus dem Stadtzentrum verdrängt und zwangsumgesiedelt wurden, sodass eine der Grundlagen der späteren Rassentrennungspolitik während der direkten Kolonialherrschaft durch London gelegt wurde. Als im Jahr 1904 die Pest in einem innenstadtnahen Quartier ausbrach, in dem in erster Linie Inder und Farbige lebten, nahm die Stadtverwaltung unter Stadtdirektor (*Town Clerk*) Lionel Curtis dies zum Anlass, das ganze Viertel zu zerstören und seine Bewohner zwangsweise umzusiedeln, zumal die Grundstückspreise ohnehin hoch genug waren, dass man besser betuchte Bewohner und Firmen dort ansiedeln konnte. Ähnliches geschah mit der schwarzen Bevölkerung, deren angeblich mangelnde Hygiene für den Ausbruch von Krankheiten verantwortlich gemacht wurde. Curtis folgte damit einem afrikaweiten Trend, denn zu Beginn des 20. Jahrhunderts wurden auf dem ganzen Kontinent Rassentrennungsmaßnahmen unter dem Vorwand der Hygiene umgesetzt.

Ein drängendes Problem, das einer raschen Lösung harrte, war die Situation der Goldindustrie, die durch Gewinne und Steuern letztlich auch die britische Verwaltung finanzierte. Milner stand unter einem hohen Erwartungsdruck der Investoren wie auch seiner heimischen Regierung, die verlangten, dass die Minenindustrie so rasch wie möglich wieder in Gang gesetzt wurde und die Produktivität der Vorkriegszeit möglichst überholte. Die schwarzen Wanderarbeiter waren während des Krieges wie die übrige Bevölkerung aus Stadt und Region geflüchtet. Es erwies sich nun als schwierig, sie zur Rückkehr zu bewegen, zumal ihnen nicht verborgen blieb, dass die Minengesellschaften die günstige Gelegenheit nutzen wollten, ihre Löhne deutlich zu senken. Die meisten schwarzen Arbeiter waren nicht bereit, unter diesen Umständen zurückzukehren, sodass die Industrie in der unmittelbaren Nachkriegszeit mit einem akuten Arbeitskräftemangel belastet war. Um dem abzuhelfen, griff Milner die Idee auf, ausländische Arbeiter nach Südafrika zu »importieren«. Man dachte dabei an *Indentured Labourers*, wobei Inder aus politischen Gründen nicht mehr in Frage kamen, nicht zuletzt aufgrund der Aktivitäten Gandhis. Darum suchte man Arbeiter in China und holte tatsächlich ab 1904 Tausende Chinesen an den Witwatersrand. Sie wurden wie die afrikanischen Wanderarbeiter kaserniert und unter menschenunwürdigen Bedingungen zur Knochenarbeit in den Minen gezwungen. Da eine starke chinesische Regierung fehlte, die sie hätte schützen können, waren sie den Arbeitgebern praktisch schutzlos ausgeliefert und arbeiteten für deutlich niedrigere Löhne als die Schwarzen.

Über ihre Anwesenheit zeigte sich die weiße Bevölkerung alarmiert, die schon seit dem späten 19. Jahrhundert eine tiefsitzende Aversion gegen »Asiaten« entwickelt hatte, was ein empireweites Phänomen in allen Siedlerkolonien war und sich durch Kommunikationskanäle und Propaganda zwischen Kolonien wie British Columbia, Australien und Natal wechselseitig verstärkte. Insbesondere die besiegten Buren waren nur zu gerne bereit, darin ein weiteres Beispiel für die sinistren Machenschaften der Briten zu sehen und organisierten Proteste. Dabei ging es nicht um die Arbeitsbedingungen der Chinesen, die den burischen Politikern ziemlich gleichgültig waren, sondern sie mobilisierten xenophobe und antiasiatische Grundhaltungen. Tatsächlich kann man so weit gehen zu sagen, dass die ersten Anfänge eines neuen politischen Lebens unter den besiegten Buren mit der rassistischen Abwehr chinesischer Wanderarbeit eng verknüpft waren. Louis Botha und Jan Smuts sowie andere Generäle der Buren, die sich vorübergehend und gezwungenermaßen ins Privatleben zurückgezogen hatten, nutzten die Gunst der Stunde, sich an die Spitze der Protestbewegung zu stellen. Von dieser ausgehend konnten sie im Januar 1905 zur Gründung einer neuen Partei ansetzen, die den populistischen Charakter bereits in ihrem Namen *Het Volk* trug. Es gelang dieser Bewegung tatsächlich, die Kolonialregierung zum Zugeständnis zu zwingen, die Repatriierung der Chinesen nach Ablauf ihrer Verträge und die Beendigung weiterer »Importe« zu garantieren. Bis 1910 kehrten alle etwa 63 000 Chinesen in ihre Heimat zurück. Doch wurde das angestrebte Ziel der Lohnsenkung trotzdem erreicht, da die afrikanische Bevölkerung ihre Einkünfte und Steuern hauptsächlich durch die Wanderarbeit ihrer jungen Männer erwirtschaften musste. In Ermangelung ökonomischer Alternativen kehrten die schwarzen Bergarbeiter allmählich an den Witwatersrand zurück, um für erheblich niedrigere Löhne als vor dem Krieg zu arbeiten. Die Reallöhne wurden bis in die frühen 1970er Jahre auf diesem Niveau eingefroren.

7.2 Selbstregierung in den ehemaligen Burenrepubliken

Bevor Botha und Smuts, die sich rasch persönlich anfreundeten und zum neuen Führungsduo der Politik im Transvaal avancierten, zur Gründung ihrer neuen Partei übergehen konnten, musste sich die politische Situation grundlegend ändern. Die direkte Herrschaft Londons durch Gouverneur Milner sah keine Mitsprache der Siedlerbevölkerung – und schon gar nicht der besiegten Buren – vor. Doch räumte Milner am Ende seiner Amtszeit selbst ein, dass er mit seinen Zielen gescheitert war. Seine Politik hatte die Buren politisch in ihrem Widerstand vereint, sein autokratisches Vorgehen hatte ihm außer bei den Minenbetreibern wenig Sympathien eingebracht. Vor allem aber verlor er allmählich die Unterstützung in London. 1905 endete seine Amtszeit, ein Jahr später verlor die konservative Regierung mit Joseph Chamberlain, der einen Schlaganfall erlitt, ihren dynamischsten Minister, nachdem Premier Salisbury bereits 1903 verstorben war, woraufhin ihm sein Neffe Arthur Balfour im Amt gefolgt war. Doch 1906 wurde die abgewirtschaftete konservative Regierung nach einem Erdrutschsieg der Liberalen unter dem bereits 70-jährigen Sir Henry Campbell-Bannerman abgelöst, die schon während des Wahlkampfs einen neuen Kurs in Südafrika angekündigt hatten. Jan Smuts erkannte seine Chance und reiste nach London, um mit der neuen britischen Regierung Gespräche aufzunehmen.

Obwohl er eigentlich als Privatmann reiste, wurde er in London empfangen, ja man verhandelte sogar mit ihm, wobei die Forschung inzwischen klarstellen konnte, dass die Regierung hier äußerst trickreich vorging. Denn sie ließ sich von Smuts in den Gesprächen »überreden«, dem Transvaal Wahlen und eine Selbstregierung in Aussicht zu stellen. Smuts, der über diese »großzügige Geste« ebenso beglückt wie von seinem eigenen Verhandlungsgeschick berauscht war, sollte dieses Entgegenkommen nie vergessen. Es war vermutlich das entscheidende Ereignis in seinem Leben, weshalb für ihn fortan die Zukunft Südafrikas im imperialen Verbund lag. Die Regierung hatte diesen Lerneffekt bei ihrem früheren Gegner einkalkuliert, denn die Entscheidung, den beiden ehemaligen Burenrepubliken wieder Selbstverwaltung zuzugestehen, war längst gefallen, bevor Smuts überhaupt mit seinen Unterredungen begann. Dazu hatte Campbell-Bannerman die Einsicht in die politische Notwendigkeit bewogen, weniger die Argumentation des Südafrikaners.

Als Smuts nach Südafrika zurückkehrte, um die frohe Kunde seinen Freunden zu überbringen, setzten er und Botha darauf, in einer klassenübergreifenden Partei alle angestauten Unzufriedenheiten und Interessen der Buren zu bündeln. Natürlich erhielten die früheren *Uitlanders* nun das Wahlrecht, sodass die Buren nicht mehr wie noch unter Kruger mehr oder weniger allein über die Geschicke des Landes bestimmen konnten. Sie mussten mit einer starken pro-imperialen Wählerschaft unter der englischsprachigen Bevölkerung rechnen. Allerdings kam ihnen zugute, dass diese viel stärker von sozialen Konflikten gezeichnet war als die Buren. Dies betraf insbesondere die Konfrontation zwischen den Minenunternehmern und der weißen Arbeiterschaft, die die Form eines scharfen Klassengegensatzes annahm. Vor allem aber gelang es *Het Volk*, die englische Mittelschicht, die Freiberufler und Kleinunternehmer, auf ihre Seite zu ziehen und dadurch 1907 einen klaren Wahlsieg zu erringen. Nur fünf Jahre nach der demütigenden Niederlage in Vereeniging wurde mit Botha der burische Oberkommandierende der geschlagenen Transvaal-Armee jetzt zum Premierminister einer britischen Kolonie.

Botha ernannte seinen engsten Mitarbeiter und den eigentlichen intellektuellen Kopf in *Het Volk*, Jan Smuts, zum Bildungsminister und damit zu seinem Stellvertreter. Tatsächlich ergänzten sich die beiden in geradezu idealer Weise. Louis Botha war der außerordentlich populäre General, der ohne Prätentionen auch mit den ärmsten Buren schnell ins Gespräch kam, dessen Haus jedem offen stand und der mit einfachen Worten die breite Landbevölkerung auf seine Seite brachte. Smuts dagegen war der eher introvertierte Intellektuelle, der arrogantes Auftreten mit einer geradezu pathologischen Eitelkeit verband. Er war zunächst die Macht hinter dem Thron, der Intellektuelle als Politiker, dessen Popularität begrenzt blieb. Beide ließen bald erkennen, dass sie die Zukunft des Transvaal wie Südafrikas insgesamt im Rahmen des Empire sahen und belohnten das Vertrauen, das die Regierung in London in sie gesetzt hatte, mit dauerhafter Loyalität.

Nicht zuletzt dieser Erfolg bewog die britische Regierung, 1907 auch dem ehemaligen Oranje-Freistaat die Selbstverwaltung zu gewähren. Hier war man zögerlicher gewesen, weil die demographischen Verhältnisse unter den Weißen in diesem zentral gelegenen Territorium Südafrikas für die englischsprachige Bevölkerung ungleich ungünstiger waren. Erst als klar war, dass im Transvaal eine loyale Regierung herrschte und ein erneutes Zusammengehen der beiden ehemaligen Republiken in revanchistischer Absicht ausgeschlossen war, gestand man auch der nun als *Orange River Colony* bezeichneten ehemaligen Republik mit ihrer burischen Bevölkerungsmehrheit von etwa 90 % Wahlen zu. In beiden Kolonien durften nur weiße Männer wählen, denn nun wirkte sich die von Smuts ausgehandelte Klausel des Friedensvertrags von Vereeniging zum Vorteil der burischen Politiker aus.

In der *Orange River Colony* begannen frühere Generäle und Politiker des alten Staates ebenfalls mit der Gründung von Parteien. Der ehemalige Oberkommandierende der Armee, Christian de Wet, der kein begabter Politiker war, konnte sich nicht durchsetzen. Der frühere Richter J. B. M. Hertzog, der erst während des Krieges zum General avanciert war, stellte sich an die Spitze. Hertzog war ein politisches Talent und stieg bald zum wichtigsten Politiker des Gebietes südlich des Vaal auf. Als Militärführer hatte er keine besonders herausragende Rolle gespielt, doch kam ihm der Titel eines Generals, den er wie alle anderen Politiker dieser Generation nach dem Krieg einfach weiterführte, für seine weitere Karriere zugute. Mit seiner im Juli 1905 gegründeten Partei *Orangia Unie* trug er den erwarteten überwältigenden Wahlsieg davon, überließ aber das Amt des Premierministers einem altbewährten Politiker aus der Zeit der alten Republik, Abraham Fischer, während er selbst Bildungsminister wurde. Er setzte neue Akzente und baute eine klare Gegenposition zu Smuts auf. Während dieser die Existenz der christlich-nationalen Privatschulen nach dem Wahlsieg von *Het Volk* für obsolet erklärte, in einem neuen Schulgesetz aber keine klare Gleichberechtigung der niederländischen Sprache festlegte, betonte Hertzog genau letzteres. Dies trug ihm die Feindschaft eines Teil der englischsprachigen tonangebenden Kreise ein, machte ihn aber im Oranje-Freistaat, wie das Gebiet seit

1908 wieder hieß, nur um so populärer, sodass es ihm nicht schadete, als er einige Jahre später Abraham Fischer kaltschnäuzig fallen ließ.

Während die Politiker im Transvaal aufgrund der sozialen und demographischen Situation viel stärker auf die Versöhnung angewiesen waren, konnte Hertzog sich im Oranje-Freistaat seinen eindeutig pro-burischen Kurs leisten. Insgesamt sah die Situation für die burische Bevölkerung gegen Ende des Jahrzehnts ganz vielversprechend aus. Denn 1908 waren im Vorfeld der Wahlen in der Kapkolonie die ehemaligen Rebellen wieder in ihre bürgerlichen Rechte eingesetzt worden und durften sich als Wähler registrieren lassen. Die *South African Party*, jenes Bündnis aus liberalen Politikern mit dem *Afrikaner Bond* Hofmeyrs, trat mit ihrem erfahrensten und begabtesten Politiker als Spitzenkandidaten an. John X. Merriman wurde endlich die Führungsrolle zuteil, die er wie kaum ein anderer ausfüllen konnte. Nach dem klaren Wahlsieg der *South African Party* wurde er zum letzten Premierminister der Kapkolonie gewählt und war gleichzeitig der erfolgreichste. Innerhalb von nur zwei Jahren gelang es ihm, einen von Jameson hinterlassenen zerrütteten Haushalt zu sanieren, sodass die Kapkolonie schuldenfrei an den bald anstehenden Verhandlungen über eine Vereinigung der vier Kolonien teilnahm.

Dieser alte Wunschtraum vieler Politiker in Großbritannien wie in Südafrika wurde wegen eines alten Problems, das plötzlich neue Brisanz gewann, Wirklichkeit. Die Eisenbahnen durchzogen alle vier Kolonien, die sich auf die Verteilung der Einkünfte und die Festlegung von Tarifen so wenig einigen konnten wie ihre Vorgänger im 19. Jahrhundert. Die Eigeninteressen der Kolonien erwiesen sich unabhängig von sprachlicher oder kultureller Zugehörigkeit als von größerem Schwergewicht denn die Solidarität der in einem imperialen Herrschaftsverband vereinten Politiker. Verhandlungen über die Neuverteilung der Einnahmen gerieten rasch in eine Sackgasse. Ähnlich wie 40 Jahre zuvor in Kanada ein kleinerer Konflikt – zwischen Quebec und Ontario – durch eine ganz große Lösung, nämlich die Gründung eines Kontinentalstaates, überwunden wurde, steuerte man auch in Südafrika ein ferneres Ziel an, um das näherliegende leichter erreichen zu können. Als der einfachste Weg, die finanziellen Streitereien zu beenden, erwies sich die politische Einigung aller vier Kolonien unter einer Regierung, womit sich die Verteilungsprobleme von selbst erledigen würden. Die Londoner Regierung hatte ein offenes Ohr für entsprechende südafrikanische Vorstöße, war dies doch ohnehin ihr Fernziel. Außerdem hoffte man, die Verwaltungskosten zu senken, Südafrika größere Autonomie und damit dem britischen Steuerzahler eine spürbare und durchaus populäre Entlastung gewähren zu können.

7.3 Die Gründung der Union von Südafrika

High Commissioner Lord Selborne lud 1908 Vertreter aller vier Kolonialparlamente zu einer National Convention ein, um über die Ausarbeitung einer gemeinsamen Verfassung und die Gründung eines gemeinsamen Staates zu beraten. Bezeichnenderweise führte man keine Wahlen zu einer verfassunggebenden Versammlung durch, sondern vertraute lieber den Mehrheitsverhältnissen in den einzelnen Kolonien. In mehreren, durch längere Pausen unterbrochenen Sitzungen arbeitete die *National Convention* eine neue Verfassung aus. Da auch die Oppositionsparteien proportional zu ihrem Stimmenanteil Delegierte entsenden konnten, saß eine seltsame Konstellation ehemaliger Feinde und Rivalen am Verhandlungstisch zusammen: Botha freundete sich bald mit Jameson an, was atmosphärisch durchaus wichtig war, während Smuts bereits im Vorfeld der Verhandlungen in einem ausgedehnten Briefwechsel mit Merriman und Expräsident Steyn die wichtigsten Eckpunkte festgelegt hatte. Der aus dem Hintergrund agierende ehemalige Präsident des Oranje-Freistaats übte als *Elder Statesman* einen beträchtlichen Einfluss auf die burischen Delegierten aus. Smuts bediente sich des gebündelten Verwaltungssachverstands von *Milner's Kindergarten* und war der am besten vorbereitete Teilnehmer der Verhandlungen. In der Tat kann man ihn als den eigentlichen »Vater« der südafrikanischen Verfassung von 1909 bezeichnen, denn mit Ausnahme kleinerer Modifizierungen kam er mit seinen Plänen durch.

Schon aus dem Briefwechsel mit Merriman ging hervor, dass sich die Delegierten hinsichtlich des Wahlrechts nicht würden einigen können. Smuts selbst vertrat ganz die in den nördlichen Republiken gesetzlich festgeschriebene rigorose Ausschließung der schwarzen Bevölkerung von der politischen Partizipation. Dies mag zu einem Teil der Rücksicht auf die Wähler geschuldet sein, doch betonte Smuts noch in späteren Jahren seine Überzeugung von der notwendigen Rassentrennung. Merriman dagegen war einer der führenden Liberalen, der mit dem offeneren Wahlrecht der Kapkolonie gute Erfahrungen gemacht hatte. Als Einwohner von Stellenbosch pflegte er täglichen Umgang mit *Coloureds*. Das Zensuswahlrecht der Kapkolonie kam seinen konservativen Überzeugungen entgegen, weil er in dem begrenzten Zugang Schwarzer zum Wahlrecht keine Gefahr, sondern ein notwendiges »Ventil« sah. Einer der wenigen Befürworter einer »farbenblinden« Gleichheit, William Schreiner, konnte, obwohl er Delegierter war, an den Verhandlungen nicht teilnehmen. Er vertrat zur selben Zeit als Strafverteidiger den Zulukönig Dinuzulu, der von Seiten der erzkonservativen Regierung Natals völlig zu Unrecht wegen Hochverrats angeklagt worden war. Da Schreiner bei der *National Convention* keine Rolle spielte und die Liberalen der Kapkolonie zu schwach waren, konnten sie froh sein, wenigstens den Status Quo für ihre Provinz zu sichern. Das verfassungsrechtlich merkwürdige Ergebnis war, dass in den verschiedenen Provinzen Südafrikas unterschiedliche Wahlrechte fortexistierten, sodass nur in der Kapkolonie eine Minderheit von Angehörigen der schwarzen und farbigen Bildungselite wählen durfte.

Eine andere zentrale Frage war der Charakter der Verfassung und ihr Stellenwert innerhalb der südafrikanischen Rechtsordnung. In den meisten demokratischen Ländern ist die Verfassung aus der übrigen Rechtsordnung besonders herausgehoben, denn sie ist das oberste Gesetz, an dem alle anderen Gesetze gemessen werden. Damit verbunden ist der rigide Charakter der Verfassung, womit gemeint ist, dass man sie nicht leicht, etwa mit einfacher Mehrheit, ändern kann. Zweidrittel-Mehrheiten, die einen Grundkonsens im Parlament widerspiegeln, sollten Voraussetzung für eine Verfassungsänderung sein. Die große Ausnahme ist Großbritannien, dessen flexible Verfassung historisch erklärt werden kann. Denn in der frühen Neuzeit setzte sich im Konflikt zwischen Parlament und Monarchie die Vorstellung der Parlamentssouveränität durch und damit verbunden die Auffassung, dass ein souveränes Parlament jederzeit in der Lage sein musste, die Verfassung zu ändern. In England kommt hinzu, dass das Verfassungsrecht als Resultat der allgemeinen Rechtsordnung gilt und nicht umgekehrt als deren Grundlage. Darum ist die Verfassung in England ungeschrieben, da sie jederzeit an den Grundprinzipien des *Common Law* zu messen ist. Eine solche Verfassungsform, in der grundlegende Einrichtungen des Staatsgefüges mit einfacher Mehrheit geändert werden können, benötigt als Voraussetzung für ihr Funktionieren einen breiten innergesellschaftlichen Konsens.

Dagegen konnte eine tiefgreifende ethnische, kulturelle oder soziale Spaltung der Gesellschaft wie in Südafrika die Verfassung zum Spielball zufälliger Mehrheitsverhältnisse werden lassen. Jan Smuts, der in Cambridge Jura studiert hatte, übertrug die britischen verfassungsrechtlichen Grundsätze auf die neue und ganz anders gelagerte Situation in Südafrika. Die Gleichberechtigung der Sprachen und das spezielle Wahlrecht der Kapkolonie waren die einzigen Klauseln in der Verfassung, die nur mit einer Zweidrittelmehrheit des Parlaments in gemeinsamer Sitzung beider Kammern geändert werden konnten. Alles andere war durch ganz normale Legislativverfahren, d. h. mit einfacher Mehrheit, modifizierbar. Da sie somit nicht die oberste Richtschnur für die allgemeine Gesetzgebung war, kannte sie auch keinen Grundrechtekatalog, an dem sich die Gesetze hätten messen lassen müssen. In einer Gesellschaft, die die große Bevölkerungsmehrheit von der politischen Partizipation ausschloss und die gerade einen mehrjährigen verheerenden Krieg mit ethnischen Polarisierungen hinter sich hatte, gehörte viel Gottvertrauen dazu, eine flexible Verfassung zu verabschieden. Die weitere Entwicklung sollte zeigen, dass es für eine dazu entschlossene Regierung ein leichtes war, die Rechtsstaatlichkeit abzubauen und massive Menschenrechtsverletzungen auf dem Gesetzgebungsweg umzusetzen, da es kein Verfassungsgericht gab, dass sie für ungültig hätte erklären können.

Merriman hatte wegen des zu großen finanziellen Aufwands Bedenken, dem Land eine föderale Ordnung zu geben, wofür nur Schreiner dezidiert eintrat. So konnte Smuts sich auch bei diesen Themen schnell durchsetzen und Südafrika eine starke Zentralregierung geben, während die Kompetenzen der neuen Provinz-Parlamente (*Provincial Councils*) auf Straßenbau und andere Infrastrukturbereiche sowie Teile des Bildungswesens begrenzt blieben. In diesem unitarischen Staat machte sich mittelfristig das kuriose unterschiedliche Wahlrecht der Provinzen als grundlegender Widerspruch geltend. Einer starken Zentralregierung war es ein leichtes, sich über die historisch gewachsenen Einrichtungen und Traditionen der einzelnen Provinzen hinwegzusetzen. Dies sollte in der weiteren Entwicklung darauf hinauslaufen, dass der Transvaal die Maßstäbe setzte, während die Kap-Provinz ihrer Institutionen einschließlich des Wahlrechts für Schwarze und Farbige verlustig ging.

Die *National Convention* orientierte sich bei der Organisation von Wahlen am britischen Vorbild. Wie in England wurden Abgeordnete direkt in ihrem Wahlkreis gewählt; es gab nur ein Direktmandat, keine Listenwahl. Ein solches Wahlrecht konnte zu starken Verzerrungen führen, da in einem Wahlkreis nur die Stimmen des Siegers relevant waren, die der übrigen Kandidaten, auch wenn die Wahl noch so knapp ausfiel, keinen Eingang in eine nationale Gesamtrechnung fanden. Außerdem trug ein solches Wahlrecht, bei dem die Kandidaten in den Wahlkreisen direkt gegeneinander antraten, dazu bei, dass große Parteien bevorzugt wurden und kleine wenig Chancen hatten. Dies konnte zwar durchaus nützlich sein, da es extremistische Parteien in der Regel aus dem Parlament hielt. Problematisch wurde die Situation, wenn eine große Partei, die ein ethnisches Segment der Bevölkerung ansprach, mit ihrem Nationalismus auch ein extremistisches Programm verband, wie die Nationale Partei nach dem Zweiten Weltkrieg. Jan Smuts wollte die Chancen der burischen Parteien strukturell verbessern und fügte eine Regel hinzu, der zufolge dünner besiedelte ländliche Wahlkreise dasselbe Gewicht bekamen wie städtische Wahlkreise mit größerer Bevölkerung, d. h. die Stimme eines Landbewohners galt – relativ gesehen – mehr als diejenige eines Stadtbewohners. Zunächst begünstigte dies Parteien wie *Het Volk* und *Orangia Unie*, später aber die Gegner von Jan Smuts. Diese Klausel war ein wichtiger Faktor beim Wahlsieg der Nationalen Partei im Jahr 1948.

Diese Probleme konnten die Zeitgenossen freilich nicht absehen, zumal sie das Modell des britischen Parlaments als einer seit Jahrhunderten funktionierenden Institution vor Augen hatten. Von *Westminster* übernahmen die Südafrikaner auch das Zweikammersystem, wobei sie dem Senat als Oberhaus nur sehr begrenzte Mitbestimmungsmöglichkeiten einräumten.

Wie so häufig entstand heftiger Streit nicht um die soeben skizzierten Grundsätze, sondern um Nebenaspekte, die aber für die Symbolik und die Machtbalance innerhalb Südafrikas bedeutsam waren. An der Frage der Hauptstadt wären fast die Verhandlungen gescheitert; die Fronten waren so festgefahren, dass man sich auf die teure Kompromisslösung einigte, drei Hauptstädte einzurichten. Bloemfontein als Sitz des obersten Gerichtshofs war noch der unproblematischste Fall, aber die beiden anderen Gewalten erhielten ihre Wirkungsorte an entgegengesetzten Enden des Landes, denn Pretoria wurde zum Regierungssitz bestimmt, während das Parlament in Kapstadt tagte. Dies führte zu der aufwändigen Praxis, dass während der Sitzungsperioden des Parlaments ein bedeutender Teil, nämlich alle Führungsetagen der Ministerien, für einige Monate umziehen mussten, was zwar gut für den Wohnungsmarkt in Kapstadt war, aber teuer für die südafrikanischen Steuerzahler ist. Ein weiterer Streitpunkt, nämlich die Gleichberechtigung von Englisch und Niederländisch als offizielle Amts- und Verhandlungssprachen in Politik und öffentlichem Leben, wurde dagegen vergleichsweise schnell beigelegt. General Hertzog konnte sich mit Erfolg als Vorkämpfer gleicher Rechte für die Verwendung des Niederländischen profilieren. Erst 1925 wurde Niederländisch durch das weitaus verbreitetere *Afrikaans* ersetzt.

Nachdem sich die Delegierten auf den Verfassungstext geeinigt hatten, schickte ihn der Hochkommissar nach London, wo er dem Parlament vorgelegt wurde, denn dieses war für Gesetze der Kolonien zuständig. Eine Delegation der *National Convention* reiste in die britische Hauptstadt, um das Gesetzeswerk zu präsentieren und gegebenenfalls zu verteidigen. Sowohl humanitäre Kreise in Großbritannien als auch schwarze Politiker in Südafrika selbst nahmen Anstoß an der Ausgrenzung der Bevölkerungsmehrheit. Deshalb kam eine Delegation von Schwarzen unter Führung von William Schreiner nach London, um die Annahme der Verfassung zu verhindern. Aber die britische Regierung war an der Verabschiedung dringend interessiert und führende Südafrikaner wie Jan Smuts brachten ihren ganzen Einfluss zur Geltung. Historiker späterer Generationen haben eine Art Verrat Großbritanniens in dieser Haltung gewittert, dabei aber übersehen, dass für die britische Regierung die Versöhnung und die Schaffung eines loyalen Südafrika oberste Priorität hatten und dass Großbritannien auch in anderen afrikanischen und asiatischen Besitzungen keine besondere Bereitschaft zeigte, die einheimische Bevölkerung an der politischen Mitsprache zu beteiligen.

7.4 Regierungsbildung im vereinten Südafrika

Nachdem die südafrikanische Verfassung vom britischen Parlament verabschiedet war, entschied sich die Kolonialmacht merkwürdigerweise nicht dafür, zuerst Wahlen abzuhalten, sodass aus evidenten Mehrheitsverhältnissen eine Regierung hätte hervorgehen können. Vielmehr ging man umgekehrt vor, denn der Generalgouverneur Lord Gladstone, Sohn des liberalen Politikers William Gladstone, erhielt die Vollmacht, den Premierminister auszuwählen. Eine seltsame Art war das schon, eine Demokratie zu begründen, indem ein vom Kolonialministerium eingesetzter Verwalter ohne jedes demokratische Mandat über den ersten Premierminister Südafrikas entschied! Aber möglicherweise wollte London auf diese Weise den kolonialen Status des vereinten Südafrika vor Augen führen. Zur Wahl standen zwei Politiker, nachdem Expräsident Steyn aus Gesundheitsgründen schon im Vorfeld abgewunken hatte: Louis Botha oder John X. Merriman. Von den beiden war Merriman der weitaus erfahrenere und wahrscheinlich auch der fähigere Politiker, sicherlich aber der bessere Parlamentarier. Als Mann des Ausgleichs hätte er sicherlich ebenso wie Botha zur Versöhnung zwischen Engländern und Buren beitragen können. Merriman war mit einer kurzen Unterbrechung seit 1869 Parlamentsmitglied, ein ausgezeichneter Redner, guter Debattierer und ein Politiker, der mehrfach unter Beweis gestellt hatte, dass er kein Handlanger imperialer Interessen war. Seine kritische Haltung zum Burenkrieg hatte ihm in England jedoch viel Misstrauen, sogar Feindschaft eingetragen. Botha konnte dagegen mit seiner Jovialität und Freundlichkeit, seinem Wunsch nach Aussöhnung und seinem Nimbus als erfolgreicher General seine begrenzte parlamentarische Erfahrung wettmachen.

Lord Gladstone entschied sich für Botha, was Merriman dazu veranlasste, anschließend eine kritische Loyalität als einfacher Abgeordneter zu verfolgen und sich nicht als Minister in die Kabinettsdisziplin einbinden zu lassen. Botha bildete eine Regierung, in die er die wichtigsten Vertreter der burischen oder diesen nahestehenden Parteien der drei großen Provinzen zusammenführte. Dies war der erste Schritt zu der Gründung einer landesweiten Partei, denn *Het Volk*, *Orangia Unie* und die *South African Party* schlossen sich 1911 unter dem Namen der letzteren zusammen, während die englischsprachigen Politiker sich als *Unionists* ebenfalls provinzübergreifend formierten. Die ersten Wahlen im September 1910 brachten der *South African Party* einen klaren Sieg und bestätigten die Regierung im Amt.

Die neue Regierung von Botha und Smuts begann alsbald, die neu gewonnene Autonomie und den *Dominion*-Status innerhalb des Empire mit neuen repräsentativen Gebäuden unter Beweis zu stellen. Sir Herbert Baker, der Erbauer Neu-Delhis und einer der wichtigsten Architekten des Empire, errichtete von 1910–1913 in Pretoria die *Union Buildings*, einen breit angelegten Bau aus hellem Sandstein, mit einem Amphitheater in der Mitte, gekrönt von allerlei Türmchen und phantasievollen Ornamenten, wie sie für die spätimperiale Architektur des britischen Weltreichs typisch waren, die aber dennoch ein harmonisches und imposantes Bild ergaben. Die südafrikanische Regierung setzte damit ein architektonisches Zeichen ihres neuen Selbstbewusstseins, das sich in die imperiale Ordnung einfügte. Eine Orientierung an der frühneuzeitlichen Kap-Architektur war zu der Zeit noch nicht denkbar, da die Wiederentdeckung dieses »nationalen« Erbes erst in den Jahrzehnten danach begann, zu spät für zahlreiche Häuser in Kapstadt und Umgebung, die abgerissen und durch funktionalere moderne Gebäude ersetzt wurden.

Selbstbewusstsein wurde auch demonstriert, indem man den eigenen diplomatischen Vertreter in London als »Hochkommissar« bezeichnete, womit man übrigens dem Brauch anderer *Dominions* wie Kanada und Australien folgte. Dieses Amt war im frühen 19. Jahrhundert eingeführt worden, als der Gouverneur der Kapkolonie mit weiterreichenden Vollmachten ausgestattet wurde, die es ihm erlaubten, völkerrechtlich bindende Verträge mit afrikanischen Potentaten abzuschließen, wodurch sein Wirkungsbereich über die Kolonie selbst hinausging. Kein Hochkommissar hatte die Fülle dieses Amtes zu solch prokonsularischer Autorität ausgebaut wie Lord Milner. Vor diesem Hintergrund wird die Symbolik verständlich, die in der Benennung des eigenen Botschafters als Hochkommissar zum Ausdruck kam. Botha und Smuts, von den Nationalisten späterer Jahre und von diesen nahestehenden afrikaansen Historikern als Kollaborateure des britischen Imperialismus geschmäht, erweisen sich bei genauerem Hinsehen als südafrikanische Nationalisten, die allerdings einem gemäßigten Gradualismus huldigten, indem sie in einer Politik der kleinen Schritte die eigenen Handlungsspielräume und die politische Selbstständigkeit Südafrikas förderten, ohne die Vorteile der Zugehörigkeit zum britischen imperialen Herrschaftsverband aufzugeben.

7.5 Das Landgesetz von 1913

Um die erste große Maßnahme der neuen Regierung verstehen zu können, nämlich das Landgesetz von 1913, das fast als eine Art Ergänzung der Verfassung gesehen werden kann, müssen die sozialen Veränderungen im Südafrika des späten 19. und frühen 20. Jahrhundert berücksichtigt werden. Im späten 19. Jahrhundert lösten sich in manchen Regionen afrikanische Landwirte aus traditionellen Bindungen und bauten auf privat erworbenem Landeigentum eigenständige, kleinbäuerliche Betriebe auf. Diese waren häufig den weißen Farmern überlegen, da sie innovativ waren, als Familienbetriebe effizienter arbeiteten und zudem auf Marktanreize schneller reagierten als viele Weiße. In manchen Regionen, insbesondere in der weiteren Umgebung des Witwatersrand, legten Schwarze häufig ihr Erspartes zusammen, um in den Besitz von Farmen zu kommen, die sie dann als Privatparzellen untereinander verteilten. Noch häufiger waren dagegen Betriebsformen, die oft nicht als eigenständig wahrgenommen werden, da die afrikanischen Bauern Land pachten mussten. Doch wie es einer von ihnen, Kas Maine, zum Ausdruck brachte: »*The seed is mine … only the land is theirs.*«[5] Daraus sprach nicht nur das Selbstbewusstsein eines Bauern, der bis auf Land seine Produktionsmittel selbst besaß und kontrollierte, sondern auch der Protest gegen ein ungerechtes System des Landzugangs, das weißen Farmern eine Art Rentierdasein ermöglichte. Viele verpachteten ihr Land an produktive afrikanische Bauern, von denen sie bis zur Hälfte der Ernte kassieren und vermarkten konnten, ohne selbst das Land bestellen zu müssen. Mit der Erschließung der Goldfelder des Witwatersrand verschärften sich die Verteilungskämpfe in den Gebieten, die im direkten Umfeld der Industrie lagen. Weiße nutzten immer häufiger ihre privilegierte Stellung, um schwarze Pächter in stärkere Abhängigkeit zu zwingen oder gar ganz vom Land zu vertreiben. Darum lässt sich ein allmählicher Exodus schwarzer Bauern aus den besonders fruchtbaren und frühzeitig für Märkte produzierenden Regionen im südlichen Transvaal und im nördlichen Freistaat beobachten, dem später sogenannten Mais-Dreieck. In den ariden Regionen hielten sich solche Formen des *Sharecropping* wesentlich länger, weil sie weiter entfernt von den Absatzmärkten lagen und in deren Nähe auch keine Eisenbahnlinien vorüberführten, die eine Vermarktung der landwirtschaftlichen Produkte erleichtert hätten. Damit erhielten sie kaum die Möglichkeit, Einkommen zu erwirtschaften, sondern blieben auf Subsistenzproduktion angewiesen. Die Politik hatte schon zu Zeiten der Burenrepubliken versucht, regulierend einzugreifen und die Zahl der Schwarzen auf »weißen« Farmen auf fünf Familien zu begrenzen, doch hielt sich der Erfolg solcher Maßnahmen in engen Grenzen. Schließlich brach der neue Staat dem unabhängigen Bauerntum auf administrativem Weg das Genick, denn er verschlechterte die Stellung der Pächter und strebte stattdessen das Ziel an, durch die Bereitstellung billiger schwarzer Arbeitskräfte, die keinen eigenen Zugang zu Produktionsmitteln wie Saatgut, Zugtiere oder landwirtschaftliches Gerät mehr hatten, die weißen Farmer als wichtigste Wählerklientel zu stärken.

Zu diesem Zweck bereitete die neue Regierung das Landgesetz von 1913 vor, das die Weichen für die weitere Entwicklung im 20. Jahrhundert stellen sollte, ja geradezu als ein Meilenstein auf dem Weg zur Apartheid beurteilt werden kann. Denn der Gesetzgeber folgte den Empfehlungen der *Native Affairs Commission*, die von 1903 bis 1905 unter Vorsitz des ehemaligen *Native Commissioner* Sir Godrey Lagden zahlreiche Anhörungen und Untersuchungen durchgeführt hatte. Die Kommission sprach sich entschieden für Rassentrennungsmaßnahmen aus und die Politik der ersten Jahrzehnte des 20. Jahrhunderts war weitgehend eine Umsetzung dieser Empfehlungen. Dazu gehörte nun erstmals auch eine territoriale Form der Rassentrennung. Während schon im Transvaal Rassentrennung in höchst diskriminierender Weise im Alltagsleben betrieben worden war, indem etwa Schwarze nicht die Bürgersteige in den Städten benutzen durften, sondern auf der Straße gehen muss-

5 Charles van Onselen, The Seed is Mine. The Life of Kas Maine, A South African Sharecropper 1894-1985, New York 1995, S. xvii.

ten, hatte es bis dahin keine territoriale Landverteilung nach Maßgabe der Rasse gegeben. Die einzige Ausnahme war der sogenannte *Glen Grey Act*, den die Regierung der Kapkolonie unter maßgeblicher Beteiligung von Premierminister Rhodes 1892 erlassen hatte. Sie war allerdings auf ein bestimmtes Gebiet, den *Herschel District* im abgelegenen Nordosten, begrenzt geblieben, hatte erstmals Afrikanern individuellen Landbesitz ermöglicht, in dem speziellen Fall den Landbesitz als Voraussetzung für das Wahlrecht zum Parlament aber ausdrücklich ausgeschlossen, während eine lokale Selbstverwaltung eingerichtet wurde. Den Besitzern wurde gesetzlich verboten, weiteres Land dazuzukaufen, sodass hier künstlich eine Gruppe gleich großer kleinbäuerlicher Betriebe geschaffen wurde. Die Absicht, die der Bergwerksunternehmer Rhodes damit verfolgte, ging dahin, auf diese Weise alle diejenigen, die kein Land erhalten hatten, in die Wanderarbeit für die Minen zu zwingen. Auch der *Land Act* von 1913 hatte zum Ziel, die Zahl vergleichsweise unabhängig wirtschaftender Kleinbauern und Pächter zu reduzieren, um sowohl die weißen Farmer als auch die Minenindustrie mit billigen Arbeitskräften zu versorgen. Zu diesem Zweck wurde die Zahl afrikanischer Pächterfamilien auf weißen Farmen auf fünf begrenzt. Vor allem aber durften Schwarze Land nur noch in eigens ausgewiesenen Reservaten erwerben, die nur ca. 7 % der Gesamtfläche Südafrikas ausmachten.

Das Gesetz wurde aber höchst ungleich angewandt, die größte Wirkung hatte es im Oranje-Freistaat, während es im Transvaal fast gar nicht zur Anwendung kam. Für die Kapkolonie galt es ohnehin nicht, da es direkte Auswirkungen auf das an Besitz gebundene Wahlrecht gehabt hätte. Trotz dieser eher begrenzten Wirkung war die Bedeutung als politisches Signal erheblich und die Reaktion der Afrikaner fiel entsprechend aus. Mehr noch als die Unionsverfassung von 1910 hat das Landgesetz, das seit 1911 in Vorbereitung war, zur Mobilisierung der afrikanischen Bildungselite beigetragen, und war ein direkter Auslöser für die Gründung des *African National Congress* (ANC) im Jahr darauf. Der Zugang zu Land war und blieb ein Dauerthema, über das Ende der Apartheid hinweg bis in die Gegenwart.

8 Konkurrierende Nationalismen (1910–1948)

8.1 Die Entstehung einer urbanisierten Industriegesellschaft

Die 16 Jahre zwischen 1886 und 1902 waren die vielleicht entscheidende Transformationsperiode in der südafrikanischen Geschichte. Die Industrialisierung veränderte nicht nur die Wirtschaft, sondern sie brach das Sozialgefüge auf und setzte einen irreversiblen Prozess kumulativer Integration der verschiedenen ethnischen Gruppen zu einer gemeinsamen Gesellschaft in Gang. Lebensformen wandelten sich grundlegend und mit atemberaubender Geschwindigkeit. Die Kolonialeroberungen, einschließlich des Burenkrieges, zerstörten tradierte Ordnungen in ihren Grundfesten und hinterließen tiefe Ressentiments, insbesondere unter den besiegten Buren.

Mit dem Wachstum der Städte beschleunigte sich der Prozess innergesellschaftlicher Arbeitsteilung. Die Buren waren nicht mehr wie noch im 19. Jahrhundert weitgehend alternativlos auf die Existenz als Farmer verwiesen, sondern ihnen eröffneten sich in den neu entstandenen Städten erstmals andere berufliche Möglichkeiten. Aber den meisten von ihnen fehlten dafür die notwendigen Bildungsvoraussetzungen. Die treibende Kraft der Verstädterung und der Vervielfältigung der Tätigkeiten in einem urbanen Umfeld waren darum die englischsprachigen Weißen, von denen die meisten ohnehin einem städtischen oder kleinstädtischen Milieu in England, Australien oder den USA entstammten und ihre Fertigkeiten und Kenntnisse mit nach Südafrika brachten. Dies hatte tiefgreifende und langfristige Auswirkungen auf die kulturelle Entwicklung Südafrikas.

Mit der Übernahme der Kapkolonie durch Großbritannien hatte sich in Kapstadt im frühen 19. Jahrhundert zögerlich ein kulturelles Leben entfaltet, das allmählich zu einer, wenn auch noch sehr begrenzten, Entwicklung der Wissenschaften führte. Neben die Forschungsreisenden, Naturforscher und Bibliophilen traten seit dem späten 19. Jahrhundert professionelle, gut ausgebildete Wissenschaftler, die das Land nun dringend benötigte, wie z. B. Bergbauingenieure und Geologen. Doch wünschte die wachsende Stadtbevölkerung bessere Ausbildungsmöglichkeiten. 1873 wurde daher die *University of the Cape of Good Hope* gegründet, die 1916 in *University of South Africa* (UNISA) umbenannt wurde. Sie bildete eine Art Dachstruktur, der sieben über das ganze Land verstreute Colleges angehörten. Im Lauf der folgenden Jahrzehnte erlangten diese Colleges sukzessive den Status selbstständiger Universitäten: 1918 Kapstadt und Stellenbosch, 1922 Witwatersrand (Johannesburg), 1949 *University of Natal* (Durban und Pietermaritzburg), 1950 *University of the Orange Free*

State (Bloemfontein), 1953 Potchefstroom und *Rhodes University* (Grahamstown). Eine Besonderheit blieb das College in Fort Hare, das fast ausschließlich von Schwarzen aus Südafrika und den Nachbarländern besucht wurde und lange Zeit eine der wenigen Hochschulen für Afrikaner war, da die anderen Universitäten sie nur ausnahmsweise und in kleinen Zahlen zuließen. Fort Hare war auf dem Papier keine rein schwarze Institution, in der Praxis studierten dort primär schwarze Studenten. Es war das einzige College, das vor dem zweiten Weltkrieg auch zwei schwarze Professoren hatte, nämlich D. D. T. Jabavu und Z. K. Matthews, die beide aus arrivierten Familien der Bildungselite im Osten der alten Kapkolonie stammten.

So entstand in Südafrika seit etwa den 1920er Jahren ein eigenständiger Wissenschaftsbetrieb, der sich allerdings an europäischen und bald auch an nordamerikanischen Vorbildern orientierte. Die *University of South Africa* mit ihren Colleges war den großen englischen Universitäten Cambridge und Oxford nachgebildet, doch machten sich in der Ausbildung einzelner Fachwissenschaften bald deutliche Unterschiede der Orientierung bemerkbar. Stellenbosch wurde frühzeitig eine ganz auf die niederländisch-, dann afrikaanssprachige Studentenschaft ausgerichtete Lehranstalt, dagegen bediente die Universität in Kapstadt eine englischsprachige Klientel. Entsprechend suchen beide Universitäten ihre Leitbilder in Großbritannien bzw. den Niederlanden oder Deutschland. Als der *Afrikaaner*-Nationalismus unter Führung des *Broederbond* begann, sich zu organisieren und gegen die englischsprachige Bevölkerung abzugrenzen, entwickelten sich die anderen, zunächst sprachlich nicht spezifizierten Universitäten in die eine oder andere Richtung. Die *University of the Witwatersrand*, kurz »Wits« genannt, war schon am Ende der 1920er Jahre eine überwiegend englische Universität, wenn es auch noch eine afrikaanssprachige Minderheit unter Dozenten wie Studenten gab. Demgegenüber transformierte sich die Universität Pretoria nach 1932 aufgrund des aggressiven Vorgehens der burischen Nationalisten in eine ihrer Hochburgen. Die Universität von Natal mit ihren beiden Campi in Pietermaritzburg und Durban wurde – der überwiegend englisch geprägten weißen Gesellschaft folgend – eine englischsprachige, die des Oranje-Freistaat in Bloemfontein eine *afrikaanse* Bastion. Potchefstroom war als dezidiert niederländisch-reformierte Universität von Anfang an *afrikaans*, und schon in den 1920er Jahren unter Kontrolle der Nationalisten, während die kleine *Rhodes University* in Grahamstown als entsprechend elitär-englisches Gegenstück galt. Universitätsneugründungen gab es dann erst wieder in der Zeit der Apartheid, als die zweisprachige Universität in Port Elizabeth (1964) und die *Rand Afrikaans Universiteit* in Johannesburg (1967) gegründet sowie seit 1946 die Umwandlung der *University of South Africa* in eine Fernuniversität mit ihrem Standort in Pretoria betrieben wurde. Vom Ausbau des tertiären Bildungssystems profitierten in erster Linie die Weißen, die Bildungschancen für Schwarze beschränkten sich auf eine schmale Gruppe.

Die Urbanisierung erfasste neben der burischen Bevölkerung auch die Schwarzen. Während die Wanderarbeiter nicht zur Stadtbevölkerung gezählt wurden, nahm die Zahl derjenigen dramatisch zu, die sich dauerhaft in den Städten niederließen, insbesondere in Johannesburg und den benachbarten Bergbaustädten. In den 1920er Jahren kollabierte die Landwirtschaft in dem übervölkerten Lesotho, das im 19. Jahrhundert seine fruchtbarsten Landesteile an die Weißen verloren hatte. Die meisten Männer wurden Wanderarbeiter und schlossen sich in den Städten in ethnischen Gemeinschaften zusammen, die zuweilen Teil eines gewalttätigen Bandenwesens wurden wie die *Amarashea* (= Russen, nach den Verbündeten Südafrikas im Zweiten Weltkrieg benannt), deren Ziel die Verteidigung ihrer Vorrechte auf Sotho-Frauen war. Ihr Vorgehen erklärt sich nicht zuletzt daraus, dass das Recht eines Mannes, in der Stadt zu leben, davon abhängig war, ob er eine Familie hatte. Inzwischen war die Urbanisierung keine rein männliche Erscheinung mehr, vielmehr zogen in den 1920er und 1930er Jahren immer mehr Frauen aus Lesotho, aber auch aus anderen ländlichen Regionen, in die Städte. Schwarze Frauen lösten nun die Männer als Hausangestellte in weißen Haushalten ab, da Hausarbeit eine der wenigen Möglichkeiten für sie war, ihren Lebensunterhalt selbst zu verdienen. Eine weitere berufliche Nische war das Bierbrauen, eine traditionelle Tätigkeit von Frauen auf dem Land, die für den Anbau des dafür erforderlichen Getreides verantwortlich waren. Viele Frauen eröffneten sogenannte *Shebeens*, kleine Kneipen, die sich oft sogar in Privathäusern befanden. Als die Konkurrenz um die Kunden wuchs, stellten viele der Betreiberinnen Musiker oder sogar ganze Musikgruppen an, die für die nötige Unterhaltung sorgten. Damit schufen sie das soziale Umfeld für die Entstehung neuer Musikstile, die aus den verschiedenen Landesteilen aufeinandertrafen und sich mit dem in Südafrika immer sehr einflussreichen amerikanischen Jazz vermischten. Manche Musiker konnten sogar Schallplatten aufnehmen und einzelne erreichten den Status von Stars, womit aber kaum finanzieller Erfolg verbunden war, da die Musikindustrie ganz in den Händen von Weißen lag, die Produktion und Vertrieb kontrollierten und die Musiker mit erbärmlich niedrigen Honoraren abspeisten.

Die Siedlungsgebiete für Schwarze waren von Einzelhäusern geprägt, da sie die Siedlungs- und Bauformen reproduzierten, die sie kannten: Mietskasernen und Wohnblocks blieben bis in die jüngste Vergangenheit die Ausnahme. In den Stadtgebieten Johannesburgs, in denen Schwarze zu Jahrhundertbeginn Eigentum hatten erwerben können, errichteten die meisten in ihren Gärten oder Hinterhöfen weitere Gebäude zur Untermiete, sodass Stadtteile wie *Sophiatown* oder *Alexandra* schon frühzeitig übervölkert waren, was entsprechende Vorstöße der Stadtverwaltungen und vor allem der weißen Nachbarn provozierte, diese Stadtviertel zu »sanieren«, d. h. sie zu zerstören und ihre Bewohner aus den innenstadtnahen Gebieten auszusiedeln. Während dies mit den berüchtigten Hinterhofbezirken, die von weißen *Slumlords* kontrolliert wurden, rechtlich leicht möglich war, konnte man schwarze Landeigentümer nicht einfach enteignen. So blieben diese Stadtviertel erhalten, erlebten durch Überfüllung aber einen unaufhaltsamen Niedergang, was die Lebensqualität und die hygienische Situation betraf.

Im städtischen Umfeld breiteten sich die neuen Kirchen aus, die gerade für Hausangestellte, die auf den Grundstücken ihrer Arbeitgeber wohnten, soziale Netzwerke bereitstellten. Dies galt auch für andere Einrichtungen gegenseitiger Unterstützung wie Beerdigungsgesellschaften, in die jedes Mitglied regelmäßig einzahlte, um die sehr teure Überführung und Beerdigung im ländlichen Herkunftsgebiet bei einem Todesfall – die im Bergbau häufig vorkamen – bezahlen zu können. Ebenso entwickelten sich neue Gemeinschaften über die vielfachen kulturellen und sportlichen Tätigkeiten. Gleichwohl überlebten auch ältere Formen, etwa die Initiation von Jungen, die sich aber gründlich transformierte. Statt kriegerischer

Erfolge konnte nun die Wanderarbeit im Bergbau als Übergangsritus zum Status eines erwachsenen Mannes gelten, ähnlich bei kriminellen Banden eine Mutprobe in Form eines Verbrechens. Banden wie die *Amarashea* strichen ihre ländliche Herkunft etwa mit ihrer Kleidung heraus, wenn sie die Decken der Sothohirten zu ihrem Kennzeichen wählten. Wanderarbeiter aus dem Pedigebiet nördlich von Pretoria trafen sich zu sonntäglichen Faustkämpfen. Mit dieser Form martialischer Männlichkeit kompensierten sie den Ehrverlust, den sie während der Woche durch die Hausarbeit hinnehmen mussten, die in ihren Augen Frauentätigkeit war. Die urbane Kultur erstreckte sich auch auf die Literatur, in der etwa die beiden Brüder Rolfes (1901–1971) und Herbert Dhlomo (1903–1956) hervortraten, von denen der eine in englischer Sprache, der andere auf Zulu Dramen und Geschichten aus der Vergangenheit des Zulureiches thematisierten. Noch löste sich diese Literatur nicht von den europäischen Vorbildern, noch blieb sie Themen des Lebens auf dem Land, noch blieb sie einer glorifizierten Vergangenheit verhaftet. Erst eine spätere Generation wählte die Stadt selbst zum Thema. Afrikanische Kunst, die ab den 1980er Jahren so eindrucksvoll und in großer stilistischer Breite aufblühen sollte, hatte in dieser Zeit kaum eine Chance, öffentlich wahrgenommen oder gar geschätzt zu werden.

Der Niedergang der Landwirtschaft, der den Urbanisierungsschub seit den 1920er Jahren auslöste, war direkt verbunden mit dem ökologischen Niedergang der Reservate und dieser wiederum war die Folge zu großer Populationen auf zu kleinem Raum, da ca. 60 % der Bevölkerung Zugang zu etwa 7 % des Landes hatten. Autoritär verordnete und durchgeführte Abhilfemaßnahmen stießen auf Widerstand, da sie von der afrikanischen Landbevölkerung entweder als unsinnig eingeschätzt oder als Kontrolle und Einmischung des Staates empfunden wurden. So wurde die Impfung der Rinder gegen Krankheiten, die durch Zecken übertragen wurden, abgelehnt, weil sie – durchaus begründet – als Vorwand zur Erfassung der Viehbestände mit der Absicht ihrer zwangsweisen Reduzierung gesehen wurden. Wirtschaftliche Alternativen gab es auf dem Land kaum, da keine Märkte wie in Westafrika existierten. Die Kommerzialisierung der ländlichen Gebiete erfolgte primär durch Weiße, die als sogenannte *General Dealers* die notwendigen Dinge des Alltags zum Kauf anboten und meist monopolartig ganze Distrikte dominierten. Die allumfassende Privilegierung der Weißen verhinderte die Entstehung einer schwarzen kommerziellen Mittelschicht, weshalb die politische Führung sich einseitig auf die Bildungselite beschränkte.

8.2 Die Entstehung des schwarzen Nationalismus

Mit der Union von Südafrika wurde ein staatlicher Topf geschaffen, der einen Inhalt in Gestalt einer Nation suchte. Verschiedene Seiten bereiteten Angebote vor und wir finden seit 1910 die Konkurrenz nationalistischer Identitätsangebote, die das historische Grundmotiv der südafrikanischen Geschichte des gesamten 20. Jahrhunderts bleiben sollte. Neben einem sich langsam formierenden afrikanischen Nationalismus entstanden zunächst die unmittelbaren Konkurrenten in Form eines weißen Versöhnungsnationalismus und eines eher exklusiven burischen Nationalismus. Als Konkurrenz zum afrikanischen Nationalismus trat in den 1920er Jahren erstmals unter den Zulu ein ethnischer Nationalismus auf. Das ganze weitere Jahrhundert sollte von wechselnden Allianzen, Modifizierungen, Adaptionen und Mischungsverhältnissen dieser Nationalismen geprägt sein. Das war durchschlagender als alle Versuche, Menschen aufgrund von Klassenzugehörigkeit und unmittelbaren sozialen Interessen zu organisieren. Klassenorganisationen wurden früher oder später von nationalistischen Bewegungen »geschluckt« oder ihnen unterworfen.

Als sich abzeichnete, dass die neue Union von Südafrika das rassische Privilegiensystem der alten Burenrepubliken und der britischen Kolonien beibehalten und sogar eher verschärfen würde, formierte sich Widerstand der schwarzen Bevölkerung. Die afrikanische Mehrheit sah sich weder an den Verfassungsverhandlungen beteiligt, noch hatte sie von deren Ergebnissen viel zu erwarten, da mit dem *Native Land Act* von 1913 die Zeichen klar auf Rassentrennung gestellt wurden. Zunächst war noch nicht so ganz eindeutig erkennbar, wer dessen Hauptträger sein würde. Denn die Rebellion von 1906 war vom Zulu-*Chief* Bambatha angeführt worden, während die neue Bildungselite in der Kapkolonie bis dahin auf eine recht erfolgreiche Zusammenarbeit mit liberalen Politikern wie John X. Merriman, J. W. Sauer oder James Rose Innes zurückblicken konnte. Die afrikanischen *Chiefs* waren keineswegs einem überholten System verhaftet und durchaus in der Lage, über ihre unmittelbaren Interessen hinauszugehen und Allianzen mit der Bildungselite zu schmieden. Die Unterscheidung von primärem, von den *Chiefs* getragenen, und sekundärem, »modernem« Widerstand gegen die Kolonialherrschaft lässt sich für Südafrika in dieser Eindeutigkeit nicht aufrechterhalten. Denn viele *Chiefs* orientierten sich um und verschafften ihren Söhnen eine westliche Bildung, etwa im eigens für sie gegründeten *Zonnebloem College* bei Kapstadt. Auf der anderen Seite war die Anzahl westlich gebildeter Afrikaner, die Konfrontationen mit den Weißen aus dem Weg gingen, nicht zu unterschätzen. Darum suchten diejenigen den Schulterschluss, die die neue Union von Südafrika für reformbedürftig hielten. Selbstbewusste *Chiefs* und aufbegehrende Vertreter der Bildungselite arbeiteten in den ersten Jahren des neuen Jahrhunderts zusammen. Verschiedene Organisationen mit regionaler Reichweite hatten sich in den einzelnen Kolonien gebildet, die eines Anstoßes von außen bedurften, um sich zu einer nationalen Organisation zusammenzuschließen.

Dieser Anstoß war der *Native Land Act* von 1913, der zwar in der Realität nicht zu so verheerenden Folgen führte wie der Gesetzestext und die Absichten der weißen Politiker befürchten ließen. Doch hatte im Jahr 1916 ein schwarzer Intellektueller namens Sol Plaatje (1876–1932), ein polyglotter Journalist und Schriftsteller, mit seinem Buch *Native Life in South Africa* diesen Befürchtungen eine Stimme verliehen. So war es auch kein Zufall, dass er ausersehen wurde, zum Generalsekretär einer neuen nationalen Organisation der Afrikaner zu werden, deren Gründungsmitglieder sich im Januar 1912 in Bloemfontein versammelten und dort den *South African Native National Congress* ins Leben riefen, der 1925 seinen Namen auf *African National Congress* (ANC) verkürzen sollte. Vorsitzender des ANC wurde einer der führenden Vertreter der *Amakolwa*, der christlichen Bildungselite aus

Natal, Dr. John Dube. Er war ebenso wie die übrigen Vorstandsmitglieder eine Respektsperson und wie alle, die sich mit Frack und Zylinder zu diesem denkwürdigen Ereignis versammelten, verkörperte er das, was ihnen auf den Missionsstationen als zivilisiertes Verhalten vermittelt worden war. Sie hatten trotz aller Widrigkeiten, die ihnen Geldmangel, die Feindseligkeit einer weißen, rassistischen Minderheit und die Vermittlung von Bildungsinhalten in einer Fremdsprache (Englisch) bereiteten, viel erreicht. Einige, wie der nationalistische Feuerkopf Pixley Seme hatten sogar im Ausland studiert und dort Doktortitel erworben. Die meisten waren Vertreter der *Professions*, der freien Berufe wie Ärzte, Journalisten, Pfarrer oder Anwälte, die aber eine kleine, sehr überschaubare Gruppe bildeten. Darin zeigte sich auch frühzeitig das Hauptproblem des ANC und anderer kurzlebigerer Organisationen: Ihnen fehlte eine Massenbasis, da sie im Wesentlichen die Interessen der winzigen Bildungselite repräsentierten, keineswegs aber für die afrikanische Landbevölkerung oder die Wanderarbeiter sprachen. Sie hatten die Leitvorstellung der westlichen Zivilisation so sehr verinnerlicht, dass sie ähnliche Maßstäbe an die schwarze Bevölkerung anlegten wie ihre weißen Lehrmeister. So mussten sie zu dem Befund kommen, dass die meisten Schwarzen noch nicht zivilisiert genug waren, um glaubwürdig politische Rechte einzufordern. Sie selbst aber konnten es durch ihre beruflichen Erfolge durchaus nachweisen: Ihre europäischen Umgangsformen, das oft pompöse Englisch und der herausgekehrte bürgerliche Habitus sollten ihrer weißen Umgebung vermitteln, dass sie mit Recht die Gleichberechtigung mit den Weißen verlangten. Diese Zivilisationsideale standen gewissermaßen zwischen der breiten schwarzen Bevölkerung und der Bildungselite als Barriere, die nur bei wenigen Gelegenheiten überwunden werden konnte. Unter den frühen Politikern gab es durchaus einige wie den Gründungspräsidenten des ANC, Dr. John Dube, die ähnlich wie die Weißen großen Wert auf Rassenreinheit legten.

Die schwarze Bildungselite verließ sich denn auch auf die im ganzen Empire anerkannten Protestformen: Petitionen, Delegationen, Protestnoten und -telegramme. Damit erreichte sie so gut wie nichts, da die britische Regierung, wann immer eine ANC-Delegation in London ihre Aufwartung machte, sie zwar ihrer grundsätzlichen Sympathie versicherte, aber darauf verwies, dass Südafrika ein eigenständiger Staat sei, in dessen Angelegenheiten man sich tunlichst nicht einmischen wolle. Auch Abgesandte des ANC, die bei den Friedensverhandlungen in Versailles auftraten, um unter Berufung auf das von US-Präsident Woodrow Wilson verkündete Selbstbestimmungsrecht der Völker mehr Rechte für die schwarze Mehrheit in Südafrika einzufordern, kehrten mit leeren Händen zurück. In diesem Fall konnten die beiden in Versailles anwesenden Politiker Botha und Smuts verhindern, dass dem ANC mehr als eine freundliche Anhörung zuteilwurde. Denn die Prioritäten britischer Politiker lagen bei der Versöhnung mit den Buren, bei der Stabilisierung der Wirtschaft, beim Nachschub an Gold aus südafrikanischen Bergwerken sowie bei den Renditen für britische Investoren. Es dauerte lange, bis die ANC-Vertreter sich nach neuen Methoden umzusehen begannen. Nach Versailles wandten sie sich enttäuscht von der imperialen Macht ab, setzten aber weiterhin auf die nicht bewährten Mittel gegenüber ihrer eigenen Regierung.

Abb. 12: Der erste Vorstand des ANC 1912 John Dube (Mitte, sitzend), Sol Plaatje (rechts, sitzend).

Direkte Aktionen, passiver und aktiver Ungehorsam gegen die Obrigkeit, die schnell unter das Verdikt des Unzivilisierten gerieten, wären andere Möglichkeiten gewesen. Mahatma Gandhi hatte während seines 20-jährigen Aufenthaltes in Südafrika demonstriert, dass die »militante Gewaltlosigkeit« eine scharfe Waffe sein konnte und das Verdikt der Barbarei gegen die Kolonialmacht richtete. Gleichwohl blieben die Gräben zwischen dem ANC und Gandhis Bewegung zu groß, wie Gandhi selbst ja nur mit der kleinen chinesischen Minderheit zusammengearbeitet, sich aber von einem Schulterschluss mit der schwarzen Mehrheit fern gehalten hatte. Auch die *Coloureds* hatten sich getrennt von den Schwarzen 1902 in der *African Political Organisation* zusammengeschlossen und wählten mit Dr. Abdullah Abdurrahman einen über Jahrzehnte hinweg hoch angesehenen verlässlichen Anführer. Eine gemeinsame Front mit der schwarzen Mehrheit lag jenseits des Vorstellungshorizontes beider Seiten, die abgestuften Rechte verhinderten eine breite Solidarisierung.

Anders dagegen sah es mit den Methoden der Arbeiterbewegung aus, deren sich der ANC gelegentlich bediente. Er unterstützte einen Streik unter den insgesamt mehr als 300 000 schwarzen Bergarbeitern im Jahr 1920, wandte sich jedoch nach dem erfolglosen Ende des Ausstandes wieder ab. Kein Wunder also, dass die kleine, sozial isolierte Bildungselite in ihrer eigenen Respektabilität gefangen blieb und kaum greifbare Erfolge aufweisen konnte. Hier entstand ein politisches Vakuum für andere, denen es gelang, mit einem populären Nationalismus breite Bevölkerungsschichten anzusprechen. Während der ANC 1920 nur vorübergehend die Mittel der Arbeiterbewegung nutzte, war es in den 1920er Jahren die Arbeiterbewegung, die den Nationalismus für sich entdeckte.

8.3 Der Nationalismus der Buren

Den Frieden von Vereeniging von 1902 empfanden die Verlierer als eine Schmach, die man bei nächster Gelegenheit wieder wettmachen wollte. Die Assimilierungspolitik Lord Milners, vor allem die Anglisierungsbemühungen mit Hilfe des Bildungswesens hatten eine erste Gegenwehr in Gestalt der christlich-nationalen Privatschulen zur Folge. Später gründeten ehemalige Generäle in beiden Kolonien ihre politischen Parteien *Het Volk* und *Orangia Unie*. Doch waren dies die Reaktionen, die sich auf der politischen Oberfläche abbildeten. Daneben gab es eine Reihe tiefer gehender Entwicklungen, die sich erst längerfristig auswirken sollten, ohne die aber die Formierung des burischen Nationalismus nicht zu verstehen ist.

Bereits im späten 19. Jahrhundert hatte es in der Kapkolonie eine erste »Sprachbewegung« zur Förderung der »Volkssprache« *Afrikaans* gegen das Niederländische gegeben, deren Verknüpfung mit dem Nationalismus aber eher schwach war. Nichtsdestoweniger wurde sie später zum Vorläufer des Nationalismus deklariert, vor allem als nach dem Burenkrieg eine zweite Sprachbewegung unmittelbar daran anzuschließen schien. Der Schwerpunkt lag diesmal vor allem im Transvaal, weil dort die drohende Anglisierung besonders intensiv erfahren wurde. Einige Schriftsteller hatten sich schon früher mit der Verschriftung der Umgangssprache *Afrikaans* befasst und teilweise bedeutende Werke geschaffen, wie etwa der Lyriker Eugene Marais, der als Journalist einer der schärfsten Kritiker Paul Krugers gewesen war und dessen bohemehafter Lebenswandel ihn kaum zu einem geeigneten Kandidaten für eine nationalistische Identifikationsfigur werden ließ. Dessen ungeachtet animierte seine schriftstellerische Tätigkeit andere, es ihm nachzutun und *Afrikaans* als eine künftige Nationalsprache zu konzipieren und zu popularisieren. Dies waren vor allem Personen in typischen Multiplikatorenberufen, die solche Ideen in weitere soziale Kreise trugen: Pfarrer, Journalisten oder Rechtsanwälte. Der Journalist Gustav Preller etwa schrieb im frühen 20. Jahrhundert populäre Biografien von *Voortrekkern* in Afrikaans, d. h. er verknüpfte als erster die Sprache mit dem Nationalismus. Der Theologe und »Volksdichter« J. D. du Toit feierte unter dem Pseudonym *Totius* in seinen Gedichten die Kultur des Burenvolkes.

Dennoch spielte der Kulturnationalismus, der Sprache, Geschichte, Religion usw. ins Zentrum burischer Identität stellte, zunächst nur eine untergeordnete Rolle; stattdessen rückten stärker politisch artikulierte Nationalismen ins Rampenlicht. Der Versöhnungsnationalismus, für den Botha und Smuts standen, wollte die Gräben der Vergangenheit, die der Burenkrieg gerissen hatte, zuschütten und eine gemeinsame Nation aller Weißen aufbauen. Dieses Konzept einer südafrikanischen Nation war rassistisch, denn die schwarze Mehrheit kam darin nicht vor, die Inder als unerwünschte »Fremde« erst recht nicht und gegenüber den *Coloureds* blieben die Politiker unbestimmt, tendierten aber ebenfalls zur Ausgrenzung. Die Vorstellung, dass eine südafrikanische Nation nur aus Weißen bestehen könne, war allgemein verbreitet. Bis in die 1940er Jahre war für viele Buren die Loslösung vom Empire und ihre Beziehung zu den englischsprachigen Weißen das zentrale Thema, während das Verhältnis zur schwarzen Bevölkerungsmehrheit ganz selbstverständlich als eines der Unterordnung und Ausgrenzung gesehen wurde. Tatsächlich wurde es erst dann öffentlich diskutiert, als diese Unterordnung nicht mehr selbstverständlich war, sondern die schwarze Bevölkerung durch ihre Worte und vor allem ihr Handeln, etwa die Migration in die Städte, Gleichberechtigungsansprüche anmeldete.

Der Versöhnungsnationalismus der neuen südafrikanischen Regierung stieß zunächst auf große Zustimmung, doch war es ein leichtes, das ganze Konzept durch Querschüsse durcheinanderzubringen. Das erkannte keiner so rasch und gründlich wie Bothas Kabinettskollege General J. B. M. Hertzog, der nur seine Forderungen nach mehr kultureller und ökonomischer Gleichberechtigung für die Buren mit entsprechendem Nachdruck vortragen musste, um seinen Regierungschef in eine ausweglose Situation zu bringen. Denn hätte Botha sich Hertzogs Forderungen zu eigen gemacht, hätte er die Engländer brüskiert; blieb er dagegen bei seinem bisherigen Kurs eines pragmatischen Ausgleichs, so konnte Hertzog ihm die Aufrichtigkeit seines Bemühens um Versöhnung absprechen und ihn gleichzeitig als den wahren Repräsentanten der burischen Bevölkerung diskreditieren. Hertzog nutzte die Chance, sich auf Kosten seines Regierungschefs zu profilieren. So zog er 1911 in einer Rede in de Wildt, einer kleinen Bahnstation bei Pretoria, gegen »Glücksritter« vom Leder, die nur nach Südafrika kämen, um sich zu bereichern, doch keine Loyalität zum Land entwickelten. Das war auf die Minenbesitzer gemünzt und fand großen Anklang in der burischen Bevölkerung, welche die Machenschaften der Bergwerksbetreiber und vor allem der Minenkammer für den Burenkrieg verantwortlich machte. Als Botha Hertzog zu mäßigen suchte, erreichte er das Gegenteil. Schließlich verlangte der Regierungschef den Rücktritt seines Ministers, den dieser rundweg verweigerte, woraufhin Botha selbst zurücktrat. Der Generalgouverneur forderte ihn auf, eine neue Regierung zu bilden. Botha kam dem unverzüglich nach, doch war Hertzog im neuen Kabinett nicht mehr vertreten. Der *Champion* des Oranje-Freistaats blieb als einfacher Abgeordneter zunächst noch Mitglied der *South African Party*, wartete aber nur auf eine günstige Gelegenheit, um sich erneut als der eigentliche Vertreter burischer Interessen ins rechte Licht zu setzen.

Diese Gelegenheit kam mit dem Ausbruch des Ersten Weltkrieges, an dem Südafrika als abhängige Kolonie und Teil des Britischen Empire teilnahm. Wie begrenzt die Entscheidungsfreiheit ihrer Regierung war, war vielen Buren offensichtlich gar nicht klar, denn sie erwarteten, dass Südafrika mindestens neutral bleiben würde, ja viele rechneten damit, dass Botha die günstige Gelegenheit zur Wiederherstellung republikanischer Unabhängigkeit ergreifen würde. Doch forderte die britische Regierung Südafrika sogar auf, aktiv gegen die Deutschen im benachbarten Deutsch-Südwestafrika (Namibia) zu kämpfen. Da die Regierung Botha damit rechnen musste, dass im Fall ihrer Weigerung die britische Regierung die indische Armee mit der Militäroperation betrauen würde und sie keine bewaffneten »Nicht-Weißen« in der Nähe haben wollte, übernahm sie den Auftrag, zumal ihr die Chance territorialer Expansion winkte. Dies aber führte zu heftigen Protesten im eigenen Lager. Frühere Generäle aus der Zeit des Burenkriegs bekundeten offen ihre Ablehnung und drohten mit bewaffnetem Widerstand. Der hoch angesehene General de la Rey, ein persönlicher Freund von Botha und Smuts, blieb unschlüssig, der Oberkommandierende der südafrikanischen Streitkräfte, General Beyers, trat von seinem Posten zurück und schien mit dem Gedanken einer Rebellion zu spielen. Durch einen unglücklichen Zufall kam General de la Rey ums Leben, als sein Wagen an einer

Straßensperre nicht anhielt und ihn ein Querschläger aus einem Polizeigewehr tödlich verwundete. Die Polizei war auf der Suche nach Kriminellen, doch ihr Verhalten nährte in der aufgeheizten Atmosphäre Verschwörungstheorien; sie habe es im Auftrag der Regierung von vornherein auf de la Reys Leben abgesehen. Als kurz darauf General Beyers sich auf die Seite der beginnenden Rebellion schlug und bei einem Fluchtversuch im Vaalfluss ertrank, eskalierte die Situation. General de Wet aus dem Oranje-Freistaat sammelte seine Getreuen um sich und begann eine bewaffnete Erhebung gegen die Regierung; andere Veteranen des Burenkriegs, auch im Transvaal, schlossen sich an. Die Generäle Manie Maritz und Jan Kemp arbeiteten sogar offen mit den deutschen Feinden zusammen.

Daraufhin übernahm Botha selbst den Oberbefehl über die südafrikanischen Truppen und ging gegen die Rebellen vor. Da der Aufstand regional begrenzt war und – wie man heute weiß – in erster Linie ärmere Buren mit sich riss, die in der Nachkriegszeit von den wirtschaftlichen Rehabilitationsmaßnahmen Milners und der nachfolgenden Regierungen nicht profitiert hatten, konnte Botha ihn schnell beenden. General de Wet wurde auf der Flucht zu Pferde von Autos eingeholt und gefangengenommen. Dieses Ereignis ließ sich dahingehend interpretieren, dass ein der Vergangenheit verhafteter Kriegsheld von den Kräften der Moderne überwältigt wurde. Jopie Fourie, ein Offizier der Armee, hatte rebelliert, ohne zuvor sein Amt niedergelegt zu haben, weshalb er nach seiner Gefangennahme wegen Hochverrats abgeurteilt und hingerichtet wurde. Justizminister Smuts, der ihn hätte begnadigen können, entzog sich einem Gespräch mit einer Delegation reformierter Pfarrer unter Führung von Daniel Malan und trug dazu bei, dass Fourie zu den Altären des burischen Nationalismus erhoben wurde.

Die Regierung begann unter dem Befehl des Premierministers höchstpersönlich die Invasion Deutsch-Südwestafrikas. Die deutschen Truppen leisteten eine Zeitlang Widerstand, sie waren der materiellen Überlegenheit und dem strategischen Geschick Bothas aber nicht gewachsen und mussten am 15. Juli 1915 kapitulieren. Das Gebiet stand daraufhin bis zum Friedensschluss von Versailles unter südafrikanischer Besatzung und Südafrika wurde anschließend für seine Loyalität belohnt, als Großbritannien das Völkerbundsmandat über die ehemalige deutsche Kolonie an sein *Dominion* abtrat. Die südafrikanische Herrschaft über das Territorium, das wie eine fünfte Provinz des Landes behandelt wurde, sollte bis zum Jahr 1990 dauern. In Deutsch-Ostafrika konnten die britischen Truppen keinen durchschlagenden Erfolg erzielen, weil die Schutztruppe unter General Lettow-Vorbeck sich mit einer ausgesprochen verlustreichen Guerillastrategie den Briten immer wieder entzog. Daraufhin wurde General Smuts zum Oberbefehlshaber der britischen Truppen ernannt, da er über reichlich eigene Erfahrung im Guerillakampf verfügte. Smuts gelang es tatsächlich, Lettow-Vorbecks Rückzugsgebiete systematisch zu besetzen, doch bekam auch er ihn nicht zu fassen, da der Deutsche unter Bruch des Völkerrechts auf das neutrale Gebiet des portugiesischen Mosambik auswich.

Nach wenigen Monaten warteten auf Smuts höhere Aufgaben, denn er wurde als einziger Nicht-Brite ins britische Kriegskabinett berufen und war maßgeblich an der Gründung der *Royal Air Force* beteiligt. Soviel Loyalität ging vielen Buren nun doch zu weit, sie betrachteten Smuts und Botha als Verräter an ihrer eigenen Sache. Damit war die Chance für Hertzog gekommen, der sich bislang zurückgehalten und auch während der Rebellion eine eindeutige Parteinahme vermieden hatte, um sich nicht selbst den Ruf eines Rebellen einzuhandeln. Mit großem Geschick kanalisierte er während und vor allem nach der Rebellion die Unzufriedenheit und den Unmut vieler Buren, indem er nun zu einer eigenen Parteigründung überging. Die 1914 gegründete Nationale Partei war zunächst eine Nachfolgerin der *Orangia Unie*, d. h. ihre Hochburg war der Oranje-Freistaat, wo Hertzogs Anhängerschaft am größten war. In der nördlichen Nachbarprovinz Transvaal wurde der Rechtsanwalt Tielman Roos zum Gründer und charismatischen Führer der neuen Partei. Auf diese Weise konnte sich die ältere Tradition der Personenorientierung und charismatischen Führerschaft der ehemaligen Burenrepubliken in der Nationalen Partei erhalten, zumal Hertzog diese Traditionen würdigte und die Partei als föderalen Zusammenschluss autonomer Provinzparteien organisierte. Damit war eine stärkere demokratische Fundierung als bei der South African Party gegeben, die von Botha autokratisch dirigiert wurde. 1915 schließlich wurde auch in der Kap-Provinz ein eigener Flügel der Nationalen Partei gegründet, der auch hier die Traditionen der alten Kapkolonie und insbesondere des *Afrikaner Bond* fortführte. Diese Provinz war bürgerlicher; militärische Traditionen und Erinnerungen an den Burenkrieg spielten eine untergeordnete Rolle. Außerdem waren die soziale Grundlage und die Organisationsstruktur breiter angelegt, sodass das Prinzip der Personenorientierung und charismatischen Führerschaft hier nicht zur Anwendung kam; stattdessen wurde die Nationale Partei der Kap-Provinz kollegial geführt. Parteichef wurde Daniel Malan, der seine Pfarrerstelle deswegen aufgab und der in den nächsten fast 40 Jahren seiner politischen Karriere keine autokratischen Tendenzen entwickelte. Vielmehr hatte er offensichtlich erkannt, dass eine breit angelegte Führung mit Konsultationsmöglichkeiten zur Parteibasis eine stärkere innerparteiliche Solidarität und Schlagkraft zuwege bringen würde. Die Nationale Partei in der Kap-Provinz wurde von diesem Grundkonsens getragen, während sich deren Abhängigkeit von einer Person und ihren manchmal willkürlichen Entscheidungen als strukturelle Schwäche der Partei in den ehemaligen Burenrepubliken herausstellen sollte.

Die Nationale Partei der Kap-Provinz nahm eine Sonderstellung ein, weil sie von Anfang an eng mit wirtschaftlichen Interessen verflochten war, denn Willy Hofmeyr, der hinter den Kulissen an der Parteigründung mitwirkte, hatte die beiden Versicherungskonzerne *Sanlam* und *Santam* mitgegründet, die noch in späteren Jahren als Kapitalgeber und Vorbild für den wirtschaftlichen Aufstieg der Buren dienen sollten. Geradezu entscheidend aber war die gleichzeitige Gründung des Pressekonzerns *Nasionale Pers*, der eng mit der Nationalen Partei verbunden war, zumal Daniel Malan neben dem Posten des Parteichefs zugleich das Amt des Chefredakteurs der neuen Zeitung *Die Burger* übernahm. Die Unterstützung durch eine parteinahe Presse, das Prinzip der Entscheidungsfindung auf kollegialer Grundlage und eine Tradition ethnischer Mobilisierung, die auf den *Afrikaner Bond* zurückging, verliehen der Nationalen Partei in der Kap-Provinz von Anfang an einen ganz eigenen Charakter und immunisierten sie auch gegen allzu starke Führungsansprüche des nationalen Parteichefs General Hertzog, der nie eine eigene Gefolgschaft in der Kap-Provinz aufbauen konnte. Die weitgehend autonomen Provinzparteien wurden auf nationaler Ebene zusammengehalten durch einen Föderalen Rat, in dem die Parteien der vier Provinzen mit gleichem

Stimmanteil vertreten waren, durch die Person des Parteivorsitzenden Hertzog und ab 1915 durch ihre parlamentarische Vertretung. Denn die Partei hatte auf Anhieb Erfolg und konnte schon während des Krieges die durch die Rebellion ausgelöste politische Polarisierung nutzen und aus dem Stand zur drittstärksten Partei aufsteigen. Allerdings hatte die NP auch eine Reihe von Defiziten, vor allem ihre geringe Präsenz in den großen Städten, mit der Ausnahme von Kapstadt. Sie war zu dieser Zeit noch eine weitgehend ländliche Partei und war in den Industriegebieten um Johannesburg kaum vertreten. Dort konnte die *Labour Party* zunehmend auch urbanisierte Buren für sich gewinnen, da die Minenindustrie im Zug der ›Taylorisierung‹ ihrer Produktionsabläufe die teuren englischen Facharbeiter durch ungelernte Buren ersetzte, die hauptsächlich als Aufseher und Schichtführer über schwarze Wanderarbeiter eingesetzt wurden.

Einen schweren Stand hatte die Partei in der kleinsten östlichen Provinz Natal, deren weiße Bevölkerung ausgeprägt britisch war und wo sie nur in den nördlichsten Bezirken um Vryheid und Utrecht, die erst nach dem Burenkrieg vom Transvaal an Natal abgegeben worden waren, über einen nennenswerten Anhang verfügte. Immerhin hatte sie mit dem Rechtsanwalt Ernest G. Jansen in Natal einen weithin respektierten Vorsitzenden.

Hertzog musste nun auch ideologisch Profil gegenüber dem Versöhnungsnationalismus Bothas gewinnen, denn zunächst unterschieden sich seine Vorstellungen kaum von denen seines früheren Generalskollegen. Hertzog, der im Familienkreis bevorzugt Englisch sprach, wollte die Versöhnung und hegte persönlich keine Ressentiments gegen Engländer. Die Formel, die er für seinen eigenen Nationalismus fand, zeigt deutlich, wie sehr er sich bemühen musste, sich von Botha und Smuts abzusetzen. Er nannte seine eigene Richtung die Politik der beiden Ströme (*two-stream policy*), wobei die beiden Sprachgruppen der Engländer und Buren die Ströme bildeten, die parallel zueinander fließen sollten, bis derjenige der Buren stark genug war, um sie dann zu vereinen. In die Versöhnung war damit eine Art zeitliche Verzögerung eingebaut, wobei Hertzog selbst meinte, bestimmen zu können, wann der Zeitpunkt der Vereinigung gekommen sei.

Viele Buren, die in die großen Städte gezogen waren, fühlten sich dort diskriminiert, weil sie herabsetzenden Bemerkungen im Arbeitsalltag ausgesetzt waren und als Gruppe benachteiligt wurden, denn in Städten wie Johannesburg wurde fast ausschließlich Englisch gesprochen. Da viele burische Immigranten sich in den Städten der *Labour Party* zuwandten, sich sprachlich assimilierten und sogar der reformierten Kirche den Rücken kehrten, um sich Pfingstgemeinden anzuschließen, sannen jüngere afrikaanssprachige Großstädter auf Abhilfe. Im Jahr 1918 entschlossen sich drei Angestellte der südafrikanischen Eisenbahn, eine Organisation zur Interessenvertretung vor allem urbanisierter Buren ins Leben zu rufen, die sie als *Junges Südafrika* bezeichneten. Einer der Gründer war der Angestellte Henning Klopper, der es später noch bis zum Parlamentspräsidenten brachte. Diese *Jungsüdafrikaner* organisierten Kulturabende und förderten aktiv den Gebrauch von Niederländisch und *Afrikaans* in einem urbanen Kontext, aber mit begrenztem Erfolg. Das bewog die wenigen Mitglieder, die die Organisation bis 1921 gewonnen hatte, die Gruppierung in *Afrikaner Broederbond* umzutaufen und sie in eine Geheimgesellschaft umzuwandeln.

Der Afrikaner *Broederbond* wurde in den folgenden Jahrzehnten zur maßgebenden Kraft des burischen Kulturnationalismus, der die Vorstellung, die Buren bildeten eine eigene Nation, ein *Volk*, in der burischen Bevölkerung verankerte und nach 1948 eng mit der Apartheidregierung zusammenarbeitete. Um eine Geheimgesellschaft ranken sich leicht allerhand Verschwörungstheorien und so konnte es auch nicht ausbleiben, dass der Einfluss des *Broederbond* zuweilen stark übertrieben wurde. Aufgrund der mittlerweile zugänglichen Dokumente der Organisation kann man mit Sicherheit sagen, dass entgegen populärer Enthüllungsgeschichten in der südafrikanischen Presse der *Broederbond* nie die Politik der Regierung bestimmte. Dessen ungeachtet wurde er im Bereich der kulturnationalistischen Mobilisierung eine wesentliche Kraft, als um das Jahr 1927 mehrere Professoren der kleinen, calvinistischen Universität in Potchefstroom der Organisation beitraten und bald die Führungsämter besetzten. Sie gingen systematisch ans Werk und gründeten 1928 die *Federasie van Afrikaanse Kultuurvereniginge* (FAK), einen Dachverband, in dem alle kulturellen Aktivitäten der Buren zentral koordiniert und in Richtung Nationalismus umgepolt wurden. Bald begann diese Föderation, die der »sichtbare Arm« des *Broederbond* und diesem durch zahlreiche personelle Überschneidungen eng verbunden war, mit der aktiven Gründung von Kulturorganisationen. In Bereichen, in denen es gemeinsame Aktivitäten englischer und afrikaanser Weißer gab, wurde gezielt eine rein afrikaanse Konkurrenz geschaffen, die dann die afrikaanssprachigen Mitglieder der älteren Organisation abwarb. Auf diese Weise entstand eine Parallelgesellschaft der Buren, die alle Lebens- und Kulturbereiche umfasste. So gründete der *Broederbond* eigene Pfadfinderorganisationen, Gesangsvereine, Literaturzirkel und einen eigenen Automobilclub, Sportvereine, Universitätsfakultäten und schließlich sogar Banken, Versicherungen und Handelskammern. Bis zum Beginn der Rassentrennungspolitik 1948 war Apartheid (Getrenntheit) zwischen Engländern und Buren bereits gelebte Realität.

Im *Broederbond* formierte sich der *afrikaanse* Kulturnationalismus erstmals in einer eigenen Organisation, wenn man von der Nationalen Partei der Kapkolonie absieht. Diese nutzte die ethnische Polarisierung seit dem späten 19. Jahrhundert, um sich ein eigenes Profil und eine eigene Klientel zu schaffen. Die Vorstellung, die Buren bildeten ein eigenständiges Volk, wurde gerade in der Kap-Provinz besonders intensiv gepflegt und in den folgenden Jahren ideologisch und propagandistisch ausgebaut. In anderen Bereichen dagegen war die Nationale Partei der Kap-Provinz deutlich gemäßigter als ihre Schwesterparteien im Norden. Denn in der Kap-Provinz spielte der Republikanismus und das Bestreben einer Loslösung vom Britischen Empire, mit dem man über viele Jahrzehnte keine schlechten Erfahrungen gemacht hatte, eine untergeordnete Rolle. Im *Broederbond* dagegen war der Republikanismus ein zentraler Bestandteil des nationalistischen Glaubensbekenntnisses. Deshalb war die Geheimgesellschaft lange Zeit im Norden die wichtigste Bastion des Kulturnationalismus, der erst nach 1933 im Transvaal und Oranje-Freistaat auch eine parteipolitische Heimat fand.

Die Nationale Partei konnte weiterhin von den strukturellen Schwächen des Versöhnungsnationalismus profitieren, indem sie Botha und Smuts als diejenigen präsentierte, die burische Interessen aufgaben. Beide Politiker hatten sich während des Ersten Weltkrieges außenpolitisch stark engagiert und an den Verhandlungen zum Versailler Friedensvertrag teilgenommen, obwohl Südafrika kein souveräner Staat war. Kurz nachdem der Frieden erreicht war, starb der schon länger kränkliche Botha im Alter von nur 57 Jahren, Smuts wurde sein Nachfolger als Premierminister. Nun fehlte der joviale und populäre Botha, was sich rasch in den Wahlergebnissen niederschlug. 1920 wurde die NP zur stärksten Partei, worauf Smuts die englischsprachige, wirtschaftsliberale Partei der *Unionists* einlud, sich seiner *South African Party* anzuschließen. Solchermaßen gestärkt ließ er 1921 das Parlament auflösen und Neuwahlen ausschreiben, die er bequem gewinnen konnte. Damit wurde seine Politik noch arbeitgeberfreundlicher als bisher, was ihm weitere Kreise der burischen Bevölkerung entfremdete. Sein Vorgehen während der Rand-Revolte brach ihm politisch das Rückgrat, denn 1924 übernahm General Hertzog im Bündnis mit der *Labour Party* die Regierung.

8.4 Die südafrikanische Arbeiterbewegung und die politische Linke

Die südafrikanische Arbeiterbewegung blieb zunächst weitgehend auf die weiße Arbeiterschaft beschränkt. Mit dem industriellen Bergbau waren Facharbeiter aus Großbritannien und anderen Teilen des Empire eingewandert, die die Traditionen einer militanten Arbeiterbewegung mitbrachten. Die spezialisierten Facharbeiter, deren geringe Zahl ihnen ein großes Gewicht verlieh, kontrollierten Schlüsselstellungen in den betrieblichen Abläufen und konnten mit leicht zu organisierenden Streiks riesige Wirkungen erzielen. Sie waren wie Zünfte organisiert, da sie über die Rekrutierung und Ausbildung des eigenen Nachwuchses wachten und darüber ihre Zahlen weiterhin klein, die Löhne entsprechend hoch halten konnten. Als die Minenindustrie nach dem Ende des Burenkrieges wieder ihre volle Produktion aufgenommen hatte, begann die Minenkammer nicht nur die Löhne der Schwarzen zu drücken, sondern auch die Arbeit in kleine Arbeitsschritte aufzuteilen (*Taylorisierung*). Auf diese Weise konnten die Facharbeiter sukzessive durch ungelernte billigere Kumpel verdrängt werden. Die Tradition der kleinen, schlagkräftigen, gleichzeitig militanten und konservativen Gewerkschaften war damit zum Aussterben verurteilt. Die Zukunft gehörte den großen Massengewerkschaften der ungelernten Arbeiter.

Bei diesen setzte sich aber sehr rasch die Rassentrennung durch, die teilweise in rassistischen Vorurteilen der weißen Arbeiter, teilweise in einer unüberbrückbaren Interessendivergenz zwischen den wegen ihrer Hautfarbe und »Zivilisation« besser bezahlten weißen und den schlechter bezahlten Wanderarbeitern begründet war. Ungeachtet dieses Rassismus war die weiße Arbeiterbewegung militant sozialistisch und erschien den weißen Machteliten als Gespenst des Kommunismus, das nach der Oktoberrevolution in Russland die Gestalt des Leibhaftigen anzunehmen drohte.

Ab 1910 organisierte sich die weiße Arbeiterbewegung in der Labour Party, die nach britischem Vorbild und mit ziemlichem Aufwand an radikaler Rhetorik Rassentrennungspolitik, unmittelbare Lohninteressen und sozialistische Fernziele verband. Wie die meisten sozialistischen Parteien spaltete sie sich über der Frage des Kriegseintritts 1914. Während die große Mehrheit als treue britische Patrioten für den Krieg eintrat und einige ihrer Führer sogar Offiziere wurden, gründete eine kleine Minderheit die *War-on-War-League*, die sich bald darauf umtaufte in *International Socialist League*, womit sie zum Ausdruck brachte, dass sie das marxistische Ideal des sozialistischen Internationalismus hoch zu halten gedachte. 1921 benannte sie sich in Kommunistische Partei Südafrikas um, die sich unter Führung ihres Gründers, Sidney Bunting, als einzige Partei auch schwarzen Mitgliedern öffnete.

1913 und 1914 hatte die weiße Arbeiterbewegung militante Generalstreiks mit stark politischen Untertönen organisiert. 1913 wurden die zur Vermittlung angereisten Politiker Botha und Smuts von den Streikenden physisch bedroht, woraufhin Smuts, als im Jahr darauf erneut ein Generalstreik ausbrach, mit charakteristischer Brutalität vorging, die Armee einsetzte, die Streikführer verhaften und ohne Gerichtsurteil einfach nach Europa abschieben ließ. Er musste sich im Nachhinein vom Parlament die rechtliche Grundlage über ein Indemnitätsverfahren verschaffen. Während des Ersten Weltkrieges kam es zu keinen nennenswerten Aktionen der Arbeiterbewegung, doch in der Nachkriegsrezession lebte die Militanz wieder auf. Viele der weißen Arbeiter kämpften an der Front und sammelten militärische Erfahrungen. Ohne diesen Hintergrund ist, wie der britische Historiker Jeremy Krikler herausgefunden hat, die Eskalation im Jahr 1922 nicht zu erklären. Da schwarze Arbeitskräfte erheblich billiger waren als weiße, wollte die Minenkammer nach dem Weltkrieg in etlichen Arbeitsbereichen weiße Arbeiter entlassen und durch schwarze ersetzen. Dies war einer der Auslöser für einen Streik im März 1922, der zunächst in der Kohleproduktion ausbrach, dann aber schnell auf die Goldfelder des Witwatersrand übergriff. Als die Arbeitgeber sich nicht verhandlungsbereit zeigten und die Regierung, statt als neutraler Vermittler aufzutreten, Partei für die Unternehmer ergriff, eskalierte der Streik in einen Generalstreik, der die gesamte dicht besiedelte Industriezone um Johannesburg erfasste. Die Arbeiter bewaffneten sich und bildeten sogenannte Kommandos, wobei burische Landbewohner, die ihrerseits eine offene Rechnung mit der Regierung Smuts hatten, ihnen zu Hilfe eilten. So bildete sich ein seltsames Bündnis aus rückwärtsgewandtem Provinzlertum, konservativem Republikanismus und linksradikaler Arbeitermilitanz. Zusammengehalten wurde das Bündnis neben dem Hass auf die Regierung Smuts durch den Rassismus, was zu gewaltsamen Übergriffen und pogromartigen Jagden auf schwarze Arbeiter führte. Besonders deutlich kam diese ideologische Mixtur in einem Transparent zum Ausdruck, das eine merkwürdige Variante des bekannten Aufrufs von Karl Marx enthielt: »Arbeiter der Welt vereinigt Euch und kämpft für ein weißes Südafrika.«[6]

Smuts griff zu den Mitteln, für die er mittlerweile bekannt und verhasst war: Er rief den Kriegszustand aus und schickte die Armee nach Johannesburg. Einige Tage heftiger Kämpfe folgten, einschließlich Bombardements der neu gegründeten Luftwaffe auf die Stadt Johannesburg, die von Schützengräben durchzogen war.

6 Jeremy Krikler, The Rand Revolt. The 1922 Insurrection and Racial Killing in South Africa, Johannesburg – Cape Town, S. 52. Übersetzung des Autors.

Polizeistationen wurden von den Streikenden gestürmt, die Armee ging mit großer Brutalität vor, wie die Schlussbilanz erwies: mehr als 200 Tote, eine viel größere Zahl Verletzte und erheblicher materieller Schaden in der Stadt. Die Anführer des Streiks wurden, soweit sie nicht Selbstmord begingen, abgeurteilt und hingerichtet. Smuts hatte gesiegt, doch verlor er das Vertrauen weiter Kreise der Wählerschaft, insbesondere bei weißen Arbeitern. Sie gaben ihm zwei Jahre später, 1924, die Quittung, als ein Bündnis aus Nationaler Partei und Arbeiterpartei im sogenannten Pakt die Wahlen gewann. Der Pakt war nicht mehr als eine Wahlabsprache, dass man sich in den Wahlkreisen keine Konkurrenz machte, sondern die jeweiligen Anhänger aufforderte, für die verbündete Partei zu stimmen, um die *South African Party* aus der Regierung zu verdrängen. Die Rechnung ging auf und der Pakt wurde umgeformt in eine Regierungskoalition mit General Hertzog als Premierminister, während der Chef der Arbeiterpartei, Frederick Creswell, das neu geschaffene Amt eines Arbeitsministers übernahm.

In den folgenden Jahren erließ die neue Regierung eine Reihe rassistischer Maßnahmen, mit deren Hilfe es gelang, der militanten Arbeiterbewegung die Zähne zu ziehen und sie in das rassische Privilegiensystem des weißen Südafrika einzubinden. So wurden industrielle Tätigkeitsbereiche per Gesetz für Weiße reserviert, die sogenannte Farbengrenze, die *Industrial Colour Bar.* Mit Hilfe von *Job Reservations* wurden die weißen Arbeiter auf Kosten ihrer schwarzen Kollegen privilegiert, aber gleichzeitig auf den weißen Staat und die Rassenordnung verpflichtet, da diese der Hauptgarant für ihre soziale Stellung war. Schwarze konnten nur als ungelernte Arbeitskräfte unterkommen, was implizierte, dass sie ihre Einkommen und ihre soziale Lage nicht verbessern konnten. Dies erklärt auch, warum in den folgenden Jahrzehnten die weiße Arbeiterschaft, zunächst noch unter Beibehaltung ihrer sozialistischen Rhetorik, immer weiter nach rechts rückte und schließlich seit den 1940er Jahren zur militantesten Verteidigerin von Rassentrennung und Apartheid wurde.

8.5 Schwarze Massenbewegungen

Nach ersten Anfängen in der kleinen Bildungselite begann sich in den 1920er Jahren ein breiter schwarzer Massennationalismus zu formieren. Seine ersten Manifestationen waren religiös und resultierten in der Gründung unabhängiger Kirchen. Die Diskriminierung schwarzer Pfarrer in den Missionskirchen, wo sie ein geringeres Gehalt als ihre weißen Kollegen erhielten und ihnen Führungspositionen in der Regel versperrt blieben, führte zu ersten Abspaltungen schon im 19. Jahrhundert. Doch begann etwas Neues mit Mangena Mokone, der 1892 eine unabhängige Kirche gründete, die er äthiopisch nannte. Diese Namensgebung implizierte keineswegs, dass er sich theologisch an der monophysitischen koptischen Kirche Äthiopiens orientiert hätte, sondern der Bezug auf Äthiopien war ein symbolischer, da das Kaiserreich das einzige Land Afrikas war, das dem Imperialismus erfolgreich widerstanden hatte. Als unabhängiger Staat war es ein Versprechen auf die Zukunft und als seit vielen Jahrhunderten christliches Reich eignete es sich als Anknüpfungspunkt für kulturnationalistisch gesonnene schwarze Kirchenmänner in Südafrika. Immer wieder sollte es in den folgenden Jahrzehnten zu solchen Abspaltungen von etablierten Missionskirchen kommen.

Folgt man dem norwegischen Kirchenhistoriker Bengt Sundkler, der diese Kirchen genau erforscht hat, so kann man zwei Typen unterscheiden. Während die äthiopischen Kirchen einen religiös artikulierten Kulturnationalismus vertraten und sich dezidiert als Protagonisten eines spezifisch afrikanischen Christentums verstanden, waren die zionistischen Kirchen Pfingstkirchen, die auf Visionen und Erweckungserlebnisse ihrer Gründer zurückgingen. Die Bedeutung charismatischer Gründerfiguren erklärt, warum es viel mehr zionistische Kirchen gab als äthiopische, wobei die äthiopischen in der Regel überregional organisiert und weniger von einzelnen Personen abhängig waren. Auch waren viele der zionistischen Kirchen auf individuelle Heilserwartung ausgerichtet und darum häufig apolitisch, wohingegen die äthiopischen Kirchen ein militant nationalistisch eingefärbtes Christentum praktizierten. Während die afrikanische Bildungselite sich an den Werten der Missionskirchen und somit an europäischen christlichen Vorstellungen orientierte, entwickelten die äthiopischen Kirchen ein alternatives Verständnis des Christentums, das sie damit afrikanisierten und wodurch sie sich von den europäischen Kirchen emanzipierten. Die südafrikanischen Behörden reagierten auf das Auftauchen der äthiopischen Kirchen alarmiert und häufig hysterisch.

Eine dieser Kirchen unter Führung des Propheten Enoch Mgijima besetzte 1921 im Osten der Kapkolonie bei Bulhoek Land, wo die Gläubigen einen Schrein errichteten. Da es sich um privates Farmland handelte, kamen sie über kurz oder lang in Konflikt mit den Eigentümern und über diese mit dem Staat. Versicherungen der *Israeliten*, wie sich die Anhänger Ngijimas nannten, nur friedliche Absichten zu verfolgen, fruchteten nichts. Die Behörden gingen auf Anordnung von Premierminister Jan Smuts im Mai 1921 mit Gewalt vor und richteten ein Blutbad an. Insgesamt wurden etwa 200 Anhänger der Kirche im Bulhoek-Massaker getötet. Die Ruchlosigkeit des Premierministers, die er ein Jahr später bei der Niederschlagung der Randrevolte erneut unter Beweis stellte, trug nicht wenig zu seinem Ansehensverlust und seiner Abwahl 1924 bei.

In den frühen 1920er Jahren betrat ein neuer Akteur in Gestalt der ersten schwarzen Massengewerkschaft die politische Bühne. Ihr Gründer war Clements Kadalie, ein Wanderarbeiter aus Malawi, der aus einer *Chief*familie stammte und sich dort womöglich die Führungsqualitäten antrainiert hatte, die ihm in den folgenden Jahren gut zustattenkamen. Er organisierte die Hafenarbeiter Kapstadts und führte einige erfolgreiche Streiks durch. Seine kleine Gewerkschaft, die *Industrial and Commercial Workers Union* (ICU) breitete sich innerhalb kurzer Zeit rasant über ganz Südafrika und in den Nachbarkolonien aus, etwa in Südrhodesien. Sie erreichte binnen weniger Jahre einen Mitgliederstand von etwa 100 000 und war die erste und für lange Zeit erfolgreichste Massengewerkschaft Südafrikas. Mit dem Charismatiker Kadalie an der Spitze konnte sie sogar die ländliche Bevölkerung mobilisieren, ja in den späten 1920er Jahren lag ihr Schwerpunkt in ländlichen Regionen, wo sie die Unzufriedenheit mit den sich ständig verschlechternden Lebensbedingungen kanalisierte und artikulierte.

Die ICU hatte allerdings mit einem strukturellen Problem zu kämpfen, das sie letztlich nicht bewältigen konnte. Sie war nämlich keine Branchengewerkschaft, wodurch die Streikwaffe stumpf wurde. Es war nicht leicht, die gesamte Mitgliederschaft für die Interessen von Arbeitern einer bestimmten Branche zu mobilisieren, während die Postulate allgemeiner Gleichberechtigung sich kaum in konkrete Forderungen und Aktionen überführen ließen. Im Lauf der 1920er Jahre verwandelte sich der Charakter der Organisation allmählich von einer Gewerkschaft zu einer breiten nationalistischen Massenbewegung. Damit aber wurden ihre Ziele noch diffuser, schwerer artikulier- und vor allem kaum noch durchsetzbar. Kadalie wandte sich an die englische Arbeiterbewegung, um Abhilfe für die Wachstums- und Organisationsprobleme seiner Bewegung zu erhalten. Die *Fabian Society*, der intellektuelle *Think Tank* der britischen, reformorientierten Arbeiterbewegung, entsandte William Ballinger als Berater. Dieser typische Gewerkschaftsbürokrat zeigte sich in den folgenden Jahren eher daran interessiert, den kommunistischen Einfluss in der ICU zu bekämpfen als deren Schlagkraft zu stärken. Er überzeugte Kadalie, dass von den Kommunisten, die aufgrund ihrer guten Schulung und des intellektuellen Hintergrunds ihrer Mitglieder rasch in Schlüsselstellungen kamen, eine Gefahr nicht nur für die ideologische Ausrichtung der ICU, sondern letztlich auch für Kadalies persönliche Machtstellung ausging. Kadalie führte eine Säuberung der ICU von den Kommunisten durch, woraufhin sich die organisatorischen Probleme verstärkten und die ICU in sich zusammenbrach. Neugründungen und interne Zwistigkeiten trugen dazu bei, dass die Bewegung Ende der 1920er Jahre allmählich versandete, wofür der enttäuschte Kadalie dann zunehmend und nicht ganz zu Unrecht Ballinger verantwortlich machte. Aber es war zu spät: Als Massenbewegung ließ sich die ICU nicht mehr wiederbeleben, doch waren mittlerweile Kräfte im ANC nachgewachsen, die sich an dem eindrucksvollen Vorbild der ICU orientierten.

1927 wurde mit Josiah Gumede ein aus dem Zululand stammender Aktivist an die Spitze des ANC gewählt, der enge Verbindungen zur Kommunistischen Partei unterhielt. Nach einem Besuch in der Sowjetunion zeigte er sich begeistert von dem dortigen Gesellschaftsmodell und steuerte den ANC in den folgenden Jahren entschlossen nach links. Dies rief militant antisozialistische Reaktionen der Regierung hervor, insbesondere bei Justizminister Oswald Pirow, der mit dem *Riotous Assemblies Act* die Versammlungsfreiheit drastisch einschränkte und damit den ersten schweren Eingriff in die südafrikanische Rechtsstaatlichkeit vornahm.

Gumedes Flirt mit dem Sozialismus führte aber auch in den eigenen Reihen zu konservativen Gegenreaktionen. Darin manifestierte sich ein Generationenkonflikt, denn es waren die Gründer des ANC, die nun gegen ihren linken Vorsitzenden mobil machten und ihn 1930 durch den mittlerweile erzkonservativen Mitbegründer Pixley Seme ersetzten. Seme gelang es in den folgenden Jahren, den ANC in die völlige Bedeutungslosigkeit zu führen, sodass er gegen Ende der 1930er Jahre kaum noch Mitglieder hatte. Es gab aber keinen Grund zur Panik bei den konservativen Vertretern der Bildungselite, da die Stalinisten in der KP dasselbe zu Wege brachten, indem sie in mehreren Säuberungswellen ihre aktivsten und kreativsten Mitglieder ausschlossen, die Partei auf eine Handvoll dröge Bürokraten reduzierten und sie fast zerstört hätten, wenn nicht 1937 mit der Wahl von Moses Kotane zum Generalsekretär ein Neuanfang gemacht worden wäre. Kotane war gleichzeitig Mitglied des

ANC und er sollte zusammen mit einigen Mitstreitern wie John Marks in den kommenden Jahrzehnten die Brücke schlagen zwischen afrikanistischen Kulturnationalisten und der militanten Linken.

Doch das war Zukunftsmusik, denn in den 1930er Jahren gab es nach dem Verschwinden der ICU, dem Niedergang des ANC und der KP kaum noch nennenswerte Bewegungen, die in der Lage gewesen wären, die Interessen der breiten Bevölkerungsmehrheit zu artikulieren und diese zu mobilisieren. Dies erklärt, warum 1936 eine neue Organisation in Erscheinung trat, als Premierminister Hertzog der kleinen Minderheit schwarzer Wahlberechtigter in der Kap-Provinz ihr Recht auf politische Mitbestimmung entziehen wollte. D. D. T. Jabavu, Sohn eines frühen afrikanischen Intellektuellen und Verbündeten der Kapliberalen, war Professor für afrikanische Sprachen an der Universität Fort Hare. Er gründete im Dezember 1935 die *All-African Convention* als Sammelbecken des Widerstands gegen die Rassengesetze Hertzogs, die dieser mit Unterstützung seines einstigen Rivalen Jan Smuts durch die parlamentarischen Abstimmungen lotste. Da der AAC die organisatorische Basis ebenso fehlte wie eine über den unmittelbaren Anlass hinausreichende Programmatik, versank sie Ende der 1930er Jahre in ein Schattendasein, aus dem sie nie wieder heraustreten sollte.

Die konservative Reaktion auf Gumedes linke Experimente und die Militanz der ICU blieb nicht auf den ANC beschränkt. In den 1920er Jahren zeigten sich auch die traditionellen Eliten in den ländlichen Gebieten über die Erfolge der ICU alarmiert. Zwar war die Zulumonarchie Ende des 19. Jahrhunderts offiziell abgeschafft worden, doch verfügte das Königshaus über ein immenses Sozialprestige und baute informell seinen Einfluss aus. Salomon, der Sohn Dinuzulus, reagierte auf die Ausbreitung der ICU in den ländlichen Regionen Natals mit einer eigenen Gegengründung, die die traditionellen Werte hochhalten und mit dem Ansehen der Zulu-Monarchie verknüpfen sollte. Geschickt setzte er traditionelle Symbole ein, insbesondere einen aus Gras geflochtenen Ring, der in der Frühzeit des Königreichs die Einheit des Volkes repräsentiert hatte. Dieser Ring, *Inkatha*, wurde zum Namensgeber der neuen Bewegung, die auch die Wanderarbeiter in den Städten auf konservativem Kurs halten und vor allem den Einfluss der ICU eindämmen sollte. Immerhin gewann Salomon den Gründungspräsidenten des ANC, Dr. John Dube, als Mitstreiter, was die doppelte Bindung der *Amakolwa*, der christianisierten schwarzen Bildungselite Natals, an die überkommene Welt der vorkolonialen Werteordnung wie an den Nationalismus des Industriezeitalters dokumentiert.

8.6 Der burische Nationalismus an der Regierung, 1924–1939

Die neue Regierung Hertzog betrieb nach 1924 eine Patronagepolitik gegenüber der weißen Arbeiterschaft und der burischen Bevölkerung, indem etwa landlose Buren, die in die Städte zogen, bevorzugt Arbeitsplätze bei der staatlichen Eisenbahn erhielten. Tatsächlich nahm in den folgenden Jahren die Zahl schwarzer Arbeiter bei der Bahn ab und diejenige weißer Arbeitskräfte so stark zu, dass die Eisenbahn für mehrere Jahrzehnte eine Bastion der armen Weißen wurde. Hertzogs Nationalismus ging aber weit über die offene Klientelpolitik hinaus, denn er versuchte, Südafrikas Unabhängigkeit gegenüber dem Empire zu vergrößern. Dies betraf in erster Linie den völkerrechtlichen Status Südafrikas und daneben seine wirtschaftliche Selbstständigkeit. Seit dem späten 19. Jahrhundert lud die britische Regierung die Premierminister der *Dominions*, d. h. der selbstverwalteten weißen Kolonien, zu Konferenzen nach London, die unter dem Vorsitz des Kolonialministers stattfanden. Deren Umbenennung von *Colonial* in *Imperial Conference* illustrierte die Statuserhöhung der *Dominions* (Kanada, Neuseeland, Australien und Südafrika), die die Gelegenheiten nutzten, allmählich ihre Handlungsspielräume zu vergrößern. Nicht zufällig waren es die beiden Länder mit einer beträchtlichen Zahl nicht englischsprachiger Weißer, die zu Motoren dieser Entwicklung wurden, nämlich Kanada mit seinen zunehmend selbstbewussten französischsprachigen Quebecois und Südafrika. Schon Jan Smuts hatte sich in dieser Richtung betätigt und den neuen, politisch leichter vermittelbaren Begriff des *British Commonwealth of Nations* anstelle des British Empire für die weißen Siedlerkolonien geprägt. Hertzog konnte als Premier an das von seinem Vorgänger Erreichte anknüpfen. Er verlangte 1926 eine Erklärung, dass die *Dominions* souveräne Staaten und somit Großbritannien nicht mehr untergeordnet, sondern gleichgestellt seien. Das beschrieb die Praxis durchaus zutreffend, dennoch zeigten sich britische Politiker zunächst zurückhaltend, dies auch in einem offiziellen Dokument festzulegen. Eine Kommission unter Vorsitz des früheren Premierministers Lord Balfour legte schließlich einen Bericht vor, in dessen zentraler Passage Hertzogs Wunsch entsprochen wurde. Immerhin ließ sich Großbritannien dann noch fünf Jahre Zeit, diese Passage in ein Gesetz, das *Westminster Statute* von 1931, zu gießen, doch war mit dem Balfour Report die Souveränität Südafrikas offiziell.

Hertzog begann bald danach mit einer eigenständigen Außenpolitik und unterstrich den neu gewonnenen Status, als er ein eigenes Ministerium für Auswärtige Angelegenheiten gründete. Ein Handelsvertrag mit der Weimarer Republik sollte diese Souveränität auch im Bereich der wirtschaftlichen Beziehungen zur Geltung bringen. Doch hatte sich Hertzog selbst ein Problem geschaffen, denn nun war er es, der politisch Farbe bekennen musste. Hinsichtlich einer Republik hatte er sich nämlich nie genau festgelegt. Sicherlich trauerte auch er der alten Republik des Oranje-Freistaates nach, ohne ein politischer Nostalgiker zu sein. Sein Ziel war die größtmögliche Selbstständigkeit Südafrikas, die sich in seinem Wahlspruch »*South Africa First*« ausdrückte. Wenn Südafrika aber als souveräner Staat von einem Verbleib im imperialen Verband profitieren konnte, sah er keinen Grund, an der Maximalforderung der Republik festzuhalten. Vermehrt äußerte er sich nach 1926 in diesem Sinn, womit er die primär ideologisch motivierten Republikaner gegen sich aufbrachte. Diese gründeten einen Republikanischen Bund innerhalb der Partei, der zwar nicht lange existierte, aber als Symptom für das Auseinanderdriften in dieser Frage interpretiert werden kann. Innerhalb der Nationalen Partei entstanden damit Spannungen und Bruchlinien entlang zentraler Zielsetzungen und Bedeutungsinhalte des burischen Nationalismus, die Hertzog durch sein großes Prestige und die notwendige Disziplin einer Regierungspartei noch einige Jahre unter Kontrolle halten konnte.

In anderen Bereichen war er im Sinn des Nationalismus durchaus erfolgreich. Dies betraf nicht zuletzt die Wirtschaftspolitik, als Hertzog gegen den erbitterten Widerstand der Minenindustrie und der oppositionellen *South African Party* den Grundstein einer weitergehenden Industrialisierung Südafrikas legte. Bis dahin hatte sich die Industrialisierung im Wesentlichen auf die Bergwerke beschränkt. Nur ansatzweise war etwa eine eigene Konsumgüterindustrie im Land entstanden und noch viel magerer sah es bei den Investitionsgütern aus. Dies führte zu teuren Importen, von Lokomotiven über Automobile bis hin zur Bergwerksausrüstung, und stärkte die koloniale Abhängigkeit Südafrikas von der britischen Wirtschaft, die diese Investitionsgüter lieferte. Da Südafrika über reichhaltige Eisenerz- und Kohlevorkommen verfügte, sah Hertzog einen Ansatzpunkt, durch den Aufbau der Schwerindustrie die Basis für eine umfassende Industrialisierung und die Erreichung wirtschaftlicher Selbstständigkeit zu legen. 1928 wurde die *Iron and Steel Corporation* (ISCOR) eingerichtet, die nach zahlreichen Schwierigkeiten zehn Jahre später die Produktion an ihrem neuen Produktionsstandort im Westen Pretorias aufnehmen konnte, wodurch die Hauptstadt allmählich den Charakter einer bloßen Verwaltungsstadt verlor. Langfristig gesehen hatte Hertzog klug gehandelt, denn ohne diesen Konzern wäre die diversifizierte Industrialisierung sicher nie gelungen und Südafrika wäre vom Export seiner Bodenschätze abhängig geblieben. Die Gründung von ISCOR schuf die schwerindustrielle Grundlage für eine breite Palette von Produkten, die nun aus den Grundmaterialen Eisen und Stahl in Südafrika selbst hergestellt werden konnten, was neue Arbeitsplätze schuf und die Urbanisierung des Landes vorantrieb.

In den folgenden Jahrzehnten und noch verstärkt nach 1948 wurden weitere parastaatliche Unternehmen ins Leben gerufen. Damit entwickelte Südafrika einen außergewöhnlich stark in die Wirtschaft eingreifenden Staat, der nicht nur die Infrastruktur der verstaatlichten Eisenbahnen, sondern auch die Stromversorgung (ESCOM), die Montanindustrie (ISCOR), die Phosphatindustrie (FOSKOR) bis hin zur petrochemischen Industrie der Kohleverflüssigungstechniken (SASOL) kontrollierte und über eine eigene Waffenproduktion (ARMSCOR) verfügte. Die private Wirtschaft ihrerseits wurde von einigen Großkonzernen, insbesondere der über die Minenkammer und den Aufstieg des Konzerns *Anglo-American* fast monopolistischen Goldindustrie, dominiert. Hertzog hatte eine erfolgreiche Importsubstitution in die Wege geleitet, sodass sich die wirtschaftliche Entwicklung Südafrika erst ab den 1920er Jahren vom Rest des Kontinents absetzte.

Trotz dieser hoffnungsvollen Initiativen geriet die Regierung Hertzog gerade in der Wirtschaftspolitik in raue See, denn die Folgen des Börsenkrachs in New York 1928 suchten auch Südafrika heim. Bis zur Wahl von 1929 waren sie noch nicht so gravierend, dass sie Hertzogs Wiederwahl hätten gefährden können, doch hatte Smuts' oppositionelle *South African Party* mittlerweile so an Zustimmung in der weißen Bevölkerung gewonnen, dass die Nationale Partei glaubte, sich im Wahlkampf fragwürdiger Methoden bedienen zu müssen. Auf Initiative des Vorsitzenden der NP im Transvaal, Tielman Roos, führte sie einen ausgesprochen rassistischen Wahlkampf, indem sie den *Black Peril*, die schwarze Gefahr in Form der Rassenmischung, an die Wand malte. Dies war durchaus wörtlich zu nehmen, da sie ein Plakat veröffentlichte, das eine gemischtrassige Familie zeigte, die als Folge der South African Party-Politik präsentiert wurde. Das war eine reine Unterstellung, da die South

African Party sich nie Rassenmischung oder auch nur eine Lockerung der Rassengesetze zum Ziel gesetzt hatte. Mit ihrem Mischehenverbot aus dem Jahr 1927 hatte die Nationale Partei selbst diese »Gefahr« eigentlich schon gebannt. Dennoch ging Roos' Rechnung auf und die Nationale Partei konnte die Wahl im Wesentlichen aufgrund dieser Schmutzkampagne für sich entscheiden. Roos selbst hatte nicht viel davon, da er sich kurz darauf aus Gesundheitsgründen aus der Politik zurückziehen musste und Hertzog, der froh darüber war, ihn los zu sein, ihn nach einer ausgedehnten Kur in Europa auf den prestigereichen Posten eines Richters am Appellationsgericht weglobte.

Erst nach der Wahl von 1929 bekam die Regierung die Folgen der Weltwirtschaftskrise zu spüren. Nun stand sich der Nationalist Hertzog selbst im Weg, denn seine Maßnahmen waren vom Standpunkt des Nationalisten vielleicht nachvollziehbar, ökonomisch jedoch kontraproduktiv. Als Großbritannien den Goldstandard aufgab und seine Währung abwertete, blieb Hertzog stur und hielt an beidem fest. Das Ergebnis war, dass es zu Währungsspekulationen und massiver Kapitalflucht aus Südafrika kam. Die Depression erfasste auch die ureigenste Wählerklientel der NP, nämlich die Farmer, die zusätzlich unter mehreren aufeinanderfolgenden Dürrejahren litten, was viele zur Aufgabe zwang. Smuts nutzte den Unmut der Wähler mit der unprofessionellen Wirtschaftspolitik der Regierung, um sich als den besseren Ökonomen zu präsentieren und landauf, landab ein Abgehen vom Goldstandard zu fordern. Hertzog geriet immer mehr in Bedrängnis, die sich in dem Moment zu einer echten Krise auswuchs, als Tielman Roos auf die politische Bühne zurückkehrte. Da er innerhalb der Nationalen Partei des Transvaal nach wie vor über einen starken persönlichen Anhang verfügte, konnte er Hertzog eine ganze Reihe Abgeordnete der Nationalen Partei abspenstig machen. Roos versuchte, sich auf diese Weise eine eigene Machtbasis aufzubauen. Er wollte das Parlament mehr oder weniger paralysieren, indem er verhinderte, dass eine der beiden großen Parteien über eine Mehrheit verfügte. Offensichtlich spekulierte er darauf, selbst Premierminister zu werden und suchte gleichzeitig Verhandlungen mit Nationaler Partei und *South African Party*. Doch sollte er an Hertzog und Smuts scheitern, denn anstatt die beiden Parteiführer gegeneinander auszuspielen, trieb Roos sie einander in die Arme. Keiner von ihnen wollte unter Roos die zweite Geige spielen, darum einigten sie sich in Geheimverhandlungen ihrerseits auf eine Zusammenarbeit. Hertzog gab Ende 1932 den Goldstandard auf, doch war die Situation im Parlament so verfahren, dass er eine Koalition mit der SAP eingehen musste. Im Frühjahr 1933 war es dann soweit, dass die beiden alten Rivalen gemeinsam auf der Regierungsbank Platz nahmen; Hertzog nach wie vor als Premier, Smuts als sein Stellvertreter und Justizminister. Nun wirkte sich aber das Direktwahlrecht aus, da es in einer gleich nach der Koalitionsbildung angesetzten Neuwahl, die die Regierung bestätigen sollte, zu erheblichen Problemen in vielen Wahlkreisen kam. Um sich die Mehrheit zu sichern, mussten die beiden bis dahin gegnerischen Parteien Wahlabsprachen treffen, d. h. den Kandidaten nur einer der beiden Parteien unterstützen. Dies führte zu erheblichem Unmut bei den Wählern, die ihre Feindbilder tief verinnerlicht hatten. Die Parteibasis sah nur den Ausweg in einer Fusion beider Parteien, die im Jahr nach der Wahl offiziell vollzogen wurde. Nationale Partei und *South African Party* verschmolzen 1934 zu einer neuen Partei, die den umfassenden Namen *United South African National Party* trug, im Alltag aber den Namen *United Party* benutzte.

Nicht überall ging die Fusion problemlos über die Bühne, denn in manchen Regionen und Wahlkreisen ließen sich die alten Antagonismen nicht ohne weiteres überwinden. In zwei Provinzen wehrten sich sogar ganze Parteiapparate gegen die Fusion. In Natal war das Bewusstsein, ein Außenposten des Britischen Empire zu sein, so stark, dass eine Verschmelzung mit der Nationalen Partei für viele englische Politiker undenkbar war. Sie formierten sich in der *Dominion Party*, die sich als dezidiert imperiale Partei verstand. Was für Smuts ein verschmerzbarer Verlust einiger Mandate war, wurde für Hertzog zu einem richtigen Problem. Denn die gesamte Nationale Partei der Kap-Provinz verweigerte sich, ja sie trennte sich ganz von der alten Nationalen Partei, nahm den gesamten organisatorischen Unterbau mitsamt der Parteikasse und ihrer Presse mit sich und konstituierte sich 1934 erneut unter dem Namen der Nationalen Partei. Freilich handelte es sich dabei nicht einfach um eine Fortsetzung der alten Partei, denn es war der kulturnationalistische Flügel, der sich nun von der alten Hertzog-Partei löste. Damit einher ging eine Radikalisierung des Nationalismus, da nun der Begriff des *Volkes* und dessen kulturelle Definition über Sprache, Geschichte und Religion ins Zentrum rückte. Der natürliche Bündnispartner der neuen Partei, die eine ursprünglich als Spottnamen gebrauchte Benennung bald als Selbstbezeichnung übernahm und sich »Gesäuberte« Nationale Partei nannte, war der *Afrikaner Broederbond*. Im Transvaal war fast die gesamte Partei Hertzog treu geblieben und nur ein einziger Abgeordneter, J. G. Strijdom, hatte dem General die Gefolgschaft aufgekündigt. Aber in Hertzogs eigener Bastion, dem Oranje Freistaat, scharten sich deutlich mehr Abgeordnete und Funktionäre um N. J. van der Merwe und C. R. Swart und schlossen sich der »Gesäuberten« Nationalen Partei an; Gesamtvorsitzender dieser Partei wurde nun Daniel Malan. Bezeichnenderweise waren die Politiker der anderen Provinzen, die ihm folgten, allesamt Kulturnationalisten mit enger Beziehung zum *Broederbond*. Malan und seine Umgebung traten ihrerseits 1934 dem *Broederbond* bei, doch war dies eine eher symbolische Geste und sicherlich kein Akt der Unterwerfung unter die Direktiven der Geheimgesellschaft. In der Nationalen Partei der Kap-Provinz gab es nur wenige engagierte Mitglieder des *Broederbond*, der exponierteste war Eben Dönges, der nach 1948 Innenminister werden sollte. Mit der Freisetzung des Kulturnationalismus als eigenständiger parteipolitischer Richtung und unterstützt vom *Broederbond* rückte die Nationale Partei Malans in den folgenden Jahren scharf nach rechts.

8.7 Der Wiederaufstieg des ANC in den 1940er Jahren

Während Zulukönig Salomon mit der *Inkatha* die Grundlage für einen ethnischen Nationalismus gelegt hatte, dem noch eine große Zukunft beschieden sein sollte, konnte der überethnische Nationalismus des ANC Ende der 1930er wie die KP das Tal der Tränen hinter sich lassen und einen neuen Aufschwung nehmen.

Was Moses Kotane in der Kommunistischen Partei bewirkte, erreichte für den ANC der promovierte Mediziner A. B. Xuma, ein typischer Vertreter also der Bildungselite, der im Johannesburger Stadtteil Sophiatown wohnte und praktizierte. Während seiner insgesamt neunjährigen Präsidentschaft (1940–1949) besserte sich die Situation des ANC beträchtlich. Xuma schreckte zwar vor einer inhaltlichen und ideologischen Neuausrichtung des ANC zurück, doch widmete er sich der wichtigen Basisarbeit. Über Jahre hinweg zog er durch das gesamte Land, was angesichts der kläglichen Ressourcen des ANC und der Probleme für Schwarze, überhaupt im Land zu reisen, eine große Leistung war. Er besuchte die Ortsverbände des ANC, prüfte Rechnungsbücher, ermutigte die Basis und half, neue tragfähige Strukturen aufzubauen. Mit dieser mühsamen, langwierigen Kärrnerarbeit schaffte er es, ganz im Stillen den ANC aus einem fast moribunden Honoratiorenverein in eine lebensfähige, landesweit präsente Organisation umzuschmieden. Trotz dieser Verdienste wurde Xuma wegen seines politischen Konservatismus Ende der 1940er Jahre abgewählt. Die Transformation des ANC in eine Massenbewegung wäre indes ohne seine Tätigkeit kaum möglich gewesen.

8.8 Das Problem der Poor Whites und die Radikalisierung des burischen Nationalismus

Mitten in den parteipolitischen Turbulenzen der 1930er Jahre richtete sich die öffentliche Aufmerksamkeit auf ein weiteres Problem, das wie kein anderes zur Radikalisierung der burischen Nationalisten und zur Umlenkung ihrer Politik in Richtung Rassentrennung und Apartheid beitrug: die sogenannte weiße Armut. Das Problem selbst war nicht neu, denn in der burischen Bevölkerung hatte es schon immer Unterschiede hinsichtlich des jeweiligen Vermögens gegeben. Spätestens seit der zweiten Hälfte des 19. Jahrhunderts waren wachsende soziale Disparitäten unübersehbar, doch kümmerte sich außer den reformierten Kirchen kaum jemand um die sozial marginalisierten Menschen, die meist keinen eigenen Zugang zu Land hatten. Dies war kein Problem, so lange sogenannte *Bywoner* eine Anstellung bei weißen Farmern als Vorarbeiter oder als Pächter finden konnten. Im Verlauf der Kommerzialisierung der Landwirtschaft wurden diese *Bywoner* verdrängt und durch billigere schwarze Arbeitskräfte ersetzt. Allenfalls als Saisonarbeiter konnten sie sich noch verdingen, weshalb viele eine unstete Existenz führten und mit ihren Familien im Land herumzogen. Das Ergebnis war, dass die Kinder keine Schule besuchten und die nächste Generation noch geringere Chancen auf eine Verbesserung ihrer Lage hatte. In manchen Regionen war das Problem anders gelagert, etwa in den Waldgebieten an der Südküste. Hier lebten arme Weiße vom Holzeinschlag und besaßen meist kleine Parzellen, wo sie Gemüse anpflanzten, ein paar Tiere hielten und auf diese Weise kärglich überlebten. Im frühen 20. Jahrhundert waren mehrere Studien über die armen Weißen durchgeführt worden, die in der breiteren Öffentlichkeit aber auf wenig Interesse stießen. Erst als in den späten 1920er Jahren die amerikanische *Carnegie Foundation* eine ganze Forschergruppe mit entsprechenden Mitteln ausstattete, um das Problem umfassend zu studieren, änderte sich das. Der daraus resultierende fünfbändige *Carnegie Report* wurde just zu einem Zeitpunkt vorgelegt, als die Auswirkungen der Weltwirtschaftskrise und der anhaltenden Dürre besonders dramatisch waren. Die Zahl der armen Weißen war sprunghaft auf etwa 300 000 angewachsen, von denen die weitaus meisten afrikaanssprachig waren, was angesichts einer Gesamtzahl von 1 200 000 Buren die Besorgnis der Nationalisten erregte. Hinzu kam die ideologische Perspektive, weiße Armut als eine Art Anomalie wahrzunehmen. In der rassistischen Wahrnehmung waren die Weißen die Herren des Landes, der soziale Abstieg einer beträchtlichen Zahl konnte das ganze soziale Machtgefüge der Rassenordnung in Gefahr bringen. Die burischen Nationalisten in *Broederbond* und »Gesäuberter« Nationaler Partei machten sich das Thema rasch zu eigen und entwickelten Pläne, die weiße Armut zu beseitigen, um die Eindeutigkeit einer Rassenordnung wiederherzustellen. Hier bewahrheitet sich die Annahme, dass Rassismus dann artikuliert wird, wenn er nicht mehr die selbstverständliche Ordnung bestimmt, sondern durch die soziale Entwicklung in Frage gestellt wird. Eine Möglichkeit, die Armut zu beseitigen, bestand darin, die armen Weißen sozial zu privilegieren, ihnen einen exklusiven Zugang zu bestimmten Berufen gesetzlich zu garantieren, Sonderprogramme in Bildung und sozialer Fürsorge für sie zu entwickeln und sie mittelfristig wieder zu weißen Herren zu machen. Das aber hieß, dass die Rassentrennungspolitik verschärft werden musste, wobei man bald einen Namen fand, um die neuen Rezepte von den alten abzusetzen, nämlich Apartheid.

Daneben mobilisierten die Nationalisten zur tätigen Solidarität mit den armen Weißen. Das lief auf Wohlfahrtsprogramme durch Hilfsorganisationen und den Staat hinaus. Einige der Autoren des *Carnegie-Report*, die meist mit der Universität Stellenbosch – einer Hochburg des burischen Nationalismus – verbunden waren, setzten sich aktiv dafür ein. Aus ihrem Umfeld stammte Hendrik F. Verwoerd, ein junger Soziologieprofessor, der in dieser Zeit erstmals von sich reden machte, weil er für eine staatliche Koordinierung aller Maßnahmen eintrat und damit einem Staat das Wort redete, der sich in das Privatleben seiner Bürger einmischte und die armen Weißen notfalls gegen ihren Willen zu Rehabilitationsmaßnahmen zwang. Arme Weiße waren nicht als Individuen wichtig, sondern als Mitglieder einer Nation, deren Bedürfnissen sie sich unterzuordnen hatten. Ein solcher Staat hatte potentiell totalitäre Züge und es ist wenig überraschend, dass dieser junge Wissenschaftler später Politiker wurde und das rassistische Privilegiensystem erneuerte und verschärfte. Als Minister und danach als Premierminister baute er in den 1950er und 1960er Jahren einen gigantischen Staatsapparat auf, der die schwarze Bevölkerungsmehrheit in einer Weise entmündigte, wie das in den 1930er Jahren noch kaum vorstellbar erschien.

Weil in der Depressionsphase, die der unmittelbaren Weltwirtschaftskrise folgte, weltweit Kapital aus dem Umlauf genommen und in sicheren Werten angelegt wurde, zu denen vor allem Gold zählte, hatte Südafrika einen enormen Vorteil gegenüber anderen Ländern. Tatsächlich konnte sich nach Bildung der Großen Koalition von 1933 mit anschließender Parteienfusion das Land schnell aus der Krise befreien. Die 1930er Jahre wurden sogar zu einer Zeit bislang nicht gekannter Prosperität und wirtschaftlicher Zuwachsraten. Zusätzlich ergriff die Regierung Maßnahmen, um die Farmer, eine wichtige Wählerklientel, zu unterstützen. Zu diesem Zweck richtete sie für die verschiedenen landwirtschaftlichen Produkte *Marketing Boards* ein, die die Produkte als Monopson ein- und sie als Monopol verkauften. Auf diese Weise konnten bestimmte Produkte durch künstlich erhöhte Preise subventioniert werden. Diese Maßnahmen waren jedoch mit einer Ausweitung staatlicher Bürokratie und einer weiteren Expansion des Staates in die Wirtschaft verbunden. Hier wurde das vorbereitet, was man für die Zeit nach 1948 als »Sozialismus nur für Weiße« bezeichnet hat, eine Art sektoral arbeitenden Sozial- und Versorgungsstaat für die weiße Bevölkerung, der freilich seine Kehrseite in der Ausgrenzung der schwarzen Mehrheit hatte.

Eine weitere Maßnahme zur »Rettung« der armen Weißen kam vom *Afrikaner Broederbond*. Außer wohltätige Vereinigungen unter der Regie dieser Geheimgesellschaft zu fördern, leitete der Vorstand einen ökonomischen Aufstieg des »Volkes« in die Wege, da bis dahin die ökonomisch führende Elite fast ausschließlich aus englischsprachigen Weißen bestand. In den späten 1930er Jahren veranstaltete der *Broederbond* die 100-Jahrfeier des *Großen Trek* und der Schlacht am Blood River über die Zulu – Ereignisse, die nun programmatisch in die Errichtung einer klaren Rassenhierarchie umgedeutet wurden, wie man sie mit der Rehabilitierung der armen Weißen anstrebte. Zudem hatten dieser Lesart zufolge die Weißen die Afrikaner vor ihrer eigenen Despotie gerettet. Das Massenereignis der *Trek*feier, bei dem Nachbauten der Ochsenwagen durchs ganze Land zogen, eine Besinnung auf die kulturellen Werte der Buren sich in einem Neotraditionalismus Bahn brach und in einer Weise organisiert war, dass die freigesetzten nationalistischen Energien in erster Linie der »Gesäuberten« Nationalen Partei zugute kamen, brachte für die Kulturnationalisten den Durchbruch zur Massenbewegung. Nun wurde eine positive Besetzung der Selbstbezeichnung *Afrikaaner* etabliert, das Stigma der Kriegsniederlage durch die besondere kulturelle Sendung überwunden und das Selbstbewusstsein einer Zukunft als weiße Nation auf dem »schwarzen Kontinent« durch die Zelebrierung einer heroischen Vergangenheit zunächst symbolisch gesichert.

Ein Wahlsieg der »Gesäuberten« Nationalen Partei war in den 1930er Jahren keineswegs absehbar, was einer der Gründe für den Aufstieg allerlei rechtsradikaler Splittergruppen war, da sich viele burische Nationalisten im Parlament nicht mehr oder nur unzureichend vertreten fühlten. Daneben erschien die Regierungspartei in einer nahezu unangreifbaren Position, die sie mit der Wahl 1938 mit 111 von 153 Parlamentssitzen stabilisieren konnte. Die Fusion von Hertzogs Nationaler Partei mit Smuts' *South African Party* zur *United Party* im Jahr 1934 hatte zur Folge, dass viele politisch heimatlos gewordene Buren sich der extremen Rechten zuwandten. Eine erste Welle solcher Gruppierungen orientierte sich an erfolgreichen faschistischen Parteien Europas. Diese radikal antisemitischen Parteien traten uniformiert als Grauhemden oder Schwarzhemden in Erscheinung, strebten aber eine englisch- wie afrikaanssprachige Weiße umfassende Nation an. Eine zweite Welle nach dem Symbolischen Ochsenwagentrek von 1938 war viel stärker burisch-nationalistisch gefärbt. Neben zahlreichen kleinen, oft lokal begrenzten Gruppen brachte sie mit der *Ossewabrandwag* (Ochsenwagenfeuerwache) eine breite Massenbewegung hervor, die auf dem Höhepunkt ihres Einflusses schätzungsweise 300 000 Mitglieder zählte.

Diese Organisation erfuhr einen massiven Zulauf mit dem Beginn des Zweiten Weltkriegs. Nach dem *Westminster Statute* war Südafrika als nunmehr souveräner Staat nicht mehr automatisch an die britische Kriegserklärung gebunden, sondern musste eine eigene Entscheidung treffen. Premierminister Hertzog wollte neutral bleiben, doch sein Stellvertreter Jan Smuts drängte darauf, Großbritanniens Alliierter zu werden und Deutschland den Krieg zu erklären. Als Smuts im Kabinett die Mehrheit auf seiner Seite hatte, berief Hertzog eine Parlamentssitzung ein. Allerdings steckte er auch hier eine Niederlage ein und trat daraufhin zurück. Da Smuts über eine Mehrheit verfügte, weigerte sich Generalgouverneur Patrick Duncan, Neuwahlen auszuschreiben und beauftragte Smuts mit der Regierungsbildung. Dies hatte einen Sturm der Entrüstung innerhalb des burisch-nationalistischen Lagers zur Folge und bei vielen eine Abkehr vom parlamentarischen System, was der Ossewabrandwag und radikalen Kräften innerhalb der Nationalen Partei zugutekam.

1941 übernahm mit Hans van Rensburg ein Sympathisant des Nationalsozialismus die Führung der Organisation. Sie geriet bald in einen heftigen Konflikt mit Malans Nationaler Partei. Dabei ging es um die Führung innerhalb des burischen Nationalismus, weniger um politische Prinzipien, auch wenn diese für die Profilierung beider Gruppen wichtig waren. Doch sollten die Bekenntnisse der Nationalen Partei zum Parlamentarismus nicht darüber hinwegtäuschen, dass sie stark von rechtsradikalem Gedankengut beeinflusst war, was sich nicht zuletzt in ihrem lautstarken Antisemitismus kundtat. Während die Ossewabrandwag mit der sich abzeichnenden deutschen Niederlage im Zweiten Weltkrieg rapide an Einfluss und Mitgliedern verlor, konnte die Nationale Partei die Führung im nationalistischen Lager zurückgewinnen, blieb aber dauerhaft sowohl ideologisch als auch personell von ihrem außerparlamentarischen Rivalen beeinflusst.

8.9 Rassenpolitik vor 1948

Die Verfassung der Union hatte 1910 eine uneinheitliche Rassenpolitik festgeschrieben, die aber in den folgenden Jahrzehnten bis 1948 sukzessive in Richtung der radikalen Exklusionstradition der Burenrepubliken vereinheitlicht wurde. In den 1920er Jahren hatte eine Ideologie der Rassentrennung Konjunktur, die von unvereinbaren Kulturen ausging und keineswegs auf Südafrika beschränkt war. Es gab dergleichen in zahlreichen afrikanischen Ländern, insbesondere in Siedlerkolonien, wo es zu besonders strikten Rassentrennungsmaßnahmen kam. Nicht zu unterschätzen sind externe Einflüsse, da einflussreiche Pädagogen, wie Charles Loram, Erziehungskonzepte übernahmen, die in den USA für Afroamerikaner entwickelt worden waren.

Sie entwickelten ein neues, u. a. von der Völkerkunde her beeinflusstes Konzept von ethnischen Gruppen als kulturellen Einheiten, was man heute als Kulturessentialismus bezeichnen würde. Demnach gab es einen, jede ethnische Gruppe auszeichnenden, zentralen kulturellen Kernbestand, der auch die Individuen unauslöschlich prägte. Meist englischsprachige Intellektuelle wie Edgar Brookes und John Rheinallt-Jones waren von Sorge um die schwarze Bevölkerung getrieben, da sie das Leben in modernen Großstädten und die Folgen der Wanderarbeit für unvereinbar mit der Kultur der Schwarzen hielten. Damit führten sie Folgeprobleme wie Alkoholismus, Gewalt und Prostitution nicht auf die sozialen Verhältnisse und die Armut zurück, sondern auf die Inkompatibilität zweier Kulturen, die aufeinanderprallten. Nach dieser Interpretation taugten Afrikaner nicht für das Großstadtleben, sondern sie lebten glücklicher in den traditionellen Verbänden unter einem fürsorglichen *Chief*. Diese Argumentationsmuster, ohne die dahinterstehenden guten Absichten, wurden später dankbar von Apartheid-Politikern als Begründung für ihre diskriminierenden Maßnahmen übernommen.

Die Vertreter des Essentialismus fanden ihren Hauptgegner in dem Historiker und Sozialwissenschaftler William Macmillan (1885–1974). Er wies in seinen Arbeiten eindringlich darauf hin, dass die Südafrikaner trotz ihrer multiethnischen Ursprünge auf dem Weg zu einer integrierten Gesellschaft seien. Rassentrennung lehnte er entschieden ab, da es unmöglich sei, die wirtschaftlich bedingte Integration rückgängig zu machen. Zudem verschoben die Segregationisten das Problem auf die Kultur, während Macmillan hervorhob, dass es sich primär um ein soziales Problem, nämlich die Ungleichverteilung von Einkommen und beruflichen Chancen handle. Als Professor an der *University of the Witwatersrand* lehnte er die 1928 erfolgte Gründung des *South African Institute of Race Relations* ab, denn wie der Name schon sagt, ging es den Konservativen um John Rheinallt-Jones u. a. um die Beziehungen zwischen essentialistisch erfassten und kulturell definierten Rassengruppen und nicht um primär gesellschaftliche Probleme eines sich industrialisierenden Landes.

Die Protagonisten der Rassentrennung waren demnach nicht nur afrikaanssprachige Weiße, zunächst noch nicht einmal die burischen Nationalisten, sondern politisch dem Liberalismus zuneigende englische Intellektuelle. Gerade Jan Smuts, häufig als ein weltläufiger und kosmopolitischer Politiker dargestellt, war einer der wichtigsten Befürworter der Rassentrennung. In einer Rede im Londoner Savoy Hotel am 22. Mai 1917 begründete er seine Zielsetzung. Seine Grundannahme war die Zivilisationsunfähigkeit der Afrikaner, weshalb er für eine Politik der Rassentrennung eintrat. Zahlreiche Initiativen zur Rassentrennung in diskriminierender Absicht gingen seit dem Beginn des Jahrhunderts von den Stadtverwaltungen aus, in erster Linie, wenn sie sich gegen Asiaten richteten. Aber auch Zwangsumsiedlungen der schwarzen Bevölkerung aus den Innenstädten in außerhalb gelegene *Townships* wurden von den Städten initiiert und mit Hygienemaßnahmen und Seuchenprävention begründet.

Auf nationaler Ebene waren häufig englischsprachige Politiker, insbesondere aus Natal, lautstarke Protagonisten von Rassentrennungsmaßnahmen. Das hatte teilweise damit zu tun, dass das demographische Verhältnis von Weißen zu Schwarzen in Natal als problematisch wahrgenommen wurde und die Weißen hier Opfer des selbst geschaffenen Mythos von der Zulu-Gefahr wurden. Vor allem aber waren sie beeinflusst von ähnlichen Entwicklungen in anderen Teilen des Empire und in den USA. Der aus Natal stammende Colonel Stallard initiierte 1923 erfolgreich ein Gesetz zur Rassentrennung in den Städten, den *Native Urban Areas Act*, der die Ergänzung zur zehn Jahre zuvor verabschiedeten Rassentrennung auf dem Land durch den

Natives Land Act darstellte. In diesem Gesetz wurden Städte als »Orte der Weißen« definiert und daraus wurde abgeleitet, dass Schwarze nur ein Aufenthaltsrecht in einer Stadt genießen sollten, solange sie für die Weißen arbeiteten. Es war die Grundlage für zahlreiche spätere Gesetze, die während der Apartheid im Hinblick auf Rassentrennung im urbanen Raum und zu dessen Kontrolle erlassen wurden.

Die Überwachung der ländlichen afrikanischen Bevölkerung wurde unter Hertzogs Regierung ebenfalls intensiviert, indem der Generalgouverneur, das zeremonielle Staatsoberhaupt in Vertretung des Königs, 1927 zum »*Supreme Chief*« ernannt wurde. Auf diese Weise wurden afrikanische *Chiefs* in eine Ämterhierarchie eingepasst, die wenig mit afrikanischer Tradition, aber viel mit europäischen Vorstellungen von staatlicher Autorität zu tun hatten. Dem Generalgouverneur und damit faktisch der südafrikanischen Zentralregierung stand so die Möglichkeit offen, widerborstige *Chiefs* abzusetzen und ihre Zuständigkeiten neu zu regulieren.

Auch die repressive Seite der Rassentrennungspolitik, die nach 1948 deutlich zum Vorschein kommen sollte, hatte ihre Vorläufer schon in den 1920er Jahren. Justizminister Oswald Pirow, später einer der profiliertesten Faschisten des Landes, hatte 1930 den *Riotous Assemblies Act* erheblich erweitert. Dieses Gesetz ermöglichte es ihm, Versammlungen als »aufrührerisch« zu verbieten und notfalls gewaltsam auflösen zu lassen, wovon er ausgiebigen Gebrauch machte, um schwarze Gewerkschaften zu unterdrücken. Es war die erste massive Einschränkung des Rechtsstaates in Südafrika und stellte für spätere Regierungen einen willkommenen Präzedenzfall dar.

Die Abschaffung des Wahlrechts für Schwarze 1936

General Hertzog hatte sich schon vor seiner Regierungsübernahme für Rassentrennungsmaßnahmen stark gemacht; schließlich war er der verantwortliche Politiker für die Formulierung des *Natives Land Act* von 1913 gewesen. Im Anschluss an seinen Wahlsieg 1929 erweiterte Hertzog seine Wählerbasis, indem der das Frauenwahlrecht nur für Weiße einführte, während *coloured* und schwarze Frauen, selbst wenn sie eigentlich die Zensusbestimmungen erfüllt hätten, davon ausgeschlossen blieben. Die weißen Suffragetten nahmen diese offen rassistische Maßnahme widerspruchslos hin. Damit ging das Gewicht der *coloured* und schwarzen männlichen Wähler prozentual deutlich zurück, doch das reichte Hertzog noch immer nicht.

Mit der Gründung der *United Party* im Jahr 1934 verfügte General Hertzog über die notwendige Zwei-Drittel-Mehrheit im Parlament, um seinen lange gehegten Wunsch in die Tat umzusetzen, nämlich eine Angleichung des Wahlrechts in der Kap-Provinz an den Rest des Landes, d. h. die Abschaffung des Wahlrechts für Schwarze im ganzen Land. Schon 1926 hatte er dies versucht, war aber an den Mehrheitsverhältnissen gescheitert. Bezeichnenderweise trug Jan Smuts, der Vizepremier, diese Entscheidung mit. 1936 wurde ein ganzes Paket gesetzlicher Maßnahmen verabschiedet, die ineinander griffen und sich wechselseitig ergänzten. Denn der Wegfall des Wahlrechts für die schwarzen Männer der Kap-Provinz wurde mit anderen Maßnahmen »kompensiert«, da nun als landesweite Vertretung der schwarzen Bevölkerung ein *Native Representative Council* eingerichtet wurde, das aber rein beratende Funktionen und keinerlei wirklichen Einfluss hatte. Außerdem wurde die schwarze Bevölkerung der Kap-Provinz auf eine getrennte Wählerliste gesetzt und konnte drei weiße Abgeordnete ins Parlament wählen, die sogenannten *Native Representatives*. Diese Möglichkeit wurde im Fall des Senats auf das ganze Land ausgedehnt, da die schwarze Bevölkerung insgesamt vier weiße Senatoren wählen konnte. Immerhin zählten die *Native Representatives* zu den parlamentarischen Schwergewichten, da die schwarze Bevölkerung außergewöhnlich hochkarätige Politiker und Intellektuelle ins Parlament entsandte. Margaret Ballinger, sicherlich die profilierteste unter ihnen, war als Historikern Schülerin von William Macmillan gewesen, während Senator Hymer Basner ein unorthodoxer Linker war, der im Zug der innerparteilichen Säuberungen der 1930er Jahre aus der Kommunistischen Partei ausgeschlossen worden war. Sie setzten sich gegen ihre konservativen Konkurrenten durch, die aus dem Umfeld des *South African Institute of Race Relations* stammten.

Hertzog erweiterte das Land, das im Land Act von 1913 der schwarzen Bevölkerung zugestanden worden war, von 7 % auf 13 % der südafrikanischen Landfläche, doch konnte das Projekt, weil es Enteignungen und Entschädigungen weißer Farmer implizierte, nur ansatzweise und mit langen Zeitverzögerungen umgesetzt werden.

Mit seiner Politik hatte Hertzog Rassentrennung zur dominanten Form des Umgangs mit den sozialen Problemen in Südafrika erhoben. Eine wirkliche Opposition im Parlament gab es gegen diese Politik kaum, was die allgemeine Haltung in der weißen Bevölkerung wiedergab, Rassentrennung sei ohne realistische Alternative. Denn wer von der Rassentrennung abgehe und Integration befürworte, trete für Rassenmischung und damit für den Untergang der weißen Bevölkerung ein. Dies wurde in den 1930er Jahren von den burischen Nationalisten aufgegriffen, als die weiße Armut diese Folgen bereits zu demonstrieren schien. So tauchte der Begriff Apartheid in den internen Diskussionen der burischen Nationalisten und des Broederbond in den späten 1930er Jahren erstmals auf.

9 Südafrikas Zeitalter der Extreme: Die erste Phase der Apartheid 1948–1966

9.1 Periodisierung der Apartheid

Die Geschichte der Apartheid begann mit dem Wahlsieg der Nationalen Partei 1948 und endete mit den ersten demokratischen Wahlen im Jahr 1994. Diese Einrahmung durch Wahlen ist signifikant, da das Regime während des fast ein halbes Jahrhundert umfassenden Zeitraums den Anschein der Rechtsstaatlichkeit, ja der demokratisch legitimierten Verfahren aufrechterhielt. Eine Übersicht der Rassentrennungspolitik wird notwendigerweise den Staat als Hauptakteur in den Mittelpunkt stellen müssen, zumal nicht nur die organisierte Opposition, sondern zahlreiche Formen informellen Widerstands ihre Rückwirkungen auf staatliches Handeln hatten. Wie kann man diese Geschichte sinnvoll periodisieren und auf diesem Weg zu einer Interpretation der Rassentrennungspolitik gelangen? Interessanterweise sind die wichtigsten politischen Weichenstellungen jeweils mit Wechseln im Amt des Premierministers verbunden, woraus sich folgende Periodisierung ergibt:

a) Die Phase der Umsetzung der Apartheid im Alltagsleben und der Sicherung der Macht für die NP während der Amtszeiten der Premiers D. F. Malan (1948–1954) und J. G. Strijdom (1954–1958).
b) Die *Homeland*-Politik unter Premier Verwoerd (1958–1966).
c) Der Aufbau eines Sicherheitsstaates mit der Polizei im Zentrum unter B. J. Vorster (1966–1978).
d) Der Ausbau dieses Sicherheitsstaates in ein autokratisches Präsidialsystem unter P. W. Botha (1978–1989).
e) Die Transition zur Demokratie unter F. W. de Klerk (1989–1994).

Gerade die erste Phase zeigt, dass nicht jeder Premierminister politisch Zeichen setzte. Die Tatsache, dass Premierminister die Politik in entscheidender Weise gestalten konnten, wirft ein bezeichnendes Licht auf die politische Kultur der Nationalen Partei, die intern autoritär strukturiert war und deren *Caucus*, d. h. die Parlamentsfraktion, das wichtigste Instrument zur Disziplinierung der Abgeordneten war. Mit dem Amtsantritt von J. G. Strijdom im Jahr 1954 setzte sich auch die bereits beschriebene Tradition der beiden nördlichen Provinzen insgesamt durch, nämlich die Ausrichtung auf zentrale Persönlichkeiten und den Klientelismus in der Nationalen Partei. Nur der erste Premier und Vorsitzende der Nationalen Partei in der Kap-Provinz, D. F. Malan, pflegte einen kollegialen Führungsstil und ließ seinen Ministern viel Gestaltungsspielraum. Deshalb war es unter seiner Amtszeit als Regierungschef einem Politiker wie H. F. Verwoerd als *Minister of Native Affairs* möglich, ein eigenes Profil zu gewinnen.

Daraus wird ersichtlich, dass die zweite Phase eine Intensivierung des Umbaus von Staat und Gesellschaft im Sinn einer rigorosen Rassentrennung war, da nun die Apartheid von einer durchgängigen Segregation im Alltagsleben in eine territoriale Umgestaltung des Landes ausgeweitet wurde. Die Wende kam nach dem Tod Verwoerds, als der südafrikanische Staat unter Vorster und Botha die Apartheid-Konzepte nicht mehr weiterentwickelte, sondern nur noch entlang der von Verwoerd entwickelten Vorgaben ausbaute und diese allmählich modifizierte. Tatsächlich schwenkte die Politik auf eine im Grunde defensive Linie um, was sich auch daran ablesen lässt, dass nun statt dem Rassismus der Antikommunismus zu einer Art Ersatz-Staatsideologie erhoben wurde. Mit dem Wegfall des Ost-West-Gegensatzes Ende der 1980er Jahre verlor das Regime endgültig seine Legitimation. Da es längerfristige Kontinuitäten und zeitliche Überlappungen der verschiedenen Phasen der Apartheid gab, sollen sie hier jeweils im Zusammenhang dargestellt werden.

9.2 Die Einführung der Apartheid 1948–1958

Daniel Malan war selbst überrascht, als seine Nationale Partei im Mai 1948 die Wahlen gewann, das Direktwahlsystem mit seinen Verzerrungen der Wählermeinung war ihm zugutegekommen. Zudem hatte er zuvor mühevoll eine Wahlallianz mit der *Afrikaner Party* geschmiedet, in der die Restbestände der Anhängerschaft von General Hertzog mit den desillusionierten Mitgliedern der rechtsextremen Ossewabrandwag versammelt waren. Erst im Oktober 1951 fusionierte Malans Partei mit der *Afrikaner Party* unter dem Namen Nationale Partei, die bis 1994 ununterbrochen das Land regierte. Die schnelle Abfolge, in der die zentralen Apartheidgesetze in den ersten Jahren nach 1948 verabschiedet wurden, ließ kritische Zeitgenossen ein systematisches Vorgehen vermuten.

Dieser Eindruck wurde verstärkt, weil die burischen Nationalisten mit dem Sendungsbewusstsein derer antraten, die überzeugt waren, eine Patentlösung für Südafrikas Probleme gefunden zu haben. In der südafrikanischen Historiografie hat sich seit den frühen 1990er Jahren aber die Ansicht durchgesetzt, Apartheid sei nicht mehr als ein – nicht einmal sehr erfolgreicher – Wahlslogan gewesen. Dieser Auffassung zufolge hätte die neue Regierung kein klares Konzept gehabt, sie hätte sich eher tastend in die neue Welt der radikalen Rassentrennung hineinbewegt, als dass sie ein klares, vorher ausgearbeitetes Programm in Gesetzesform gegossen hätte. Daran ist sicher richtig, dass die Apartheidpolitik geschmeidiger war, als sie zu sein den Anschein gab. Gerade die zeitgenössischen Kritiker der Politik betonten den stark doktrinären Charakter, weil sie ihn tatsächlich so wahrnehmen mussten. Schließlich hielten die burischen Nationalisten sich etwas auf ihre Inflexibilität zugute. In Wirklichkeit war die Apartheidpolitik nicht frei von opportunistischen und tagespolitischen Kalkülen. Aber das darf alles nicht darüber hinwegtäuschen, wie sehr die

Apartheid für die burischen Nationalisten ein zentrales Thema war. Es ging ihnen eben nicht nur um Herrschaftspragmatismus und Optimierung kapitalistischer Ausbeutungsstrukturen. Die Angst vor kulturellem Substanzverlust und der Rassismus waren treibende Kräfte, die Radikalität in Worten und Taten dokumentieren dies. Die schnelle Abfolge, mit der die wichtigsten Pfeiler des Apartheidgebäudes kurz nach der Regierungsübernahme eingerammt wurden, belegt deutlich die klaren Zielvorgaben der Nationalisten, auch wenn sie sich in den Details pragmatisch zeigten. An diesen Zielen und Strukturen musste sich auch die Opposition *nolens volens* orientieren, schließlich determinierten sie den Alltag und die beruflichen Chancen mehrerer Generationen der dadurch unmittelbar betroffenen Bevölkerungsmehrheit.

Die ersten Gesetze legten das Fundament für eine rigorose Rassentrennung im Bereich des öffentlichen Lebens, der städtischen Ordnung, der Rassenzugehörigkeit selbst, des Intimlebens, der Bildung und der Arbeitsmärkte. Und das war erst der Anfang, denn diesen grundlegenden Gesetzen sollten hunderte, ja tausende in den nächsten Jahrzehnten folgen, von denen die meisten nur dazu dienten, die Schlupflöcher zu stopfen, die die anderen gelassen hatten. Das hatte zur unausweichlichen Folge, dass Gesetze einander widersprachen und die Betroffenen selbst bei größter Gesetzestreue und vorbildlichem Verhalten irgendwann straffällig werden mussten. Tatsächlich hat die Apartheid dazu beigetragen, ganze Bevölkerungsgruppen zu kriminalisieren, die verständlicherweise wenig Respekt für eine Rechtsordnung aufbrachten, die sie kaum anders denn als feindlich und gegen ihre Interessen gerichtet empfanden.

Bezeichnend ist die Abfolge der gesetzgeberischen Maßnahmen, da es zunächst um eine Sicherung bereits vorhandener Rassentrennung mit radikaleren Mitteln ging. Die bestehenden Mischehenverbote wurden 1949 generalisiert, in einem späteren Gesetz sogar auf Geschlechtsverkehr allgemein ausgedehnt. Mit dem *Population Registration Act* (1950) wurde die gesamte Bevölkerung Südafrikas einem rassistischen Klassifizierungssystem unterworfen, das zunächst drei Rassen kannte: Die Weißen, damals »Europäer« genannt, wobei keine Binnendifferenzierung in Buren und Briten vorgenommen wurde. Entgegen früherer Meinungen, die besonders in rechten Kreisen vertreten worden waren, wurden auch Juden nicht ausgegrenzt, sondern als Weiße akzeptiert – vor 1948 keine Selbstverständlichkeit! Die schwarze, bantusprachige Mehrheitsbevölkerung wurde als *Natives* qualifiziert, wofür im Verlauf der 1950er Jahre sich dann der pseudowissenschaftliche Begriff *Bantu* durchsetzte, der vor allem vom zuständigen Ministerium propagiert wurde, weil es damit unter Beweis stellen wollte, dass der Rassentrennung »objektive« ethnologische Kriterien zugrunde lagen.

Schließlich blieben die *Coloureds*, die eine typische Residualkategorie bildeten, denn im Gesetz wurden sie als diejenigen definiert, die nicht eindeutig entweder Schwarze oder Weiße waren. Es war also eine Bestimmung *ex negativo*, ohne dass klare Kriterien genannt werden konnten, was denn eigentlich biologisch oder kulturell einen *Coloured* ausmache. Darum wird bis heute der Begriff häufig in Anführungszeichen verwendet – eine Verlegenheitslösung, die viele Coloureds mittlerweile durch ein positives Bekenntnis ersetzt wissen möchten. Das ist nur zu verständlich, wer möchte schon einer Bevölkerungsgruppe angehören, die sich mit dem Beiwort

»sogenannt« oder mit Anführungszeichen für ihre eigene Existenz entschuldigen muss? Die *Coloureds* sind darum nicht, wie gerade in deutschen Darstellungen oft fälschlich behauptet wird, »Mischlinge«. Erstens sind alle Menschen Mischlinge, es gibt keinerlei tragfähige Definition für »Mischling«, wenn man nicht klar abgrenzbare Rassenkategorien voraussetzt. Zweitens ist nur eine Minderheit der *Coloureds* aus Ehen zwischen Weißen und Schwarzen hervorgegangen, sondern die große Mehrheit sind Nachkommen der südafrikanischen Sklaven bzw. der Khoisan-Bevölkerung.

Die Willkürlichkeit dieser »Rasseneinteilung« zeigt sich an zwei Umständen: Erstens wurden mit Beginn der 1960er Jahre die »Asiaten« als vierte Rasse aus der Gruppe der *Coloureds* ausdifferenziert und zudem unternahmen südafrikanische »Experten« den Versuch, weitere Binnenunterscheidungen unter den *Coloureds* vorzunehmen, wobei sie auf sieben verschiedene Untergruppen kamen. Zweitens mussten alle Südafrikaner nach der Verabschiedung des *Population Registration Act* vor staatlichen Kommissionen erscheinen, die ihre Rassenzugehörigkeit nach dem äußeren Eindruck festlegten. Gerade im Fall der *Coloureds*, die die gesamte Hautfarbenpalette Südafrikas repräsentierten, erwies es sich oft als sehr schwierig, klar zu bestimmen, ob es sich um *Coloureds* oder Schwarze, *Coloureds* oder Weiße handelte. Aus diesem Grund entwickelten manche Kommissionen den sogenannten »Bleistifttest«. Der jeweiligen Person wurde ein Bleistift ins Haar gesteckt: fiel er heraus, hatte man einen *Coloured* vor sich; blieb er stecken, war es ein *Native*. Dergleichen Willkür hatte durchaus ihre guten Seiten, denn wenn man ihn mit den Ariernachweisen der Nürnberger Gesetze vergleicht, bot der *Population Registration Act* immerhin einige Schlupflöcher: Man konnte die Beamten der Kommission bestechen oder eine Reklassifizierung beantragen. Bis zum Ende der Apartheid wurden im offiziellen Gesetzblatt des Staates, der *Government Gazette*, Fälle von Reklassifizierung publiziert, die sich heute in erster Linie als Beleg für die Absurdität der Apartheid und der ihr zugrunde liegenden Ideen lesen lassen, die für die betroffenen Menschen aber von existentieller Bedeutung waren. Denn die Zugehörigkeit zur Rasse hatte Auswirkungen auf berufliche Möglichkeiten, den Wohnort, den Zugang zu Bildung und öffentlichen Einrichtungen, auf Rechte und Status bis hin zur Wahl der Heiratspartner. Zahllose persönliche Tragödien sind auf diese Rassenklassifizierung zurückzuführen, da Liebesbeziehungen aufgelöst oder heimlich und in ständiger Angst vor Entdeckung weitergeführt werden mussten. Der bekannteste Fall war Breyten Breytenbach, der bedeutendste afrikaanssprachige Lyriker, der jahrzehntelang im französischen Exil leben musste, weil er mit einer Vietnamesin verheiratet war.

Der *Population Registration Act* war die Grundlage der gesamten Apartheid, da alle anderen Gesetze eine gültige Rasseneinteilung der Bevölkerung voraussetzten. Der *Separate Amenities Act* (1953) sorgte für eine umfassende und rigorose Rassentrennung im Alltagsleben. Alle öffentlichen Einrichtungen wurden nach den Rassengruppen getrennt: Ämter, Eisenbahnzüge und Bahnhöfe, Busse und Schulen, öffentliche Toiletten, Strände, Parkbänke und Grünanlagen. Manche Einrichtungen gab es überhaupt nur für Weiße, etwa bessere Hotels. Die privaten Geschäftsleute zogen meist willig nach, indem ihre Geschäfte zwei Eingänge erhielten. Manchmal durften Schwarze die Geschäftsräume nicht einmal betreten, sondern sie mussten am Hintereingang ihre Einkaufsliste abgeben und erhielten die Ware dort ausgehändigt.

Industrieunternehmen mussten getrennte Werkskantinen, Toiletten usw. einrichten, private Arbeitgeber stellten ihren Hausangestellten eigenes Geschirr und Einrichtungen zur Verfügung, quartierten sie in einer kleinen und schäbigen Unterkunft meist hinter der Garage beim Hintereingang zur Küche ein, sodass die schwarze Hausangestellte möglichst ungesehen zu ihrem Arbeitsplatz kam. Der Haushalt war, wie im 18. Jahrhundert die Farm, das Laboratorium und der Mikrokosmos der Rassentrennungspolitik. Generationen weißer Kinder wurden in die Apartheid sozialisiert, indem sie vertrauten Umgang mit der schwarzen *Nanny* mit sozialer Distanz und erniedrigenden Umgangsformen zu verbinden lernten. Viele Weiße kannten nicht einmal den Nachnamen ihrer Hausangestellten und interessierten sich nicht dafür, ob diese Kinder hatte. Die patriarchalische Struktur der südafrikanischen Gesellschaft verdoppelte sich für die schwarzen Frauen, die nicht nur in ihren eigenen Gemeinschaften an unterster Stelle standen, sondern in den weißen Haushalten von ihren *Madams* herumkommandiert wurden, die oft um einiges jünger waren als sie selbst. Die rassistische Privilegiengesellschaft der Apartheid verband eine Hackordnung nach Maßgabe der Hautfarbe mit der Unterordnung von Frauen unter Männer, wobei abgestufte Privilegien Solidarisierungen verhinderten. Der Alltag in den weißen Haushalten offenbart, wie wenig die Apartheid den Weißen von oben aufgezwungen werden musste und warum die Nationale Partei nach 1948 die Wahlen mit immer weiter wachsenden Mehrheiten gewinnen konnte. Apartheid wurde von einem breiten Konsens in der weißen Bevölkerung getragen.

Der umfassende Charakter der Rassentrennung nach 1948 war ebenso neu wie der radikale Impetus, mit dem sie durchgeführt, wie der bürokratische Rigorismus, mit dem sie umgesetzt wurde. Während die genannten Gesetze auf die gesamte Bevölkerung Anwendung fanden, um sie in »Rassen« zu trennen, beschränkten andere Gesetze die beruflichen Chancen und die soziale Mobilität der dunkelhäutigen Mehrheit, die damit zu Unterprivilegierten wurden. Der *Group Areas Act* richtete sich gegen die *Coloureds*, vor allem aber gegen die Inder, deren Präsenz in den Innenstädten, etwa in Durban, den Stadtverwaltungen schon lange ein Dorn im Auge war. Der Staat konnte bei Bedarf ein Gebiet zu einer *Group Area* erklären, meist zu einer weißen, sodass alle »Nicht-Weißen« dort kein Residenzrecht mehr hatten. So konnte man auf einfache Weise die indische Konkurrenz im Handel loswerden, indem man ihnen nur noch erlaubte, in ihren »eigenen« Gebieten Handel zu treiben. Dieses Gesetz wurde nicht uniform angewandt, sondern nur bei Bedarf – ein deutlicher Hinweis auf die enge Verquickung mit Geschäftsinteressen.

Die Apartheidbürokratie hatte Probleme, für kleine Minderheiten wie die etwa 8000 Chinesen überhaupt geschlossene Siedlungsgebiete zu finden oder ihnen getrennte Einrichtungen zuzuweisen, weil so wenige in den einzelnen Städten lebten, dass der damit verbundene Aufwand schlicht zu teuer wurde. Die einzige *Group Area* für Chinesen wurde deswegen in Port Elizabeth eingerichtet. Die Chinesen entwickelten die Strategie, mit Hilfe von Ausnahmegenehmigungen, gewissermaßen durch die Hintertür, die Behandlung als Weiße durchzusetzen, freilich ohne dass sie offiziell als solche qualifiziert wurden. Damit verbunden war eine ständige Selbsterniedrigung beim Klinkenputzen in den Ämtern, wo sie als Bittsteller auftraten und sich nicht auf Rechte berufen konnten. Weil die bis in die 1980er Jahre auf eine

Million angewachsene Minderheit der Inder viel zahlreicher und damit sichtbarer war, wurde sie in stärkerem Maß der Diskriminierung ausgesetzt, einschließlich der Einrichtung eigener *Townships* an den Rändern der großen Städte, wo die Inder leben mussten. Nicht zuletzt aus diesem Grund beteiligten sich mehr Inder an Widerstandsaktionen als Chinesen.

Im Jahr 1950 zeigte der Druck einer radikalen Gruppierung innerhalb der Nationalen Partei Wirkung, denn sie waren unzufrieden mit der bisherigen Arbeit des *Minister of Native Affairs*, E. G. Jansen. Jansen war ein altgedienter Politiker, Mitglied im *Broederbond*, mehrfacher Minister unter Hertzog und langjähriger Parlamentspräsident. Seine Amtsführung als Minister war konservativ, denn er änderte wenig an den eingefahrenen, routinierten Praktiken. So konnte er das Versprechen auf einen radikalen Neuanfang durch die Apartheid nicht einlösen. Das war den *Hardlinern* nicht genug und sie bedrängten Premierminister Malan, einen dynamischeren Politiker in das Ministerium zu berufen. Die Wahl fiel auf Hendrik Verwoerd, der bis zu dem Zeitpunkt weder als Apartheidideologe noch als Rassentrennungspolitiker in Erscheinung getreten war, der sich aber seine parteipolitischen Meriten als Chefredakteur einer nationalistischen Zeitung in Johannesburg, als Parteipolitiker und als *Broederbond*-Aktivist erworben hatte. Mit seiner Berufung änderte sich die ganze Herangehensweise des Ministeriums. Während die bisher genannten Apartheidgesetze meist vom Innen- oder Justizminister initiiert worden waren, übernahm nun das Ministerium für Eingeborenenangelegenheiten das Heft.

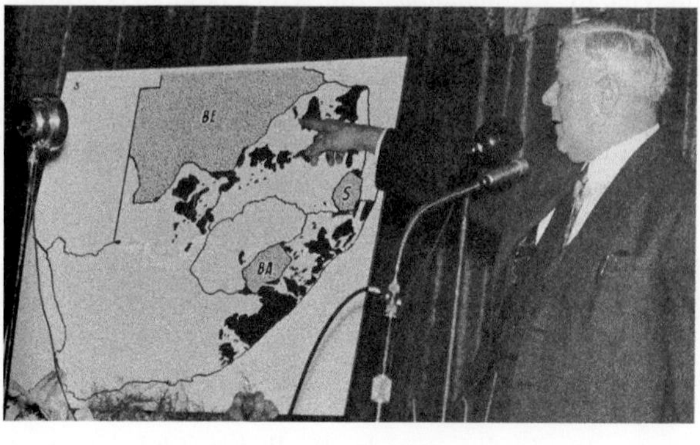

Abb. 13: Premierminister Hendrik Verwoerd erklärt die *Homeland*-Politik.

Verwoerd entpuppte sich innerhalb kürzester Zeit als der wohl dynamischste südafrikanische Politiker des 20. Jahrhunderts. Der neue Minister homogenisierte durch zielgerichtete Beförderung von Parteigängern und durch die Kaltstellung politischer Gegner das bis dahin von politischer Meinungsvielfalt geprägte Ministerium. Dies wirkte sich binnen kurzem als erheblich gesteigerte Handlungsfähigkeit dieses Apparates aus, was wiederum die Voraussetzung war, um die zahlreichen Projekte zur Umsetzung der Apartheid, die Verwoerd gleichzeitig und als Teil eines interdependenten Maßnahmenkatalogs anvisierte, effizient und rasch umsetzen zu können. Dabei waren die Praktiken wichtiger als der institutionelle Aufbau des Ministeriums, waren es doch vor allem die Routinen und die wechselseitige Bestätigung des gemeinsamen Vorgehens, die die Effizienz begründeten. Es ist in der Tat erstaunlich, mit welcher Dynamik Verwoerds Ministerium innerhalb seiner achtjährigen Amtszeit von einem untergeordneten Department zu einem Schlüsselministerium aufstieg. Denn es gelang ihm, von anderen Ministerien Kompetenzen abzuziehen und seinem ständig expandierenden Zuständigkeitsbereich anzugliedern. Das *Native Affairs Department* entwickelte sich unter Minister Verwoerd zu einem Staat im Staat, da es sich geradezu ein Kompetenzmonopol für alle Angelegenheiten aneignete, die die schwarze Mehrheit betrafen.

Die erste größere Maßnahme Verwoerds war die Zerstörung der *Western Areas* in Johannesburg. Dabei handelte es sich um vier sogenannte *Freehold-Townships*, d. h. um Wohngebiete, in denen auch »Nicht-Weiße« zu Beginn des Jahrhunderts Land erworben hatten. Sie konnten darum nicht wie andere Schwarze so ohne weiteres zwangsweise ausgesiedelt werden. Doch waren diese vier *Townships* in den Augen vieler Weißer immer mehr zum Problem geworden, weil sie durch die Räumung anderer innenstadtnaher Wohngebiete übervölkert waren. Denn die schwarze Bevölkerung wollte so nahe wie möglich am Stadtzentrum wohnen, um die Transportkosten zu ihren Arbeitsplätzen zu minimieren. Die vier *Western Areas* waren mittlerweile die stadtnächsten und wirkten wie ein Magnet auf Zwangsumgesiedelte wie Neuzuwanderer aus den ländlichen Gebieten. In einem der vier Stadtviertel, *Sophiatown*, lebten Schwarze, *Coloureds*, Inder und sogar einige Weiße Seite an Seite. Trotz der verbreiteten Armut wurde dieses Stadtviertel zu einem Ort kultureller Innovation und Vielfalt. In *Sophiatown* mit seiner besonders kosmopolitischen Bevölkerung entwickelte sich seit dem frühen 20. Jahrhundert der südafrikanische Jazz und in den 1950er Jahren eine moderne Großstadtliteratur. Die in diesem Jahrzehnt wichtigste Zeitschrift *Drum* wurde zum Publikationsorgan für eine jüngere Generation begabter Autoren, die ihre Erfahrungen über das Leben in der Großstadt in adäquater sprachlicher Darstellung zu Papier brachten. Die meisten dieser Schriftsteller und Journalisten lebten in *Sophiatown*, sie spiegelten die Aufbruchstimmung der 1950er Jahre mit den großen Massenkampagnen des ANC, das entstehende Bewusstsein einer schwarzen Urbanität, aber auch die Bitterkeit der Alltagserfahrung von Rassismus, verbauten Berufschancen, Schikanierungen durch Polizeibeamte und die Angst vor Passrazzien wider. Ihre Leserschaft war in den *Townships* Südafrikas zu Hause, in ihren Schriften wie in der Musik artikulierte sich erstmals eine Jugendkultur, die aus den Traditionen des ländlichen Südafrika ausbrach. Der aus Deutschland stammende Fotograf Jürgen Schadeberg, der für Drum arbeitete und zahlreiche später bekannte südafrikanische Fotografen wie Peter Magubane ausbildete, hat diese Aufbruchstimmung in seinen Bildern festgehalten. Titelbilder von schwarzen Mannequins, die in Bikinis und engen Kleidern posierten, vermittelten mehr als zehn Jahre vor *Black Power* und *Black Consciousness*, dass das koloniale Leitbild der Schönheit weißer Körper und des überlegenen Intellekts von Weißen in Auflösung begriffen war. Vielleicht erklärt dies, warum die Regierung der Zerstörung von *Sophiatown* so große Priorität gab, während andere *Townships* wie Alexandra, das mitten im wohlhabenden Norden Johannesburgs gelegen war und ebenfalls schwarze Grundstücksbesitzer hatte, bis zum Ende der Apartheid nicht ganz geräumt wurde.

In den *Western Areas* Johannesburgs breiteten sich gewaltbereite Banden aus, die ihre Gegner teilweise nach ethnischen Kriterien ausmachten und bekämpften. Diese Banden wurden von der Polizei geduldet, zumal sie den Vorwand für die Zwangsumsiedlung der Bewohner lieferten. Verwoerd griff das bei Weißen populäre Thema einer Räumung dieser Gebiete auf und machte sich mit enormem Elan an die Arbeit. Er überspielte eine zögerliche Stadtverwaltung und zwang ihr seinen Willen auf, richtete ein eigenes Komitee für die Umsiedlung ein, das weitreichende Vollmachten erhielt, und er kümmerte sich persönlich um Baugrund außerhalb der Stadtgrenzen im fernen Südwesten, wo neuer Wohnraum für die umzusiedelnden Familien geschaffen wurde. In dessen Nähe gab es bereits Siedlungen wie Orlando, wo diejenigen lebten, die in den Jahrzehnten zuvor aus den Innenstadtbezirken zwangsumgesiedelt worden waren. Das neue Siedlungsgebiet hieß *Meadowlands* und wurde in den 1960er Jahren mit den benachbarten *Townships* unter dem Namen *Soweto* (*South Western Townships*) zusammengefasst. Die Zerstörung von *Sophiatown* war der Testlauf für die systematische Entflechtung gemischtrassiger Wohngebiete in ganz Südafrika.

Überall wurden in den folgenden Jahrzehnten an den Stadträndern, meist hinter Industriegebieten oder Güterbahnhöfen und von den Überlandstraßen nicht einsehbar, *Townships* für die schwarze Bevölkerung errichtet. Damit wurde das Verständnis von Urbanität, das im *Urban Areas Act* von 1923 in der Formel von den Städten als »Orte der Weißen« gefaßt war, in die Realität der Segregation umgesetzt. Die Afrikaner wurden durch die bürokratisch rigoros durchgeführten Zwangsumsiedlungen als rein transitorische Bewohner identifiziert, die längerfristig aus den urbanen Räumen verschwinden würden.

Gleichzeitig begann der Minister, die ländlichen Räume als Auffanggebiete für die schwarze Bevölkerung administrativ umzurüsten. Der *Native Authorities Act* von 1951 verlieh den traditionellen Oberhäuptern, den *Chiefs*, neue Macht, band sie aber gleichzeitig in die bürokratische Verwaltungsstruktur des Apartheidstaates ein, von dem sie nun auch ein festes Salär bezogen. Damit wurden Verantwortlichkeiten und Loyalitäten der *Chiefs* umgelenkt, weg von der eigenen Bevölkerung und hin zum weißen Staat. Renitente *Chiefs*, die weiterhin den Interessen ihrer Bevölkerung Vorrang gaben, wurden kurzerhand abgesetzt oder entmachtet, während die willfährigen befördert wurden. Hier fand ein Ausleseprozess statt, der die besten Voraussetzungen für die spätere *Homeland*-Politik schuf. Tatsächlich lässt sich dieses Gesetz als erster Schritt in Richtung der späteren Bantustans sehen, war es doch der Beginn einer Retraditionalisierung der ländlichen Gesellschaft. Die ländlichen Räume, die mit dem *Natives Land Act* als »Eingeborenen-Reservate« ausgewiesen worden waren, wurden in den 1950er Jahren zu »Heimatländern« (*Homelands*) deklariert, während die Betroffenen diese Gebiete abschätzig als Bantustans bezeichneten, worin der abhängige Charakter zum Ausdruck kam. Hinter der Retraditionalisierung stand ein rassistisches Verständnis afrikanischer Kultur, das es als perverse Abweichung von einem kulturellen Determinismus betrachtete, wenn Afrikaner in Großstädten lebten, an westlichen politischen Systemen partizipierten und sich westliches Bildungsgut aneigneten. Die Vertreter der schwarzen Bildungselite, die sich im ANC organisiert hatte, erschienen Politikern wie Verwoerd als hybrid, als unfruchtbares Mischprodukt zweier Kulturen, weswegen sie für ihn auch als Repräsentanten der schwarzen Bevölkerung völlig indiskutabel und inakzeptabel waren. Die »natürlichen« Vertreter der Schwarzen konnten nur die *Chiefs* sein, die mit dem *Native Authorities Act* von 1951 erheblich gestärkt wurden, mit dem Ergebnis, dass sich unter ihnen autoritäre Tendenzen ausbreiteten.

Schon bald nach seinem Amtsantritt ließ Verwoerd durch seine Handlungsweise erkennen, dass er strategischen Konzeptionen folgte. Als Ziel der Umsiedlungspolitik kristallisierte sich bereits in den 1950er Jahren heraus, dass die städtische schwarze Bevölkerung auf ein Minimum begrenzt und längerfristig ganz aus den Städten verschwinden sollte. Daraus resultierte die Zuzugskontrolle in die Städte, deren wichtigstes Instrument die Passgesetze waren. Die ersten Passgesetze, die auf die gesamte nicht-weiße Bevölkerung Anwendung fanden, waren schon im frühen 19. Jahrhundert eingeführt worden. Aufgrund der regionalen Besonderheiten hatten sich verschiedene Formen herausgebildet, die Verwoerd nun vereinheitlichte, gleichzeitig aber drastisch verschärfte, weil die Afrikaner mit den neuen Pässen leichter kontrollierbar wurden. Der *Abolition of Passes and Coordination of Documents Act* war die Voraussetzung für eine rigorose Zuzugskontrolle in die Städte. Bezeichnend ist auch die Orwellsche Sprache, da einige Apartheidgesetze in ihren Namen das Gegenteil dessen verhießen, was sie wirklich regelten.

Die Pässe waren das Hauptinstrument der Zuzugskontrolle (*Influx Control*), die nur einer privilegierten Minderheit von Schwarzen den Aufenthalt in den Städten gestatteten, nämlich denjenigen, die entweder in den Städten geboren und aufgewachsen waren oder bereits einen Arbeitsplatz dort hatten. Das Resultat war eine durch die Passgesetze geschaffene Politik abgestufter Aufenthaltsrechte in den Städten. Diese wurde umgesetzt durch Passkontrollen, die für die schwarze Bevölkerung völlig willkürlich und unberechenbar durchgeführt wurden. Sie konnten als nächtliche Polizeirazzien in Wohngebieten, aber auch irgendwo durch einen einzelnen Polizisten beispielsweise in der Innenstadt von Johannesburg vorgenommen werden. Die Zahlen der Verhaftungen allein wegen Passvergehen werden für die Zeit der Apartheid auf mehr als 17 Millionen geschätzt. Solche Verstöße waren ein Straftatbestand, wurden also nicht allein mit der Ausweisung geahndet, sondern die Betreffenden wurden verhaftet und in einem Gerichtsverfahren abgeurteilt. Allein 1982 verhaftete die Polizei 206 022 Menschen, was einer Verhaftung durchschnittlich alle 2,5 Minuten entspricht. Die Festgenommenen wurden in Eilverfahren, die im Durchschnitt eine Minute dauerten, zu Haftstrafen verurteilt und häufig von den Gefängnissen an Farmer als Sklavenarbeiter ausgeliehen, wo manche von ihnen zu Tode geschunden wurden.

Zum »harten Kern« der letztlich in die tausende gehenden Apartheidgesetze, die bis in die späten 1980er Jahre erlassen wurden, zählte die sogenannte *Bantu Education*. Bis in die 1950er Jahre lag das Bildungssystem für die schwarze Bevölkerung weitgehend in den Händen von Missionsgesellschaften. Für Verwoerd war das ein unhaltbarer Zustand, zumal die Bildungsinhalte durchaus nicht nach seinem Geschmack waren. Gerade seine Hauptgegner, die schwarzen Nationalisten im ANC, waren die Absolventen dieser Schulen. Verwoerd wollte diesen »Wildwuchs« ersetzen durch ein uniformes Bildungssystem unter staatlicher Kontrolle, die sich auch auf die Inhalte erstreckte. Ziel war eine kulturell angepasste Erziehung, die den Afrikanern gar nicht erst westliches Bildungsgut nahebrachte, sondern nur das, was notwendig war, damit sie in der Arbeitswelt richtig funktionieren konnten. Praktisch hieß dies: die vier Grundrechenarten, Lesen und Schreiben, ansonsten kulturell spezifische Inhalte, wie der Minister sie verstand: Gesang, praktische handwerkliche Tätigkeiten, aber auch christliche Religion. Denn hier schlug der Zivilisierungsauftrag durch, den die Afrikaaner-Nationalisten in die Formel »Rassentrennung und Vormundschaft« gefasst hatten. Schwarze Südafrikaner sollten durchaus entwickelt werden, aber kulturell *along their own lines* – mit der einen Ausnahme der als notwendig erachteten Christianisierung. Ein kulturell partikularistisches Erziehungswesen erschien den Politikern der *National Party* als adäquate Antwort auf ein in ihren Augen verfehltes Bildungssystem, das auf Uniformität und Verwestlichung der Afrikaner abzielte. Breiter Widerstand gegen die *Bantu Education* blieb zunächst aus, da viele Eltern die quantitative Ausweitung der Schulbildung und den Ausbau des staatlichen Bildungswesens begrüßten, wurden ihre Kinder doch dadurch immerhin dem verderblichen Einfluss eines Lebens auf den Straßen entzogen. Ende der 1950er Jahre wurde die Apartheid an den Universitäten gegen einigen Widerstand von Seiten der englischsprachigen Hochschulen durchgesetzt.

Neben der Einführung einer radikalisierten Rassentrennung verfolgten die ersten Gesetze der Nationalen Partei auch den Zweck, ihre Macht zu sichern und zu verhindern, dass Südafrika wieder in die Hände der »Imperialisten«, d. h. der *United Party*, fallen würde. Der ethnische Antagonismus innerhalb der weißen Bevölkerung, der die Nationalisten beseelte, leitete ihren Opportunismus, wenn es darum ging, Rassentrennungsmaßnahmen als grundsatzgeleitet zu verkaufen, während sie in Wirklichkeit dazu dienten, künftige Wahlsiege vorzuprogrammieren. Das galt für keine andere Maßnahme so eindeutig wie für die Abschaffung des Wahlrechts für die *Coloureds*. Der Streit darum dominierte die 1950er Jahre mehr als die eigentliche Apartheidgesetzgebung, weil er zentrale verfassungsrechtliche Fragen betraf und ein unterschiedliches Staatsverständnis innerhalb der Eliten zum Ausdruck brachte. Da das Wahlrecht nur mit einer Zweidrittelmehrheit zu ändern war, über die die Regierung nicht verfügte, versuchte sie diese Bestimmung dadurch zu umgehen, dass sie sich auf die Souveränität des Parlaments berief. Nachdem alle diese juristischen Tricks am obersten Gerichtshof gescheitert waren, erweiterte die Regierung kurzerhand das Parlament um zusätzliche Sitze und konnte so ihren Willen durchsetzen.

Ein wichtiges frühes Gesetz zur Ausschaltung jeden Widerstands war das Gesetz zur Unterdrückung des Kommunismus aus dem Jahr 1950. Wie in den späten 1920er Jahren der *Riotous Assemblies Act* die ersten Rassengesetze begleitet hatte, so diente auch dieses Gesetz, das sich nicht nur gegen Kommunisten, sondern gegen jede Art des Widerstands gegen die Apartheid richtete, der repressiven Flankierung dieser Politik. Kommunismus wurde nicht auf der Grundlage einer wirklichen Kenntnis des Marxismus definiert, sondern schlicht als das Gegenteil des eigenen Kulturnationalismus. Denn der Kommunismus war, wie es der Politiker der Nationalen Partei Nicholas Diederichs schon in den 1930er Jahren ausgeführt hatte, die Steigerung des Liberalismus, da beide die auf kulturellen Unterschieden gegründeten Nationen in ihrem Bestand unterminierten: der Liberalismus durch seine Betonung der individuellen Freiheit, der Kommunismus durch das Klassenbewusstsein, das zur Antithese ethnischen Bewusstseins wurde.

9.3 Der Aufstieg des ANC im Widerstand gegen die Apartheid

Noch unter der Führung von Dr. Alfred B. Xuma während der 1940er Jahre war der ANC ein Honoratiorenverein geblieben, das Sprachrohr der schwarzen Bildungselite, das er seit 1912 gewesen war. Auch wenn Xuma eine tragfähige organisatorische Basis gelegt hatte, vertrat er selbst die Werte der Bildungselite ebenso wie die meisten seiner engeren Mitstreiter, die im *Native Representative Council* (NRC) die südafrikanische Regierung beraten sollten, aber kaum Gehör fanden. Selbst der liberal eingestellte Minister J. H. Hofmeyr, der engste Weggefährte von Smuts, räumte ihnen keine wirklichen Mitwirkungsrechte ein, sodass die schwarzen Vertreter 1946 ihre Mitarbeit im NRC unter Protest beendeten. Einer der Delegierten bezeichnete das Gremium als »Spielzeugtelefon«, in das man viel hineinreden könne, ohne gehört zu werden. Dieser Akt der Verweigerung kam nicht von ungefähr, denn in den Kriegsjahren hatte sich eine Radikalisierung der Bevölkerungsmehrheit abgezeichnet.

Die politische Linke

Die Kommunistische Partei und die mit ihr verfeindeten trotzkistischen Gruppen hatten sich einer Beteiligung am Zweiten Weltkrieg rundweg verweigert. Die moskauhörige Kommunistische Partei sah sich durch den Hitler-Stalin-Pakt zur Neutralität gezwungen und erst nach dem Überfall des Dritten Reichs auf die Sowjetunion 1941 änderte sich ihre Haltung. Sie unterstützte die Regierung Smuts u. a. durch Aufrufe an die eigenen Mitglieder, aktiv an der Front zu kämpfen. Die Regierung ihrerseits ließ den Kommunisten vergleichsweise freie Hand, da sie ihre Unterstützung brauchte. Aus diesem Grund konnte die Kommunistische Partei ihren Einfluss auf die Arbeiterbewegung und insbesondere auf die schwachen schwarzen Gewerkschaften während der Kriegsjahre ausbauen. Da die trotzkistische Konkurrenz ebenfalls nicht schlief, kam es während des Krieges zu vielfachen Aktivitäten in den Betrieben. Beide Richtungen waren nicht auf die schwarze Bevölkerung beschränkt, sondern zählten ebenfalls eine kleine, aber sehr aktive Gruppe weißer Aktivisten in ihren Reihen, während der Trotzkismus insbesondere unter *Coloured*-Intellektuellen zahlreiche Anhänger fand. Diese Aktivitäten der radikalen Linken schlugen sich in zahlreichen Streiks nieder, die meistens erfolgreich waren, da die Regierung Smuts die Arbeitgeber zu Nachgiebigkeit drängte, um die Kriegswirtschaft nicht zu gefährden. Denn Südafrika wurde für einige Jahre zu einem der wichtigsten Länder im Empire als Standort für die Rüstungsindustrie und für die Instandsetzungs- und Reparaturbetriebe der verbündeten Streitkräfte. Die Streikstrategie der Linken erwies sich mittelfristig als Sackgasse, da sie, durch ihre Erfolge beflügelt, sich ganz auf die Betriebsebene und die Arbeitswelt der schwarzen, farbigen und indischen Arbeitskräfte konzentrierte.

Denn kaum war der Krieg zu Ende, änderte sich die Haltung der Regierung, die im Kontext des Kalten Krieges die Kommunisten nun als gefährliche subversive

Kräfte bekämpfte. 1946 streikten 70 000 schwarze Bergarbeiter, wogegen die Regierung mit brutalen Mitteln vorging. Smuts setzte die Armee ein und ließ die streikenden Arbeiter von Soldaten mit aufgepflanzten Bajonetten in die Schächte treiben. Soldaten waren sogar untertage im Einsatz, um die Arbeiter mit vorgehaltenen Waffen zur Arbeit zu zwingen. 13 Arbeiter kamen ums Leben, die Zahl der Verletzten betrug 1200, die Polizei verhaftete 1000. Damit wurde der schwarzen Arbeiterbewegung das Rückgrat gebrochen, denn die Niederschlagung des Streiks wirkte wie ein Fanal und offenbarte die Verwundbarkeit einer Arbeiterbewegung, die sich auf die Betriebe als Aktionsfeld konzentrierte. In den folgenden Jahren ging die Linke Konfrontationen auf dem Werksgelände aus dem Weg und erfand statt dessen das *Stay-at-Home*, bei dem die Streikenden gar nicht erst ihre Arbeitsstätten aufsuchten, sondern zu Hause blieben, wo sie vor repressiven Maßnahmen der Polizei sicherer waren. Die Kommunisten hatten aufgrund ihrer einseitigen Ausrichtung auf die Betriebe keine alternativen Aktionsformen entwickelt, über die aber mittlerweile der ANC verfügte. Das erklärt, warum die Kommunistische Partei in den folgenden Jahren eine Allianz mit dem ANC als dessen Juniorpartner einging.

Die ANC-Jugendliga und die Massenkampagnen

Tatsächlich verlagerten sich die sozialen Kämpfe von den Betrieben in die *Townships*. In den 1940er und 1950er Jahren gab es mehrfach heftige Auseinandersetzungen um die Fahrpreise der öffentlichen Verkehrsmittel, da eine geringe Verteuerung der Transportkosten für viele schwarze Familien erhebliche negative Folgen hatte. Dies galt für alle diejenigen, die in der Industrie arbeiteten, sowie für die vielen Hausangestellten, die zu Hause wohnten und täglich zu ihrem Arbeitsplatz fahren mussten. Da der größte Teil des Einkommens für Lebensmittel und Miete ausgegeben wurde, reichte eine kleine Fahrpreiserhöhung, um viele Schwarze in Alexandra und anderen *Townships* in akute Existenznot zu stürzen. Der Wohnraummangel in den Townships für Schwarze, die südwestlich von Johannesburg lagen, war so groß, dass schillernde Figuren wie Sofasonke Kwanza, ein Angehöriger der Unterwelt mit religiös-politischem Sendungsbewusstsein, sich zu politischen Führern aufschwingen konnten. Er führte einen Exodus der Wohnungslosen aus dem *Township* Orlando an und richtete ein illegales Wohngebiet außerhalb der Siedlung ein, das die Stadt Johannesburg machtlos akzeptieren musste. Die Herausbildung neuer Gemeinschaften in den *Townships* bot dann eine Chance für den wieder erstarkten ANC.

Denn auch in dieser traditionsreichen Organisation zeichnete sich in den 1940er Jahren eine Änderung ab, als der Afrikanismus, ein afrikanischer Kulturnationalismus, an Bedeutung gewann. Statt mit Petitionen, Delegationen und Eingaben gegen Rassentrennungsmaßnahmen zu protestieren, ging der ANC nun schrittweise dazu über, das politische System Südafrikas selbst in Frage zu stellen und offen herauszufordern. Dies war mit einem Generationswechsel verbunden und hatte mit unterschiedlichen Lebenserfahrungen zu tun. Die jüngeren Aktivisten waren zwar ebenfalls in Missionsschulen erzogen worden, doch war ihr Erfahrungshintergrund viel stärker als bei der älteren Generation vom Leben in den *Townships* der großen

Städte geprägt. Dort hatten sie die schwierige Lebensrealität der Arbeiter, die marginalisierte Existenz der Arbeitslosen, die Welt der Shebeen Queens, der Selbstständigen, aber auch der Kriminellen kennengelernt. Sie waren der gleichen Diskriminierung ausgesetzt und kamen mit liberalen Weißen zusammen, von denen sie mit einem oft schwer erträglichen Paternalismus behandelt wurden. Formen der Selbstorganisation wie im Fall von Kwanzas Landbesetzung und der erfolgreichen Busboykotte eröffneten neue Perspektiven für die politische Arbeit. Darüber hinaus waren schwarze Intellektuelle in den Städten wie nirgendwo sonst mit Reichtumsunterschieden und Karrierreblockaden konfrontiert. So konnten die jungen Aktivisten leichter Gemeinsamkeiten mit der breiten schwarzen Bevölkerung entdecken als die älteren Honoratioren, die die Differenzen zu den Armen als solche der Zivilisiertheit perzipiert hatten. Zivilisiertheit im westlichen Sinn als Quelle des Selbstbewusstseins und des Anspruchs auf Gleichberechtigung wurde nun abgelöst vom Bewusstsein, als Afrikaner über eine eigene wertvolle Form der Zivilisation zu verfügen. Die Herausforderung an das politische System erwuchs aus dem Bekenntnis, die schwarze Bevölkerung sei das eigentliche Volk Südafrikas. Man wollte nicht mehr mit der Mütze in der Hand um Einlass in die weiße Gesellschaft bitten, sondern man betonte jetzt den Eigenwert der afrikanischen Kultur und den grundlegenden Anspruch auf Gleichberechtigung. Letzteres konnte unschwer aus den hehren Verlautbarungen der westlichen Alliierten während des Zweiten Weltkrieges, insbesondere aus der Atlantik-Charta, abgeleitet werden. Wie Wilsons 14 Punkte nach dem Ersten, so war das Versprechen auf eine demokratische Neuordnung nach dem Zweiten Weltkrieg ein wesentliches Ferment in der Mobilisierung des afrikanischen Nationalismus nicht nur in Südafrika, sondern auf dem ganzen Kontinent.

Die Position, afrikanische Kultur habe einen Eigenwert, vertrat dezidiert Anton Lembede, ein junger charismatischer Anwalt, der in Artikeln und Reden den Afrikanismus begründete und junge Aktivisten um sich scharen konnte, zu denen Walter Sisulu, Nelson Mandela und Oliver Tambo zählten. Um ihre Macht zu bündeln, gründeten sie die Jugendliga des ANC, die zu einem Sammelbecken der Neuerer wurde. In den späten 1940er Jahren übten sie starken Einfluss innerhalb der Mutterorganisation aus, wobei ihnen die Radikalität der Apartheidpolitik zusätzlich Rückenwind gab. Als 1949 ANC-Präsident Xuma die Forderung nach einem offensiveren Kurs ablehnte, unterstützte die Jugendliga die Wahl von Dr. James Moroka zum neuen Präsidenten. Die Übernahme afrikanistischer Positionen und die offene Herausforderung des Staates durch den Anspruch, das eigentliche Volk Südafrikas zu repräsentieren, schufen die Voraussetzungen für den Wandel des ANC zur Massenbewegung in den 1950er Jahren.

Seit 1904 hatten die *Coloureds* in der *African Political Organisation* mit der alles dominierenden Person von Dr. Abdullah Abduhrrahman (1872–1940) ihre politische Vertretung. Eine Änderung zeichnete sich nach dessen Tod in den 1940er Jahren ab, als trotzkistische und andere radikale Bewegungen wie das *Non-European Unity Movement* aufkamen und die politische Einheit der *Coloureds* aufbrachen. Vor allem der Entzug des Wahlrechts für eine farbige (männliche) Minderheit in den 1950er Jahren radikalisierte die jüngere Generation. Das lässt sich am besten daran illustrieren, dass Cissie Gool (1900–1963), die Tochter Abdurrahmans, eine ihrer Wortführerinnen wurde.

Die wichtigsten Veränderungen kamen indes von den südafrikanischen Indern. Die Hegemonie der Konservativen wurde während des Zweiten Weltkriegs gebrochen, als jüngere Intellektuelle Alternativen entwickelten und sich auf ihr großes Vorbild Gandhi besannen, der zu dieser Zeit maßgeblich zur Unabhängigkeit Indiens beitrug.

Die Radikalisierung war in erster Linie eine Reaktion auf neue diskriminierende Maßnahmen der Regierung Smuts. Mit dem sogenannten *Pegging Act* sollte der weitere Kauf von Immobilien durch Inder verhindert werden, was für diese aber oft die einzige Möglichkeit der Geldanlage war. Jüngere Intellektuelle wie Dr. »Monty« Naicker und Dr. Yusuf Dadoo organisierten gewaltlose Widerstandsaktionen wie Hungerstreiks, Landbesetzungen und öffentliche Protestaktionen. Dadoo war als prominenter Funktionär der Kommunistischen Partei daran interessiert, aus ethnischen Gruppenbezügen auszubrechen. Er suchte die Kooperation mit dem ANC und konnte sogar Vertreter einer harten afrikanistischen Linie wie Nelson Mandela überzeugen, der mit Indern so wenig wie mit Kommunisten zu tun haben wollte. Die Opferbereitschaft der Inder und ihre Zusammenarbeit mit der schwarzen Mehrheit brachten Mandela von seinen radikalen afrikanistischen Ansichten ab. Er schwenkte wie auch Sisulu, Tambo und andere von seinem bisherigen ethnischen Nationalismus auf einen breiten Staatsbürgernationalismus um, der alle Südafrikaner als gleichberechtigt ansah.

Die Kooperation der verschiedenen Organisationen wurde in den frühen 1950er Jahren zur *Congress Alliance* verstetigt. Ironischerweise reproduzierten die vier Kongresse, die sich nun zusammenschlossen, die Rassenordnung Südafrikas, denn jede »Rasse« hatte ihren eigenen Kongress. Gandhis Herausforderung kolonialer Herrschaft durch gewaltlose Massenmobilisierung wurde zum handlungsleitenden Vorbild. Die militante Gewaltlosigkeit konnte zum Erfolg führen, ohne dass die Beteiligten sich durch Gewaltakte politisch oder moralisch kompromittierten. In den frühen 1950er Jahren trainierte der ANC seine Mitglieder in gewaltlosem Aktivismus, der in der sogenannten *Defiance Campaign* 1952 zum Tragen kam.

Der ANC wählte sechs ungerechte Apartheidgesetze aus, gegen die mit ihrer Nichtbeachtung protestiert werden sollte. Die *Defiance of Unjust Laws Campaign* oder kurz: *Defiance Campaign* war insofern erfolglos, als die Regierung keines der Gesetze zurücknahm, sondern repressiv gegen den ANC vorging. Der Massencharakter, die weitgehend durchgehaltene Gewaltlosigkeit, die Disziplin und Opferbereitschaft der ANC-Führung, die sich an den Maßnahmen beteiligte und die sich verhaften und aburteilen ließ, brachten dem ANC einen großen Prestigezuwachs, der sich in der wachsenden Mitgliederzahl zeigte. Von wenigen tausend Mitgliedern stieg die Zahl innerhalb kürzester Zeit auf über 100 000. Für die ANC-Aktivisten war der Verlust der Angst vor dem Gefängnis psychologisch wichtig und die erlebte Solidarität beflügelte viele. Doch war die *Defiance Campaign* als Versuch, die Apartheid zu beseitigen, Ausdruck einer deutlichen Unterschätzung der Entschlossenheit der Regierung, ihre Politik durchzusetzen und Widerstand dagegen zu ersticken. Die Kampagne wie die Proteste der 1950er Jahre insgesamt blieben dennoch als die Glanzzeit der Bewegung im kollektiven Gedächtnis des ANC bewahrt.

Mit der *Defiance Campaign* waren die Proteste nicht zu Ende, obwohl es Verurteilungen und Bannverordnungen gab, die viele Aktivisten an der Weiterarbeit hinderten. Dr. James Moroka, der ANC-Präsident, wurde indes nicht von der Regierung, sondern von den eigenen Mitgliedern zum Rücktritt gezwungen, weil er in einem Prozess gegen die ANC-Führung darauf bestand, einen eigenen Anwalt zu nehmen. Dergleichen Sonderstatus kam nun nicht mehr gut an. Nachfolger Morokas wurde Albert Luthuli, ein Zulu-*Chief* und Sohn eines methodistischen Missionars, der bald zur großen Integrationsfigur des ANC wurde. Luthuli war überzeugter Pazifist, ein gläubiger Christ und in seinem Habitus, seiner Freundlichkeit und seinem Stolz eine Person, die sowohl das neue Selbstbewusstsein der Afrikaner gegenüber dem Staat als auch die Demut des politischen Führers vor der einfachen Bevölkerung verkörperte. Neben ihm rückten die Vertreter der Jugendliga in die Führungsämter des ANC auf, der seine Vergangenheit als elitärer Honoratiorenverband endgültig abstreifte. Einer der alten Garde, der Professor für afrikanische Sprachen an der Universität von Fort Harte, Z. K. Matthews, machte diesen Wandel augenfällig, als er vorschlug, ein Grundsatzdokument während eines noch durchzuführenden *Congress of the People* zu verabschieden, das die zentralen Ziele des ANC zum Ausdruck bringen sollte.

Abb. 14: Der ANC-Präsident und spätere Friedensnobelpreisträger *Chief* Albert Luthuli.

Die *Congress Alliance* bestand mittlerweile aus fünf Kongressen, neben dem ANC als der stärksten Organisation gab es Pendants für die Inder und *Coloureds*, einen Gewerkschaftskongress sowie einen kleinen *Congress of Democrats* für die Weißen, der vor allem Vertreter der radikalen Linken repräsentierte, während die übergroße

Mehrheit der Weißen entweder die Apartheid oder mit der *United Party* eine konservative Opposition unterstützte.

Trotz der massiven Behinderungen durch die Bannung führender Mitglieder, u. a. Nelson Mandelas, rief die *Congress Alliance* die gesamte Bevölkerung Südafrikas auf, sich an dem geplanten Grundsatzdokument mit Vorschlägen zu beteiligten. Die eintreffenden Forderungen wurden dann von einer kleinen redaktionellen Gruppe zusammengefasst und in griffige Formulierungen gebracht, die als Freiheitscharta auf dem geplanten Kongress verabschiedet werden sollten. Dieser fand im Juni 1955 in Kliptown statt, heute ein Teil von Soweto. Trotz vielfacher Schikanen der Polizei gelang es den Veranstaltern, die Freiheitscharta, die bis heute das grundlegende programmatische Dokument des ANC ist, Absatz für Absatz von den Anwesenden per Abstimmung verabschieden zu lassen. In ihr wurden grundlegende Forderungen nach Rechts- und Chancengleichheit für alle Bewohner Südafrikas, unabhängig von Hautfarbe, Religion, Herkunft oder Geschlecht, und nach der Einrichtung einer Demokratie nach westlichem Vorbild artikuliert. Zu den großen Kampagnen der 1950er Jahre zählte auch eine Demonstration von über 20 000 Frauen in Pretoria im August 1956, an der Frauen aller Hautfarben teilnahmen.

Einige Monate später schlug der Staat zu, als in den frühen Morgenstunden des 5. Dezember 1956 insgesamt 156 führende Vertreter der außerparlamentarischen Opposition gegen die Apartheid verhaftet und unter Anklage des Hochverrats gestellt wurden, womit ihnen die Todesstrafe drohte. Die Angeklagten wurden im Fort von Johannesburg, einem berüchtigten Untersuchungsgefängnis, zusammengepfercht, aber nach Rassenzugehörigkeit getrennt. Der Prozess zog sich endlos hin, es sollten insgesamt fünf Jahre werden. Hinter der langen Dauer steckte System, da man den Angeklagten die weitere Ausübung ihrer Berufe unmöglich machen wollte. Die Verteidigung erreichte es, dass nacheinander sämtliche Angeklagten freigesprochen wurden, die letzte Gruppe, zu der Mandela gehörte, erst 1961. Der Staat blamierte sich mit diesem Verfahren, da es ihm nicht gelang, den subversiven und gewaltorientierten Charakter der Opposition nachzuweisen.

Von der Gründung des Pan-Africanist Congress zum Massaker von Sharpeville

Die hatte mittlerweile noch mit ganz anderen Problemen zu kämpfen, die in erster Linie den ANC betrafen. Während Mandela und seine Freunde ihren Afrikanismus mäßigten, beharrten andere Mitglieder der Jugendliga auf dem exklusiven Charakter des afrikanischen Kulturnationalismus. Dazu zählte Robert Sobukwe, ein Dozent für afrikanische Sprachen an der *University of the Witwatersrand*, der Anstoß an der Freiheitscharta nahm. Denn mit ihrem Prinzip des Staatsbürgernationalismus und der Gleichheit aller, die in Südafrika lebten, wurden zentrale Positionen des Afrikanismus aufgegeben. 1958 gründete er den *Panafrikanischen Kongress* (PAC), der fortan als lautstarke, aber organisatorisch schwache Konkurrenz zum ANC auftrat. Dessen Führung beriet über die Fortsetzung der Arbeit im Untergrund nach einem zu erwartenden Verbot der Organisation. Nelson Mandela war der Wortführer derjenigen, die in diesem Fall einen bewaffneten Kampf befürworteten; nach seinem

Freispruch im Hochverratsprozess 1961 tauchte er unter und bereitete in der Illegalität den bewaffneten Kampf vor. Erst in den letzten Jahren fanden Forscher heraus, dass Mandela in den 1950er Jahren nicht nur seinem früheren Antikommunismus abschwor, sondern selbst ein Führungsmitglied der Kommunistischen Partei war. Sein Vertrauter Walter Sisulu und andere ANC-Funktionären besuchten kommunistische Politiker in Osteuropa und China, wo ihnen Mao Zedong höchstpersönlich Ratschläge für den Guerillakrieg gab. Albert Luthuli hatte zwar Verständnis bekundet, sich als Pazifist jedoch dagegen ausgesprochen und seine eigene Beteiligung abgelehnt.

Im März 1960 wollte der ANC eine neue Kampagne des bürgerlichen Ungehorsams gegen die Passgesetze initiieren. Der PAC kam ihm zuvor und kündigte seine eigenen Aktionen einige Tage früher an, hatte sie aber schlecht vorbereitet. Da die Anhängerschaft des PAC nicht wie diejenige des ANC im ganzen Land verbreitet war, sondern sich auf verschiedene *Townships* und ländliche Gebiete wie das *Eastern Cape* konzentrierte, kam es in einigen *Townships* zu größeren Protestaktionen, während es in anderen völlig ruhig blieb. In Sharpeville, dem *Township* der Industriestadt Vereeniging, kam es vor dem lokalen Polizeirevier zu einer Massendemonstration einer unbewaffneten Menge, die aus Männern, Frauen und Kindern bestand. Die wenigen, aber schwer bewaffneten Polizisten standen auf dem Dach der Polizeiwache. Einer der jungen Polizisten verlor die Nerven und drückte ab, woraufhin ein Massaker begann. Die Polizisten schossen nicht etwa in die Luft, sondern gezielt auf die Demonstranten, wobei die meisten, die sie töteten, in den Rücken getroffen wurden, also gar keine Gefahr für die Polizisten darstellten. Insgesamt brachten sie 69 Demonstranten um und verletzten wesentlich mehr. Sharpeville war ein Wendepunkt, denn erstmals berichtete die internationale Presse intensiv über Südafrika, und die Zahl der Toten erschütterte selbst Minister der Regierung. Premierminister Verwoerd jedoch blieb eisenhart und zeigte keinerlei Bereitschaft, mit dem ANC zu verhandeln oder gar seine Politik zu modifizieren. Im Gegenteil, mit Hilfe eines im Eilverfahren verabschiedeten Gesetzes wurden ANC und PAC zu »ungesetzlichen Organisationen« erklärt und verboten. Zwei Wochen nach dem Massaker wurde der Premier bei einer Landwirtschaftsausstellung in Johannesburg von dem weißen Farmer David Pratt aus nächster Nähe zweimal in den Kopf geschossen. Wie durch ein Wunder überlebte er die Verletzungen ohne Folgen, er konnte sogar nach einigen Wochen die Amtsgeschäfte wieder aufnehmen. Dies stärkte jedoch nur sein Sendungsbewusstsein, zumal auch innerhalb der Nationalen Partei nach anfänglicher Verunsicherung die Meinung um sich griff, dass Verwoerd von Gott ausersehen sei, die Buren zu ihrem Heil zu führen.

Der ANC gründete gemeinsam mit der Kommunistischen Partei eine neue bewaffnete Organisation, die den Namen *Umkhonto we Sizwe* (Speer der Nation), abgekürzt MK, erhielt und in der einige Weiße, später auch eine beträchtliche Zahl Frauen mitkämpften. Ab dem Dezember 1961 begann diese Organisation mit bewaffneten Aktionen gegen Einrichtungen des Staates, wobei sorgfältig vermieden wurde, dass Menschen zu Schaden kamen. Stattdessen wurden Hochspannungsleitungen in die Luft gejagt oder Briefkästen, also eher symbolische Ziele. Andere Aktivisten waren weniger umsichtig. So legte eine radikale liberale Gruppe eine Bombe im Hauptbahnhof von Johannesburg, die eine Frau tötete und eine Verfolgungswelle durch den Sicherheitsapparat auslöste. Nelson Mandela, der sich seit 1961 in der Illegalität aufhielt und eine längere Auslandsreise unternommen hatte, um internationale Unterstützung für den ANC zu gewinnen, wurde 1962 in Natal festgenommen und wegen illegalen Verlassens des Landes zu einer dreijährigen Freiheitsstrafe verurteilt. Im Juli 1963 gelang der Polizei, vermutlich durch Verrat, ihr größter Coup. Sie nahm auf einer Farm in Rivonia außerhalb Johannesburgs in einer überfallartigen Aktion die gesamte Führungsspitze des ANC fest. Aufgrund einer geschickten Verteidigung und des eindrucksvollen Auftretens der Angeklagten, zu denen auch Mandela zählte, konnten sie die Todesstrafe abwenden, wurden aber zu lebenslangen Haftstrafen verurteilt. Nelson Mandela, Walter Sisulu, Govan Mbeki und andere schwarze Aktivisten wurden auf die Gefängnisinsel *Robben Island* vor der Küste Kapstadts gebracht, wo sie die nächsten 20 Jahre blieben. Dennis Goldberg, der einzige weiße Verurteilte – anderen Angeklagten war die Flucht gelungen – wurde, weil Rassentrennung auch im Gefängnis galt, ins Hochsicherheitsgefängnis in Pretoria gesperrt. Der Rivonia-Prozess war ein Wendepunkt; in der Folgezeit begannen die systematischen Folterungen in südafrikanischen Untersuchungsgefängnissen. Nur aufgrund der solchermaßen erpressten »Geständnisse« war die Polizei in der Lage, in den folgenden Monaten durch zahlreiche Verhaftungen die gesamte Untergrundstruktur des ANC auszuheben und zu zerstören. Als Mitte der 1960er Jahre auch der Generalsekretär der verbotenen Kommunistischen Partei, Bram Fischer, Mitglied einer der angesehensten Familien des burischen Establishment, verurteilt wurde, schien der Apartheid-Staat einen vollständigen Sieg über seine Gegner errungen zu haben. Der Preis war freilich die fortschreitende Aufgabe der Rechtsstaatlichkeit und eine Repression, die sich in den folgenden Jahren immer neue Ziele suchte.

9.4 Die Homeland-Politik und der Triumph der Apartheid 1958–1966 unter Hendrik F. Verwoerd

Am 24. August 1958 starb der schon länger erkrankte Premierminister J. G. Strijdom, der selbst wenig politische Akzente gesetzt hatte, abgesehen von seinem aggressiven Beharren auf einem bereits altmodisch wirkenden Rassismus der eindeutigen Unterordnung der Schwarzen unter die Weißen. Strijdom hatte keine Zeit mehr gehabt, einen »Kronprinz« aufzubauen, sodass sich nach seinem Tod mehrere Kandidaten um das Amt des Premierministers bewarben, wobei dieser Machtkampf angesichts der Mehrheitverhältnisse nicht im Parlament, sondern innerhalb der Fraktion der Nationalen Partei entschieden wurde. Charles R. Swart, der langjährige Justizminister und NP-Chef im Oranje-Freistaat, trat ebenso an wie der Innenminister, *Broederbond*-Aktivist und enge Weggefährte des früheren Premiers Malan, Eben Dönges. Der dritte Kandidat war Hendrik Verwoerd, der sich als *Minister of Native Affairs* einen Namen als besonders durchsetzungsfähiger und radikaler Politiker gemacht hatte. Sein Selbstbewusstsein verschaffte ihm große Glaubwürdigkeit, gleichzeitig wurde ihm eine autokratische, ja diktatorische Handlungsweise nachgesagt. Nachdem im ersten Wahlgang Swart die wenigsten Stimmen erhalten hatte, rief er seine Anhänger zur Unterstützung Verwoerds auf, der in der zweiten Runde siegte und im Parlament von der gesamten NP-Fraktion am 3. September 1958 zum Premierminister gewählt wurde. Wie kein anderer verkörperte er die Politik der Rassentrennung, denn er hatte sie mit ungeheurer Dynamik umgesetzt und war keinen Fußbreit zu Kompromissen bereit. Das kam bei den autoritätsgläubigen Wählern der NP gut an, die *Kragdadigheid* (durchschlagende Tatkraft) bei Politikern als höchste Tugend schätzten.

Republik und Bantustans

Verwoerd bestätigte sein Image eines Autokraten, indem er binnen kurzem einen politischen Richtungswechsel einleitete, der auf einsamen Entschlüssen beruhte und nicht in der Fraktion, ja nicht einmal im Kabinett vorher abgestimmt worden war. Im Januar 1959 verkündete er in seiner ersten Rede als Regierungschef, dass die *Homelands* in die volle staatliche Unabhängigkeit entlassen werden sollten.

Das war für alle Beteiligten eine Überraschung und verschaffte Verwoerd in der Auseinandersetzung mit der *United Party* einen entscheidenden Vorteil. Man hat lange gerätselt, wie es zu diesem politischen Umschwung kam, da Verwoerd zuvor glaubhaft bestritten hatte, dass eine Unabhängigkeit der *Homelands* Teil seiner Politik sei. Nun war dergleichen von den Vordenkern der Apartheid als durchaus im Bereich des Möglichen gesehen worden, einzelne Ideologen des *National-Party-Broederbond*-Netzwerks der 1940er Jahre hatten es sogar offen propagiert. Dennoch war es nicht unbedingt Mehrheitsmeinung und eine politische Souveränität für die »Bantu« widersprach den gängigen Vorstellungen von der weißen *Baaskap*, d. h. der rassistischen Vorherrschaft. Was veranlasste Verwoerd dazu, im Jahr 1959 das Gesetz zur Förderung der Bantu-Selbstregierung durchs Parlament zu schleusen? Offensichtlich hatte er auf internationale Entwicklungen reagiert, nämlich auf die beginnende Unabhängigkeitsbewegung in Afrika, die mit der Selbstständigkeit der Goldküste (Ghana) im Jahr 1957 begann, von Nigeria 1959 gefolgt wurde und 1960 in einer ganzen Welle von Entkolonialisierungsbewegungen kulminierte, die innerhalb eines einzigen Jahres 17 neue anglo- und frankophone Staaten hervorbrachte. Sie machte nicht vor Südafrikas Haustür halt, denn die britische Kolonialmacht begann in den 1960er Jahren, auch die drei *High Commission Territories* (Lesotho, Swaziland und Botswana) auf die Unabhängigkeit vorzubereiten. Verwoerd hatte klar erkannt, dass sich ihm hier eine ausgezeichnete Gelegenheit bot, die Initiative zu behalten und gleichzeitig die Apartheid international zu legitimieren. Geschickt betonte er, dass Briten und Franzosen dazu gedrängt werden mussten, ihre Kolonien in die Unabhängigkeit zu entlassen, während Südafrika dies aus freien Stücken tat. Außerdem hatten, so Verwoerd, die *Homelands* den großen Vorteil gegenüber den neuen Staaten Afrikas, dass es sich um wirkliche, nämlich kulturell homogene Nationalstaaten handelte.

Die tatsächliche Funktion der Bantustans im System der Apartheid erschließt sich indes erst, wenn man die Wanderarbeit in die Analyse einbezieht. Die in Aussicht gestellte Unabhängigkeit ermöglichte es, die mit der Apartheid verbundene Ausbeutung billiger Arbeitskräfte noch besser zu rechtfertigen. Alle schwarzen Bewohner Südafrikas sollten aufgrund »objektiver« kultureller Kriterien wie Sprache und Herkunft einem der Bantustans zugeteilt werden, was in der Praxis hieß, dass sie mit der Unabhängigkeit ihres jeweiligen *Homeland* die südafrikanische Staatsbürgerschaft zugunsten der Staatsangehörigkeit des neuen Bantustans verlieren sollten. Damit aber wurden sie zu Ausländern in Südafrika und konnten als solche behandelt werden, d. h. die eingeschränkten Rechte der schwarzen Stadtbewohner waren nicht mehr verursacht durch eine diskriminierende Rassentrennungspolitik, sondern sie waren eine ganz »normale« Behandlung ausländischer Arbeitskräfte. Aus diesem Grund verwiesen Verwoerd und seine Nachfolger ihre Kritiker immer wieder gern auf den Umgang der Europäer mit »Gastarbeitern«.

Neben dieser legitimierenden Funktion der Bantustans für die Apartheid als Ausbeutungssystem hatte ihre Unabhängigkeit eine ganz zentrale Bedeutung für Verwoerd als Vertreter des burischen Nationalismus, nämlich als nun einlösbares Versprechen auf einen homogenen weißen Nationalstaat. Dieser sollte hergestellt werden durch eine Art Negativverfahren, indem man zunächst die schwarze Mehrheit als distinkte Nationen definierte, sie mit einem Territorium versah und dann aus dem südafrikanischen Staat herausschnitt, bis schließlich der weiße Nationalstaat übrigblieb, zu dessen Erreichung die Änderung seiner verfassungsrechtlichen Position gehörte. Verwoerd, der immer ein gutes Gefühl für das politisch richtige Zeitkalkül hatte, kündigte im Jahr 1960 ein Referendum über die Umwandlung Südafrikas von einem *Dominion* in eine Republik an – eine Abstimmung nur für Weiße, versteht sich. Gleichzeitig versicherte er, dass Südafrika weiterhin Mitglied des *Commonwealth* bleiben wolle. Das war nichts Ungewöhnliches, da angefangen mit Indien eine ganze Reihe ehemaliger Kolonien zu unabhängigen Republiken mit einem Staatspräsidenten an der Spitze geworden waren, ohne ihre Mitgliedschaft im *Commonwealth* dadurch zu verlieren. Nur die von Weißen dominierten *Dominions* Kanada, Australien, Neuseeland und Südafrika hielten bis dahin am britischen Monarchen als Staatsoberhaupt fest. Nach einem intensiven Wahlkampf von weißen Befürwortern und Gegnern der Republik erhielt Verwoerds Plan 850 458 Stimmen gegen 775 858. Am 31. Mai 1961, auf den Tag 59 Jahre nach dem Verlust der Unabhängigkeit der Burenrepubliken im Frieden von Vereeniging, wurde Südafrika zu einer Republik, was den bisherigen Generalgouverneur C. R. Swart ins Amt des ersten Staatspräsidenten beförderte, an seinen hauptsächlich zeremoniellen Aufgaben aber kaum etwas änderte. Bei einem Treffen der *Commonwealth*-Regierungschefs provozierte Verwoerd gezielt einen Streit über die Apartheidpolitik und zog dann wegen der gefährdeten nationalen Ehre seinen Antrag auf fortdauernde Mitgliedschaft Südafrikas zurück, womit er sein über Jahre verkündetes Ziel erreicht hatte, Südafrika in eine Republik außerhalb des *Commonwealth* zu verwandeln. Die südafrikanische Öffentlichkeit fiel auf den Trick herein und führte den Austritt auf eine übelwollende internationale Öffentlichkeit zurück, nicht jedoch auf das raffinierte Manöver des eigenen Premierministers.

Die schwarze Stadtbevölkerung, die auch in den kommenden Jahrzehnten das Haupthindernis auf dem Weg zu einem solchen politischen Wolkenkuckucksheim darstellte, wollte Verwoerd durch die Entwicklung der *Homelands* und die Ansiedlung von Industrien in unmittelbarer Grenznähe, aber auf »weißem« Territorium, in die *Homelands* »zurück« locken. Tatsächlich verkündete er mit dem Gestus des Propheten, der aufgrund überlegenen, wissenschaftlich fundierten Wissens künftige Entwicklungen genau prognostizieren konnte, dass sich im Jahr 1978 die Landflucht in eine Stadtflucht umkehren würde, d. h. die städtischen Schwarzen würden dann beginnen, in »ihre« *Homelands* zu ziehen und nur diejenigen, die für das Funktionieren der weißen Wirtschaft unabdingbar waren, würden bleiben – als Ausländer.

Die *Homeland*-Politik stützte sich noch stärker als die »kleine« Apartheid auf wissenschaftliche Expertise, weshalb nun die Ethnologen stärker in den Vordergrund traten. Während die englischsprachige Ethnologie Südafrikas in die internationale Forschung integriert war und Wissenschaftler hervorbrachte, die zu den prominentesten ihres Faches gehörten, versank die afrikaanssprachige *Volkekunde* (Völkerkunde) rasch in einem sterilen Provinzialismus. Abweichende Meinungen wurden in den 1950er Jahren kaum noch zugelassen, da einige einflussreiche Personen das Fach derart dominierten, dass sie systematisch alle Stellen mit ihren Schülern besetzen konnten. Das galt insbesondere für P. J. Coertze, die graue Eminenz der *Volkekunde*, der Rassentheorien in seinen Schriften als bewiesene und unbestreitbare Wahrheiten verbreitete und vor allem Ethnologen ausbildete, die im Militär und der Apartheidverwaltung arbeiteten. Sein Kollege Werner Eiselen war in den 1950er Jahren als Staatssekretär im Department of Native Affairs der engste Mitarbeiter Verwoerds. Er und Coertze waren ihrerseits von deutschen Sprachforschern wie Diedrich Westermann und Carl Meinhof mit ihren essentialistischen Ethnizitätsbegriffen geprägt worden.

Insbesondere im *Department of Native Affairs* hatte sich in den 1950er Jahren eine ethnologische Begrifflichkeit ausgebreitet, die der Politik den Anschein wissenschaftlicher Fundierung verleihen sollte und die der stets auf Legitimationsstrategien bedachte Verwoerd dankbar aufgriff. Dazu zählte die Ersetzung des Begriffs Eingeborener (*Native*) für die schwarze Bevölkerung durch Bantu, eine ursprünglich rein linguistische Bezeichnung, die auf das Zulu-Wort für »Menschen« zurückgeht. Wie gering das ethnologische Wissen im Ministerium wirklich war, lässt sich allein daran ablesen, dass der Pluralbegriff Bantu in einer typisierenden Form als Singular benutzt wurde, indem die autoritativen Verlautbarungen häufig begannen mit »Der Bantu …«

Diese ethnologische »Expertise« führte dazu, dass sich in den 1950er Jahren im Ministerium die Ansicht durchsetzte, es gäbe eine schwarze Mehrheit eigentlich nicht. Der Hauptgegner des burischen Nationalismus war der afrikanische Nationalismus, wie er vom ANC vertreten wurde, der eine ethnische oder tribale Identitäten überwindende Nation anstrebte. Demgegenüber insistierte der Staat darauf, dass die schwarze Bevölkerung sich in zahlreiche schwarze Stämme unterteilte, die man jetzt aufwertete, indem man sie »Nationen« nannte. Dies war nicht nur das probate Prinzip des »teile und herrsche«, sondern dem lag ein essentialistischer Ethnizitätsbegriff zugrunde, demzufolge es objektive Kriterien einer nationalen Zugehörigkeit der Afrikaner geben musste. Die Experten des Ministeriums legten neun »Bantu«-Nationen in Südafrika fest, denen entsprechende »Heimatländer« zugeschrieben wurden, in denen sie angeblich schon immer gelebt hatten. Doch waren die Reservate, die 1913 mit dem *Natives Land Act* eingerichtet wurden, mitnichten die ursprünglichen Heimatländer, sondern der kärgliche Rest, der nach den Kolonialeroberungen und Landenteignungen des späten 19. Jahrhunderts noch davon übrig war. Später ereilte die »Experten« des Apartheidstaates die Erkenntnis, dass es noch eine zehnte »Nation« unter den Bantu gab, was zu einer Abspaltung eines neuen Bantustan, KwaNdebele, führte und in ihrem Gefolge Zwangsumsiedlungen großen Ausmaßes mit sich brachte, in deren Verlauf zehntausende Menschen in den 1970er Jahren von einem Bantustan in das andere verschoben wurden. Das Ergebnis waren ethnische Spannungen im zentralen Transvaal, die es dort zuvor nicht gegeben hatte.

Alle Bantustans befanden sich im östlichen Teil Südafrikas. Bei den meisten handelte es sich um völlig zerstückelte kleine Gebiete, wie etwa Bophuthatswana an der Grenze zu Botswana, das aus zahlreichen Fragmenten bestand, von denen eines hunderte von Kilometern von den übrigen entfernt östlich von Bloemfontein, fast an der Grenze zu Lesotho, lag. KwaZulu (Zululand) setzte sich ebenfalls aus einem Flickenteppich kleiner Gebiete zusammen – eben dem, was vom einstigen Zulureich nach den Landenteignungen noch übrig geblieben war. Einige Gebiete waren als Gesamtheit winzig, wie Qwaqwa, ein Basutogebiet in den Drakensbergen, das in den 1980er Jahren zu einem gigantischen ländlichen Slum wurde, in dem Landwirtschaft gar nicht mehr möglich war, weil das gesamte Land für Häuser genutzt werden musste. Hier und in anderen *Homelands* eskalierten in den folgenden Jahrzehnten aufgrund der fehlenden Arbeits- und Einkommensmöglichkeiten sowie der völligen Ausweglosigkeit für die Bewohner die internen Konflikte zwischen den autoritären *Chiefs* und unzufriedenen Jugendlichen, zwischen lokalen Gemeinschaften sowie zwischen ethnischen Gruppen; häusliche und öffentliche Gewalt nahmen ebenso zu wie die Umweltprobleme durch Überweidung, mangelndes Trinkwasser, fehlende Kanalisation und Bodenerosion.

Verwoerd bestand darauf, dass die Dezentralisierung der Industrie nicht dazu führen dürfe, dass weiße Unternehmer in den *Homelands* selbst Produktionsstätten aufbauten, sondern nur in deren Nähe. In den *Homelands* selbst sollten allein schwarze Unternehmer berechtigt sein, ihre Betriebe zu gründen. Warum Verwoerd darauf bestand, obwohl er damit die Bereitschaft weißer Unternehmer, seine Politik zu unterstützen, erheblich abkühlte, ist bislang nicht geklärt. Tatsächlich beschränkte sich bei ihm der Begriff der »Ausbeutung« auf interethnische Geschäftsbeziehungen, während er die Billiglöhne, die ein schwarzer Unternehmer seinen schwarzen Arbeitern zahlte, nicht mit diesem Begriff belegte, da es sich ja innerhalb derselben ethnischen Gruppe abspielte.

Ende der 1950er Jahre kam Verwoerd eine unerwartete Entwicklung zu Hilfe, nämlich Bauernaufstände in einigen *Homelands*, insbesondere in der Transkei. Diese Rebellionen waren verursacht durch den Bantu *Authorities Act* von 1951. Etliche *Chiefs* hatten in den folgenden Jahren ihre neue Macht schamlos zur eigenen Selbstbereicherung genutzt und etwa über erhöhte Abgaben einer ohnehin marginalisierten Landbevölkerung die Finanzierung von Prestigegütern wie teuren Autos oder prächtigen Villen abgepresst. Gerade in den Gebieten, in denen es *Chiefs* besonders arg trieben, wurden die Rebellionen in radikaler Weise ausgetragen bis hin zu tätlichen Angriffen auf einzelne Oberhäupter. Im kleinen und schon in dieser Zeit völlig übervölkerten *Homeland* Qwaqwa brachen Aufstände der Bevölkerung aus, ebenso wie im Tswana-*Homeland* am Rand der Kalahari, im ehemaligen Pedireich im

Abb. 15: Die Trennung öffentlicher Einrichtungen nach »Rasse«.

Nordosten des Transvaal, vor allem aber in Mpondoland, dem nordöstlichen Teil der Transkei, wo sich der Paramount *Chief* (oberster Häuptling) Botha Sigcau als besonders skrupelloser Tyrann in Kombination mit serviler Anbiederung an die weiße Verwaltung hervorgetan hatte. Hier organisierten Wanderarbeiter über ihre Netzwerke die Rebellion, die in heftigen Kämpfen und brutalen Polizeieinsätzen niedergeschlagen wurde. Verwoerd kam dies darum zugute, weil nun klar war, auf wessen Loyalität er künftig zählen konnte. *Chiefs*, die Sympathien mit der rebellierenden Landbevölkerung gezeigt oder sich sogar schützend vor diese gestellt hatten, wurden entweder ihrer Ämter enthoben oder degradiert, während anpassungswillige Sykophanten befördert wurden. Damit stand das Personal bereit, die Kollaborationselite, die der Apartheidstaat zur erfolgreichen Durchführung seiner *Homeland*-Politik benötigte, damit aus diesen verwahrlosten, ökonomisch marginalisierten Gebieten verlässliche »Partner« nach ihrer Unabhängigkeit werden konnten. Ein Blick auf die Transkei soll diese Vorgänge verdeutlichen.

Bantustans: Zum Beispiel die Transkei

Die Transkei ist von der Fläche her etwa so groß wie die Schweiz und ist ethnisch sehr vielfältig, im Gegensatz zu den Behauptungen des Apartheidstaates, es handle sich um ein kulturell und ethnisch homogenes Gebiet. Daran wird erkennbar, dass die ethnischen Zuschreibungen durch »Experten« und Politiker der Apartheid weitgehend auf Fiktionen beruhten, denn die Bevölkerung wurde als Xhosa bezeichnet, obwohl sich dies allenfalls auf eine gemeinsame Sprache beziehen konnte. Politisch dagegen war die Bevölkerung der Transkei in zahlreiche *Chiefdoms* verschiedenster Struktur gegliedert, wobei die Tembu, denen etwa Nelson Mandela und Oliver Tambo angehörten, und die Mpondo die zahlenmäßig größten Gruppen ausmachten, während die eigentlichen Xhosa im äußersten Westen des Gebietes seit dem *Cattle Killing* ihre frühere Bedeutung eingebüßt hatten.

Während Botha Sigcaus Verhalten ihm den Dank der Apartheidbehörden und die weitere Unterstützung eintrug, kam es im Tembugebiet zu heftigen Auseinandersetzungen, in die das weiße Südafrika immer wieder manipulierend eingriff. Der *Paramount Chief*, Sabata Dalindyebo, hatte sich mehrfach kritisch zur Apartheid und insbesondere zur *Homeland*-Politik geäußert, während der *Chief* der sogenannten Emigrant Tembu, einer Gruppe, die sich im 19. Jahrhundert im Nordwesten des Gebietes angesiedelt hatte, die Apartheid unterstützte. Diesem *Chief*, Kaiser Matanzima, gelang es im Verlauf der 1950er Jahre aufgrund seiner politisch eindeutigen Haltung, von der Apartheidregierung zu einem *Paramount Chief* aufgewertet zu werden. Mit Unterstützung der Behörden konnte er seit Ende der 1950er Jahre seine Macht weiter ausbauen. Der 1914 geborene *Chief*, dessen Vater ein Bewunderer Wilhelms II. war und deswegen seinem Sohn den ungewöhnlichen Vornamen Kaiser gab, hatte Jura studiert und kurz nach seinem Examen den Posten eines *Chiefs* geerbt. In den 1950er Jahren stieg er in den vom Apartheidstaat geschaffenen Gremien einer eingeschränkten Selbstverwaltung auf. Anfang der 1960er Jahre begann die Regierung, Verwoerds Ankündigung am Modellfall der Transkei in die Tat umzusetzen. Ihre Wahl fiel aus verschiedenen Gründen auf die Transkei. Einmal gab es dort die am längsten zurückreichende Tradition eines eingeschränkten Parlamentarismus mit der Einrichtung der Bunga 1892, einer *Territorial Authority*, die allerdings zwischenzeitlich wieder abgeschafft worden war. Vor allem aber war die Transkei von allen *Homelands* das einzige, das über ein einigermaßen zusammenhängendes und von der Größe her vorzeigbares Territorium verfügte. Die Bunga wurde rekonstituiert und sollte neben den *Chiefs* eine westliche parlamentarische Institution sein. Das widersprach zwar dem Neotraditionalismus, den Verwoerd sonst verfolgte, doch hatte er dafür gesorgt, dass in der Bunga eine Mehrheit der Abgeordneten nicht gewählt wurden, sondern als *Chiefs ex officio* Angehörige des Gremiums waren. So war die Bunga eine Mischung aus Parlament und dem, was Apartheidpolitiker sich als einen traditionellen Rat vorstellten.

1963 fanden Wahlen statt, die Matanzima erwartungsgemäß gewann, zumal der *Broederbond* seine klandestinen Strukturen benutzte, um ihn zu unterstützen. Die Oppositionspolitiker um Victor Poto erzielten zwar die meisten Mandate, aber die *Chiefs* unterstützten in ihrer Mehrheit Matanzima. Obwohl also eigentlich Poto der Wahlsieger war, wurde Matanzima von der Mehrheit der ernannten und einer Minderheit der gewählten Parlamentarier zum *Chief Minister* gewählt. In den folgenden Jahren baute er die Transkei in eine Despotie reinsten Wasser aus, einen Polizeistaat, indem sich selbst Minister nicht sicher sein konnten, ob sie nicht am nächsten Tag im Gefängnis landen würden. Die Transkei war extrem arm, die Mehrheit ihrer nominellen Bevölkerung lebte in den südafrikanischen Ballungszentren und hatte auch kein Interesse, Bürger eines Landes zu werden, das die meisten von ihnen gar nicht kannten. Dennoch war das Gebiet überbevölkert, zumal im Verhältnis zum vorhandenen Weidegrund zu große Viehbestände gehalten wurden, was zu massiven Erosionsproblemen führte und den Anbau stark beeinträchtigte. Nur in Butterworth gab es Industriebetriebe, ansonsten war die Transkei eine reine Agrarregion, die nun allerdings während der Herrschaft der Matanzima-Brüder einen riesigen bürokratischen Wasserkopf ausbildete, der von den Steuerzahlern eines bettelarmen Landes bezahlt wurde und vom Apartheidstaat subventioniert werden musste. Da Südafrika dem Land, das sich in den 1970er Jahren den Luxus einer eigenen Marine leistete, bis zu zwei Dritteln des Staatshaushaltes bezahlen musste, konnten sich die Politiker in Pretoria des Wohlverhaltens der Transkei sicher sein. Zehn Jahre nach dem Tod Verwoerds wurde das Land 1976 in eine »Unabhängigkeit« entlassen, die nur auf dem Papier stand. Pretoria ließ allerdings Matanzima innenpolitisch freie Hand, sodass er eine ganz auf seine Person zugeschnittene Diktatur aufbauen konnte.

Dies bekam sein Erzrivale, der *Paramount Chief* der Tembu, Sabata Dalindyebo, zu spüren, der sich im Gegensatz zu Matanzima als Sachwalter der Bevölkerungsinteressen sah und entsprechend hohe Anerkennung genoss. Schließlich musste Dalindyebo 1980 ins benachbarte Lesotho fliehen, wo er sich dem ANC anschloss und einige Jahre später im Exil verstarb. Pikanterweise pflegte Matanzima selbst persönliche Beziehungen zur ANC-Führung, denn sein Onkel war Nelson Mandela und Winnie Mandelas Vater war Mitglied seiner Regierung. Dalindyebo war ein Cousin, sodass die Problematik der Apartheidspolitik für die afrikanische Elite innerhalb dieser Familie zum Ausdruck kam.

Nach der Transkei beantragten weitere *Homelands* die Unabhängigkeit, die sie nacheinander auch erhielten, nämlich Bophuthatswana (1977), Venda (1979) und die Ciskei (1981). In allen drei Gebieten setzten sich wie in der Transkei parasitäre, korrupte Eliten in die weichen Sessel der Macht. Einzig Bophuthatswana gelang es, durch die Gründung eines Unterhaltungskomplexes in der Kunststadt *Sun City* eine etwas tragfähigere wirtschaftliche Basis aufzubauen, wovon allerdings die Bevölkerung kaum, die Clique um Präsident Lucas Mangope aber umso mehr profitierte. Das Verhältnis von Ciskei und Transkei war gespannt, weil beide einen Xhosa-Nationalismus für sich reklamierten und die Teilung in die beiden *Homelands* als anormal betrachteten. Sie waren jeweils Irredenta für einander, betonten nach außen ihre Unabhängigkeit, ihre Regierungen waren freilich nichts als bösartige Marionetten Südafrikas. Alle Versuche, internationale Anerkennung ihrer »Unabhängigkeit« zu finden, misslangen, obwohl kleine Teilerfolge, wie ein Empfang des Ciskei-Diktators Lennox Sebe in Paris, zuweilen Hoffnungen weckten. Ihr diplomatischer Verkehr blieb auf die Beziehungen untereinander und mit Südafrika begrenzt, die Länder selbst waren und blieben die Armenhäuser Südafrikas und sie wurden immer mehr zu Abladeplätzen für diejenigen, die in der Wirtschaft Südafrikas nicht mehr gebraucht wurden.

Bantustan-Politiker, die noch einen Rest von Verantwortung gegenüber ihrer Bevölkerung verspürten, hielten die südafrikanische Regierung hin oder verweigerten sich der Unabhängigkeit ganz offen. Für ersteres Verhalten stand die Regierung des *Homelands* Lebowa im Transvaal, offene Ablehnung dagegen kam von *Chief* Buthelezi, der sich das leisten konnte, weil er über eine mächtige Basisorganisation gebot. Buthelezi war über seine Mutter mit dem Zulu-Königshaus eng verwandt und erweiterte seine Legitimation durch eine Art Vormundschaft über seinen Neffen, den König, indem er den Mythos eines traditionellen Premierministeramtes, das angeblich der Buthelezi-Familie zustand, in die Welt setzte. Seine wirkliche Machtbasis war jedoch die Inkatha-Bewegung, die unter den Gesetzen der Apartheid nicht als Partei auftreten durfte, faktisch aber eine war. Ein dicht geknüpftes Netz von Lokalverbänden verhinderte, dass sich Konkurrenten organisieren konnten. Buthelezi dominierte die Organisation vollkommen, wie in den »unabhängigen« Bantustans war seine Macht auf klientelistische Strukturen gegründet, doch profitierten in KwaZulu mehr Menschen davon als in den übrigen Gebieten, was Buthelezis Macht nahezu unangreifbar machte. Weil er über eine unabhängige Basis verfügte, war er keine Marionette des Apartheidregimes, das er zuweilen lautstark kritisierte. Dem gewieften Politiker mit unübersehbarer Affinität zur Gewalt gegen tatsächliche oder mutmaßliche Gegner und Kritiker gelang über viele Jahre die Akrobatik, Kritik und Unabhängigkeit gegenüber der weißen Regierung mit einer wohldosierten Willfährigkeit und Zusammenarbeit zu kombinieren. Dadurch wurde er zu einem unverzichtbaren Partner des Apartheidsystems, das seine relative Selbstständigkeit propagandistisch ausnutzte. Buthelezi pflegte Kontakte in verschiedene Kreise des weißen Establishments und trat gelegentlich mit eigenen Reformvorschlägen hervor, etwa einem weitgehend autonomen Natal, mit dem KwaZulu vereint werden sollte.

Verwoerd sollte den Aufstieg Buthelezis und die »Unabhängigkeit« der *Homelands* nicht mehr erleben. Nachdem ein erstes Attentat 1960 missglückt war, gelang es einem angeblich geisteskranken Parlamentsdiener am 6. September 1966, den in der Regierungsbank sitzenden Verwoerd kurz vor einer Parlamentsdebatte mit vier Messerstichen zu töten. Dimitrios Tsafendas, der Attentäter, wurde für unzurechnungsfähig erklärt und verschwand, ohne dass ihm der Prozess gemacht wurde, über Jahrzehnte hinter Gittern, wo er von sadistischen Vollzugsbeamten jahrelang gequält und misshandelt wurde. Ein Gericht hatte ihn zum persönlichen Gefangenen des Staatspräsidenten erklärt, womit man verhinderte, dass er aufgrund eines medizinischen Gutachtens hätte freigelassen werden können. Ebenso wurde auf diese Weise ausgeschlossen, dass während eines Prozesses möglicherweise politische Motive des Attentäters an die Öffentlichkeit kamen. Tatsächlich hat ihn der Staatspräsident schließlich freigelassen, doch hieß dieser dann Nelson Mandela und Tsafendas hatte fast 30 Jahre in der Gefängnispsychiatrie verbracht.

Verwoerds Tod leitete eine politische Wende ein, denn mit ihm starb der *Mastermind* der Apartheid, der durch seine rigorose und unflexible Haltung zwar die Bewunderung seiner Anhänger erlangt, aber Südafrika in eine immer stärkere Isolation geführt hatte.

10 Der Sicherheitsstaat: Die Apartheid in der Defensive, 1966–1989

10.1 Der Sicherheitsstaat I: Die Polizei unter B. J. Vorster

Nach der Ermordung Verwoerds fiel die Wahl für seine Nachfolge schnell auf den noch vergleichsweise jungen, 51-jährigen Balthasar John Vorster, der lange Zeit eher ein politischer Außenseiter gewesen war. Er hatte in den 1940er Jahren der antiparlamentarischen Ossewabrandwag angehört und war als Schlüsselfigur dieser Bewegung im *Eastern Cape* von der damaligen Regierung interniert worden. Verwoerd hatte ihn 1958 ins Kabinett geholt, um seine eigene Machtbasis zu erweitern. Vorster hatte sich schnell als knallharter Vertreter von Recht und Ordnung einen Namen gemacht, der gnadenlos gegen die schwarze Opposition vorging. Mit der Festnahme der ANC-Führung 1963 und ihrer Aburteilung im Rivonia-Prozess hatte Vorster sich in die vorderste Reihe der aussichtsreichen Kandidaten katapultiert.

Vorster blieb seiner bisherigen Linie treu, als er 1967 das Terrorismus-Gesetz verabschieden ließ, das von allen repressiven Maßnahmen mit Abstand das drakonischste war und einen massiven Einbruch in die Rechtsstaatlichkeit darstellte. Es erlaubte die unbegrenzte Festnahme politischer Gegner ohne Haftbefehl (*Detention without Trial*), was systematischen Folterungen Tür und Tor öffnete. Die Gefangenen wurden keinem Untersuchungsrichter vorgeführt und konnten unbegrenzt festgehalten werden, ohne dass sie einen Rechtsbeistand oder einen Arzt hinzuziehen durften. Dies war geradezu ein Freibrief für gewaltsam erzwungene »Geständnisse«, wobei koloniale Gewaltmuster reproduziert wurden. Spätere Untersuchungen ergaben etwa, dass physische Gewalt in Form von Schlägen vor allem gegen junge schwarze und indische Männer angewandt wurde, während Weiße und *Coloureds* eher psychisch unter Druck gesetzt wurden. Sexuelle Gewalt wurde vor allem, aber keineswegs nur gegen Frauen angewandt. Schlafentzug, Strangulieren mit einem nassen Sack, stundenlanges Stehen oder Elektroschocks waren beliebte Foltermethoden neben den allgegenwärtigen Schlägen. Vorsters engster Gefolgsmann, der Polizeichef General Hendrik van den Bergh, der von Vorster in kürzester Zeit innerhalb der Ranghierarchie der Polizei nach ganz oben befördert worden war, beteiligte sich zuweilen eigenhändig an Folterungen.

Vorster und van den Bergh teilten seit ihren gemeinsamen Tagen als Rechtsextremisten während des Zweiten Weltkriegs einen paranoiden Antikommunismus, den sie nun zu einer Art Staatsideologie aufbauten, die als Legitimation für weitere repressive Maßnahmen herhalten musste. Die 1970er Jahre wurden zu einer nachgeholten McCarthy-Hexenjagd in Südafrika, sodass selbst gemäßigte Liberale sich nicht mehr sicher sein konnten, ob van den Berghs Apparat sie nicht ins Visier nahm. Vorster holte seinen engsten Gefolgsmann ins Zentrum der Macht, als er eine zentrale Geheimdienst- und Polizeibehörde schuf, die alle bisherigen Institutionen dieser Art zusammenfassen sollte. Das *Bureau of State Security* erhielt von den Kritikern schnell den durchaus seine Ambitionen zum Ausdruck bringenden Namen BOSS.

In merkwürdigem Kontrast zu dieser allgemeinen Repression nach innen standen eine Reihe gegenläufiger Vorgänge, nämlich erstens die aktive Verfolgung einer außenpolitischen Entspannungspolitik gegenüber den afrikanischen Nachbarn durch Premierminister Vorster und zweitens die Entstehung einer neuen schwarzen Gewerkschaftsbewegung und ihre Duldung durch die Regierung.

Vorsters Détente-Politik

Im Gegensatz zu Verwoerd war Vorster darauf bedacht, die politische Isolation Südafrikas zu durchbrechen und ihm war klar, dass dies nur über bessere Beziehungen zu afrikanischen Staaten geschehen konnte. Zudem traten in den frühen 1970er Jahren Unabhängigkeitskonflikte in einer Reihe benachbarter Siedlerkolonien wie Angola, Mosambik und Rhodesien in ihre heiße Phase, während im Mandatsgebiet Südwestafrika das südafrikanische Militär zwar eindeutig die Oberhand hatte, aber die Notwendigkeit einer politischen Lösung unübersehbar war, da Südafrikas Besetzung Namibias von der UNO und den meisten Staaten der Welt als illegal angesehen wurde.

Als mit der Nelkenrevolution in Portugal im April 1974 die Situation dieser Kolonialmacht auf dem afrikanischen Kontinent unhaltbar wurde, kamen in ihren beiden großen Flächenkolonien Mosambik und Angola marxistisch orientierte Unabhängigkeitsbewegungen an die Regierung, was eine Massenflucht portugiesischer Siedler auslöste. Damit hatte Südafrika erstmals Nachbarländer, die mit seinem Erzfeind, der Sowjetunion, mehr oder weniger eng verbündet waren. Aus diesem Grund engagierte Vorster sich in der zweiten Hälfte der 1970er Jahre besonders stark in Rhodesien, wo er erheblichen Druck auf den weißen Premierminister Ian Smith ausübte, um eine politische Lösung herbeizuführen, die die Machtübernahme radikaler linker Unabhängigkeitsbewegungen verhindern sollte. Letztlich scheiterte Vorster mit seinen Bemühungen, doch konnte er mit anderen Ländern Verbesserungen im beiderseitigen Verhältnis auf informeller Ebene erreichen. Dies galt für eher konservative afrikanische Regierungen wie diejenige der westafrikanischen Elfenbeinküste unter Präsident Houphouet-Boigny oder pragmatische Politiker wie Kenneth Kaunda, den Präsidenten von Sambia. Der Diktator von Malawi, Kamuzu Banda, fand sich sogar bereit, offizielle diplomatische Beziehungen zu Südafrika aufzunehmen, während Präsident Mobutu Sese Seko von Zaire eher an mehr oder weniger heimlichen Wirtschaftsbeziehungen interessiert war, da er offiziell den Boykott Südafrikas durch die afrikanischen Staaten unterstützte.

Strukturwandel von Wirtschaft und Gesellschaft

Vorster war nicht in der Lage, die Entwicklung in den Nachbarstaaten effektiv zu steuern. Viel dramatischer war jedoch sein Kontrollverlust über die Ereignisse im eigenen Land. Dies wiederum hatte mit einer tiefgreifenden Strukturveränderung zu tun. In den späten 1960er Jahren zeichnete sich ein Wandel ab, der die politische Ökonomie erstmals seit 1652 grundlegend umorientierte. Seit der Nachkriegszeit hatte die Industrie den Bergbau als wichtigsten Wirtschaftsfaktor abgelöst. Eine breit gefächerte Konsumgüterindustrie, die einen Großteil dessen herstellen konnte, was in Südafrika benötigt wurde, weitete ihre Produktpalette aus, als europäische, amerikanische und vor allem japanische Investoren begannen, in Südafrika eigene Produktionsstätten zu errichten, insbesondere für Autos, aber auch für elektrische Geräte, landwirtschaftliche Maschinen usw. Gleichzeitig unterstützte die Regierung aktiv die fortschreitende Kommerzialisierung der Landwirtschaft.

Die südafrikanische Landwirtschaft hatte über Jahrzehnte hinweg wichtige Innovationen verpasst und war im internationalen Vergleich rückständig, weil der Staat billige Arbeitskräfte über die Manipulation des Arbeitsmarktes mit Hilfe der Rassengesetze bereit gestellt hatte. Dies hatte die Betriebskosten niedrig gehalten und auch Farmen ein Auskommen gesichert, die wenig produktiv waren. Die Farmen waren deutlich unterkapitalisiert, sie investierten kaum in landwirtschaftliches Gerät. Das sollte sich nun ändern, aber nicht wegen steigender Einkommen der Arbeiterschaft, denn der Binnenhandel blieb weiterhin unterentwickelt. Seit den späten 1950er Jahren lässt sich etwa an Hand der Traktorenzahlen zeigen, dass nun eine verspätete, aber intensive Mechanisierung der Landwirtschaft einsetzte, die vom Staat und Einrichtungen wie der 1912 gegründeten Landbank mit Krediten unterstützt wurde. Die weniger produktiven Farmer blieben auf der Strecke, weshalb die Zahl der landwirtschaftlichen Betriebe von 106 000 im Jahr 1960 auf 78 000 1975 zurückging. Der Konzentrationsprozess in der Landwirtschaft ging mit einer Spezialisierung auf bestimmte Produkte einher. Die Landwirte, die aufgeben mussten, wurden nicht mehr, wie noch eine Generation zuvor, zu *Poor Whites*, sondern staatliche Patronage und der allgemeine soziale Aufstieg der Buren erlaubte ihre berufliche Integration, sodass für die burischen Nationalisten kein neues Problem entstand. Anders sah es dagegen für die schwarzen Landarbeiter aus, die nun nicht mehr gebraucht wurden. Die landwirtschaftlichen Betriebe wirtschafteten mit Maschinen, für die weniger Arbeitskräfte benötigt wurden. Aus diesem Grund begann der Staat mit massiven Umsiedlungsaktionen von etwa 1,3 Millionen Schwarzen aus den kommerziellen »weißen« Farmgebieten in die Bantustans.

Ähnliches spielte sich in der Industrie und sogar im Bergbau ab. Die weiterverarbeitende Industrie konnte von Anfang an mit Wanderarbeitern weniger effizient arbeiten als der Bergbau. Sie musste komplexe Arbeitsvorgänge organisieren, die sich nicht im Sinn des Taylorismus in einzelne Arbeitsschritte aufspalten und von ungelernten Wanderarbeitern erledigen ließen. Sie nutzte Maschinen, die von Leuten mit Erfahrung und mit entsprechenden Grundkenntnissen und Fertigkeiten bedient wurden. Darum war es sogar kontraproduktiv, jedes Jahr neue ungelernte Arbeitskräfte anzuwerben, die aus den Bantustans kamen und die weitgehend ungebildet waren, um sie dann – wenn sie gerade die nötigen Fertigkeiten durch praktische

Erfahrung im Arbeitsablauf erworben hatten – wieder entlassen zu müssen, weil ihre Verträge ausliefen. Die Industrie war an stabilen Belegschaften besser ausgebildeter Arbeitskräfte interessiert, die an den Betrieb gebunden werden konnten, indem man ihnen Aufstiegschancen bot. Da sie aber über lange Zeit nicht über einen ähnlichen Einfluss verfügte wie die mächtige Minenindustrie, hatte sie sich den Vorgaben des Apartheidstaates unterordnen müssen und allenfalls gewisse Lockerungen im Detail erreichen können. So wurde die *Bantu Education* allmählich zum Hemmschuh, da die rudimentäre Bildung, die sie den Schwarzen vermittelte, nicht ausreichte, um in einer zunehmend arbeitsteiligen, automatisierten Arbeitswelt produktiv zu arbeiten.

Sogar die Minenindustrie zog nach und begann mit einem Programm der umfassenden Modernisierung ihrer Betriebsabläufe im Untertagebau, wo sie jetzt ebenfalls statt vieler ungelernter Arbeitskräfte, die in mühsamer Handarbeit Erze abbauten, große Fräsen einsetzte, für die man technisch gebildetes Personal benötigte. In allen Bereichen der südafrikanischen Wirtschaft kam in den 1960er Jahren ein nachgeholter Modernisierungsprozess in Gang, der zu einer Veränderung der Arbeitswelt und des Arbeitsmarktes führte, auf den das Land politisch nicht vorbereitet war. Nach dem Tod Verwoerds ging die neue Regierung daran, diesen Erfordernissen Rechnung zu tragen.

Die schwarze Gewerkschaftsbewegung

Im Jahr 1973 streikten in der Hafenstadt Durban die schwarzen Dockarbeiter. Da es für sie keine Gewerkschaften gab, handelte es sich um sogenannte »wilde Streiks«. Die Arbeiter waren von Unzufriedenheit über Löhne und Arbeitsbedingungen, von der Ablehnung der Apartheid und von einem prononcierten Zulu-Nationalismus motiviert. Überraschenderweise griff die Regierung nicht, wie sie das bislang immer getan hatte, mit Polizeigewalt ein, sondern ließ die Arbeiter gewähren. Bald darauf verkündete sie, dass sie die gewerkschaftliche Organisation schwarzer Arbeitnehmer zu legalisieren gedenke. Dies führte zur Gründung etlicher Branchengewerkschaften, von denen allerdings die weitaus meisten der Vorschrift der Regierung, sich offiziell registrieren zu lassen, keine Folge leisteten. Der Grund für den Sinneswandel der Regierung, der in krassem Kontrast zu ihrer Unnachgiebigkeit stand, was politische Rechte der schwarzen Bevölkerung anging, hatte mit dem Strukturwandel der südafrikanischen Wirtschaft zu tun. Während bis dahin das Hauptinteresse der Wirtschaft darauf gerichtet gewesen war, möglichst billige Arbeitskräfte zu bekommen und der Staat diese durch seine regulatorischen Eingriffe bereit gestellt hatte, erhielt nun die Ausbildung und Qualität der Arbeitskräfte Priorität, womit ein Rückzug des Staates aus der Wirtschaft einherging.

Dadurch verschoben sich die repressiven Maßnahmen des Regimes auf die Arbeitslosen. Während diejenigen, die Arbeit hatten, in gewissem Sinn privilegiert wurden, wurde die Abgrenzung zu allen übrigen umso schärfer gezogen. Nun nahmen die Zwangsumsiedlungen all derer massiv zu, die keinen Arbeitsplatz nachweisen konnten oder ihn aufgrund des Strukturwandels verloren. Die Zwangsumsiedlung von insgesamt 3,5 Millionen Menschen bis 1985 war ein Ergebnis dieser Verschiebung, da die Bantustans nun die zusätzliche Funktion erhielten, Abladeplätze für »überflüssige Menschen« zu werden, wie die Apartheidbürokraten die Arbeitslosen nannten.

10.2 Die Black Consciousness-Bewegung

Im Kontrast zu den Zwangsumgesiedelten wurde eine Minderheit der schwarzen Bevölkerung bessergestellt, indem die *Bantu Education* durch Investitionen in den Ausbau der Sekundarschulen für Schwarze aufgeweicht wurde. Damit entstand ein immer schärferer Kontrast zwischen den übervölkerten und verarmten Bantustans, in die die Arbeitslosen abgeschoben wurden, und den Städten, in denen nun in großer Zahl weiterführende Schulen gebaut wurden, was große Hoffnungen bei der dortigen Bevölkerung auf einen allmählichen sozialen Aufstieg weckte. Die Zahl der schwarzen Schüler nahm zwischen 1955 und 1969 um 250 % zu, die Zahl der Schüler an Sekundarschulen wuchs allein zwischen 1965 und 1976 um etwa das fünffache, doch hinkte der Bau von Schulen und adäquaten Klassenräumen weit hinterher, von der Qualität des Unterrichts ganz zu schweigen.

Nachdem durch den *Extension of University Education Act* im Jahr 1959 die Universitäten ebenfalls einer rigorosen Rassentrennung unterworfen waren, begann die Regierung, eigene Universitäten für Inder, *Coloureds* und Schwarze einzurichten, die allerdings meist mit weißem, konservativem Lehrpersonal betrieben wurden. Diese von den Studenten verächtlich *Bush Colleges* genannten Hochschulen wurden in der Nähe der *Homelands* gebaut und sollten jeweils eine ethnische Gruppe bedienen. Die älteste Tertiäreinrichtung Fort Hare, ursprünglich eine Missionsgründung, wurde von der Regierung genötigt, ihre bis dahin offene Zulassungspolitik aufzugeben. Sie wurde zu einer Universität nur für Xhosa, während die neu gegründeten Universitäten von Zululand und die *University of the North* jeweils bestimmte Ethnien bedienten. Die *University of the Western Cape* in der Nähe von Kapstadt war eine Einrichtung für die farbige Bevölkerung, während Durban-Westville nur indische Studierende aufnahm. Alle diese Bildungsinstitutionen, Schulen wie Universitäten für Schwarze, blieben im Vergleich mit den Institutionen für Weiße unterfinanziert. Die rapide Zunahme an Sekundarschülern mit überfüllten Klassenräumen, schlecht ausgebildeten Lehrern, miserabler Ausstattung, oft fehlendem oder ideologisch einseitigem Unterrichtsmaterial hatte zur Folge, dass eine besser ausgebildete und vor allem zahlenmäßig große Schicht schwarzer Jugendlicher entstand, die täglich mit der Diskriminierung im Schulsystem konfrontiert war. An den Universitäten war es nicht besser, da die meist afrikaansen Professoren an den schwarzen Universitäten autoritär, methodisch konservativ und ideologisch indoktrinierend wirkten. Vor diesem Hintergrund ist es nicht überraschend, dass sich etwa fünf Jahre nach der Zerschlagung der internen Opposition, die durch ANC und PAC repräsentiert wurde, an den Universitäten und Schulen neue Formen des Widerstands mit einem urbanen und intellektuellen Charakter herausbildeten.

Nur an wenigen Einrichtungen anderer Universitäten konnten Schwarze noch studieren, etwa an der Medical School der *University of Natal* in Durban. Hier hatte sich 1966 ein aus King William's Town stammender junger Mann namens Steve Biko für ein Medizinstudium eingeschrieben, nachdem er zuvor an einer Missionsschule in Natal seinen Schulabschluss gemacht hatte. Biko kam aus einer Familie mit einer starken PAC-Tradition und begann früh, sich hochschulpolitisch zu engagieren. Die landesweite Studentenorganisation *National Union of South African Students* (NUSAS) hatte immer wieder gegen die Apartheid protestiert und war daran interessiert, schwarze Studenten in ihre Reihen aufzunehmen. Biko wurde einer der eifrigsten Mitarbeiter dieser Organisation und wurde schon bald als ihr präsumtiver erster schwarzer Präsident gehandelt. Doch es kam 1968 bei einer NUSAS-Versammlung in Grahamstown zum Eklat, als die Universitätsleitung die Studenten nach Hautfarben trennte und die schwarzen Studenten erheblich schlechter unterbrachte. Als die weißen Studenten dies hinnahmen und sich dem Protest ihrer schwarzen Kommilitonen nicht anschlossen, war für Biko das Maß voll. 1969 gründete er eine eigene Studentenorganisation nur für schwarze Studenten, die *South African Students Organisation* (SASO), deren Präsident er wurde.

Aus der Erfahrung der Diskriminierung in Grahamstown entstand das »Schwarze Selbstbewusstsein« (*Black Consciousness*). Biko sah die Diskriminierung nicht als einmaliges Ereignis, sondern als ein strukturelles Phänomen in der südafrikanischen Gesellschaft. Dabei interessierte ihn vor allem die Wirkung auf die Diskriminierten, die ein Minderwertigkeitsgefühl entwickelten, weshalb der Gehorsam gegenüber den sozial mächtigen Weißen habituell wurde. *Black Consciousness* zielte auf eine Umwertung der Werte und damit auf eine Selbstbefreiung, die zunächst in der Psyche jedes einzelnen stattfinden musste, bevor sie zu einer sozialen Gegenmacht anwachsen konnte. Die bis in die Körpersprache internalisierte Unterwerfung unter die Weißen sollte aufgebrochen und durch ein neues Selbstbewusstsein ersetzt werden. Dies konnte nur in einer Gruppe, nämlich mittels gegenseitiger Ermutigung und Bestätigung geschehen, weswegen der organisierte Charakter der *Black Consciousness*-Bewegung so wichtig war. Über das weitere Vorgehen nach der psychischen Befreiung haben sich Biko und seine Mitstreiter eher vage geäußert. Tatsächlich gab es hier deutliche Unterschiede, da Biko in den letzten Jahren vor seinem Tod im Jahr 1977 eine Annäherung an die Positionen des ANC erkennen ließ, während andere stärker an einem exklusiven Kulturnationalismus festhielten.

Die *Black Consciousness*-Bewegung war offensichtlich von der Tradition des PAC im *Eastern Cape* beeinflusst, aber auch von der amerikanischen *Black Power*-Bewegung, von der sie den Gruß mit der geballten Faust übernahm. Kwame Nkrumah, der erste Präsident Ghanas, hatte radikale Kapitalismuskritik mit weitausgreifenden panafrikanischen Plänen verwoben. Seine Position beeinflusste die neue Bewegung ebenfalls, aber Frantz Fanons Schriften über die psychische Internalisierung des Kolonialismus haben vermutlich die tiefsten Spuren in der *Black Consciousness*-Bewegung hinterlassen. Diese drängte bald aus der rein studentischen Sphäre hinaus. Der südafrikanische Staat hatte die Gruppe zunächst gewähren lassen in der irrigen Ansicht, die jungen Leute würden die zur *Homeland*-Politik passende Ideologie entwickeln. Nachdem sich in Geheimdienstkreisen aber die Erkenntnis durchgesetzt hatte, dass hier eine neue nationalistische, den Neotribalismus der Bantustans radikal

Abb. 16: Steve Biko, der Gründer der *Black Consciousness*-Bewegung.

ablehnende Bewegung im Entstehen begriffen war, überzog das Regime die Aktivisten mit Verbannungen und Gefängnisstrafen. Das Format der neuen Bewegung zeigte sich darin, dass sie solche repressiven Maßnahmen frühzeitig eingeplant hatte und ein System der Ämterrotation entwickelte, durch das viele Personen Führungs- und Organisationserfahrung sammeln und ausgeschaltete Amtsträger sofort ersetzen konnten. Die durch Verbannungen in ihrer Bewegung stark eingeschränkten Aktivisten, zu denen auch Biko gehörte, nutzten diese Situation, um Gemeinschaftsprojekte ins Leben zu rufen. Biko selbst und seine Freundin Mamphela Ramphele, ebenfalls eine Medizinerin, bauten in einigen *Townships* Tageskliniken auf. Diese Propaganda der Tat hatte den erwünschten Effekt, dass die Botschaft von *Black Consciousness* als erfolgreich vollzogene Selbstbefreiung weitergetragen wurde.

Die 1972 gegründete *Black Peoples Convention* wollte die schwarze Bevölkerung insgesamt erreichen und organisieren. Sie erfüllte nie die in sie gesetzten Erwartungen, da die Zeit für ihre Entfaltung zu kurz blieb, denn nach dem gewaltsamen Tod Bikos 1977 in einem Untersuchungsgefängnis wurde sie zusammen mit allen anderen *Black Consciousness*-Organisationen im selben Jahr verboten. Entscheidender war die Wirkung des studentischen Vorbilds auf die Schüler, denn neben SASO gab es eine eigene schwarze Schülerorganisation, das *South African Students Movement.*

1972 kam es zu einem Eklat an der *University of the North*, einem der Apartheid-Bush Colleges. Als Onkgopotse Tiro, ein Vertreter von SASO, aus Anlass der Eröffnung des akademischen Jahres eine aufrührerische Rede hielt, wurde er von der schockierten Hochschulleitung relegiert, woraufhin sich zahlreiche Studenten mit ihm solidarisierten. Das weiße Rektorat reagierte unbeugsam und autoritär, als es sämtliche Studenten zwangsexmatrikulierte und nur reumütige zur Wiedereinschreibung zuließ. Das hatte zur Folge, dass die Studenten, die nicht zu Kreuze kriechen wollten und die überzeugtesten Vertreter der *Black Consciousness* waren, ihr Studium nicht zu Ende führen konnten und nach Hause zurückkehren mussten. Für viele befand sich dieses Zuhause nicht in den ländlichen Regionen, sondern in den städtischen Ballungsgebieten, wo sie als Lehrer an Schulen unterkamen. Etliche unterrichteten an Schulen in Soweto, der riesigen Schlafstadt für Schwarze außerhalb Johannesburgs, die in den 1950er Jahren erheblich ausgeweitet worden war und deren Einwohnerzahl in den 1970er Jahren die Einmillionengrenze weit überschritten hatte. Damit war die direkte Verbindung zwischen dem aktivistischen SASO-Kern um Biko und der großen Zahl unzufriedener und zur Rebellion neigender Schüler hergestellt, auch wenn die meisten Schüler den Namen Biko erst viele Jahre später kennenlernten.

Vorsters zur Schau gestellte *Kragdadigheid*, sein Auftreten als durchsetzungsfähiger Politiker, stand in unübersehbarem Widerspruch zu seiner Erfolglosigkeit. Seine Politik der *Détente* gegenüber den afrikanischen Nachbarn hatte einige Teilerfolge erbracht, war aber weitgehend durch die Dynamik der Entwicklung in den ehemaligen portugiesischen Kolonien überrollt worden. Die Fortsetzung der Apartheid hatte kosmetische Zugeständnisse etwa im Bereich des Sports gebracht, die aber eher an die sportbegeisterten Weißen gerichtet waren als an die schwarze Mehrheit. Von Vorster gingen keine neuen politischen Initiativen aus, seine Regierung war defensiv auf den Erhalt der bestehenden Ordnung im Zeichen eines paranoiden Antikommunismus ausgerichtet. Doch in der zweiten Hälfte der 1970er Jahre flog ihm diese Ordnung geradezu um die Ohren, zuerst im Soweto-Aufstand 1976 und seiner brutalen Unterdrückung, dann mit der *Muldergate*-Affäre knapp zwei Jahre danach, die ihn zu einem demütigenden Rücktritt von allen Ämtern zwang.

Der Ausbau des Sekundarschulwesens seit den 1960er Jahren hatte die Schülerzahlen vervielfacht, ohne dass damit eine qualitative Verbesserung der Schulen einher gegangen war. Die Ausgaben für weiße Schüler waren immer noch etwa zehnmal so hoch wie diejenigen für schwarze Schüler. Viele Lehrer waren unzureichend ausgebildet, ihre Unsicherheiten kompensierten sie, indem sie ihre Schüler wegen Kleinigkeiten verprügelten. Etliche Schüler konnten überhaupt nur die Schule besuchen, weil ihre Eltern sich das Geld für Schulgebühren, Bücher und Schuluniformen buchstäblich vom Mund absparten. Bildung war ihnen wichtig, da sie das Tor zu einem besseren Leben öffnen konnte. Die wachsenden Einkommen der schwarzen Arbeiterschaft weckten Hoffnungen auf allgemeine Verbesserungen, die aber immer offensichtlicher mit der politischen Unnachgiebigkeit der Regierung kontrastierten. Doch dann kam im Jahr 1973 der ›Ölschock‹ und das Ende des südafrikanischen Wirtschaftswachstums von fast 20 Jahren. Die Hoffnungen, die gewachsenen Erwartungen wurden enttäuscht, die Unzufriedenheit über die fortdauernde Diskriminierung und die alltäglichen Schikanen der »kleinen Apartheid« stauten sich an. Es bedurfte nur noch eines Funkens, um das Pulverfass der Unzufriedenheit explodieren zu lassen.

10.3 Der Schüleraufstand von Soweto 1976

Dieser Funke kam von der äußersten Rechten der Nationalen Partei, die partout die Konzepte von Hendrik Verwoerd durchboxen wollte. Auslöser für Proteste der Schüler von Soweto war eine Verordnung, der zufolge die schwarzen Schüler einen Teil ihrer kommenden Examina in *Afrikaans* ablegen sollten, in einer Sprache, die weder die Schüler noch ihre Lehrer in genügendem Maß beherrschten und die überdies die Sprache des verhassten Regimes war. Die Schüler sahen ihre Hoffnungen auf eine bessere Zukunft durch die Aussicht des Scheiterns in der Schule in Gefahr und gingen auf die Straße. Am 16. Juni 1976 fand eine große Demonstration von Schülern, Jungen wie Mädchen, in Soweto, der riesigen Schlafstadt vor den Toren Johannesburgs, statt. Die rasch hinzukommende Polizei reagierte wie immer mit exzessiver Gewalt, indem sie zunächst mit Tränengas in die Menge schoss, dann scharfe Hunde auf die Schulkinder hetzte und anschließend mit Gewehren feuerte. Die Jugendlichen hatten nur demonstrieren wollen, doch nun brachen sie in Gewalt aus, zerstörten Regierungseinrichtungen und die verhassten, von der weißen Stadtverwaltung betriebenen Bierhallen, in denen ihre Väter alkoholisiert wurden und wo sie mit ihrer Zeche die eigene Unterdrückung finanzierten. Gewalt und Gegengewalt schaukelten sich wechselseitig auf, aufgrund der Überlegenheit der Polizei waren Opfer aber nur auf einer Seite zu beklagen: Mehr als einhundert Kinder starben in den ersten Tagen im Kugelhagel der Polizei, nach Schätzungen sollen es sogar mehr als 500 gewesen sein. Viele wurden verhaftet, von der Polizei gefoltert, manche verschwanden spurlos. Dennoch griff der Aufstand in den folgenden Wochen weiter um sich und erfasste auch die Arbeiter. Erst später erhielt die weitgehend spontane Aktion eine Führung im *Soweto Student Representative Council*, das aus dem Untergrund agieren musste. Mit Streikaufrufen und neuen Aktionen blieb Soweto für Monate der zentrale Unruheherd. Doch breiteten sich die Aufstände über viele *Townships* im Land aus. Die Weißen waren verwirrt, hatten sie dergleichen doch überhaupt nicht erwartet. Die Erklärung der Regierung, weiße kommunistische Agitatoren stünden hinter dem Aufruhr, passte in das Weltbild vieler, die überzeugt waren, dass die Schwarzen mit ihrem Schicksal eigentlich zufrieden waren und dass die harte Reaktion des Staates gerechtfertigt sei.

Das Ausmaß der Rebellion lässt sich daran ermessen, dass die Sicherheitskräfte mehr als ein Jahr benötigten, um die vollständige Kontrolle zurückzugewinnen. Doch war dies nicht das Ende des Protests, sondern der Anfang vom Ende der Apartheid. Hunderte Schüler setzten sich ins Ausland ab, meist über Botswana und schlossen sich dem Exil-ANC an, der nun zum ersten Mal über eine ausreichende Anhängerschaft verfügte, um einen bewaffneten Kampf ernsthaft zu beginnen. Der Schüleraufstand von Soweto war der entscheidende Wendepunkt in der Geschichte der Apartheid, ein spontaner Aufruhr von Jugendlichen und Kindern ohne politische Parteien oder Führer. Der ANC in Lusaka war davon genauso überrascht wie die Regierung in Pretoria. Danach kam Südafrika nicht mehr zur Ruhe, es wurde deutlich, dass ein bewaffneter Kampf des ANC, trotz dessen beharrlicher Selbstsuggestionen, allenfalls flankierend sein konnte, der eigentliche Wandel musste sich im Land selbst vollziehen, der Akteur des Wandels war die Bevölkerung, nicht die politischen Organisationen. Der Aufstand von Soweto hatte noch eine weitergehende Bedeutung, da nun zum ersten Mal die Jugendlichen und Kinder die Speerspitze der Opposition bildeten und die oft zögerlichen Erwachsenen mit sich zogen. Hier deutete sich ein Wandel der Gesellschaft in ihrer Tiefenstruktur an, der bislang noch nicht abgeschlossen ist. Die Gesellschaft orientierte sich in ihren Leitwerten um von der Erfahrung der Alten auf die Innovationskraft der Jungen, von der Tradition auf die Zukunft.

10.4 Muldergate: Vorsters Sturz

Die hatte John Vorster fast bereits hinter sich, wenngleich er sich fest im Sattel wähnte. Ein Jahr nach Soweto verstarb Steve Biko, der *Spiritus Rector* der *Black Consciousness*-Bewegung, in Untersuchungshaft aufgrund exzessiver Polizeigewalt. Als Vorsters Justizminister Jimmy Kruger in einer Pressekonferenz erklärte, Bikos Tod lasse ihn kalt, wurde dies von der internationalen Öffentlichkeit keineswegs als Ausdruck souveräner Macht gewürdigt, sondern im besten Fall als zynische Geschmacklosigkeit, im schlimmsten Fall als Armutszeugnis eines Regimes, das offenbar nicht mehr verstand, was sich im eigenen Land abspielte. 1978 beschloss Vorster, das Amt des Premierministers abzugeben, wobei er als Nachfolger mit Connie Mulder einen der Führer der Rechten in der Nationalen Partei auserkoren hatte. Doch flog just zu dem Zeitpunkt ein Skandal auf, der die gesamte Regierung Vorster zu einem abrupten Ende brachte. Informationen gelangten an die Öffentlichkeit, dass Regierungsstellen mit Steuergeldern systematisch versucht hatten, die Interessen der Regierungspartei zu fördern, indem sie etwa die ihr nahestehende englischsprachige Zeitung *The Citizen* finanzierten und Zeitungen im Ausland aufkauften, um auf diese Weise das internationale Image Südafrikas durch gesteuerte Berichterstattung zu verbessern. Dabei handelte es sich um Veruntreuung im großen Stil, zu der noch die ganz private Bereicherung einiger Beteiligter hinzukam. Da Minister Mulder in den Skandal verwickelt war, wurde bald in Anlehnung an *Watergate* von *Muldergate* gesprochen. Der Minister musste seine Hoffnungen auf Vorsters Nachfolge aufgeben, Vorster selbst, der zwischenzeitlich in das Amt des Staatspräsidenten gewechselt war, musste zurücktreten, vor allem aber war das Image der Nationalen Partei als einer selbstlosen, von der Sorge um das Volk inspirierten Organisation dauerhaft ramponiert. Korruption in den eigenen Kreisen war für viele Wähler der Nationalen Partei bis dahin unvorstellbar gewesen. Der erste Sicherheitsstaat mit der Polizei in einer Führungsrolle fand sein Ende, weil auch Hendrik van den Bergh, der allmächtige Polizeichef, gehen musste. Sein *Bureau of State Security* wurde von der neuen Administration aufgelöst, die den Vorhang öffnete für den zweiten Sicherheitsstaat, der von den Militärs dominiert wurde. P. W. Botha, der Vorsitzende der Nationalen Partei der Kapprovinz ging aus dem Skandal als Sieger hervor, da er ihn geschickt instrumentalisierte, um Mulder auszuschalten. Ende der 1970er Jahre stellte die Kap-NP erstmals seit Malan wieder den Chef der Gesamtpartei und damit den Premierminister.

10.5 Der Sicherheitsstaat II: Das Militär unter P. W. Botha

P. W. Botha und die totale Strategie

Als Verteidigungsminister Pieter Willem Botha 1978 gegen den Wunsch des bisherigen Amtsinhabers Vorster zum neuen Premierminister gewählt wurde, galt er vielen, vor allem im Ausland, als Hoffnungsträger. Im Vergleich zu Connie Mulder und anderen mächtigen Politikern aus dem direkten Umfeld Vorsters war Botha reformorientiert und hatte dies frühzeitig zu erkennen gegeben. Darüber hinaus war die südafrikanische Armee, die Botha als Verteidigungsminister seit 1966 politisch leitete, bereit zu Reformen. Der Armeechef Magnus Malan, den Botha zum Verteidigungsminister ernannte, war ein Karriereoffizier, der sich von pragmatischen Überlegungen leiten ließ und den Rassismus der Apartheid ablehnte, die er durch eine neue autoritäre Ordnung ersetzen wollte. Die Abkehr vom offenen Rassismus wurde deutlich, als Malan in der Armee meritokratische Prinzipien durchsetzte, wodurch erstmals in einer staatlichen Institution Schwarze Vorgesetzte von Weißen werden durften.

Botha ließ in seinen ersten Verlautbarungen nach seiner Wahl keine Zweifel über die Ernsthaftigkeit seines Reformwillens aufkommen. Das von ihm geprägte Schlagwort »Anpassen oder Untergehen« (*Adapt or Die*) signalisierte den Wählern wie der internationalen Öffentlichkeit, dass dieser neue Premier sich energisch von der bisherigen Politik abwenden wollte. Botha umgab sich mit Politikern, die ebenfalls zu den Reformern gerechnet wurden, wie Pik Botha, Gerrit Viljoen und Chris Heunis. Konservative, wie Andries Treurnicht, der nach dem Ausscheiden von Mulder zur Führungsfigur der Rechten wurde, schob er in die zweite Reihe.

Aber Botha war mit einem Dilemma konfrontiert, das seit Jan Smuts Reformen verhinderte, nämlich dass diese dazu beitragen konnten, die eigene Wählerbasis zu verlieren. Sobald die politische Rechte Zuwächse erhielt, trat Botha auf die Reformbremse. Die rechten Tendenzen waren unübersehbar: 1969 hatte sich die kleine rechtsextreme *Herstigte Nasionale Party* (Wiedergegründete Nationale Partei) von der Nationalen Partei abgespalten, weil ihren Mitgliedern Vorsters weitgehend kosmetische »Reformen«, etwa im Bereich des Sports, zu weit gegangen waren. Sie wurde von Vorster erfolgreich marginalisiert und hatte aufgrund des südafrikanischen Direktwahlrechts keine ernsthafte Chance auf eine parlamentarische Repräsentation. In den 1970er Jahren entwickelten sich neue Gruppen, unter denen die rechtsextreme und paramilitärische *Afrikaner Weerstandsbeweging* (AWB) allerdings erst unter Botha zu einer gefährlichen Kraft anwachsen sollte. Viel gefährlicher für Botha waren die rechten Tendenzen innerhalb seiner eigenen Partei, vor allem in den nördlichen Provinzen.

Während die rassistische Rhetorik der Apartheidjahre außer Gebrauch kam, Botha es auch zuließ, dass in aufgeschlosseneren Gemeinden und Städten die Alltagsapartheid mit ihren Hinweisschildern und kleinlichen Schikanen stillschweigend aus dem öffentlichen Leben verschwand, betonte er umso stärker den Antikommunismus. Damit folgte er dem Weg Vorsters, doch ersetzte er dessen krude antikommunistische Paranoia durch ein Gesamtkonzept, das stärker international ausgerichtet erschien und die innerstaatlichen Konflikte in einen größeren Kontext einordnete. Zu Beginn der 1980er Jahre war in Regierungskreisen häufig die Rede von einem »totalen Anschlag« des Weltkommunismus auf Südafrika, das wegen seines Rohstoffreichtums als Schlüsselposition im Ost-West-Konflikt galt. Die Invasion der Sowjetunion im Jahr 1979 in Afghanistan, der andauernde Krieg in Angola, in den neben sowjetischen Militärberatern bis zu 36 000 kubanische Soldaten involviert waren und die Machtübernahme des als linksradikal geltenden Robert Mugabe im benachbarten Simbabwe im Jahr 1980 verliehen solchen Aussagen Glaubwürdigkeit. Vertreter dieser Position erhielten Unterstützung, als in den USA mit Ronald Reagan ein Präsident gewählt wurde, der die Antagonismen des Ost-West-Konfliktes im Gegensatz zur Entspannungspolitik der 1970er Jahre wieder betonte.

Vor allem aber hatte sich der ANC 1980 mit einem spektakulären Bombenanschlag auf Sasolburg, eine hochgesicherte petrochemische Anlage zur Kohleverflüssigung, zurückgemeldet, was Bothas Diagnose zu rechtfertigen schien. Botha und sein Verteidigungsminister Magnus Malan legten als Konzept zur Abwehr des angeblichen »totalen Anschlags« des Weltkommunismus auf Südafrika eine »totale Strategie« vor. Dieses Konzept war ursprünglich vom französischen General Beaufre während des Algerienkriegs entwickelt worden. Der Staat sollte Reformen in Angriff nehmen, um dadurch die *Hearts and Minds* der Bevölkerung zu gewinnen, und gleichzeitig repressiv gegen »Aufrührer und Terroristen« vorgehen. Dabei störte es offenbar nicht, dass dieses Konzept schon in Algerien gescheitert war. Konkret sollten sicht- und spürbare Verbesserungen für die Bevölkerung der *Townships* in Angriff genommen werden wie geteerte Straßen, Elektrifizierung, moderne Abwasserentsorgung usw., während jede Form von Widerstand unterdrückt werden sollte. Es war eine Politik von Zuckerbrot und Peitsche, wobei die Peitsche möglichst nur gezeigt, nicht eingesetzt werden sollte. Letztlich war es nur eine etwas flexiblere, in größeren Dimensionen betriebene und strategisch reflektierte Fortsetzung der Politik Vorsters.

Zunächst sah alles ganz vielversprechend aus, da die Wirtschaft sich wieder erholt hatte und der Goldpreis 1980/81 seinen bisher höchsten Stand erreichte. Doch brach er danach ein und da der Bergbau zwar nicht mehr von zentraler, aber immer noch von großer Bedeutung für die südafrikanische Wirtschaft war, zog er die ganze Ökonomie in eine lang andauernde und sich im Verlauf des Jahrzehnts noch verschärfende Rezession hinein. Die marktliberalen Gegenmaßnahmen der Regierung verschlimmerten eher die Lage, als dass sie Abhilfe schufen und dem Staat fehlten die Ressourcen, um wirtschaftliche Verbesserungen für die Bevölkerungsmehrheit umzusetzen. Als die Regierung begann, alle, die keine Arbeitsplätze nachweisen konnten, zwangsweise in die Bantustans umzusiedeln, demonstrierte Botha, dass er eben doch an den alten Verwoerdschen Konzepten festhielt und weckte den Verdacht, dass sein Reformkurs allenfalls auf kosmetische Imageverbesserungen, aber nicht auf grundlegenden Wandel abzielte.

10.6 Die Dreikammerverfassung und die United Democratic Front (UDF)

Dieser Eindruck verstärkte sich, als Botha seine Pläne für eine neue Verfassung vorlegte. Die Regierung pries diese erste große Verfassungsreform seit 1910 als entscheidenden Schritt zur Abschaffung der Apartheid an. Doch änderte sich der Grundcharakter der Verfassung keineswegs: Es gab keinen Grundrechtekatalog, die Verfassung blieb flexibel und die schwarze Mehrheit vom Wahlrecht ausgeschlossen. Stattdessen wurde der Senat abgeschafft und das bisherige Zweikammer- durch ein Dreikammersystem ersetzt. Jede der drei Kammern war einer anderen ethnischen Gruppe vorbehalten, sodass *Coloureds* und Inder erstmals eine parlamentarische Repräsentation erhielten. Die einzelnen Kammern sollten jeweils »eigene«, d. h. die Gruppe betreffende Angelegenheiten beraten, was angesichts der fortgeschrittenen Integration der Wirtschaft und Gesellschaft absurd war. Alle drei Kammern wählten gemeinsam einen Exekutivpräsidenten, in dessen Amt der Premierminister und das rein zeremonielle Staatsoberhaupt zusammengefasst wurden. Die Zahl der weißen Abgeordneten war deutlich größer als die der *Coloureds* und Inder zusammengenommen. Die Nationale Partei allein verfügte über eine Mehrheit, die ihr die Präsidentschaft sicherte. Die schwarze Bevölkerung dagegen sollte nur kommunale Mitbestimmungsrechte erhalten und Räte für die Selbstverwaltung der *Townships* wählen können, die noch nicht einmal ein nennenswertes Budget zu verwalten hatten. Wie sehr Botha am Bantustan-Konzept Verwoerds festhielt, bewies er mit seinen Äußerungen, die Schwarzen hätten schließlich das Wahlrecht in ihren *Homelands*.

Die Opposition ließ sich von solchem Räsonnement nicht beeindrucken und begann, den Widerstand zu organisieren. Dies betraf zunächst vor allem die beiden Minderheiten, die in das System kooptiert werden sollten. Ein Urenkel Gandhis hatte in den 1970er Jahren den von diesem gegründeten *Natal Indian Congress* wiederbelebt und machte daraus einen der ersten und wichtigsten Träger der Ablehnung. Gemeinsam mit dem *Transvaal Indian Congress* riefen radikale indische Politiker zum Boykott der im September 1984 stattfindenden Wahlen zu »ihrem« Parlament auf. Ähnliches spielte sich unter den *Coloureds* ab, wobei hier deren wichtigste und größte Partei, die 1969 gegründete *Labour Party*, sich zuerst an die Spitze des Widerstands setzte, um dann eine Kehrtwende zu vollziehen und an den Wahlen im August 1984 teilzunehmen, wohlwissend, dass sie damit dem neuen System eine wichtige Legitimation verschaffte.

Der reformierte Pfarrer Allan Boesak, ein charismatischer Redner und den *Coloureds* zugerechnet, rief als Gastredner bei einer Versammlung der indischen Kongresse zur Gründung einer vereinten demokratischen Front gegen die Apartheid auf. Daraufhin wurde im August 1983 in Mitchell's Plain, der Schlafstadt für *Coloureds* außerhalb von Kapstadt, die *United Democratic Front* (UDF) gegründet, ein Dachverband zahlreicher Oppositionsgruppen. Er vereinte kirchliche, gewerkschaftliche, Frauen- und Jugendorganisationen ebenso wie Sportvereine und zwar auf allen Ebenen: national, regional und lokal. Es war ein kunterbuntes Sammelsurium, das

Abb. 17: Plakat mit Aufruf zur Gründung der United Democratic Front 1983.

sich hier zusammenfand, aber es war die erste große organisierte Opposition seit dem Verbot des ANC vor mehr als 20 Jahren.

Der Boykott der Wahlen war durchaus erfolgreich, weil nur 8 % der Inder und 17,6 % der *Coloureds* ihre Stimmen abgaben. Doch führte der Aktionismus der UDF sie in die direkte Konfrontation mit der Staatsmacht, die in den folgenden Jahren massiv eskalierte und innerhalb der UDF der Führungsriege gegenüber den Einzelorganisationen ein Übergewicht verlieh, denn mit der beginnenden Repression musste die Führung oft schnell und ohne demokratische Konsultationen entscheiden.

Die UDF verband nach kurzer Zeit mehr als 700 Organisationen und rühmte sich, insgesamt etwa 3 Millionen Menschen zu vertreten. Sie blieb eine Föderation, was angesichts der bald einsetzenden Repression die Operationsfähigkeit erhöhte, da die Handlungsfreiheit der einzelnen Mitgliedsorganisationen oft weniger beeinträchtigt wurde als der Dachverband selbst. An dessen Spitze standen vorwiegend jüngere Leute, Angehörige der Generation des Soweto-Aufstands wie Murphy Morobe, die nun den landesweiten Protest koordinierten. Dies zeigte, dass sich mit dem Ausbau der Bildungseinrichtungen seit den späten 1960er Jahren auch die Basis jugendlichen Protestes stark ausgeweitet hatte. Das Potential war erheblich größer im Vergleich zu demjenigen, das nur zehn Jahre zuvor die doch eher überschaubare Gruppe zorniger junger Studenten um Steve Biko mobilisieren konnte. Obwohl viele von *Black Consciousness* geprägt waren, auch die Inder und *Coloureds*, huldigte die UDF keinem exklusiven schwarzen Kulturnationalismus. Bald setzten sich vielmehr diejenigen durch, die sich auf die 1955 verabschiedete *Freedom Charter* des ANC und den dort zum Ausdruck gebrachten Staatsbürgernationalismus, das Gleichheitsprinzip für alle Bürger unabhängig von Hautfarbe oder Kultur, beriefen. Die Kulturnationalisten zogen sich aus der UDF zurück und arbeiteten im Rahmen ihrer eigenen Organisationen.

Ähnliches entwickelte sich bei den Gewerkschaften. Neben mitgliederstarken Großgewerkschaften wie der National Union of Mineworkers, die in der zweiten Hälfte der 1980er Jahre unter ihrem Generalsekretär Cyril Ramaphosa erstmals den Bergbauunternehmen eine mächtige Organisation entgegenstellen konnte, gab es seit den späten 1970er Jahren verschiedene Ansätze, einen Dachverband der Gewerkschaften zu gründen. Als Haupthindernis erwiesen sich ideologische Streitereien über eine afrikanistische oder eine an der *Freedom Charter* des ANC ausgerichtete Orientierung. Der *Congress of South African Trade Unions* (Cosatu), der im Dezember 1985 gegründet wurde, stand der UDF und anschließend dem ANC politisch nahe, während die afrikanistischen Gewerkschaften sich in kleineren Dachverbänden organisierten, die weitaus geringere Schlagkraft in Arbeitskämpfen entwickeln konnten.

Mit der zunehmenden Repression des Regimes gegen die oppositionellen Kräfte traten in deren Reihen stärker die Vertreter der Kirchen in den Vordergrund. Neben den unzähligen zionistischen und äthiopischen Kirchen hatten sich auch die übrigen Kirchen stark gewandelt. Noch bis in die 1970er Jahre waren die Bischöfe, etwa der anglikanischen Kirche, Weiße, doch nun rückten Schwarze in die Führungspositionen. Desmond Tutu setzte sich an die Spitze der Oppositionsbewegung und erhielt für seine Bemühungen um einen gewaltfreien Wandel 1984 den Friedensnobelpreis. Viele andere Kirchen hatten mittlerweile mehr schwarze als weiße Mitglieder, was sich auf ihre Haltung zur Apartheid auswirkte. Einzig die weißen reformierten Kirchen blieben Unterstützer der Regierungspolitik, was dazu führte, dass deren eigene Missionskirchen der Schwarzen und *Coloureds* sich von ihnen abwandten. Vereinzelt stellten sich mutige weiße Kirchenmänner wie Beyers Naudé oder Wolfram Kistner auf die Seite der schwarzen Opposition und nahmen dafür Verhaftung und Verbannung durch den Staat in Kauf.

Die UDF organisierte ihren Protest äußerst clever als Propagandakrieg gegen die Regierung. Dazu gehörte die permanente Pflege guter Kontakte zur nationalen und internationalen Presse. Die Sprecher der UDF legten großen Wert darauf, immer schick und modisch gekleidet aufzutreten, um über die Medien zu vermitteln, dass sie die Repräsentanten eines künftigen Südafrika waren: weltgewandt, eloquent, humorvoll und den Freuden des Lebens keineswegs abgeneigt. Die Rechnung ging auf, denn gegenüber dynamischen jungen Leuten wie Mosiuoa »Terror« Lekota, Trevor Manuel oder Vallie Moosa wirkten die Mitglieder der Regierung verhärmt und verknöchert, provinziell und humorlos, so altbacken wie ihre Ideologie. Die UDF nutzte den breiten kulturellen Aufschwung der 1980er Jahre geschickt, indem sie den Anspruch, die Bevölkerungsmehrheit Südafrikas zu repräsentieren, auch kulturell einlösen konnte. Der schalen Verwestlichung der weißen Machteliten, die wie ein vorgestriger Abklatsch kolonialer Herren wirkten, setzten sie die vielfältige Dynamik einer jugendlichen Kreativität entgegen.

Die UDF konnte auf die ganze Palette innovativer Kultur zurückgreifen, die sich in den *Townships* und an den Universitäten ausgebreitet hatte. Dazu gehörten Lieder und Slogans, Poster und T-Shirts, die wichtige Träger von Botschaften und Bekenntnissen wurden. Das vielleicht eindrucksvollste war das *Toyitoyi*, ein kollektives Hüpfen, zu dem rhythmisierte Slogans gerufen, gesungen oder gezischt wurden. Wenn sich illegale Großdemonstrationen etwa bei Beerdigungen von Aktivisten zum *Toyitoyi* formierten, oft Zehntausende von Menschen springend und singend durch die Straßen liefen, boten sie einen beeindruckenden Anblick. Die gemeinsame rhythmisierte Bewegung half den Beteiligten zudem, die Angst vor der Polizeigewalt zu überwinden.

Ohne Verbindung zur UDF entstanden in den 1980er Jahren zahlreiche neue Kunstformen in Form symbolreich gestalteter »Freiheitsgärten« in den *Townships*, die regelmäßig von der Polizei zerstört wurden. Vor allem in der Musik gab es eine erhebliche Verbreiterung des Spektrums an Stilen und Richtungen, wobei mit Sipho Gumede, einem der bedeutendsten jüngeren Musiker, auch der erste schwarze Musikproduzent in Erscheinung trat. Damit konnten Schwarze erstmals auch mit der Kunst, die sie produzierten, Geld verdienen, was einen erheblichen Wachstumsimpuls auslöste, schließlich waren Musik und Sport die Königswege aus dem Elend des *Township*lebens. Traditionelle Musikstile wurden zunächst abgelehnt, weil der Apartheidstaat sie als Tribal Music gefördert hatte. Erst als der Zuluchor Ladysmith Black Mambazo mit dem internationalen Star Paul Simon auf Tournee ging und große Erfolge feierte, stieß diese Art von Musik auf ein neues Interesse bei der jüngeren Generation. Ganz neue Musikstile wie Kwaito entstanden, Musikgruppen mit Musikern aus verschiedenen Bevölkerungsgruppen verhalfen Südafrika zu einer der besonders kreativen Musikszenen.

Ähnlich entwickelte sich die bildende Kunst, die nun auch für Afrikaner einen nationalen und internationalen Markt eroberte. In der Literatur gab es zahlreiche neue Namen, die mit Kurzgeschichten und Gedichten auf sich aufmerksam machten; einige wie Miriam Tlali wurden sogar international rezipiert und übersetzt. Mzwake Mbuli war ein junger Mann, der seine politischen Gedichte mit sonorer Stimme eindrucksvoll deklamierte. Er war monatelang auf der Flucht vor der Polizei, die den propagandistischen Effekt seiner Gedichte fürchtete. In allen kulturellen Bereichen traten Frauen stärker als bisher in den Vordergrund. Sie alle hatten mit der Zensur zu kämpfen, Filme mit einer politischen Botschaft wie Mapantsula konnten in Südafrika selbst erst nach dem Ende der Apartheid gezeigt werden. Ebenso war der vom ANC und anderen Exilorganisationen ausgerufene Kulturboykott kontraproduktiv für viele junge Talente, die dadurch in ihrer Entfaltung behindert wurden, aber auch für ein Umdenken in der weißen Gesellschaft insgesamt, da sie in ihrer Isolation gefangen blieb. Doch sogar innerhalb der burischen Kulturszene gab es unerwartete Neuerungen, als sich ein neuer kritischer Musikstil des *Boerepunk* bildete und mit dem *Vrye Weekblad* die erste unabhängige afrikaanse Zeitung als erfrischende neue Stimme erklang. Weiße Schriftsteller wie Nadine Gordimer und André Brink hatten sich schon lange gegen die Apartheid ausgesprochen, doch rüttelte kaum ein Roman die afrikaanse Bevölkerung so auf, wie die Lebensgeschichte einer schwarzen Frau, die die Schriftstellerin Elsa Joubert 1978 veröffentlichte.

Im Schatten von Elend, Gewalt und Konfrontation entstand zögerlich eine Konsumgesellschaft, die sich auf kleine wohlhabendere Gruppen in der schwarzen Bevölkerung ausdehnte und dadurch eine normative Kraft entwickelte, gleichzeitig die Konflikte der Zukunft vorprogrammierte, als sich herausstellte, dass die Mehrheit der Bevölkerung auch unter einer schwarzen Regierung diesen Lebensstil nie würde führen können.

Doch nicht nur in der Bevölkerungsmehrheit formierte sich die Opposition gegen die Dreikammerverfassung. Eine beträchtliche Zahl rechter Abgeordneter spaltete sich unter Führung des ehemaligen Ministers Andries Treurnicht von der Nationalen Partei ab und gründete die Konservative Partei, die bei den folgenden Wahlen so stark zulegte, dass sie die offizielle Opposition wurde, während die wirtschaftsliberalen Progressiven an Einfluss verloren.

10.7 Rubikon und Repression: Der Ausnahmezustand 1985–1990

Botha selbst versuchte, in all dem Aufruhr und angesichts der sich entfaltenden sozialen Dynamik die politische Initiative zurückzugewinnen, indem er dem Reformkurs einen neuen Schub geben wollte. Eine geplante Rede am 15. August 1985 wurde in den Medien und auf diplomatischem Parkett als großes Ereignis von weit reichender Bedeutung, als Befreiungsschlag und als »Überquerung des Rubikon« angekündigt, doch Botha vermasselte alles, als sein cholerisches Temperament mit ihm durchging. Statt die Reformen anzukündigen, wie es auf dem Papier vor ihm stand, holte er zu einer aggressiven Philippika gegen Kritiker aus. Der unmittelbare Effekt war ein massiver Vertrauensverlust der Wirtschaft, der sich in sinkenden Kurswerten niederschlug und Südafrika in eine Verschärfung seiner Rezession führte. Internationale Banken weigerten sich, eine Umschuldung vorzunehmen, sodass das reichste Land Afrikas plötzlich die Erfahrung vieler seiner nördlichen Nachbarn nachholte. Die »Rubikon-Rede« verdiente diesen Namen, insofern sie die Weltöffentlichkeit von der Nichtreformierbarkeit der Apartheid überzeugte. In den folgenden Jahren verschärfte sich die Gangart, als der US-Kongress den eigenen Präsidenten zu Boykottmaßnahmen gegen Südafrika zwang und durchsetzte, dass US-Konzerne sich aus Südafrika zurückziehen mussten. Damit floss viel Kapital ab, doch profitierten südafrikanische Konzerne, die die Lücken füllten, und Südafrika fand immer wieder Investoren. Die Europäer hatten zwar ebenfalls einen Verhaltenscode erlassen, doch weigerten sich vor allem Margaret Thatcher und Helmut Kohl, auf europäischer Ebene oder mit nationalstaatlichen Maßnahmen gegen die Apartheid vorzugehen. Es muss eine einigermaßen bizarre Erfahrung für den Generalsekretär der südafrikanischen Bergarbeitergewerkschaft, Cyril Ramaphosa, gewesen sein, als er bei einem Besuch in Deutschland Ende der 1980er Jahre zum Boykott südafrikanischer Billigkohle aufrief und deutsche Politiker ihn belehrten, dass ein Boykott nur den Schwarzen schade. Die kolonialistische Herablassung ist umso erstaunlicher, als es u. a. die mit Billiglohnkräften produzierte Kohle aus Südafrika war, die dazu beitrug, dem Ruhrbergbau den Todesstoß zu versetzen. Dennoch haben die internationalen Sanktionen den Apartheidstaat sicher nicht in die Knie gezwungen, obwohl sie dem Regime schadeten.

Der weiße Staat war trotz Wirtschaftskrise und Legitimationsproblemen kein zahnloser Tiger. Das autoritäre Denken in Kategorien von Kontrolle und Sicherheit beherrschte Botha mindestens ebenso stark wie seine Vorgänger. Ähnlich wie der vormalige Justizminister Vorster die Polizei in politische Entscheidungen eingebunden hatte, beteiligte Ex-Verteidigungsminister Botha die Generäle an der Formulierung und Umsetzung von Politik. Der Staatssicherheitsrat, dem neben einigen wichtigen Ministern die Chefs der Streitkräfte, der Polizei und der Geheimdienste angehörten, wurde zur entscheidenden Institution. Die wichtigsten Entscheidungen wurden seit den 1980er Jahren hier und nicht mehr in Parlament oder Kabinett getroffen.

Im Jahr 1986 wurde diese Sicherheitsstruktur zu einem das ganze Land erfassenden Überwachungs- und Befehlssystem ausgebaut, dem sogenannten *National Security Management System*. Diese Parallelverwaltung regierte an den offiziellen Behörden vorbei und gab militärischen Effizienzkriterien den Vorzug vor rechtsstaatlicher Verantwortlichkeit. Auf lokaler Ebene kooperierten die obersten Offiziere von Militär, Polizei und Geheimdienst mit dem Chef der Zivilverwaltung, um Befehle umzusetzen, die vom Staatssicherheitsrat kamen. Südafrika war nur noch dem Namen nach eine parlamentarische Demokratie. Tatsächlich wurde es zu einer parlamentarisch verbrämten Militär- und Präsidialdiktatur.

Die UDF war außerstande, die Eskalation extrem gewalttätiger Konflikte zu verhindern. Die Regierung nutzte verschiedene Strategien, um den Einfluss der UDF auf die Bevölkerung zu brechen.

Erstens instrumentalisierte sie deren direkte Konkurrenten wie die Inkatha von *Chief* Buthelezi. Der Konflikt zwischen UDF und Inkatha in Natal eskalierte in einen brutal geführten Bürgerkrieg, der tausende Menschenleben kostete. Die Gemengelage von Interessen und Konfliktlinien war selbst für Beteiligte oft kaum noch durchschaubar, da die Inkatha eine Reihe lokaler Machthaber, sogenannte *War Lords*, in ihre Reihen kooptiert hatte, die nun unter dem Banner einer politischen Organisation ihren kriminellen Geschäften nachgingen und etwa wirtschaftliche Konkurrenten mit Hilfe bewaffneter Gewalt aus dem Feld schlugen. Es ging auch um eine Wiederauflage des alten Konflikts zwischen konservativem Establishment, das sich um das Königshaus und die Inkatha scharte, und einer aufbegehrenden Jugend.
Zweitens bediente sich der Staat lokaler Machthaber in den *Townships*, die mit Gewalt gegen lokale UDF-Gruppen vorgingen.
Drittens wurden 1986 sogar kriminelle Banden im Raum Kapstadt bewaffnet und in die Slum-Gebiete wie *Crossroads* geschickt, über die die Polizei die Kontrolle verloren hatte. Diesen sogenannten »Vigilanten«-Gruppen gelang es in brutalen Auseinandersetzungen, die Macht der UDF vor Ort zu brechen.

Viertens: Der direkte Unterdrückungsapparat des Staates, besonders die mit repressiven Gesetzen ausstattete Polizei und die sogenannte Sicherheitspolizei, eine ausgesprochen skrupellose Truppe von Folterern, entwickelten regelrechte Terrorzellen. Von einer solchen kann man im Fall der Polizeieinheit von Port Elizabeth durchaus sprechen, die für zahlreiche politische Morde verantwortlich war. Diese Strukturen waren Teil eines von oben eingerichteten Systems und keineswegs, wie die weißen Spitzenpolitiker später glauben machen wollten, außer Kontrolle geratene Einheiten.
Fünftens rekrutierten die »Sekurokraten« Bothas aus der Sicherheitspolizei eine Reihe von Spezialeinheiten, die Todesschwadronen. Sie beschäftigten Polizisten, die in Namibia in der gefürchteten Spezialeinheit *Koevoet* (Brechstange) gedient hatten und ihrem Namen alle Unehre erwiesen. Sie wandten Methoden an, die in Südafrika bis dahin keineswegs gebräuchlich waren und die eher an lateinamerikanische Militärdiktaturen der 1970er und 1980er Jahre erinnern. Tatsächlich soll es eine, bislang nicht genau rekonstruierte Zusammenarbeit etwa mit dem Pinochet-Regime in Chile, einschließlich des Austauschs von Folterspezialisten, gegeben haben.
Sechstens intensivierte sich unter Botha die Militarisierung der weißen Bevölkerung, wozu sogar Schießübungen für Schüler gehörten. In den 1980er Jahren wurde die bis in die Zeit der Sklaverei und des Kolonialismus zurückreichende Gewaltkultur durch eine Wagenburgmentalität unter Weißen und eine Heroisierung von Straßenkämpfern unter schwarzen Jugendlichen zu einem Grundzug der südafrikanischen Gesellschaft, die sich in dem Jahrzehnt zu einer der gewalttätigsten der Welt entwickelte, worunter insbesondere Kinder, Frauen und alte Menschen zu leiden hatten.

Abb. 18: Bewaffnete Bewohner von Phola Park, Thokoza *Township* bei Johannesburg.

Siebtens kamen Reformmaßnahmen zu spät, selbst wenn es sich um bedeutende Veränderungen wie die Aufhebung der Passgesetze im Jahr 1986 handelte. Nach dem

Ende dieser vielleicht massivsten Verletzung elementarer Menschenrechte durch ein staatliches Gesetz strömten die Menschen buchstäblich zu Millionen aus den Bantustans in die Städte, denn das Leben in einer informellen Siedlung, d. h. einem Slum, war immer noch der elenden Existenz ohne Zukunftsaussichten in den ländlichen Gebieten vorzuziehen.

Im Juni 1985 wurden die teilweise verstümmelten Leichen von vier Männern in einem Dünengebiet am Strand bei Port Elizabeth entdeckt. Sie wurden als politische Aktivisten aus dem Umfeld der UDF identifiziert, die in dem kleinen Städtchen Cradock im *Eastern Cape* eine formidable informelle Machtstruktur aufgebaut hatten. Der charismatische junge Lehrer Matthew Goniwe war der Held der Jugendlichen, die er mobilisieren, aber auch kontrollieren und von Gewaltexzessen fernhalten konnte. Statt diesen Mann über Verhandlungen in eine Deeskalationsstrategie einzubinden, ließ das Regime in Pretoria ihn und drei seiner Freunde ermorden. Als die Beerdigung der *Cradock Four* zu einer Demonstration der Opposition geriet, verhängte Botha einen Tag später den Ausnahmezustand über die Region. Dieser wurde ein Jahr später auf das gesamte Land ausgedehnt und bestand bis Oktober 1990.

Damit kam eine weitere Sicherheitsstruktur ins böse innenpolitische Spiel, nämlich die Armee, die bis dahin, wie in Rechtsstaaten üblich, der bewaffnete staatliche Arm nach außen gewesen war. 1986 rückte sie in die *Townships* ein und half, mit massiver Repression und Massenverhaftungen die UDF tatsächlich mundtot zu machen. Deren Führer saßen in Haft oder versteckten sich, während Armee und Polizei die Kontrolle über die *Townships* zurückgewannen. Botha ließ die glänzende Gelegenheit zur Durchführung entscheidender Reformen, die ihm die Zurückgewinnung der politischen Initiative bot, verstreichen, denn er war vom Erstarken der politischen Rechten unter den weißen Wählern so beeindruckt, dass er erneut fürchtete, zu weit gegangen zu sein. Die Machtbasis im eigenen Lager war ihm wichtiger, als den entscheidenden Schritt zu gehen. Diese rechten Tendenzen waren insbesondere in der weißen Arbeiterschaft und unter Farmern virulent, die befürchteten, zu den Verlierern zu zählen, sollte die Apartheid abgeschafft werden.

Seit den 1960er Jahren hatte sich die afrikaanssprachige weiße Bevölkerung in ihrer sozialen Komposition deutlich verändert. War sie noch in den 1940er Jahren der englischsprachigen Bevölkerung in fast allen Bereichen unterlegen und im Durchschnitt deutlich ärmer, schlechter ausgebildet und mit geringeren beruflichen Chancen ausgestattet, hatten mehrere Jahrzehnte staatlicher Macht das gründlich geändert. Mittlerweile hatten sich Buren in Wirtschaft, Wissenschaft und staatlicher Bürokratie gut etabliert und dabei neue Bedürfnisse entwickelt und andere Erfordernisse kennen gelernt. Für afrikaanssprachige Unternehmer wogen wirtschaftliche Kriterien schwerer als nationalistische Parolen; Intellektuelle waren eher daran interessiert, international anerkannt zu werden und andere Berufsgruppen, wie Offiziere, folgten den vorgegebenen professionellen Standards. Der burische Nationalismus konnte bei ihnen immer weniger verfangen, d. h. die soziale Elite selbst wandte sich vom nationalistischen Denken ab und öffnete sich allmählich der Vorstellung, dass sie mit den anderen Bevölkerungsgruppen mehr teilte als sie trennte.

Der Dauereinsatz von Polizei und Militär ließ die Kosten explodieren, sodass die Möglichkeiten, die konstruktive, nämlich die Reformseite der totalen Strategie einzusetzen, allmählich schrumpften. Hinzu kam der nicht mehr zu stoppende Niedergang der Wirtschaft, der nur teilweise auf die internationalen Sanktionen zurückzuführen war, vielmehr auf das schwindende Vertrauen internationaler Banken und Organisationen, dass Botha über ein zukunftsfähiges Konzept zur Lösung der internen Probleme Südafrikas verfügte. Tatsächlich machte sich in Südafrika, insbesondere innerhalb der Nationalen Partei selbst, das Bewusstsein breit, dass sich das Land in einer wirklichen Krise befand, die nur mit innovativen Methoden gelöst werden konnte. Botha war sichtlich nicht bereit, sich auf Verhandlungen mit dem ANC einzulassen. Er wollte die weiße Dominanz in der Politik erhalten, indem er andere Bevölkerungsgruppen nur als Juniorpartner akzeptierte.

Alternativen wurden darum in anderen Kreisen ausgebrütet, überraschenderweise ausgerechnet im *Afrikaner Broederbond*, lange ein Sammelbecken der Hardliner. Botha hatte die Geheimgesellschaft auf die Seite geschoben und sich stattdessen auf seine Generäle und Geheimdienstleute verlassen. Seine Funktionslosigkeit im Apartheidstaat eröffnete dem *Broederbond* die Gelegenheit, ohne tagespolitische Verantwortung über grundlegende Fragen nachzudenken. Nachdem sich die Rechtskonservativen von der Nationalen Partei abgespalten und auch den *Broederbond* verlassen hatten, um mit der *Afrikaner Volkswag* eine Konkurrenzgesellschaft aufzumachen, kamen im *Broederbond* aufgeschlossenere Intellektuelle ans Ruder. Der Vorsitzende Pieter de Lange, Rektor der *Rand Afrikaans Universiteit*, ließ unorthodoxe Überlegungen und weitreichende Diskussionen zu, an denen unter anderen Willem de Klerk, Bruder des *National Party*-Vorsitzenden im Transvaal, F. W. de Klerk, federführend beteiligt war. 1986 sah de Lange die Zeit für gekommen, dass auch der *Broederbond* Zeichen setzte und seine Reformbereitschaft öffentlich machte. Sein Besuch beim führenden ANC-Funktionär Thabo Mbeki zog ihm zwar den Zorn Bothas zu, war aber ein wichtiges Signal an die Opposition im Inland wie im Exil, es könnte vielleicht doch Chancen auf eine Verhandlungslösung geben. Neben Geschäftsleuten, allen voran Vertreter des mächtigen Konzerns *Anglo-American*, trafen afrikaanssprachige Intellektuelle 1987 mit dem ANC in Dakar zusammen. Als entscheidend erwiesen sich weniger die direkten Verhandlungen und Gespräche, als vielmehr das gesellige Beisammensein am Abend. Dabei entdeckte man die kulturellen Gemeinsamkeiten, lachte über dieselben Witze und sang dieselben Lieder: die Feindbilder fielen ab wie Masken.

11 Der Übergang zur Demokratie

Ende der 1980er Jahre verbreitete sich innerhalb der burischen Machtelite zunehmend die Erkenntnis, dass die Politik der Apartheid nicht länger durchzuhalten war. In der Forschung besteht über die Ursachen des Scheiterns der Rassentrennungspolitik keine Klarheit, da eine Vielzahl von Faktoren dazu beitrug, deren jeweiliger Anteil oft schwer einzuschätzen ist. Sicherlich zählten die internationalen Sanktionen und Boykottmaßnahmen dazu, doch entscheidender war der Niedergang der Goldindustrie, womit eine der wichtigsten Einnahmequellen allmählich versiegte, die den Aufbau einer monströsen Bürokratie überhaupt erst ermöglicht hatte. Das Ende des Ost-West-Konflikts bot nur noch den direkten Anlass, ein politisches System abzuschaffen, das auf irrationalen Annahmen über eine Kausalverknüpfung von Biologie und Kultur, also auf Rassismus, aufgebaut war. Insgesamt hatte die Apartheid auf die wirtschaftliche Entwicklung Südafrikas einen negativen Einfluss, da durch die Ausbeutung der schwarzen Arbeitskräfte und die extrem niedrigen Einkommen keine Kaufkraft und damit kein Binnenmarkt existierte, der für Südafrikas Industrie wichtig gewesen wäre. Südafrika zahlte für die Privilegierung der 5 Millionen Weißen, die einen Lebensstil wie die Oberschichten in Europa pflegten, einen hohen Preis. Steuergelder flossen in die Apartheidbürokratie und den Sicherheitsapparat, in die getrennten Einrichtungen für die vier »Rassen«, statt in den Ausbau der Infrastruktur und Maßnahmen zum allgemeinen ökonomischen Wachstum. So liegt aufgrund der schlechten Ausbildung und des jahrzehntelangen Systems der Wanderarbeit die Produktivität südafrikanischer Arbeitskräfte noch immer weit unter internationalem Niveau. Südafrika ist zwar das industrialisierteste Land Afrikas, doch blieb es weit hinter seinen Möglichkeiten zurück, es hat seine Potentiale verdorren lassen, statt sie zu pflegen. Das Land am Kap der guten Hoffnung könnte wirtschaftlich ganz anders dastehen, wenn es die Apartheid nicht gegeben hätte.

Zahlreiche Erinnerungen von Zeitzeugen und Beteiligten, die nach 1994 erschienen, konnten die Kenntnisse vom Übergang zur Demokratie erheblich anreichern und ausweiten. Letzteres auch in zeitlicher Hinsicht, da offenbar wurde, dass die ersten Geheimverhandlungen lange vor jenem 2. Februar 1990 begonnen hatten, als Präsident F. W. de Klerk seine überraschende Ankündigung machte, die verbotenen Organisationen der schwarzen Mehrheit mit sofortiger Wirkung wieder zuzulassen.

Tatsächlich reichten die ersten Kontakte zwischen der Regierung und dem inhaftierten ANC-Führer Nelson Mandela in die frühen 1980er Jahre zurück. Bis dahin blieb Mandela wie die übrigen Gefangenen des ANC auf *Robben Island* eingesperrt, ohne dass die Regierung in ihm einen möglichen Ansprechpartner gesehen hätte. Nach Bothas vollmundigen Ankündigungen des bevorstehenden Wandels fühlten sich Mitglieder seiner Regierung ermutigt, in den frühen 1980er Jahren vereinzelte Sondierungsgespräche mit Mandela zu führen. Als Bothas Versuch gescheitert war, mit der Dreikammerverfassung einen politischen Ausweg ohne Machtverlust für die Weißen zu finden, und die Situation in den *Townships* weiter eskalierte, wurden Verhandlungen mit den inhaftierten ANC-Leuten zu einer Alternative, ja zu einer Notwendigkeit, zumal sich seit 1980 der ANC mit seinen Untergrundstrukturen in Südafrika selbst aktiv in die Konflikte einmischte. Die eher informellen Gespräche mit Mandela wurden allmählich in ihrer Bedeutung aufgewertet bis schließlich Präsident Botha kurz vor seinem eigenen Rücktritt Mandela in seiner offiziellen Residenz empfing – allerdings heimlich.

Mandela war von seinen Mitgefangenen getrennt worden, seine Unterbringung wurde erheblich verbessert und das Regime hoffte offenbar, ihn gegen den Exil-ANC ausspielen zu können. Mittlerweile existierten jedoch geheime Kommunikationskanäle, die es Mandela ermöglichten, den Präsidenten des Exil-ANC, seinen alten Weggefährten Oliver Tambo, zu beruhigen und das gemeinsame Vorgehen abzustimmen.

Botha hatte Mandela die Freilassung angeboten, wenn er der Gewalt abschwöre, woraufhin diese konterte, dass die Gewalt nicht vom ANC ausgegangen sei, sondern vom Staat. Immerhin ließ Botha erkennen, dass er die Tatsache anerkannte, dass der ANC eine wichtige, wenn nicht die wichtigste Vertretung der schwarzen Bevölkerung war. Andere gingen da deutlich weiter. Seit Mitte der 1980er Jahre stieg die Zahl derjenigen, die auf eigene Faust die Möglichkeiten für Verhandlungen in direkten Gesprächen mit Vertretern des Exil-ANC in Lusaka ausloteten, wobei ihr Hauptgesprächspartner in der Regel dessen Chef-Diplomat Thabo Mbeki war.

Die Wende kam bekanntlich mit dem Sturz von P. W. Botha im Jahr 1989, dessen Politik ganz offensichtlich in einer Sackgasse geendet hatte und der keine überzeugende Konzeption für einen politischen Neuanfang vorlegen konnte. Ein solcher war aber unabdingbar, um das Legitimationsproblem des südafrikanischen politischen Systems zu lösen. Als die südafrikanische Armee zudem in *Cuito Cuanavale* in Angola 1988 durch die dort stationierten kubanischen Einheiten in militärische Bedrängnis gebracht wurde, erodierte Bothas eigene Machtbasis sehr schnell, da das Militär seinen Nimbus der Unbesiegbarkeit und der umfassenden, auch politischen Kompetenz einbüßte. Zudem war der weißen Bevölkerung die Notwendigkeit des Daueinsatzes von Wehrpflichtigen im weit entfernten Angola immer schwerer zu vermitteln, vor allem als die Verlustraten deutlich anstiegen. Als Michail Gorbatschow in der Sowjetunion die Politik von Perestrojka und Glasnost durchsetzte und damit unbeabsichtigt den Zusammenbruch der kommunistischen Staatenwelt in Osteuropa einleitete, verschwand der Angstgegner, auf den die südafrikanische Politik seit den späten 1960er Jahren ausgerichtet war. Eine totale Strategie war nur dann als notwendig vermittelbar, wenn sie als Reaktion auf den *Total Onslaught* verstanden werden konnte. Der Probelauf für einen Regimewandel in Südafrika selbst war das seit 1915 wie eine fünfte Provinz verwaltete Namibia, die ehemalige deutsche Kolonie Südwestafrika. Nachdem man sich auf einen Abzug der kubanischen Truppen aus Angola und der südafrikanischen aus Namibia sowie auf die Unabhängigkeit des Landes nach international überwachten Wahlen geeinigt hatte, war erkennbar, dass auch in Südafrika eine Verhandlungslösung möglich sein würde.

Doch stand einer solchen P. W. Botha entgegen, der nach wie vor Reformbereitschaft im einzelnen an ein grundsätzliches Festhalten an der Apartheid band. Eine Gruppe mächtiger Parteiführer um den Chef der Nationalen Partei im Transvaal, F. W. de Klerk, nutzte die Gelegenheit, Botha, dessen Gesundheit im Februar 1989 durch einen leichten Schlaganfall angegriffen war, zum Rücktritt als Vorsitzender der Gesamtpartei zu bewegen. Nachdem Botha seiner parteipolitischen Machtbasis beraubt war, wurde er auch aus dem Präsidentenamt gedrängt, das de Klerk im August übernahm.

Zunächst ließ de Klerk gegen Ende 1989 die gesamte alte Führung des ANC frei, mit Ausnahme von Nelson Mandela. Dies war gewissermaßen ein Testlauf, ebenso wie die Wiederherstellung der Versammlungsfreiheit trotz gleichzeitig fortbestehendem Ausnahmezustand, was die ersten legalen Massendemonstrationen seit Jahrzehnten zur Folge hatte. Am 2. Februar 1990 nutzte de Klerk die Eröffnung der Sitzungsperiode des Parlaments für eine programmatische Rede, in der er den erstaunten Abgeordneten seinen Entschluss verkündete, mit sofortiger Wirkung die verbotenen Organisationen der Opposition, nämlich den Afrikanischen Nationalkongress, den Panafrikanischen Kongress und die Südafrikanische Kommunistische Partei wieder zuzulassen. Dies war der eigentliche Befreiungsschlag, durch den de Klerk zumindest vorübergehend die politische Initiative gewann. In den folgenden Jahren konnte er die Mehrheit der Weißen hinter seinem politischen Kurs halten, was belegte, dass entschlossene Reformen wohl schon viel früher möglich gewesen wären. Aber immerhin erachtete es der Präsident für notwendig, sich noch im März 1992 durch ein Referendum nur für Weiße sein Mandat für Verhandlungen bestätigen zu lassen.

Abb. 19: Parlamentsgebäude Kapstadt.

Eine Woche nach de Klerks Rede, am 11. Februar, verließ Nelson Mandela nach 27jähriger Haft das Gefängnis als freier Mann, und bald darauf begannen die ersten

Gespräche. Diese *Talks about Talks* genannten Sondierungsgespräche führten erstaunlich schnell zu einer ersten Verständigung über das weitere Vorgehen. Daraufhin konnte im Dezember 1991 die *Convention for a Democratic South Africa* zusammentreten, eine Allparteienkonferenz, die eine Übergangsverfassung ausarbeiten und den Weg für die ersten demokratischen Wahlen freimachen sollte. Verhandlungsführer des ANC war der mittlerweile zum Vizepräsidenten der Organisation gewählte Mandela, der für den schwer erkrankten Oliver Tambo agierte. An dieser Konferenz nahmen neben der National Party und dem ANC zahlreiche kleine Parteien sowie die Regierungen der *Homelands* teil. Einige, wie der PAC und rechtsextreme Weiße, boykottierten die Verhandlungen.

Es sollte sich bald herausstellen, dass noch ein langer Weg zurückzulegen war, denn bereits im Mai 1992 wurden die Gespräche wegen unüberbrückbarer Differenzen abgebrochen. Die folgenden zwei Jahre bis zu den Wahlen waren von einer Welle der Gewalt begleitet. Deren Epizentrum lag in der kleinsten südafrikanischen Provinz Natal, wo sich ANC und die Inkatha *Freedom Party* von *Chief* Mangosuthu Buthelezi einen Bürgerkrieg lieferten, in dem sich manchmal sogar Mitglieder einer Familie auf beiden Seiten der Front wiederfanden. In den frühen 1990er Jahren eskalierte die Gewalt darum weiter, sodass bis 1994 pro Jahr mehr als 3000 Tote zu beklagen waren. Buthelezi war bislang immer der Hauptgesprächspartner der Nationalen Partei gewesen, was sich mit dem Amtsantritt de Klerks schnell änderte. Denn die eigentlichen Verhandlungspartner waren nun der ANC und die weiße Regierung, während die übrigen Parteien, einschließlich der *Homeland*-Regierungen, Juniorpartner blieben und kaum wirklichen Einfluss auf die Gestaltung eines neuen politischen Systems hatten.

Der PAC, der im Exil als eine Organisation gegolten hatte, die über ähnlich viel Rückhalt in der Bevölkerung wie der ANC verfügte, musste feststellen, dass er im Ausland auf mehr Resonanz als bei der südafrikanischen Bevölkerung stieß. Eine Reihe rassistisch motivierte Angriffe, die sich nicht gegen politische Ziele, sondern generell gegen Weiße richteten, kamen aus Kreisen, die sich zum PAC bekannten. Dessen führende Funktionäre heizten mit Slogans wie *One Settler, One Bullet* die Stimmung gefährlich an. Rechtsextreme weiße Organisationen, die von verhältnismäßig großen Zellen, wie der *Afrikaner Weerstandsbeweging* (AWB), bis hin zu winzigen reichten und deren Gesamtzahl in dieser Zeit auf etwa 200 geschätzt wurde, verübten wahllos Attacken auf schwarze Südafrikaner, um ein Klima des Terrors zu verbreiten. Noch bis kurz vor der Wahl 1994 platzierten Rechtsextremisten Bomben in Mülleimern in der Nähe belebter Plätze, etwa Bushaltestellen.

Nach wie vor gab es massive Polizeigewalt, die wie während der gesamten Apartheidzeit völlig unverhältnismäßig war. Darum lag es nahe, dass der ANC die Sicherheitskräfte verdächtigte, als »dritte Kraft« eine eigene politische Agenda zu verfolgen, deren wichtigstes Mittel war, Angst und Schrecken in der Bevölkerung zu verbreiten. In regierungskritischen Zeitungen wurden Fotos veröffentlicht, die dokumentierten, dass es in einigen Fällen zumindest eine Zusammenarbeit von *Warlords* der *Inkatha* mit der Polizei gab.

Gleichzeitig begann das weiße Parlament, die Apartheid zu demontieren, indem es in der verbleibenden Legislaturperiode ein Rassentrennungsgesetz nach dem anderen aufhob und damit die Voraussetzung für rechtsstaatliche Verhältnisse schuf. Eines der letzten Gesetze, die fielen, war die zentrale Säule des Apartheid-Gebäudes, der *Population Registration Act*, nach dem die gesamte Bevölkerung nach »Rassen« unterteilt worden war.

Die Verhandlungen brachen mehrfach fast ganz zusammen, da die beteiligten Seiten ihr tiefsitzendes, über Jahrzehnte durch Verschwörungstheorien und Feindbilder genährtes Misstrauen nicht überwinden konnten. Das sogenannte *Boipatong*-Massaker an Anhängern des ANC durch Männer, die angeblich der *Inkatha* angehörten, war der Punkt, an dem der ANC erneut in die Offensive ging, aber nicht mehr am Verhandlungstisch, sondern auf der Straße. Die mit dem bombastischen Namen *Rolling Mass Action* benannte Kampagne sollte der weißen Regierung die Macht des ANC vor Augen führen. Die Unruhen und Massendemonstrationen sowie in ihrem Gefolge die Gewalt im ganzen Land eskalierten daraufhin. Es erwies sich als ein wenig verantwortliches Vorgehen eines *Government-in-Waiting*, wie Nelson Mandela den ANC bezeichnete. Allerdings blieb immer ein Kanal der Kommunikation offen, nämlich zwischen dem Verhandlungsführer der Regierung, Minister Roelf Meyer, und dem ehemaligen Gewerkschaftssekretär Cyril Ramaphosa für den ANC. Entgegen allen Warnungen organisierten führende ANC-Funktionäre am 7. September 1992 einen Marsch auf Bisho, die Hauptstadt des »unabhängigen« *Homelands* Ciskei, dessen Militärdiktator Oupa Gqozo eng mit weißen Sicherheitskräften kooperierte. Als der Demonstrationszug unter Führung des ANC-Aktivisten Ronnie Kasrils vom vorgeschriebenen Weg abwich und statt in das für eine Abschlusskundgebung vorgesehene Stadion direkt auf die Hauptstadt selbst zumarschierte, eröffneten die Soldaten das Feuer. Es gab 29 Tote und viele Verletzte. Da viele politische Führer des ANC in vorderster Linie waren und sich mit knapper Not aus dem Kugelhagel retten konnten, war die Wirkung auf sie heilsam, weil ernüchternd. Sie sahen endlich ein, dass sie mit solchen Methoden keine Lösung in ihrem Sinn erzwingen konnten und kehrten an den Verhandlungstisch zurück.

Nach dem »Bisho-Massaker« kamen die Verhandlungen wieder in Gang, wobei der ANC die meisten seiner Ziele durchsetzen konnte, die Regierungspartei dagegen selbst ihre essentiellsten Programmpunkte am Ende aufgeben musste. Der bemerkenswerte Erfolg des ANC war teilweise dem großen Verhandlungsgeschick Ramaphosas und Mandelas zu verdanken, aber in mindestens gleichem Maß den wenig überzeugenden und weitgehend unausgegorenen Vorstellungen der weißen Regierung. De Klerk hatte den ANC offensichtlich unterschätzt und wurde möglicherweise ein Opfer des Rassismus, mit dem er aufgewachsen war. Denn die Regierung versuchte zunächst, die Aufnahme des weißen Kommunistenchefs Joe Slovo in das ANC-Verhandlungsteam zu verhindern, während sie ihre schwarzen Kontrahenten nicht ernst genug nahm. De Klerks Insistieren auf Gruppenrechten konnte kaum überzeugen, wenn er gleichzeitig bekräftigte, die Apartheid überwinden zu wollen. Zudem hatte die Regierung dem Argument des ANC wenig entgegenzusetzen, dass durch einen umfassenden Grundrechtekatalog in der Verfassung die Rechte jedes einzelnen Staatsbürgers gesichert seien, eingeschlossen seiner kulturellen. Wozu benötigte man dann noch Gruppenrechte?

Abb. 20: Demonstrationen in Kapstadt 1991.

Einzig die föderale Struktur des Landes konnte gegen den Willen des ANC, der für einen Zentralstaat plädierte, durchgesetzt werden, um Buthelezi doch noch für die Verhandlungen zu gewinnen. Die bisherigen vier Provinzen, die auf die alten Kolonien und Burenrepubliken zurückgingen, wurden aufgelöst und durch neun Provinzen ersetzt, die den ökonomischen und demographischen Gegebenheiten besser Rechnung trugen. An der Spitze der Provinzen standen Premierminister und Provinzregierungen, die auf nationaler Ebene in der zweiten Parlamentskammer, vergleichbar dem Bundesrat in Deutschland, vertreten waren.

Ein weiteres brennendes Thema war die Frage, in welcher Weise sich ein Nachapartheid-Südafrika seiner Vergangenheit stellen wollte. Dies war keine rein akademische Frage für Historiker, sondern von unmittelbarer politischer Triftigkeit. Denn viele Angehörige der Sicherheitskräfte hatten selbst die drakonischen Apartheidgesetze übertreten und durch Folter und Mord Straftaten begangen. Starke Kräfte im ANC forderten ein Tribunal nach Nürnberger Vorbild, um die Verbrecher des alten Systems zu bestrafen. Dagegen verlangte die Nationale Partei eine Generalamnestie, wobei sie durchaus begründet argumentierte, dass sich sonst die immer noch mächtigen Sicherheitsapparate nicht mit der neuen Ordnung abfinden würden, ja diese womöglich sogar verhindern könnten. Um Polizei, Militär und Geheimdienste einzubinden, machte sich Präsident de Klerk für eine Amnestierung stark, wogegen der ANC unverzüglich sein entschiedenes Veto einlegte. Schließlich verständigte man sich auf einen komplizierten Prozess, indem man die Aufarbeitung der Vergangenheit einer Wahrheits- und Versöhnungskommission übertragen wollte, deren Einrichtung als Auftrag an das neue Parlament in die »Postambel«, einen Zusatz der Übergangsverfassung, geschrieben wurde.

Die Verfassung, auf die man sich nach langen Debatten einigte, war unübersehbar geprägt vom Willen, aus der Vergangenheit zu lernen und einen Unrechtsstaat wie denjenigen der Apartheid für die Zukunft mit allen rechtlichen Mitteln zu verhindern. Zunächst war es nur eine Übergangsverfassung, da erst das neu zu wählende Parlament ein echtes Mandat der gesamten Bevölkerung haben würde, um als Verfassungsgebende Versammlung eine endgültige Verfassung neu auszuarbeiten. Gleichwohl wurden die Weichen bereits mit der Übergangsverfassung gestellt, da die

Verfassung, die 1996 verabschiedet wurde, ihr in den entscheidenden Grundlinien folgte. Sie ist in vielem das glatte Gegenteil der alten Verfassung, die zu großen Teilen auf das Jahr 1910 zurückgeht. Sie enthält heute einen umfassenden Grundrechtekatalog und ist rigide, d. h. sie stellt die oberste Richtschnur für jedes andere Gesetz dar. Aus diesem Grund wurde ein Verfassungsgericht etabliert, das sich in den Jahren seit 1994 bereits eine beträchtliche Autorität erwerben konnte. Sitz des Verfassungsgerichts ist das alte Fort von Johannesburg, während der Apartheid ein berüchtigtes Untersuchungsgefängnis. Die Richter tagen inmitten der alten Anlagen, um so während ihrer Arbeit immer an die Vergangenheit erinnert zu werden.

Die Wahlen zum Parlament finden nach einem Proportionalsystem, d. h. in Form einer Listenwahl statt, was den Wählerwillen besser widerspiegelt als das alte, von England übernommene Wahlsystem. Zudem gibt es kleineren Parteien eine Chance, ins Parlament einzuziehen, sodass auch sie am neuen System partizipieren und damit auf die neue Ordnung verpflichtet werden. Der Nachteil eines Listenwahlrechts liegt darin, dass es die Parteiapparate stärkt, da diese über die Listenplätze entscheiden und sie als Disziplinierungsinstrument einsetzen können. Die Abgeordneten fühlen sich weniger den Wählern ihres Wahlkreises verantwortlich, sodass die Distanz zwischen Wählern und Gewählten größer wird. Vieles sollte also darauf ankommen, wie demokratisch die Parteien Südafrikas wirklich waren, ob sie die Handhabe zur Stärkung autoritärer Strukturen nutzten oder Transparenz und freie Meinungsäußerung der einzelnen Abgeordneten für wichtiger erachteten.

In einer raffinierten Rollenverteilung präsentierte der ANC während der Verhandlungen seine Zugeständnisse. Diese kamen nämlich von einer für die Regierung unerwarteten Seite, weil ausgerechnet Joe Slovo, der Generalsekretär der Kommunistischen Partei und lange Zeit einer der Führer von *Umkhonto we Sizwe*, des bewaffneten Arms des ANC, die Kompromissvorschläge unterbreitete. So bot er im Oktober 1992 die sogenannte *Sunset Clause* an, die den weißen Angestellten im öffentlichen Dienst den Erhalt ihrer Arbeitsplätze im neuen System garantierte, wodurch eine beträchtliche und einflussreiche Gruppe unter den Weißen sich mit dem Wandel abfinden konnte.

Während der Verhandlungen wurden die wichtigsten Pfeiler der neuen Verfassung aufgerichtet. Dessen ungeachtet ging die Gewalt weiter und brachte das Land mehrfach an den Rand des Abgrunds. Am 10. April 1993 ermordete ein polnischer Einwanderer mit rechtsextremen Neigungen und mit tatkräftiger Unterstützung eines einflussreichen Abgeordneten der Konservativen Partei den charismatischen Vertreter der Linken im ANC, Chris Hani, der kurz zuvor zum neuen Generalsekretär der Kommunistischen Partei gewählt worden war und als wichtigster innerparteilicher Konkurrent von Thabo Mbeki galt. Behauptungen, dass mächtige Kreise im ANC nicht nur von den Mordplänen wussten, sondern sie diskret aus dem Hintergrund unterstützten, sind nicht ganz unplausibel. Demnach hatte Joe Modise, der Chef von *Umkhonto we Sizwe*, eine Rechnung mit Chris Hani offen, weil dieser ihn öffentlich – und zu Recht – der Korruption bezichtigt hatte. Modise war ein ehemaliger Straßengangster aus Alexandra, der möglicherweise während der gesamten Zeit seines Exils für die südafrikanischen Sicherheitsdienste gearbeitet und sich mit Thabo Mbeki verbündet hatte, der ihn gegen die Korruptionsvorwürfe schützte. Nach der Ermordung Hanis, dem Idol der Jugendlichen in den *Townships*, drohte eine Eskalation der Gewalt. Es war nur dem besonnenen Eingreifen Mandelas zu verdanken, dass dies verhindert wurde. Denn er wies in einer Fernsehansprache darauf hin, dass die Täter nur gefasst werden konnten, weil eine afrikaanssprachige Nachbarin den entscheidenden Hinweis gegeben hatte und damit ein großes Risiko eingegangen war.

Mit der Verhaftung der Mörder waren die Rechtsextremisten aber noch keineswegs als Störfaktor ausgeschaltet. Am 25. Juni 1993 stürmte eine Truppe khakibekleideter Faschisten der *Afrikaner Weerstandsbeweging* unter ihrem Anführer Eugene Terre'-Blanche das *World Trade Centre* in Kempton Park bei Johannesburg, wo die Verhandlungsdelegationen gerade beisammen saßen. Vor laufenden Fernsehkameras fuhr ein gepanzertes Fahrzeug durch die Glasscheibe im Foyer und der weiße Mob stürmte den Konferenzsaal, aus dem die Delegierten in Panik flohen. Die Attacke war aber nicht mehr als ein Sturm im Glashaus, denn wie bei vielen Aktionen der AWB blieb es beim Säbelrasseln. Ernster wurde es dagegen im März 1994, als der ANC die Regierung von Lucas Mangope im *Homeland* Bophuthatswana stürzen wollte, im einzigen *Homeland*, das sich beharrlich weigerte, seine »Unabhängigkeit« aufzugeben und in den südafrikanischen Staatsverband zurückzukehren. Als Mangope Truppen aufmarschieren ließ, schickte die AWB zur Unterstützung bewaffnete Trupps in Privatautos nach Mafikeng, in die Hauptstadt des *Homelands*. Die Weißen schossen auf alles, was sich bewegte und versuchten, durch blanken Terror die schwarze Bevölkerung einzuschüchtern und den Umsturz zu verhindern. Das war jedoch ein entscheidender Fehler, denn nun solidarisierte sich die Armee des Bantustans mit der Zivilbevölkerung und ging gegen die AWB vor. Als drei verwundete Aktivisten der Weißen, die blutend neben ihrem Mercedes lagen und Fernsehreporter um Hilfe baten, dennoch von einem Soldaten vor laufender Kamera exekutiert wurden, verloren die Rechtsextremisten den Mut und ihr Widerstandsgeist brach zusammen. Damit war auch das Ende Mangopes gekommen, der von De Klerk und Mandela zum Rücktritt genötigt wurde. Nun stand einer Wiedereingliederung des *Homelands* nichts mehr im Wege. Ähnlich erging es Oupa Gqozo in der Ciskei, der angesichts eines drohenden Streiks im öffentlichen Dienst von seinem Amt zurücktrat, nachdem er durch die exzessive Gewalt im Bisho-Massaker politisch erheblich geschwächt war.

Anders lag der Fall bei der *Inkatha*, die meinte, im März 1994 mit einer Großdemonstration ihrer bewaffneten Anhänger in der Innenstadt von Johannesburg ihre Macht gegenüber dem ANC demonstrieren zu müssen. Die *Inkatha* war der einzige regierungsunabhängige Machtfaktor, der aus den alten Apartheidstrukturen übriggeblieben war, obwohl die Organisation nie eine Marionette des weißen Staates gewesen war. Doch hatte Buthelezi, nachdem er sich auf die Seite gedrängt fühlte, ein Bündnis mit rechtsradikalen Weißen und den anderen *Homeland*führern geschlossen; von all dem war im Frühjahr 1994 nur noch die *Inkatha* übriggeblieben. Als die Demonstration, die gegen die mittlerweile verabschiedete Übergangsverfassung gerichtet war, vom vereinbarten Weg abwich und auf das ANC-Hauptquartier in Johannesburg zumarschierte, wurden von dort tödliche Schüsse auf Demonstranten abgegeben, durch die 8 Menschen starben. In anderen Stadtteilen kam es während des Protestmarsches ebenfalls zu Toten, sodass fast 50 Menschenleben zu beklagen waren. Der ANC hatte in diesem Fall keineswegs deeskalierend gewirkt und wenig politische Klugheit an den Tag gelegt.

Diese Häufung der Gewaltakte kurz vor den angesetzten Wahlen war ein deutlicher Hinweis darauf, dass viele vom Ende der alten Ordnung massive Einbußen befürchteten und in letzter Minute das bisherige System retten wollten. Buthelezi weigerte sich nach wie vor, an Wahlen teilzunehmen und ließ die Situation weiter eskalieren. Er strebte eine weitgehende Autonomie des Zulugebietes an und verlangte volle monarchische Rechte des Zulukönigs, in dessen Namen er angeblich agierte. Washington Okumu, ein persönlicher Freund Buthelezis aus Kenia, überzeugte den *Chief* schließlich, dass es politisch klüger sei, sich an den Wahlen zu beteiligen, sodass Buthelezi eine Woche vor dem Wahltag einlenkte. Nun mussten in aller Eile die bereits gedruckten Wahlzettel mit Aufklebern erweitert werden, sodass auch die *Inkatha Freedom Party* gewählt werden konnte.

Seit November 1993 regierte das Land nicht mehr die NP, sondern das *Transitional Executive Council*, eine Art Übergangsregierung, in der auch der ANC vertreten war. Dies zeigte, wie sehr die Nationale Partei und de Klerk die Kontrolle über die Entwicklung verloren hatten. Der Übergangsrat aus den wichtigsten am Verhandlungsprozess beteiligten Parteien sollte eine Fortsetzung finden, da in der Übergangsverfassung vorgesehen war, dass alle großen Parteien im künftigen Parlament an einer Regierung der Nationalen Einheit beteiligt sein sollten. Erst nach Ablauf der ersten Legislaturperiode, d. h. nach fünf Jahren, sollte dann eine wirkliche Mehrheitsregierung gewählt werden.

Ungeachtet aller Probleme mit der endemischen Gewalt und terroristischen Anschlägen seitens weißer Extremisten verliefen die ersten demokratischen Wahlen am 27. April 1994 erstaunlich friedlich. Es waren die ersten allgemeinen, gleichen und geheimen Wahlen in der Geschichte des Landes, da erstmals die gesamte erwachsene Bevölkerung Südafrikas wahlberechtigt war. Am Tag der Wahl endete die Gewalt, die Weißen fügten sich weitgehend in ihr Schicksal, die extreme Rechte hielt still und wartete ab. Die Angst, dass Zustände wie in Jugoslawien auch in Südafrika Einzug halten könnten, erwies sich als unbegründet. Die Bilder von langen Menschenschlangen, die stundenlang in der schattenlosen Hitze vor den Wahllokalen ausharrten, waren ein beredtes Bild für den Willen, einen demokratischen Neuanfang zu wagen. Dabei gab es viel Chaos bei den Wahlen, was weniger willentlichem Betrug als vielmehr Überforderung der Unabhängigen Wahlkommission, die die Wahl organisieren sollte, zu verdanken war. Es hatte schließlich noch nie in der südafrikanischen Geschichte eine Wahl mit so vielen Wahlberechtigten gegeben, insbesondere in abgelegenen ländlichen Räumen, in denen die infrastrukturellen Voraussetzungen eher dürftig waren. Trotz Ungereimtheiten und zahlreicher Verfahrensfehler konnte die Wahl als geglückt gelten, die internationalen Beobachter bescheinigten, dass sie im Großen und Ganzen »frei und fair« verlaufen war, sodass das neu gewählte Parlament ein legitimes Mandat hatte.

Man kann den Transitionsprozess Südafrikas insgesamt als gelungen bezeichnen. Südafrika hat nunmehr eine demokratische Grundordnung nach westlichem Vorbild, wobei insbesondere das Grundgesetz der Bundesrepublik in vielerlei Hinsicht zum Vorbild wurde. Der kanadische Soziologe Heribert Adam hat den Transitionsprozess sehr treffend als »ausgehandelte Revolution« bezeichnet. Denn eine Revolution war es sicherlich, da die politischen Verhältnisse völlig umgewälzt wurden, aber diese Revolution wurde am Verhandlungstisch durchgesetzt. Die Frage war, ob und wie mit dieser politischen Revolution auch eine soziale Umwälzung verbunden sein würde, die der ANC stets als eines seiner wesentlichen Ziele proklamiert hatte und die die Apartheidregierung genauso beharrlich als kommunistisch abgelehnt hatte.

Das neu gewählte Parlament wählte in seiner ersten Sitzung Nelson Mandela zum ersten schwarzen und gleichzeitig zum ersten wirklich demokratisch legitimierten Präsidenten Südafrikas. Da für fünf Jahre eine Regierung der nationalen Einheit vorgesehen war, wurde F. W. de Klerk einer der beiden Vizepräsidenten. Auf den anderen Posten hatte sich der mit großer Mehrheit zum ANC-Generalsekretär gewählte Cyril Ramaphosa Hoffnungen gemacht. Doch entschied sich Mandela, unter dem Einfluss mächtiger Kräfte im bisherigen Exil-ANC, dafür, Thabo Mbeki in dieses Amt zu berufen. Ramaphosa zog sich daraufhin enttäuscht aus der Politik zurück und ging in die Wirtschaft.

12 Neuanfang und Kontinuität: Von Mandela zu Mbeki 1994–2008

12.1 Nelson Mandela: Die Politik der Versöhnung

Am 10. Mai 1994, einem sonnigen Herbsttag, wurde vor der Kulisse der *Union Buildings*, dem Regierungsgebäude in Pretoria, Nelson Mandela als erster demokratisch gewählter Präsident Südafrikas vereidigt. In seiner Antrittsrede, der zahlreiche Staatsoberhäupter aus vielen Ländern der Welt lauschten, beschwor Mandela den Bruch mit der Vergangenheit und bekannte sich zu Demokratie, Freiheit und Gerechtigkeit als zentralen Werten. Tatsächlich trat das Land nach 1994 aus dem Schatten seiner Vergangenheit hervor und erschien, nicht zuletzt durch die Art und Weise, wie es diese Geschichte öffentlich aufarbeitete, geradezu als Musterbeispiel für einen gelungenen demokratischen Wandel. Der neu gewählte Präsident Nelson Mandela war der vermutlich beliebteste Politiker der Welt, dessen öffentliche Auftritte und Auslandsbesuche zu Medienereignissen wurden. Die von den Medien betriebene Personalisierung der Politik verlieh ihm nicht nur die Aura einer moralischen Autorität, sondern ließ übersehen, dass die eigentliche Politik des Landes von anderen betrieben wurde und sich noch während Mandelas Präsidentschaft von den Zielen, für die er einstand, löste.

Für den Präsidenten hatte die Sicherung des Friedens im Land als Voraussetzung für eine demokratische Entwicklung die höchste Priorität, weswegen er besonderen Wert auf die Versöhnung der ehemals verfeindeten Bevölkerungsgruppen legte und mit gutem und allseits bewundertem Beispiel voranging. Ein Mann, der 27 Jahre lang unter menschenunwürdigen Bedingungen gefangen gehalten wurde, weil er für Gleichberechtigung eintrat, und der dennoch seinen Gegnern verzeihen konnte, bewies einen Edelmut, der unter seinen beschämten Widersachern von einst Hoffnung weckte und Vertrauen in die Zukunft schuf. Mandela, der kurz nach seiner Freilassung demonstrativ mit seinen politischen Gegnern in *Afrikaans* parlierte, gelang es, durch einige hochsymbolische Akte der Versöhnung das tiefsitzende Misstrauen bei vielen Weißen in eine oft unkritische Heldenverehrung zu verkehren. Für die meisten Buren war und ist Rugby mehr als ein nationaler Sport, es ist ein Symbol ihrer Identität. Als bei der Rugby-Weltmeisterschaft, die 1995 in Südafrika ausgetragen wurde, die Mannschaft des Gastgebers bei ihrer ersten Teilnahme an einem großen internationalen Wettbewerb den Titel holte, trat Mandela im Nationaltrikot des *Springbok*-Team auf, das lange das verhasste Symbol des Apartheidstaates gewesen war. Er überreichte den Pokal und gratulierte den Spielern persönlich auf dem grünen Rasen, woraufhin ihm das meist burische Publikum zu Füßen lag. Mit derlei Aktionen konnte Mandela die Gräben der Vergangenheit zuschütten und vielen Weißen die Angst vor der Zukunft nehmen.

Abb. 21: Nelson Mandela.

Der greise Präsident konzentrierte sich auf diesen symbolischen, aber in diesen ersten Jahren außerordentlich wichtigen Bereich der Politik und überließ die Tagesgeschäfte seinem Stellvertreter Thabo Mbeki und den übrigen Mitgliedern des Kabinetts. Sein zweiter Stellvertreter und Vorgänger F. W. de Klerk sowie seine Kabinettskollegen aus der Nationalen Partei sahen sich von Mbeki innerhalb der Regierung marginalisiert, was sie zu einer vorzeitigen Aufkündigung der Regierung der Nationalen Einheit bewog. Die Nationale Partei ging im Mai 1996 in die Opposition, wobei de Klerk gehofft hatte, sich auf diese Weise besser profilieren und schwarze Wählerschichten erschließen zu können, um längerfristig die Nationale Partei wieder regierungsfähig zu machen. Zwar konnte seine Partei 1994 in erstaunlichem Maß Wählerstimmen von *Coloureds* für sich gewinnen, da viele *Coloureds* um ihre wirtschaftliche und soziale Stellung unter einer schwarzen Regierung fürchteten, doch nur sehr wenige Schwarze gaben der Nationalen Partei ihre Stimme, was sich in der folgenden Wahl 1999 nicht ändern sollte. Ähnlich wie im ehemaligen Ostblock löste sich auch in Südafrika die alte Machtelite nach dem Ende der Apartheid ganz auf, sodass De Klerk bald als einzige zentrale Figur seiner Partei übrigblieb. Als er sich im September 1997 ebenfalls aus der Politik verabschiedete, war das Ende der NP absehbar. Sie ging vorübergehend eine Allianz mit der Demokratischen Partei ein, gab diese aber nach kurzer Zeit wieder auf. Schließlich löste der neue Parteichef Marthinus van Schalkwyk, ein bis dahin wenig profilierter Politiker, im Oktober 2001 die Nationale Partei ganz auf und appellierte an die Mitglieder, sich ausgerechnet dem alten Feind, dem ANC, anzuschließen. So endete die ruhmlose Existenz einer Partei, die immer auf Ausgrenzung und Selbstabkapselung gesetzt hatte. Die neu entdeckte Gemeinsamkeit mit dem ANC war der Nationalismus, der sich als tragfähig genug erwies, um nun in seiner inklusiven Variante auch eine Heimat für frühere Apartheidpolitiker zu bieten.

Mandelas Amtszeit war in vieler Hinsicht noch Teil der Übergangsphase, in der wichtige Entscheidungen und Weichenstellungen für die Zukunft vorgenommen wurden. Dazu gehörten Südafrikas Wiedereintritt in das *Commonwealth*, die wirtschaftliche und politische Öffnung des Landes, insbesondere zu den afrikanischen Nachbarn, und die Arbeit der Wahrheits- und Versöhnungskommission, die die Verbrechen der Apartheid öffentlich aufarbeiten sollte. Die Übergangsverfassung wurde Anfang 1997 abgelöst durch eine neue Verfassung, die vom ersten demokratischen Parlament in seiner Eigenschaft als Verfassunggebende Versammlung unter dem Vorsitz von Cyril Ramaphosa ausgearbeitet wurde. Sie folgte in den Grundzügen der Übergangsverfassung, ersetzte allerdings den Senat durch ein *National Council of Provinces*, um den Föderalismus des Landes zu stärken.

In Wirtschaftskreisen erwarb sich die neue Regierung bald Vertrauen, weil die größte Partei, der ANC, ihre bisherigen Bekenntnisse zum Sozialismus rasch über Bord warf. Das war ein erstaunlicher Vorgang, wenn man die Emphase und die schrille Rhetorik der vorangegangenen Jahrzehnte in Rechnung stellt. Die sozialistische Ausrichtung des ANC hatte indes vorrangig der politischen Profilierung gegenüber einem Regime gedient, das sich zur freien Marktwirtschaft bekannt hatte, in Wirklichkeit aber Sozialismus für privilegierte Weiße praktizierte.

Die Wahrheits- und Versöhnungskommission

In die Phase des Neuanfangs fiel auch die Arbeit der Wahrheits- und Versöhnungskommission, die ein integraler Bestandteil der »ausgehandelten Revolution« war. Deren Kompetenzen trugen den Kompromisscharakter der neuen politischen Ordnung, da sie Anhörungen von Opfern und Tätern durchführen sollte. Geständigen Tätern, die ein politisches Motiv vorweisen konnten, durfte die Kommission Amnestie gewähren. Diese Form einer an Konditionen gebundenen Amnestie sollte die Täter auf beiden Seiten motivieren, ihre Verbrechen offen zu legen. Auf diese Weise sollten sie dazu beitragen, dass die Vergangenheit eines Unrechtsregimes nicht nur aktenkundig gemacht, sondern die Opfer öffentlich rehabilitiert wurden und die Angehörigen von Verschwundenen Gewissheit über deren Schicksal erhielten.

Unter dem Vorsitz des ehemaligen anglikanischen Erzbischofs und Friedensnobelpreisträgers Desmond Tutu nahm die Kommission Anfang 1996 ihre Arbeit auf. Mit öffentlichen, teilweise im Fernsehen übertragenen Anhörungen von etwa 2000 Opfern des Staates wie auch der Guerillabewegungen wurde die Wahrheitskommission ein Medienereignis, was wesentlich dazu beitrug, dass viele Opfer anschließend größere Anerkennung in ihren lokalen Gemeinschaften fanden. Die Zahl der Amnestien war ebenfalls sehr hoch, wenn man bedenkt, dass von etwa 7000 Anträgen überhaupt nur 1200 zugelassen wurden, von denen etwa 700 mit Amnestierungen endeten. Gleichwohl beantragten vergleichsweise wenige Täter Amnestie, die meisten aus dem Polizeiapparat. Dort hatte nämlich die Verhaftung von Eugene de Kock, Kopf einer staatlichen Todesschwadron, eine Welle von Amnestieanträgen ausgelöst. Nachdem de Kock von einem Gericht wegen vielfachen Mordes zu einer hohen Freiheitsstrafe verurteilt worden war, hatte er nichts mehr zu verlieren und legte vor der Wahrheitskommission die Strukturen des Gewaltapparates offen, wobei er auch Namen nannte. Daraufhin beeilten sich viele Angehörige des Polizeiapparates, Amnestieanträge zu stellen. Dagegen gab es fast keine Amnestieanträge aus dem Militär oder den Geheimdiensten, sodass die Wahrheitskommission nur ansatzweise die Strukturen der Repression aufdecken konnte. Letzteres blieb eines der größten Defizite der Kommission, was auch darauf zurückzuführen war, dass die 1950er Jahre, in denen Verwoerd den Apartheidstaat aufgebaut hatte, nicht mehr in die Untersuchungsperiode der Kommission fielen. Diese sollte sich vielmehr auf die Gewaltausübung zwischen 1960 und 1994 konzentrieren, was geradezu zwangsläufig zu einer Personenorientierung ihrer Befunde führte, während Institutionen und Strukturen unterbelichtet bleiben mussten. Trotz vielfacher Kritik sowohl an der Kommission selbst als auch an ihrem unzureichenden Mandat war sie ein wichtiger Schritt zum Aufbau eines neuen Gemeinwesens. Die Tatsache, dass die Täter und ihre Schandtaten in einer breiten Öffentlichkeit bekannt gemacht wurden, sollte dazu beitragen, dergleichen für die Zukunft zu verhindern und einen moralischen Grundkonsens quer durch die Bevölkerungsgruppen aufzubauen. Anders sah es mit den Opfern aus, da die Kommission über Entschädigungen nicht entscheiden, sondern nur Empfehlungen aussprechen konnte, denen die Regierung Mbeki aber nicht nachkam. Die Opfer schlossen sich daraufhin in eigenen Interessenvertretungen zusammen, die gleichzeitig psychologische Hilfestellung für viele der schwer traumatisierten Menschen leisteten. Unter ihnen war die landesweit tätige Organisation Khulumani die wichtigste, zumal sie sich auch aktiv für Entschädigungszahlungen internationaler Konzerne einsetzte, die mit dem früheren Regime zusammengearbeitet und die Gewaltstrukturen unterstützt hatten. Die Kommission fand nicht die breite Resonanz, die sie sich erhofft hatte, weil die Mehrheit der Südafrikaner ein anderes Gerechtigkeitsempfinden hatte, in dem für die Amnestierung von Folterern und Mördern kein Platz war.

Abb. 22: Demonstration von Apartheid-Opfern der Organisation Khulumani im Jahr 2009.

Ähnlich vielversprechend wie die interne Versöhnungspolitik ließen sich auch die außenpolitischen Initiativen Mandelas an. Der Präsident war mit seinem großen internationalen Prestige ein viel gefragter Vermittler, der insbesondere in innerafrikanischen Kriegssituationen zu friedlichen Lösungen beitragen sollte. So half er mit, den Übergang von Mobutu zu Kabila im Kongo zu ebnen und bemühte sich um eine friedliche Lösung der innenpolitischen Krise in Burundi. Mandela schien mit diesen Aktivitäten einen neuen Führungsanspruch Südafrikas als Wegbereiter der Demokratie auf dem afrikanischen Kontinent anzumelden und war gleichzeitig intensiv daran beteiligt, alte Kriegsherde zu löschen, die – wie in Angola – Ergebnis der Destabilisierungspolitik seines Vorgängers Botha waren. Eine Zeitlang sah es so aus, als ob sich eine Koalition der demokratisierungsfähigen Regime in Afrika bilden könnte, die dem Anspruch auf eine afrikanische Wiedergeburt Substanz verleihen könnten, den Mandelas Stellvertreter Thabo Mbeki in dieser Zeit erhob.

Doch blieb dies ein kurzer Traum, da die südafrikanische Außenpolitik nach Mandelas Amtszeit und seinem Rückzug aus der Politik nur zu schnell die Rolle einer demokratiefördernden regionalen Großmacht aufgab zugunsten einer Kumpanei mit den alteingesessenen Machteliten. Im neuen Jahrhundert verlor Südafrika das Profil und Ansehen, das es unter Mandela gewonnen hatte, insbesondere als der südafrikanische UNO-Botschafter während der Zeit, als Südafrika nichtständiges Mitglied im Weltsicherheitsrat war, alle Versuche torpedierte, das Regime von Robert Mugabe in Simbabwe mit Sanktionen zu belegen. Schon während Mandelas Amtszeit war die Außenpolitik nie ganz konsistent gewesen, denn die Militärintervention Südafrikas im Nachbarland Lesotho im Jahr 1998 war kein besonders innovativer Politikstil, sondern erinnerte eher an die Einmischungspolitik der Regierung Botha in den 1980er Jahren, auch wenn die Absichten vielleicht besser waren.

Mandela führte Südafrika in die Weltgemeinschaft zurück, wobei der Wiedereintritt ins *Commonwealth* im Jahr 1994, das der Apartheidstaat unter Premierminister Verwoerd 1961 verlassen hatte, von nicht zu unterschätzender symbolischer Wirkung war. Südafrika lief Ländern wie Nigeria oder Kenia rasch den Rang als wichtigste Stimme Afrikas ab und wurde im Rahmen von Diskussionen über die Reform des Weltsicherheitsrats gelegentlich als potentielles ständiges Mitglied genannt. Unter Präsident Mbeki verspielte das Land indes dieses enorme Prestige, da Mbeki keine klare außenpolitische Konzeption erkennen ließ und insbesondere durch seine stillschweigende Duldungspolitik der Gewaltorgie im Nachbarland Simbabwe keine wirkliche Reformbereitschaft zeigte. Selbst die im Jahr 2000 erfolgte Umwandlung der Organisation für Afrikanische Einheit in die Afrikanische Union half nicht viel, da sich an den undemokratischen Strukturen in vielen Teilen des Kontinents kaum etwas änderte. Augenscheinlich legte Mbeki mehr Wert auf eine symbolische Politik, bei der die Würde der Staatsmänner wichtiger war als das Wohlergehen der Bevölkerungen.

12.2 Neoliberale Wirtschaftspolitik

Der politischen Revolution, so erwarteten viele, musste die soziale Umwälzung folgen, damit die Mehrheit der Bevölkerung endlich am Reichtum des Landes partizipieren konnte. Das Gerechtigkeitsempfinden vieler Menschen richtete sich gerade auf wirtschaftliche und soziale Ungleichheiten. Eine falsche Politik konnte zu einer Entfremdung und Delegitimierung der jungen Demokratie führen. Dies betraf eine Reihe von Kernbereichen wie Landzugang, sanitäre Versorgung, Anschluss an Strom- und Kommunikationsnetze, an eine moderne Infrastruktur, Bau menschenwürdiger Unterkünfte und vor allem Arbeitsplätze.

Schon während Mandelas Amtszeit zog sein Vizepräsident Mbeki immer mehr Entscheidungsbefugnisse an sich und begann zielgerichtet, potentielle Rivalen in Partei und Regierung zu entmachten. Als einen der ersten traf es den früheren Generalsekretär des mächtigen Gewerkschaftsdachverbands Cosatu, Jay Naidoo, der als eine Art Superminister für den Umbau der Wirtschaft und die Umsetzung des *Reconstruction and Development Programme* zuständig war, des Kernstücks der Reformpolitik des ANC, womit die Partei zur Wahl angetreten war. Mit Naidoos persönlicher Machtstellung wurde auch das Programm selbst immer mehr verwässert, bis es schließlich ganz aufgegeben und ersetzt wurde durch eine gänzlich neoliberale Wirtschaftspolitik. Hier hatten internationale Organisationen wie der Internationale Währungsfonds sowie Wirtschaftsvertreter, nicht zuletzt neoliberale Dogmatiker aus Deutschland, massiven Druck auf die südafrikanische Regierung ausgeübt und ihr klargemacht, dass sie nur bei Willfährigkeit mit umfangreichen Investitionen rechnen könne. Diese wurden dann auch getätigt, aber meist in der Form von Vertretungen multinationaler Großkonzerne oder, wenn es sich um Produktionsbetriebe handelte, dann um kapitalintensive Firmen im High-Tech-Bereich, die kaum neue Arbeitsplätze schufen. An der ständig verstopften Autobahn, die Johannesburg mit Pretoria verbindet, konnte man diese modernistische Fassade schön beobachten, da fast die gesamte Strecke an beiden Seiten mit Firmenvertretungen zugebaut wurde, hinter denen sich Ödland ausbreitete.

Mbekis Entscheidung, das Reconstruction and Development Programme aufzugeben, war von den schlechten Beispielen anderer afrikanischer Länder in der Vergangenheit motiviert. Denn sie hatten den Reichtum ihrer Länder in groß angelegte Sozialprogramme investiert und dabei oft Schulden angehäuft, die sie anschließend nicht mehr abzahlen konnten. Diese Entwicklung wurde im Westen häufig rassistisch kommentiert, dass es eben ein für Afrika »typischer« Ablauf sei. Mbeki wollte mit einer zurückhaltenden Sozialpolitik die Handlungsfähigkeit und Unabhängigkeit Südafrikas wahren, wobei sein Kalkül durchaus nicht ganz fehl ging. Denn nach wenigen Jahren hatte die südafrikanische Regierung genügend Liquidität, weshalb sie ab 2004 stärker in den Sozialbereich investieren konnte, ohne Gefahr zu laufen, in eine Verschuldung und Abhängigkeit zu geraten. Tatsächlich war Mbekis Wirtschaftspolitik ab dieser Zeit deutlich »linker« als zuvor, denn nun kamen 12 Millionen Südafrikaner erstmals in den Genuss staatlicher Wohlfahrtszuwendungen wie Renten und Erziehungsgelder, 2,7 Millionen neue Häuser wurden gebaut. Doch hatte Mbeki sich aufgrund seines Führungsstils mittlerweile so viele Feinde gemacht,

Abb. 23: Blick über Johannesburg Richtung Norden.

dass der linke ANC-Flügel und die Gewerkschaften sich im bald ausbrechenden Machtkampf mit Jacob Zuma auf dessen Seite schlugen.

Doch das Hauptproblem, das sich als unlösbar erwies, war die Schaffung neuer Arbeitsplätze. Den in den 1960er Jahren einsetzenden tiefgreifenden Strukturwandel hatte die Wirtschaft in Form einer Umstellung von arbeits- auf kapitalintensive Produktionsmethoden durchlaufen. Diese Entwicklung setzte sich trotz des politischen Umbruchs weiter fort, ja sie verstärkte sich eher noch, als sich eine neue schwarze Elite herausbildete, mit einer engen Verfilzung von Geschäfts-, Partei- und allgemein politischen Interessen, die in erstaunlichem Maß an die Zustände unter der NP-Herrschaft erinnerte. Die Entscheidung Thabo Mbekis vom Jahr 1996, das im Kern keynesianische *Reconstruction and Development Programme* (RDP) zugunsten des neoliberalen *Growth, Employment and Redistribution* (GEAR) aufzugeben, hieß auch, einer Wirtschaftspolitik den Vorzug zu geben, die arbeitgeberfreundlich war und die Gewinnmaximierung der Konzerne unterstützte. Hinzu kam, dass Südafrika, um internationale Glaubwürdigkeit bei Kreditinstitutionen und »Investoren« zu finden, die Zollschranken des Apartheidstaates nicht nur abbauen, sondern weitgehend beseitigen musste. Dabei gehörte es zu den hinreichend bekannten doppelten Maßstäben, insbesondere der EU, die Demokratie nur zum Nulltarif und risikolos verbreiten will, dass sie ihre Agrarmärkte gegen südafrikanische Produkte weiterhin abschirmte. Die Aufhebung der südafrikanischen Zollschranken gegen Importe aus anderen Ländern hatte sogar zur Folge, dass innerhalb kurzer Zeit die südafrikanische Textilindustrie tausende von Arbeitsplätzen vor allem von Frauen verlor und am Ende völlig kollabierte, da sie der Schwemme billiger Produkte aus Südostasien und dann vor allem aus China nicht gewachsen war. In anderen Branchen war es nicht besser und der alte Devisenbringer, die Goldindustrie, sah in den ersten Jahren ihrem Niedergang und baldigen Ende entgegen, bis sie nach der internationalen Finanzkrise 2008 durch einen exorbitant hohen Preis für ihr glänzendes Metall eine Art goldenen Herbst erlebte.

Karte 3: Das moderne Südafrika.

In einigen Bereichen haben die Regierungen Mandela und Mbeki beachtliches zuwege gebracht, während in anderen die Ergebnisse ausgesprochen enttäuschend waren und im Lauf der Jahre zu wachsender Unzufriedenheit führten. Während Millionen Haushalte innerhalb weniger Jahre an die Stromversorgung angeschlossen wurden, erstmals fließendes Wasser und vor allem ein funktionierendes Abwasser- und Kanalisationssystem erhielten, während viele *Townships* mit geteerten Straßen versehen wurden, sah es beim Hausbau schon trüber aus. Die Regierung baute Häuser in großer Zahl, doch waren diese viel zu klein und oft aus minderwertigem Baumaterial. Sie wurden häufig als Retortensiedlungen und in einer so eintönigen Uniformität angelegt, dass die Kontinuität zur Apartheidzeit geradezu ins Auge sprang. Immer blieb die Zahl der Häuser zu gering, da die Wohnraumnot sich potenziert hatte und viele Menschen über Jahrzehnte in improvisierten Unterkünften aus Wellblech, Pappe und Müllsäcken leben mussten.

Der Zugang zu Land für die bäuerliche Bevölkerung war ein weiteres gravierendes Problem, dessen Lösung sich endlos dahinschleppte. Die Landneuverteilung sollte in geordneter, berechenbarer und vertrauenerweckender Weise geschehen, wobei gesetzlich festgelegt wurde, dass nur Land, das nach der Verabschiedung des *Native Land Act* 1913 enteignet worden war, wieder zurückgegeben werden konnte. Damit waren alle kolonialen Landenteignungen, und wenn sie noch so gewaltsam verlaufen waren, außer Reichweite einer Restitutionspolitik. Außerdem musste die Rückgabe rechtsstaatlichen Maßstäben genügen und über die Gerichte abgewickelt werden, was bedeutete, dass die Enteigneten bzw. deren Nachkommen ihre Ansprüche vor Gericht beweisen mussten, was oft gar nicht oder nur sehr schwer möglich war, da viele afrikanische Bauern über keine Grundbucheinträge verfügten. Darüber hinaus waren die Gerichte hoffnungslos mit der Vielzahl der Anträge überlastet und die Regierung war nicht bereit, den Justizapparat in angemessener Weise personell zu verstärken und finanziell besser auszustatten. Darum änderte sich längerfristig nichts an dieser Situation und 15 Jahre nach dem Ende der Apartheid ähnelte das allgemeine Muster der Landverteilung demjenigen vor 1994 in fataler Weise. Da war es wenig erstaunlich, dass mancher im ungesetzlichen Treiben der Regierung Simbabwes, Land illegal zu enteignen und an die eigenen Anhänger zu verteilen, ein nachahmenswertes Vorbild sah. Auch wurden alte Rechnungen beglichen bzw. mit teilweise brutalen Mitteln neue Verhältnisse geschaffen, worauf die große Zahl ermordeter weißer Farmer hinweist – weitaus mehr als im benachbarten Simbabwe. Aber bei einem Hoffnungsträger wie Südafrika fiel dergleichen offenbar nicht so ins Gewicht.

Der ANC ließ sich schon bald auf ein Bündnis mit den *Chiefs* und traditionellen Oberhäuptern in den ländlichen Regionen ein, wodurch manch ein Apartheid-*Chief* erstaunlicherweise in den Genuss einer zweiten Karriere kam. Einer der Gründe lag in der Schwäche des ANC in vielen ländlichen Regionen, wo er auf die Zusammenarbeit mit den *Chiefs* angewiesen war. Doch über die pure administrative Not hinaus hegten prominente ANC-Politiker, nicht zuletzt Mandela selbst, Sympathien für die *Chiefs*. So konnten diese ihre Machtstellung stärken, oft genug auf Kosten der eigentlichen Sympathisanten des ANC, nämlich der Jugendlichen und der Frauen. Unter der Regierung der »Befreiungsbewegung« begann schon Mitte der 1990er Jahre ein *Roll Back* gegen die Gleichberechtigungs- und Mitbestimmungsansprüche der Apartheidopfer, bei dem ANC-Politiker und die ehemals von ihnen verteufelten »feudalistischen« *Chiefs* vertrauensvoll kooperierten. Ein noch während der Apartheid gegen die Bantustan-Regimes gegründeter *Congress of Traditional Leaders of South Africa* (Contralesa), der schon mit dem Namensbestandteil »Contra« ganz andere Assoziationen wecken konnte, affiliierte sich den um den regierenden ANC gescharten übrigen Kongress-Organisationen. Contralesa wollte die rechtliche

Gleichstellung von Frauen verhindern, was Frauenorganisationen nur durch massiven politischen Druck und unter Berufung auf international gültige Abkommen vereiteln konnten.

Insgesamt litt die Zivilgesellschaft, die während der 1980er Jahre den Widerstand gegen die Apartheid getragen hatte, unter der Regierung des ANC, da die Regierungspartei die bewährtesten und erfahrensten Kräfte abwarb und ihnen einflussreiche Posten in Politik und Verwaltung verschaffte. Auf diese Weise wurden sie gleichzeitig als Kritiker der Regierungspolitik ausgeschaltet. Dies wurde besonders deutlich im Gewerkschaftsdachverband Cosatu, der nach 1994 nur noch ein Schatten seiner selbst war und ebenso an Einfluss verlor wie die mittlerweile eher sozialdemokratisch ausgerichtete Kommunistische Partei, die von Mbeki zielgerichtet marginalisiert wurde. Trotz eines personellen Aderlasses blieben aber viele Nichtregierungsorganisationen aktiv und existent, sodass der aus anderen afrikanischen Ländern bekannte Prozess des Aufsaugens zivilgesellschaftlicher Gruppierungen durch die Regierungspartei nur teilweise eintrat. Es blieben Potentiale einer gesellschaftlichen Gegenmacht vorhanden, insbesondere in lokalen Radios, in der Musik- und Theaterszene, einigen der wenigen unabhängigen Zeitungen wie dem *Weekly Mail and Guardian*, in religiösen Gemeinschaften sowie in Frauenorganisationen und der *Treatment Action Campaign*, die sich gegen Mbekis Aids-Politik zur Wehr setzte.

12.3 Thabo Mbeki und die Politik des Misstrauens

Die Beobachtung der Jahre nach 1990 zeigt, dass sich das elitäre Selbstverständnis der ANC-Führung im Exil und beeinflusst durch die leninistischen Prinzipien einer »Avantgarde« von Berufsrevolutionären entwickelt hatte. Letztere wurde von der mit dem ANC in einer symbiotischen Beziehung existierenden Kommunistischen Partei in die »Befreiungsbewegung« hineingetragen. Dabei wurde deutlich, wie leicht es war, vom asketischen Leben des Berufsrevolutionärs auf den opulenten Lebensstil eines Angehörigen einer neuen Bohème umzuschalten. Die Legitimation lag in der gelungenen »Befreiung«, wobei leicht vergessen wurde, dass der ANC ja keineswegs gesiegt hatte, sondern auf dem Verhandlungsweg und über Kompromisse an die Macht gekommen war. Die Politik Thabo Mbekis, die wirtschaftlichem Empowerment für wenige Glückliche den Vorzug vor einer allgemeinen Umverteilung und sozialer Gerechtigkeit gab, hatte zur Folge, dass diese Machtelite zunehmend das Gespür für die Bedürfnisse ihrer meist bitterarmen Wähler verlor und angesichts des Reichtumsgefälles im Land einen geradezu obszönen Lebensstil vorexerzierte.

Doch wer war Thabo Mbeki? Er hatte als sehr junger Mann das Land verlassen und sich im Exil dem ANC angeschlossen. Sein politisches Geschick und die Tatsache, dass sein Vater Govan Mbeki einer der prominentesten Vertreter der alten ANC-Garde war und seit 1963 gemeinsam mit Mandela eine lebenslange Haftstrafe auf *Robben Island* verbüßte, öffneten ihm rasch den Weg nach ganz oben in die Führung des Exil-ANC. Er wurde einer der engsten Vertrauten des ANC-Präsidenten Oliver Tambo und konnte sich als Chefdiplomat des ANC unentbehrlich machen. Wie alle Mitglieder im Führungskreis der Organisation trat er der Kommunistischen Partei bei. Innerhalb des ANC bildete die Kommunistische Partei mit ihren konspirativ-elitären Strukturen einen eigenen autoritär geführten Kontrollapparat, der zumindest die Führungszirkel des ANC dominierte. Hinzu kam die Sicherheitsobsession der Exil-Organisation, die immer damit rechnen musste, dass der südafrikanische Staat versuchen würde, Spione in die Organisation einzuschleusen. Dadurch entfaltete der eigene Geheimdienst unter seinem Chef Jacob Zuma eine große Machtfülle und rechtfertigte unter Bezug auf die solcherart institutionalisierte Paranoia einen permanenten Ausnahmezustand, der sogar Folterungen und Exekutionen wirklicher oder vermeintlicher Spione erlaubte.

Mbeki selbst war nie überzeugter Kommunist, musste aber wie alle Angehörigen der Führung eine militärische Ausbildung in der Sowjetunion absolvieren. Als westlich orientierter Politiker gehörte er zu denen, die reine Lippenbekenntnisse zum Sozialismus ablegten. Gleichwohl gingen die Mitgliedschaft in der KP und die engmaschige Kaderstruktur des ANC nicht spurlos an ihm vorüber. Die Mitarbeit im Exil-ANC war für ihn eine zweite Sozialisation, er kannte wie die meisten Exilkader eine gelebte Demokratie nur als Beobachter in Ländern wie Großbritannien, während das Anschauungsmaterial in Sambia oder Tansania schon spärlicher war. Mbeki entwickelte sich zu einem »habituellen« Leninisten, auch wenn er ideologisch ein Pragmatiker war. Wie eine Demokratie funktioniert, nämlich mit *Checks and Balances*, sich wechselseitig in Schach haltenden Institutionen, blieb ihm weitgehend fremd. Als Führungskader des ANC war er wie viele andere von einer Kontrollmanie besessen, die ihn als Vizepräsidenten – und mehr noch als Staatspräsidenten – dazu veranlasste, die innerparteiliche Demokratie des ANC weitgehend abzubauen und durch autoritäre, von oben nach unten ausgerichtete Strukturen zu ersetzen. Ein entscheidender Schritt auf dem Weg dazu war die Einführung des auf Lenin zurückgehenden Prinzips des »demokratischen Zentralismus« innerhalb des ANC im Jahr 1997. Dies war eine klare Abkehr vom eher basisdemokratisch orientierten internen Widerstand, der von der UDF sowie den Gewerkschaften in den 1980er Jahren getragen wurde. Interessanterweise war die wirtschaftspolitische Wende zum Neoliberalismus in Südafrika wie andernorts auch mit einem Abbau demokratischer Strukturen verbunden.

Mbeki schloss sich, solange er noch Vizepräsident war, mit Winnie Mandela und anderen Vertretern der populistischen Linken im ANC zusammen. Der Grund dafür lag in seinem ausgesprochen geringen Bekanntheitsgrad in Südafrika, sodass er auf Helfer angewiesen war, die ihm die breite Unterstützung verschaffen sollten. Diese erhielt er aber nie; er war Präsident, weil er von einer Partei, die in der Bevölkerung über einen überwältigenden Vertrauensvorschuss verfügte, dazu nominiert wurde. Mbeki war in seinem ganzen Habitus das Gegenteil eines charismatischen Populisten, er war kein mitreißender Reder, noch fand er leicht den »Draht« zur Bevölkerung. Meist wirkte er steif und zurückgezogen, worin er zuweilen eine gewisse Ähnlichkeit zu Jan Smuts zeigte. Mit diesem teilte er auch die Neigung, sich mit mediokren Figuren zu umgeben, wodurch sein eigener Stern umso heller scheinen konnte. Die kalte, bürokratische Macht, die Mbeki aufbaute, schuf ein Klima der

Furcht vor der freien Rede, sodass seine Minister lieber kuschten, als politische Initiativen zu ergreifen.

Mbeki war im Exil-ANC mit Formen der Politik aufgewachsen, die mit demokratischen Prozeduren nur wenig zu tun hatten. Als er Vizepräsident und 1999 Präsident Südafrikas wurde, transferierte er diese Methoden einer Hinterzimmerpolitik in den südafrikanischen Staatsapparat. In den neun Jahren seiner Präsidentschaft schottete Mbeki sich zunehmend von der Öffentlichkeit ab; er strebte an, die Regierungsgeschäfte möglichst fernab von der öffentlichen Wahrnehmung auszuführen. Dies hatte zwangsläufig eine Intransparenz der Regierungsentscheidungen zur Folge, die einerseits den autoritären Grundzug der Mbeki-Regierung verstärkte, andererseits der Korruption Vorschub leistete. In wachsendem Maß wurde jede Kritik an der Regierung als bösartig und rassistisch motiviert angeprangert. Mbeki regierte aus der Defensive, da er kein Vertrauen in die demokratische Ordnung hatte, autoritäre Vorgaben »von oben« für triftiger hielt als Willensbekundungen »von unten«.

Als Mbeki Präsident wurde, begann er unverzüglich, die föderale Ordnung Südafrikas zu unterminieren. Ursprünglich war sie vor allem gedacht, einen zu starken Zentralismus zu verhindern und das absehbare Übergewicht des ANC im politischen Leben Südafrikas durch die Eigeninteressen der Regionen zu konterkarieren, wobei die Hoffnung mitgespielt haben mochte, auf diese Weise auch die innerparteiliche Demokratie in der Regierungspartei lebendig zu halten. Mbeki machte diese Hoffnungen schnell zunichte, indem er das Prinzip der Einsetzung von Provinzpremiers durch das *National Executive Committee* des ANC durchsetzte. Fortan war es nicht mehr die Parteibasis, geschweige denn der gemeine Wähler, der über die politische Führung einer Provinz entschied, sondern das oberste Führungsgremium des ANC und, da er wiederum dessen Zusammensetzung geschickt kontrollierte, letztlich der Präsident. Mbeki machte sich rasch daran, alle Rivalen, die sich in den Provinzen eine eigenständige Machtbasis hätten aufbauen können, zum Rücktritt zu zwingen, wobei gerade die begabtesten unter ihnen wie Cyril Ramaphosa, Matthew Phosa oder Tokyo Sexwale aus der Politik gedrängt wurden. Sie wurden ersetzt durch getreue Gefolgsleute, deren oft einzig erkennbare Qualität darin bestand, dass sie administrative Unfähigkeit mit Korruption verknüpften, wobei etwa die Provinz Mpumalanga, unter Phosa eine der dynamischsten Entwicklungsregionen, sich in einen Korruptionssumpf besonderer Art verwandelte.

Mbekis Afrikanismus

Thabo Mbeki selbst war ein bekennender Afrikanist, ganz im Gegensatz zu seinem orthodox kommunistischen Vater Govan. Allerdings wurde, wie bei vielen Afrikanisten, nie wirklich deutlich, was damit gemeint war und wie der Afrikanismus in ein politisches Programm umgemünzt werden sollte. Im Kern war der Afrikanismus ein Kulturnationalismus, der im Lauf der folgenden Jahre erstaunliche Ähnlichkeiten zu dem vergangenen der Buren entwickelte, sodass es wenig verwundert, dass die politisch ausgezehrte Truppe der Nationalen Partei 2001 ihre neue Heimat im ANC fand. Ironischerweise war gerade der Präsident selbst mit seinem stets eleganten

Äußeren, den Designeranzügen und der unvermeidlichen Tabakspfeife das glatte Gegenteil eines Afrikanisten, sondern eher ein Musterbeispiel gelungener Anpassung an den Lebensstil der britischen Oberschicht. Dafür ergingen sich seine Minister und andere führende Politiker in einem erfundenen Afrikanismus, der sich etwa bei den Damen der neuen Elite in teuren golddurchwirkten Kleidern und aufwendigen Kopfbedeckungen, meist erkennbar westafrikanischer Herkunft, äußerte. Kurzum, der Afrikanismus war nicht anders als zu Zeiten Anton Lembedes in den 1940er Jahren ein allgemeiner Verweis auf eine afrikanische Tradition, der sich aber weder modisch noch kulturell, weder im Lebensstil und schon gar nicht in der Politik mit konkreten Inhalten füllen ließ.

Das hinderte die Afrikanisten um Mbeki aber nicht daran, eine neue Form der politischen Heilslehre zu erfinden. Sie bedienten sich einer alten Begründung für die Solidarität, die in den *Townships* und den marginalisierten Gemeinschaften der schwarzen Bevölkerung überlebensnotwendig war. *Ubuntu* bezog sich auf ein Sprichwort der Xhosa, demzufolge ein Mensch nur Mensch sein kann durch andere Menschen. Diese für *Face-to-Face*-Gemeinschaften vermutlich ziemlich typische Form sozialer Solidarität wurde nun zum exklusiven Kulturbestand der Afrikaner erklärt, die sich damit den Anschein geben konnten, bessere Menschen zu sein. Tatsächlich machten sich alle möglichen Ideologen bis hin zu Erzbischof Tutu daran, *Ubuntu* dem »westlichen Denken« zu kontrastieren, wobei dem Westen pauschal Kapitalismus, Individualismus, Atheismus und Apartheid (!) unterstellt wurden. Tatsächlich geriet *Ubuntu* zu einer neuen Volksgemeinschaftsideologie und zur idealen Handhabe, um all denjenigen, die man nicht dazurechnen mochte, einen Mangel an nationaler Gesinnung vorzuwerfen.

Hinzu kam die Obsession von Mbeki und seinen engsten Gefolgsleuten mit dem Thema Rassismus, was Umfragen zufolge schon Ende der 1990er Jahre für die Mehrheit der schwarzen Bevölkerung kein wichtiges Thema mehr war im Vergleich etwa mit Aids, Arbeitslosigkeit und Gewalt. Ironischerweise hatte Mbeki im Exil kaum unter Rassismus zu leiden gehabt, doch steigerte sich der Präsident, der immer zu den Privilegierten gehört hatte, in eine regelrechte Obsession hinein. Für viele seiner Anhänger wurde Rassismus zu einem probaten Vorwurf, um Weiße aus etablierten Machtpositionen zu verdrängen oder in die politische Defensive zu zwingen. Gerade an den Universitäten wurden weiße Intellektuelle, die selbst die Apartheid bekämpft hatten, Opfer schwarzer Aufsteiger, die sich in bonzenhafter Manier in den Verwaltungs- und Leitungspositionen einrichteten und unbotmäßige Wissenschaftler mundtot machten, indem sie ihnen das Verdikt des Rassismus entgegenschleuderten, sobald sie sich gegen allzu autoritäres Gehabe wehrten und Machtmissbrauch kritisierten. Mit der neuen Machtelite setzte sich der neue Nationalismus in den öffentlichen Diskursen durch und hielt Einzug in die Universitätskurrikula. Dabei hatte Mbeki stets den Blick auf die nachkoloniale Geschichte Afrikas gerichtet und auf ihre Beurteilung im Rest der Welt als defizitäre Entwicklung, geprägt von der Habgier postkolonialer Eliten und vom Despotismus der Präsidenten auf Lebenszeit. Diese Interpretation war in Mbekis Wahrnehmung rassistisch gefärbt, was die eigentümliche Blindheit des Präsidenten für die ganz reale Korruption, die wirklichen Fehlentscheidungen und die Selbstherrlichkeit der neuen Eliten erklärt. Hinzu kam ein Minderwertigkeitskomplex gegenüber seinem überlebensgroßen Vorgänger im Amt, an dem gemessen zu werden in der Tat kein leichtes Los für einen Politiker war.

Unter der Präsidentschaft Mbekis veranstaltete Südafrika im September 2001 eine internationale Rassismuskonferenz in Durban, bei der der damalige deutsche Außenminister Fischer das Kunststück zuwege brachte, sich mediengerecht für den Sklavenhandel zu entschuldigen, an dem Deutschland gar nicht beteiligt gewesen war, während er bei anderer Gelegenheit den tatsächlich von der deutschen Armee begangenen Völkermord an den Herero (1904–1907) im benachbarten Namibia nicht als solchen bezeichnet wissen wollte.

Mbekis Aids-Politik

Obsessiv war Mbekis Verhalten auch hinsichtlich der Immunschwächekrankheit Aids. Zu Beginn seiner Amtszeit wurde die Zahl der HIV-Infizierten in Südafrika bereits auf mehr als 10 % der Bevölkerung geschätzt, die Zahl der früh Verstorbenen wuchs in erschreckendem Ausmaß. Mbeki leugnete, dass das HI-Virus der Auslöser von Aids sei und suchte nach Erklärungen in der verbreiteten Armut, die das Immunsystem der Menschen angreife. Dadurch ließ sich mit Sozialpolitik eine Krankheit beseitigen, wozu manche merkwürdige kulturnationalistisch inspirierte Empfehlung kam, die Mbekis Gesundheitsministerin Manto Tshabalala-Msimang besonders gern äußerte, etwa Rote Beete oder Süßkartoffeln zur Abwehr der Viren zu verzehren. Der Grund für Mbekis Haltung, die allmählich bizarre Züge annahm, als er sich Rat bei dubiosen Aids-Dissidenten aus dem Westen holte, lag darin, dass er eine Verschwörung der internationalen Pharmakonzerne witterte, die Südafrika ihre überteuerten Medikamente aufzwingen wollten. Seine Fehleinschätzungen, an denen er umso erbitterter festhielt, je lauter die Kritik daran wurde, kosteten vermutlich 300 000 Menschen das Leben. Gerade seine Aids-Politik trug zum Ansehensverlust eines nie populären Präsidenten bei, der sich zudem mit seiner autoritären Personalpolitik viele Feinde geschaffen hatte. Es bedurfte lediglich einer günstigen Gelegenheit, um die Gegner, Kritiker und Unzufriedenen gegen ihn zu vereinen.

Während im Vergleich mit Mbekis autoritärem Führungsstil die Amtszeit Nelson Mandelas vielen heute als eine fünfjährige lichtvolle Episode erscheint, lassen sich in der Tat die Kontinuitäten, die aus der Zeit der Apartheid bis in die Gegenwart reichen, kaum übersehen. Demzufolge war die »ausgehandelte Revolution« eine rein politische Umwälzung, während die wirtschaftliche und soziale Umgestaltung weitgehend ausblieb. In ihrem bahnbrechenden Buch über die wirtschaftliche Langzeitentwicklung Südafrikas im 20. Jahrhundert konnten die beiden südafrikanischen Wissenschaftler Nicoli Nattrass und Jeremy Seekings nachweisen, dass es entscheidende Kontinuitäten über den politischen Bruch der 1990er Jahre hinweg gab. Denn die Regierungen Mandela, Mbeki und Zuma hielten an einer neoliberalen Modernisierung fest, die schon Verwoerd eingeleitet hatte. Sie führte zu einer politischen, sozialen und wirtschaftlichen Marginalisierung der armen Bevölkerungsschichten und war notfalls mit politischer Repression verbunden. Schon unter Vorster verlief die Apartheid immer weniger zwischen Weiß und Schwarz, sondern zwischen denjenigen, die Arbeit hatten, und den Arbeitslosen. In der Tat ist die

Kontinuität unübersehbar: Bilder von Zwangsumsiedlungen, von Räumungen »illegaler« Slums in den 1970er und 1980er Jahren ähnelten in fataler Weise den Zwangsräumungen in den Jahren 2007–2009, als die arme Bevölkerung in einigen südafrikanischen *Townships* mit Polizeigewalt deportiert wurde, weil der Baugrund für Fußballstadien der Weltmeisterschaft 2010 benötigt wurde.

13 Zuma und »State Capture«

13.1 Der Sturz Thabo Mbekis

Jacob Zuma hatte sich im Exil als geschickter Vermittler und Verhandlungsführer verdient gemacht, zudem war er Chef des ANC-internen Geheimdienstes. Als Mann aus einfachen Verhältnissen und ohne Schulbildung wurde er nicht als ernsthafte Konkurrenz um Führungsposten angesehen, weshalb Mbeki ihn 1999 ins Amt des Vizepräsidenten berief. Seit den 1990er Jahren hatten die beiden sich zusammengetan, um dem wachsenden Einfluss Cyril Ramaphosas Einhalt zu gebieten. Sie vertraten damit die Interessen des streng hierarchisch und konformistisch agierenden Exil-ANC gegen diejenigen des basisdemokratischen Widerstands in der Schlussphase der Apartheid, deren herausragendster Vertreter Ramaphosa war. Dabei hatten Mbeki und Zuma einander ergänzt, denn ähnlich wie zu Beginn des 20. Jahrhunderts der introvertierte Intellektuelle Jan Smuts und der populäre Louis Botha ein wirkungsvolles Führungsduo gebildet hatten, so konnte der uncharismatische Mbeki auf den jovialen und populären Zuma vertrauen, der als das »Herz« des ANC galt. In den Jahren nach 1997 hatte sich zwischen ihnen eine funktionierende politische Partnerschaft eingespielt, zumal Zuma keine eigenen Ambitionen erkennen ließ, sondern Mbeki immer treu unterstützte. Umgekehrt sah es etwas anders aus, da Mbeki, als er 1999 Mandela als Präsident folgte, den Posten des Vizepräsidenten aus politischen Gründen zunächst nicht Zuma, sondern Buthelezi anbot. Erst als dieser ablehnte, kam Zuma zum Zug. Bald fühlte er sich als Vizepräsident von Mbeki und dessen engstem Beraterkreis von wichtigen Entscheidungen ausgeschlossen, weshalb das Verhältnis zwischen den beiden sich allmählich abkühlte. Eine direkte Konfrontation gab es, als mehrere Skandale mit Zumas Namen verbunden wurden. Ende der 1990er Jahre kaufte Südafrika Waffen in Deutschland ein, deutsche Rüstungskonzerne betrieben eine erfolgreiche »Landschaftspflege« und Zuma war einer der Profiteure des Geldregens, mit dem ein angenehmes Geschäftsklima geschaffen wurde. Mbeki unterdrückte parlamentarische Untersuchungen, obwohl sie von ANC-Abgeordneten unterstützt wurden. Während seiner ganzen Amtszeit missachtete er die Legislative und reduzierte die Parlamentsfraktion des ANC auf ein Gremium, das nur noch die Vorlagen der Regierung abnickte. Bald darauf leitete die Staatsanwaltschaft in Südafrika Ermittlungen gegen den Vizepräsidenten wegen Verdachts der Bestechlichkeit ein. Nachdem Mbeki seinen Vizepräsidenten entlassen hatte, wollte er ihn auch aller Funktionen im ANC entheben, doch scheiterte er überraschenderweise an seiner eigenen Partei, wo sich nun erstmals die Unzufriedenen um Zuma scharten und durchsetzten, dass er Vizepräsident der Partei bleiben konnte.

Kurz darauf geriet Zuma erneut in die Schlagzeilen, als eine junge Frau ihm vorwarf, sie vergewaltigt zu haben. Beim Prozess gegen Zuma im Frühjahr 2006 machten dessen Anhänger in täglichen Demonstrationen deutlich, dass für sie nur ein Freispruch in Frage kam und wie wenig sie von Rechtsstaatlichkeit hielten. Vor allem aber beschuldigten sie Mbeki, der eigentliche Hintermann der Anklageerhebung zu sein. Tatsächlich wurde Zuma freigesprochen, wobei der Richter in bemerkenswerter Form das Einverständnis unter Männern bekundete, während die um ihr Leben fürchtende Klägerin untertauchen musste. Mit dem Freispruch trug der Richter zur Bagatellisierung eines der gravierendsten Probleme Südafrikas bei, den bis zu 50 000 offiziell registrierten Vergewaltigungen pro Jahr, wobei die allermeisten Täter straffrei blieben. Die Klage wegen Korruption kam trotz intensiver Ermittlungen nicht vor Gericht, weil der Fall zum Spielball politischer Interessen und zum Zentrum innerparteilicher Kämpfe wurde.

In den Monaten nach seiner Entlassung wurde Zuma zum Kristallisationspunkt all derer, die mit Mbekis Politik unzufrieden waren. Es waren viele und die meisten hatten gute Gründe: Innerparteiliche Rivalen, die er kaltgestellt hatte; die Parteilinke, der der neoliberale Kurs nicht passte; die dürftigen Reste überzeugter Demokraten im ANC, die Anstoß an der leninistischen Kaderstruktur nahmen; und schließlich die große Masse der Armen, die eineinhalb Jahrzehnte nach dem Ende der Apartheid endlich ein besseres Leben wollten, wie es ihnen der ANC im Wahlkampf 1994 versprochen hatte. Statt Verbesserungen zu erleben, hatten sie mit wachsendem Zorn ansehen müssen, wie sich eine neue schwarze Oberschicht in der Macht einrichtete und sich die Reichtümer des Landes aneignete, während die Mehrheit der *Township*- und Slumbewohner weiterhin in Armut lebte und sich selbst überlassen blieb. Da für viele arme Südafrikaner eine politische Alternative zum ANC nicht denk- und auch nicht sichtbar war, spielten sich die Richtungskämpfe nun innerhalb der Partei ab. Sie wurden fürs Erste personalisiert und Zuma war der neue Hoffnungsträger. Mbeki musste feststellen, dass er seinen ehemaligen Stellvertreter unterschätzt hatte, denn dieser führte mit großem politischem Geschick und populistischem Talent eine Koalition der Unzufriedenen zusammen, die Mbeki bei der Wahl zum Vorsitz des ANC im Dezember 2007 abstraften. Auf dem Parteikongress des ANC in Polokwane kam es zum Show-Down zwischen den beiden Rivalen.

Mbeki durfte nach den Bestimmungen der Verfassung nach seiner zweiten Amtszeit als Präsident Südafrikas nicht wieder antreten. Doch statt sich nun aus dem Zentrum der Politik zu verabschieden, bestand er darauf, weiterhin Präsident der Regierungspartei zu bleiben und trat abermals als Kandidat an. Als Parteipräsident wollte er verhindern, dass Zuma Staatschef wurde und stattdessen einen eigenen handverlesenen Nachfolger bestimmen. Auf diese Weise hätte er seine bisherige Politik fortsetzen können, weil er sie von der Parteizentrale aus bestimmen wollte. So wurde die Wahl zum ANC-Chef wichtiger als die Wahl des Staatspräsidenten, die für 2009 anstand. Seine Gegner befürchteten nämlich, dass Mbeki auf diese Weise als faktischer Präsident auf unabsehbare Zeit das Land kontrollieren wollte, wodurch er die Demokratie unmittelbar gefährdete. Mbekis zähes Festhalten an der Macht trieb selbst diejenigen auf die Seite Zumas, die diesem nicht recht trauten oder Zweifel an seinen Führungsqualitäten hegten. So erhielt Zuma bei der entscheidenden Abstimmung 2329 Stimmen und Mbeki nur 1505. Letzterer hatte die Situation völlig falsch eingeschätzt und war als Staatspräsident in seinem letzten Amtsjahr entscheidend geschwächt.

Dabei hätte Südafrika einen starken Präsidenten dringend gebraucht, denn durch Misswirtschaft und Korruption kam es zu ernsthaften Versorgungsengpässen bei der Elektrizität. Und 2008 brachen heftige fremdenfeindliche Unruhen aus, bei denen mindestens 62 Menschen ihr Leben verloren und tausende sich innerhalb Südafrikas verstecken mussten, wobei die Polizei oft unfähig oder unwillig war, sie selbst in Polizeistationen wirksam vor dem Mob zu schützen. Die meisten Opfer der Gewalt waren Bergarbeiter aus Mosambik, von denen mehrere Zehntausend in ihre Heimat zurückkehrten, oder Flüchtlinge, die vor Mugabes Terror aus Simbabwe geflohen waren, einem Terror, der dank Mbekis Politik möglich war. Denn als Mugabe 2008 nach einer offensichtlichen Wahlniederlage mit einer Art Staatsstreich an der Macht festhielt, weigerte sich Mbeki, dieses ungesetzliche Vorgehen zu kritisieren. Die Gewaltausbrüche in Südafrika waren Ergebnis einer Politik, die den Armen in Südafrika bis dahin wenig Verbesserungen in Form von Arbeitsplätzen gebracht und die in einem kulturnationalistischen Sendungsbewusstsein die Ausgrenzung anderer, etwa der Flüchtlinge, geradezu vorprogrammiert hatte.

In der zweiten Jahreshälfte 2008 erreichte die internationale Finanzkrise Südafrika, begleitet von der größten Auswanderungswelle gut ausgebildeter Fachkräfte, die ihrerseits eine Reaktion auf die beharrliche Weigerung der Regierung war, ein Ende der Affirmative Action anzukündigen. Damit war die einseitige Bevorzugung von Schwarzen bei der Vergabe von Arbeitsplätzen gemeint, eine durchaus berechtigte Maßnahme angesichts der jahrzehntelangen Benachteiligung. Doch verstärkte diese Politik Vetternwirtschaft und Korruption und verunsicherte vor allem die gut ausgebildeten Angehörigen der Minderheiten, die sich bei der Stellenvergabe systematisch benachteiligt sahen, ohne dass ein Ende absehbar wurde. Gerade Weiße und Inder kehrten Südafrika den Rücken, weshalb ihr Anteil an der Bevölkerung weiter sinkt.

Mbeki war auch deswegen geschwächt, weil Zuma sein Führungsamt in der Partei nutzte, um seine Kontrolle auszubauen, mit dem Ergebnis, dass die Parlamentsfraktion nun begann, eine regelrechte Obstruktion der Regierungspolitik zu betreiben. Im September 2008 sprach ein Richter von Indizien, dass Mbeki sich in die Ermittlungen gegen Zuma eingemischt hätte. Später sollte sich herausstellen, dass die Behauptung unzutreffend war, doch formierte sich nun sofort die innerparteiliche Opposition gegen Mbeki. Sie verlangte seinen Rücktritt als Staatspräsident und angesichts der Mehrheitsverhältnisse im Parlament blieb ihm keine Wahl, am 24. September 2008 trat er zurück. Der Vorgang zeigt deutlich, wie tief die Abneigung gegen Mbeki und seinen Führungsstil wirklich war. Für den Präsidenten war es mehr als eine Niederlage: Es war eine tiefe Demütigung, wenige Monate vor seinem regulären Abschied aus dem höchsten Staatsamt von seiner eigenen Partei zum Rücktritt genötigt zu werden. Die Amtsgeschäfte nahm bis zur anstehenden Neuwahl des Präsidenten im Frühjahr 2009 der Nachfolger Zumas als Vizepräsident, Kgalema Motlanthe, wahr. Bei der Parlamentswahl im April 2009 gewann der ANC erwartungsgemäß, wenn auch mit einem gegenüber 2004 etwas schwächeren Ergebnis von 65,9 % der Stimmen. Das neue Parlament wählte am 9. Mai Jacob Zuma zum Präsidenten Südafrikas.

Die Chancen der Opposition

Alle Wahlergebnisse seit 1994 ließen erkennen, dass der ANC trotz wachsender Korruption problemlos jede Wahl gewann, auch wenn nach Zumas Amtsantritt bald eine ernsthafte Vertrauenskrise einsetzte, was sich bei der Wahl 2014 in einem Rückgang auf 62,15 % auswirkte, doch war der Verlust noch keineswegs dramatisch. Das lag daran, dass keine der Oppositionsparteien dem ANC gefährlich werden konnte. Am besten schnitt die liberale *Democratic Alliance* ab, die 2009 auf 16,6 % und 2014 auf 22,2 % der Stimmen kam. Sie konnte 2009 im Western Cape sogar die Mehrheit der Mandate erringen und damit den Provinzpremier stellen. Dieses Amt übernahm die Vorsitzende der Partei, Helen Zille, die sich zuvor als Bürgermeisterin von Kapstadt durch Effizienz und eine aktive Ausgleichspolitik zwischen ärmeren und reicheren Stadtvierteln einen Namen gemacht hatte. Obwohl sie während der Apartheid dem ANC nahestand, entschied sie sich nach deren Ende dafür, die demokratische Opposition zu stärken. Trotz solcher Erfolge im Western Cape gelang es der DA nur in Ansätzen, schwarze Wähler für ihre Partei zu gewinnen, auch wenn sie eine Zeitlang mit dem jungen Mmusi Maimane einen vielversprechenden Vorsitzenden hatte. Dessen rhetorische Fähigkeiten wurden aber nicht durch administrative Kompetenz und politische Führungsstärke ergänzt, weshalb er bald das Handtuch warf. Erfolge bei den Provinz- und Kommunalwahlen von 2016, die dem ANC deutliche Verluste und der DA den Sieg in einigen Großstädten wie Johannesburg oder Nelson Mandela Bay (Gqeberha, früher Port Elizabeth) einbrachte, verspielte die DA, da sie sich in parteiinterne Intrigen verstrickte und ihre Siege nicht in dauerhafte Erfolge umzuwandeln verstand.

Andere Oppositionsparteien, die als Alternative zum ANC hätten wirken können, waren noch weiter abgeschlagen. Bantu Holomisa hatte als General gegen das korrupte Bantustan-Regime der Transkei geputscht und anschließend das Gebiet in den südafrikanischen Staatsverband zurückgeführt. Er schloss sich dem ANC an und war Abgeordneter im ersten demokratisch gewählten Parlament, doch als er 1996 die Korruption im ANC öffentlich kritisierte und auf Betreiben Mbekis aus der Partei ausgeschlossen wurde, gründete er das *United Democratic Movement*, das aber nie über die regionale Basis von Holomisas Heimat hinaus eine landesweite Anhängerschaft aufbauen konnte. Nach Mbekis erzwungenem Rücktritt spaltete sich eine Gruppe prominenter Politiker vom ANC ab und gründete 2008 mit viel Mediengetöse eine neue Partei, die bereits im Namen *Congress of the People* an den legendären Kongress von 1955 erinnerte und damit ihre unmittelbare Konkurrenz zum ANC anmeldete. Doch die flammenden Bekenntnisse zu demokratischer Transparenz und Rechtsstaatlichkeit klangen wenig überzeugend, da das Führungspersonal der Partei sich weitgehend aus Mbekis altem Kabinett rekrutierte und es während der eigenen Amtszeit an den jetzt verlangten Tugenden hatte fehlen lassen. Ein miserabel geführter Wahlkampf im Frühjahr 2009 und kurz darauf ausbrechende Führungsstreitigkeiten lähmten die Partei, bevor sie überhaupt politisch Fuß gefasst hatte.

Nach der demokratischen Wende war die *Inkatha Freedom Party* von Buthelezi ein nicht zu unterschätzender Machtfaktor, doch verlor sie nach 1999 massiv Anhänger und Wähler. Dies war nicht zuletzt das Ergebnis der Politik Jacob Zumas, da er durch seine demonstrativen Bekenntnisse zu seiner Zulu-Identität und den geschickten

Einsatz ethnischer Symbole erfolgreich das Monopol der *Inkatha* gebrochen hatte. Zuma, dessen Stärke in der politischen Schlichtung und Vermittlung lag, trug in wesentlichem Maß dazu bei, den jahrelangen Bürgerkrieg in Natal zu beenden und den ANC dort fest zu etablieren.

13.2 Präsident Zuma

Nach Zumas Amtsantritt als Staatspräsident sollte sich bald bestätigen, dass dies kein demokratischer Neuaufbruch war, sondern nur eine Umorientierung der autoritären Strukturen innerhalb des ANC auf den neuen Mann an der Spitze. Ähnlich wie sich Mbeki zeitweilig mit Winnie Mandela verbündet hatte, tat sich Zuma zunächst mit dubiosen Partnern, wie Julius Malema, zusammen, der unter merkwürdigen Umständen 2008 zum Vorsitzenden der Jugendliga gewählt wurde. Malema benutzte seine Position, um Zuma zu unterstützen, bis er es in seinen verbalen Ausfällen zu weit trieb und Zuma sich von ihm abwandte. Nachdem er 2012 abgewählt und aus dem ANC ausgeschlossen worden war, gründete Malema eine eigene Partei, der er den Namen *Economic Freedom Fighters* (EFF) gab, ein linker Deckname für eine in Wirklichkeit faschistische Partei. Malema war nicht der Vorsitzende, sondern der »*Commander-in-Chief*« einer Partei, deren Parlamentsabgeordnete in roten Uniformen auftraten und sich durch lautstarke Störungen der Sitzungen hervortaten, aber vor allem Zuma mit unbequemen Fragen zusetzten. Die EFF nutzten jede sich bietende Gelegenheit, die Gesellschaft zu spalten, insbesondere indem sie ethnische Gegensätze aufbliesen, ihre Kritiker und Gegner des Rassismus ziehen und sehr schnell mit Gewalt drohten oder sie anwandten.

Zuma erwies sich als durch und durch korrupter Politiker, der das Land wie ein Mafiaboss regierte. Unter seiner Präsidentschaft geriet die Korruption völlig außer Kontrolle, denn die enge Verknüpfung von Staat und Partei, die Mbeki eingeleitet hatte, blieb weitgehend bestehen, wurde nun aber von Politikern und mit ihnen verbündeten Geschäftsleuten zur Selbstbereicherung genutzt. Tatsächlich wurde die Regierung Zuma mehr durch Direktiven aus der Parteizentrale gesteuert, als durch die Handlungsautonomie des Kabinetts. Zuma gelang es auch nicht, die innerparteilichen Flügelkämpfe zu beenden, weil er grundsätzlich am wirtschaftsliberalen Kurs seines Vorgängers festhielt – zur Unzufriedenheit der Gewerkschaften und der Parteilinken. Eine Wende zu mehr innerparteilicher Demokratie war von ihm ohnehin nicht zu erwarten, da er, genau wie Mbeki, seine politische Sozialisierung im Exil erfahren und die Prinzipien des »demokratischen Zentralismus« leninistischer Provenienz verinnerlicht hatte. Außerdem war er lange Jahre Chef des ANC-Geheimdienstes gewesen, einer Art parteiinterner Stasi, die gegen vermeintliche Spione und Abweichler in den eigenen Reihen vorging.

Was zur Amtszeit Mbekis noch aus der Überempfindlichkeit eines selbstherrlichen Präsidenten erklärt werden konnte, hatte unter Zuma bereits systemische Züge angenommen. Die Presse, Nichtregierungsorganisationen und unabhängige Intellektuelle wurden unter Generalverdacht gestellt, aus niedrigen Beweggründen den ANC zu kritisieren. Die Regierungspartei ließ ihren eigenen Augiasstall in Ruhe und schickte sich an, lieber die Überbringer schlechter Nachrichten zu bestrafen als deren Verursacher. 2010 ließ die Regierung ein neues Pressegesetz ausarbeiten, das wie in alten Apartheidzeiten die beabsichtigte Zensur durch eine Selbstzensur und Wohlverhalten der Medien verschleiern sollte.

Für derlei Verheimlichung hatte die Regierung gute Gründe, wie sich bald zeigen sollte. Denn Zuma begann, sämtliche Sicherheitsinstitutionen des Staates zu entmachten, indem er sie mit seinen Anhängern besetzte und damit alle Ermittlungen über Korruption und seine eigenen Machenschaften verhinderte. Die in der Verfassung austarierten *Checks and Balances*, die sich wechselseitig kontrollierenden und in Schach haltenden staatlichen Behörden, wurden von Zuma systematisch ausgehebelt und korrupten Politikern willfährig gemacht. Insbesondere die Steuerbehörde war als regierungsunabhängige Institution bis dahin sehr erfolgreich gegen kriminelle Kartelle und Einzelpersonen vorgegangen und hatte diese mit Hilfe intensiver Steuerermittlungen und -forderungen in den Bankrott getrieben. Gerade weil sie damit auch in der Verbrechensbekämpfung eine zentrale Institution gewesen war, wurde sie von Zumas Helfern personell so ausgeblutet und mit unfähigen und korrupten Personen besetzt, dass sich dies innerhalb kurzer Zeit negativ auf den Staatshaushalt und die Regierungsprogramme zur Armutsbekämpfung auswirkte.

Bald rückte eine Familie aus Indien, die Guptas, ins Zentrum der Macht ein, die mit Zuma in der Ausplünderung der parastaatlichen Unternehmen zusammenarbeitete. Die Guptas ließen Milliarden in die eigenen Taschen fließen und ruinierten etwa die gesamte nationale Stromversorgung so gründlich, dass erst die Regierung Ramaphosa mit erheblichen Anstrengungen und Notprogrammen die völlige Pleite abwenden konnte. Die aus Uttar Pradesh stammende Gupta-Familie war 1993 nach Südafrika gekommen und hatte dort einen Computerhandel aufgebaut. Die Guptas verfolgten keine politischen Absichten, sondern waren einzig auf Selbstbereicherung aus. Dies gelang ihnen so gut, dass schließlich sie und nicht der Staatspräsident über die Besetzung von Ministerämtern entschieden. Dabei spielten ihre Geschäftsinteressen die zentrale Rolle, weshalb es nicht verwundert, dass die Regierungsmannschaft Zumas mit wenigen Ausnahmen von Unfähigkeit, Verantwortungslosigkeit und privater Habgier gekennzeichnet war. Eines der wenigen Ämter, das dem Zugriff der Guptas und ihres Präsidenten entzogen blieb, war das nach skandinavischem Vorbild eingeführte Amt des *public protector*. Dabei handelt es sich um eine unabhängige Aufsichtsperson. Thuli Madonsela, die dieses Amt von 2009 bis 2016 innehatte, zeigte mehr Mut und Stehvermögen als die meisten männlichen Politiker. Sie war unbestechlich und sorgte mit zwei Berichten für großes, auch internationales Aufsehen, in denen die Machenschaften Zumas und das Ausmaß der Korruption und Zerstörung staatlicher Institutionen sichtbar wurden. Der erste war mit *State of Capture* (Stand der Übernahme) überschrieben und zeigte in allen Einzelheiten das Ausmaß der Zerstörung des Staates durch Zuma und die Guptas. Darauf setzte sich die Formel von der *State Capture* als Bezeichnung für die Überwältigung und Privatisierung staatlicher Strukturen durch illegale Privatinteressen in der Öffentlichkeit durch. Immerhin war die Empörung so groß und der Ruf nach Ermittlungen wurde so laut, dass sich die Guptas 2016 nach Dubai absetzten. Im Zentrum des zweiten Berichts stand der Ausbau von Zumas Privathaus in Nkandla in KwaZulu-Natal, wofür 246 Millionen Rand an Steuergeldern unrechtmäßig ausgegeben worden waren.

Abgesehen von der planmäßigen Selbstbereicherung und der Förderung von Korruption auf allen Ebenen war die Regierung Zuma weitgehend konzeptlos. Sie entwickelte keinen wirklichen Lösungsansatz für die Probleme im Nachbarland Simbabwe, auch wenn Zuma sich deutlich kritischer über Mugabes Politik geäußert hatte als sein Vorgänger. Welche Ausmaße die Korruption annahm, lässt sich an der Energiepolitik am besten zeigen. Abgesehen von der mehrfach drohenden Insolvenz des Strombetreibers *Escom* musste immer wieder in ganzen Städten und Regionen der Strom für Stunden abgestellt werden, weil es zu wenig Kraftwerke gab. Die Regierung Mbeki hatte nicht investiert, weil sie die Energieunternehmen privatisieren wollte. Obwohl ein Ausbau der regenerativen Energie in Südafrika nahegelegen hätte, da das Land hierfür enormes Potential hat, setzte der ANC auf Atomkraft, wobei ausgerechnet AKWs russischer Bauart gekauft werden sollten. Es war offensichtlich, dass hier Korruption in großem Stil im Gange war und Bestechungsgelder aus Russland flossen. Ähnliches spielte sich bei der Fußballweltmeisterschaft 2010 ab. Entgegen den vollmundigen Versprechungen der FIFA und der südafrikanischen Regierung gab es für afrikanische Kleinhändler, etwa von Souvenirs und Kunstgewerbe, keine Gelegenheit, von dem Besuch tausender Fußballfans aus aller Welt zu profitieren. Im Gegenteil: Die Regierung ging sogar polizeilich gegen die Bewohner von Armensiedlungen vor, die sich Hoffnungen auf kleine Einkünfte gemacht hatten. Finanziell profitierte von der WM einzig die FIFA, was ihren einschlägigen Ruf verfestigte. Selbst Zuma konnte durch das Großereignis nicht gewinnen, denn er wurde bei der Eröffnungsfeier mit lauten Buhrufen empfangen.

Auch unter Zuma wurde die neoliberale Wirtschaftspolitik fortgesetzt. Die Ankündigung Zumas Anfang 2011, der Schaffung von Arbeitsplätzen künftig höchste Priorität einzuräumen, war ein wohlfeiles Lippenbekenntnis, das aber nicht durch eine klare Konzeption an Glaubwürdigkeit gewann. Südafrika suchte neben westlichen vor allem chinesische Investoren. Das wurde belohnt, denn Südafrika wurde aufgrund einer Initiative der chinesischen Regierung in den exklusiven Club der aufsteigenden neuen Wirtschaftsmächte Brasilien, Russland, Indien und China (BRICS) aufgenommen, was seine internationale Bedeutung zwar aufwertete, aber nicht unbedingt das erforderliche Wirtschaftswachstum erzeugte, um die hohe Zahl der Schulabgänger im Arbeitsmarkt unterzubringen. Zudem setzte das Land weiterhin auf Rohstoffexport, insbesondere Kohle, Platin und andere Mineralien. Platin war nach dem faktischen Ende des Goldabbaus ein neuer Wachstumsmarkt und nordwestlich von Pretoria waren eine Reihe von Minen in Betrieb, in denen Arbeiter zum Teil brutal ausgebeutet wurden. In einer von ihnen, Marikana, kam es zu sogenannten »wilden« Streiks, wobei sich die offizielle Bergarbeitergewerkschaft gegen die Streikenden stellte. Die Situation eskalierte, als im August 2012 eine Spezialeinheit der Polizei anrückte. Eine Gruppe Streikender wurde eingekesselt und anschließend regelrecht massakriert, wobei 34 Menschen getötet, mindestens 78 verletzt wurden. Die Regierung setzte eine Untersuchungskommission ein, aber die Hinterbliebenen der Getöteten erhielten keinerlei Entschädigung.

Abb. 24: Demonstration zum ersten Jahrestag des Massakers in Marikana.

Solche Eskalationen geben einen Hinweis darauf, wie sehr die neoliberale Wirtschaftspolitik große Teile der südafrikanischen Bevölkerung in der Armut gefangen hielt. Die Erschließung des Binnenmarktes und ein keynesianisches Wirtschaftsprogramm wären für Südafrika sinnvoll gewesen, zumal das Land mit der relativ niedrigen Produktivität seiner Arbeitskräfte in der Exportproduktion kaum wird mithalten können. Die Wachstumsbereiche der südafrikanischen Wirtschaft dürften in der Konsumgüterindustrie zu finden sein, da neben dem großen Binnenmarkt ein riesiger Absatzmarkt in Südafrikas Nachbarländern liegt. Ansonsten liegt Südafrikas wirtschaftliche Zukunft im Bereich der Dienstleistungen und der Kultur. Auch der Tourismus birgt ein großes Potential, wenn der Verbrechensbekämpfung Priorität eingeräumt würde, um somit Südafrikas verdientem, aber gleichwohl schlechtem Ruf als Hochburg der Gewaltkriminalität entgegenzuwirken.

Ähnlich wie sich Zuma zehn Jahre zuvor die Unzufriedenheit mit Mbeki bei der Wahl zu dessen Nachfolge als Parteichef zunutze machen konnte, zog nun sein eigener Stellvertreter alle diejenigen an, die nach der verheerenden Amtszeit des bisherigen Präsidenten eine Wende erhofften. Schon bald nach Zumas Amtsübernahme hatte Cyril Ramaphosa, der zwischenzeitlich in die Wirtschaft gegangen war, seine Rückkehr in die Politik vorbereitet. Am 18. Dezember 2012 wählte ihn der Parteitag des ANC zu seinem Vizepräsidenten und am 25. Mai 2014 ernannte ihn Zuma zum Vizepräsidenten Südafrikas, um alle gravierenden Probleme in den folgenden Jahren auf ihn abzuladen. Es war dem früheren Gewerkschaftsboss schnell klar, dass Zuma ihn ohne weiteres entlassen würde, sollte er offen gegen dessen korruptes Treiben vorgehen. Deswegen hielt er still und wartete die Zeit bis Zumas Amtsende ab, um sich sein Sprungbrett ins höchste Staatsamt nicht selbst abzusägen.

Gegen Zuma waren zahllose Verfahren u. a. wegen Korruption, Geldwäsche und Betrug anhängig, aber solange er Amtsimmunität genoss, waren sie ausgesetzt. Das Verfassungsgericht kam zum Schluss, dass Zuma gegen die Verfassung verstoßen hatte, doch ein von der Opposition angestrebtes Absetzungsverfahren sowie acht Misstrauensvoten scheiterten im Parlament an der ANC-Mehrheit.

Zumas Fall kam, ganz ähnlich wie bei seinem Vorgänger, mit der Frage der Nachfolge, da er es nicht wagte, offen die Verfassung zu brechen und eine dritte Amtszeit anzustreben. Der ANC verstand sich, ganz ähnlich wie früher die Nationale Partei, als Teil einer »Bewegung« und achtete stets darauf, die Reihen geschlossen zu halten und interne Konflikte nicht an die Öffentlichkeit zu tragen. Die Vorstellung, eine Art »Familie« zu bilden, wirkte direkt gegen die innerparteiliche Demokratie und inhaltsbezogene Streitkultur. Darum war es eine Ausnahme, dass bei der Wahl zum ANC-Präsidenten zwei Kandidaten gegeneinander antraten: Nkosazana Dlamini-Zuma, eine Exfrau des bisherigen Amtsinhabers, die dieser als manipulierbare Nachfolgerin aufgebaut hatte, und der Vizepräsident Südafrikas, Cyril Ramaphosa, der vielen Südafrikanern als der Hoffnungsträger galt, dem man zutraute, das Land aus der hausgemachten politischen und wirtschaftlichen Krise herauszuführen. Nach heftigen internen Kämpfen, trotz Intrigen und Schmierkampagnen des Zuma-Lagers gegen Ramaphosa siegte dieser am 18. Dezember 2017 auf dem ANC-Parteitag knapp mit 2440 Stimmen gegen 2261. Anschließend wuchs der interne Druck auf Zuma und er trat am 14. Februar 2018 als Staatspräsident zurück. Damit machte er den Weg für Ramaphosa ins höchste Staatsamt frei.

14 Ausblick: Cyril Ramaphosa als Hoffnungsträger

So kam mit 20 Jahren Verspätung derjenige Politiker ins Amt des Präsidenten, den Mandela ursprünglich favorisiert hatte, um sich dann doch dem Druck des Exil-ANC zu beugen und Mbeki zu unterstützen. Wäre Ramaphosa 1999 Präsident geworden, hätte er das Land voranbringen, die demokratische Kultur und sozialen Ausgleich fördern können. Jetzt war vorauszusehen, dass er jahrelang damit beschäftigt sein würde, den von Mbeki und Zuma angerichteten Schaden wieder zu beheben und sich gegen die in zahlreichen Institutionen fest verankerten Anhänger seines Vorgängers zur Wehr zu setzen. Insbesondere Zuma selbst setzte alles daran, Ramaphosas Regierungsarbeit zu torpedieren, denn noch immer verfügte er über viele Anhänger, die er mobilisieren konnte.

Ramaphosa musste deshalb vorsichtig agieren, um die Korruption und Vetternwirtschaft seines Vorgängers abzuschalten. Denn er hatte mit massivem Widerstand gut organisierter Kartelle zu rechnen, die sich keineswegs von Macht und Einkommensquellen verdrängen lassen wollte. Dabei wurde er immer wieder daran erinnert, dass er keineswegs den ganzen ANC auf seiner Seite hatte. Das zeigte sich auch, als beim Parteitag 2017 Anhänger Zumas in die drei der sechs zur Besetzung anstehenden Parteiämter gewählt wurden. Besonders einflussreich war der Generalsekretär des ANC, zu dem ein besonders korrupter und skrupelloser Politiker gewählt wurde. Elias »Ace« Magashule hatte eigentlich keinen Anteil am Antiapartheid-Widerstand gehabt, frisierte aber seine Biografie entsprechend zurecht. Gestützt auf ein Netzwerk an Freunden und Anhängern aus seiner Heimatregion machte er in der Provinz Free State Karriere, als er sich gegen den populären Mosiuoa Lekota durchsetzte und Premier wurde. Das Amt baute er zu einer Geldmaschine um, indem Staatsaufträge, etwa im Wohnungsbau für die arme Bevölkerung, an seine Freunde gingen, obwohl diese keinerlei Erfahrung im Baugewerbe hatten. Die Häuser wurden dann meist nicht gebaut oder in so schlechter Qualität, dass sie nicht bewohnbar waren. So gingen Millionen Steuergelder an ein kriminelles Netzwerk, dessen Anführer, mit Hilfe seiner zahlreichen Anhänger zum Generalsekretär des ANC gewählt wurde und als solcher der Hauptgegenspieler von Ramaphosa wurde. Diesem gelang es erst allmählich, ihn und andere Vertreter der korrupten Cliquenwirtschaft abzudrängen. Magashule wurde am 10. November 2020 wegen Korruption, Diebstahl, Betrug und Geldwäsche verhaftet und im Mai 2021 vom Amt des Generalsekretärs suspendiert. Ramaphosa und seine Anhänger hatten ihn mittlerweile politisch so weit isoliert, dass er sich der Justiz stellen musste.

Vor allem in Regierung und Verwaltung wurden nach und nach Personen ersetzt und dadurch die Funktionsfähigkeit des Staates verbessert, obwohl es Ramaphosa noch 2021 nicht gelungen war, die Korruption wirklich in den Griff zu bekommen.

Als wenn diese Probleme noch nicht ausreichten, kam im Frühjahr 2020 die Covid 19-Pandemie hinzu. Südafrika wurde nicht zuletzt wegen des Egoismus der europäischen Regierungen lange Zeit von der Versorgung mit Impfstoffen abgeschnitten, weshalb die Regierung nur mit harten Restriktionen in Form von »Lockdowns« ihre Bevölkerung schützen konnte. Diese teilweise langanhaltenden Schließungen schädigten die Wirtschaftskraft Südafrikas schwer. Zu Beginn der Maßnahmen kam es zu der bei der südafrikanischen Polizei üblichen exzessiven Gewalt gegen diejenigen, die sich nicht an alle Regeln hielten. Südafrika hatte durch das niedrige Durchschnittsalter seiner Bevölkerung aber das Glück, dass sich die Zahl der Covid-Toten vergleichsweise in Grenzen hielt. Insgesamt verhielt sich die Bevölkerung vernünftiger als etwa in den USA. Offenbar hatte sie die Gefährlichkeit der Pandemie erkannt und hielt sich weitgehend an die drastischen Restriktionen, die für die armen, in beengten Verhältnissen lebenden *Township*-Bewohner fast unerträglich waren. Ramaphosa wurde international gerühmt für sein besonnenes und empathisches Verhalten.

Zuma hatte sich lange dem Zugriff der Justiz durch endlose Einsprüche entzogen. Als er sich weigerte, vor einer staatlichen Untersuchungskommission auszusagen, die die Korruption während seiner Amtszeit unter die Lupe nahm, verurteilte ihn schließlich das Verfassungsgericht zu 15 Monaten Haft wegen wiederholter Missachtung der Justiz. Zuma trat die Haftstrafe am 7. Juli 2021 tatsächlich an, doch unmittelbar danach kam es zu Ausschreitungen in mehreren Großstädten, die schnell eskalierten. Ganze Shopping-Malls wurden geplündert und anschließend niedergebrannt. Der Vorgang zeigte deutlich Parallelen zum Sturm auf das Kapitol in Washington am 6. Januar 2021, denn es handelte sich um einen Destabilisierungs-, wenn nicht sogar um einen Putschversuch mit Hilfe der »Straße«, d. h. den militanten Zuma-Anhängern und vielen verarmten Menschen, die sich an den Plünderungen beteiligten, ohne die politischen Hintergründe überhaupt zu kennen. 342 Menschen verloren bei den Ausschreitungen ihr Leben, die Polizei war überfordert und heizte mit ihrem Vorgehen die Gewalt weiter an. Ramaphosa setzte am 12. Juli schließlich die Armee ein und 25 000 Soldaten konnten die Ordnung rasch wiederherstellen. In den Wochen und Monaten danach wurden die Sicherheitsbehörden auf der Suche nach den Drahtziehern bald fündig und verhafteten eine ganze Zahl von Personen aus dem engsten Umfeld Zumas. Die Regierung ging außerdem gegen kriminelle Elemente vor; bis Mitte Juli gab es mehr als 3400 Verhaftungen. Da der Aufstand teilweise durch die verbreitete Armut und die Beteiligung zahlreicher Armer derart eskaliert war, erwog Ramaphosa sozialstaatliche Maßnahmen, um dergleichen in Zukunft zu verhindern. Am 18. Juli 2021 kündigte er an, dass die Regierung die Einführung eines Mindesteinkommens prüfen wolle.

Die Chancen Ramaphosas, die südafrikanische Wirtschaft weiterzuentwickeln und gleichzeitig den sozialen Ausgleich zu fördern, sind aktuell schwer abzuschätzen. Er hat immer wieder gezeigt, dass er über eine große politische Begabung, Verhandlungsgeschick und Kompetenzen als Vermittler verfügt, aber auch mit gebotener Härte vorgehen kann. Es ist allerdings zu befürchten, dass er seine Amtszeit damit verbringen muss, die Schäden zu beheben, die seine beiden Amtsvorgänger hinterlassen haben – Mbeki an den demokratischen Strukturen, Zuma an allem anderen. Ob ihm darüber hinaus noch viel politischer Gestaltungsspielraum bleibt, ist abzuwarten. Ramaphosa ist ein international geachteter und angesehener Politiker, der sich schon kurz nach seinem Amtsantritt intensiv bemühte, das Vertrauen ausländischer Investoren wiederherzustellen. Als früherer Gewerkschafter und Vertreter des linken Flügels im ANC hat er Aussichten, auch die arme Bevölkerung für sich zu gewinnen. Voraussetzung dafür ist die von ihm angestrebte behutsame und verfassungsrechtlich gesicherte Landreform, die dazu beitragen kann, das schwere Erbe der Apartheid allmählich zu beseitigen. Denn um in Südafrika bessere Verhältnisse zu erreichen, die der ganzen Bevölkerung zugute kommen, ist ein wirtschaftlicher und sozialer Ausgleich unerlässlich sowie eine Stabilisierung demokratischer Strukturen und die Überwindung der Korruption. Erst dann werden auch die vielen armen und bislang chancenlosen Menschen die Gelegenheit erhalten, ihre Talente zur Entfaltung zu bringen, erst dann werden die vielfachen Formen geschlechtlicher, rassistischer und sozialer Diskriminierung überwunden werden können. Nach einer langen düsteren Geschichte der Unterdrückung durch Kolonialismus und Apartheid ist dem Land eine hellere Zukunft zu wünschen.

Auswahlbibliografie

Diese Auswahlbibliografie wurde auf repräsentative Werke begrenzt, über die Interessierte leicht Zugang zu dem behandelten Thema und spezieller Literatur finden können. Afrikaanssprachige Werke wurden nicht aufgenommen, da sie hierzulande in der Regel nur schwer erhältlich sind.

Quelleneditionen

Bhana, Surendra; Pachai, Bridglal (Hg.): A Documentary History of Indian South Africans. Cape Town – Johannesburg – Stanford 1984.

Davenport, T. Rodney H.; Hunt, Keith S.: The Right to the Land. Documents on Southern African History, Cape Town 1974.

Eybers, George W. (Hg.): Select Constitutional Documents Illustrating South African History, 1795–1910, New York (Reprint) 1969.

Karis, Thomas; Carter, Gwendolen M.; Gerhart, Gail (Hg.): From Protest to Challenge. A Documentary History of African Politics in South Africa 1882–1994, 6 Bände, Standford 1987 ff.

Überblicksdarstellungen

Beinart, William: Twentieth-Century South Africa, Oxford 2001.

Bonner, Philip; Hofmeyr, Isabel; James, Deborah; Lodge, Tom (Hg.): Holding their Ground – Class, Locality and Culture in 19th and 20th Century South Africa, Johannesburg 1989.

Butler, Jeremy; Elphick, Richard; Welsh, David (Hg.): Democratic Liberalism in South Africa – Its History and Prospect, Middletown – Cape Town – Johannesburg 1987.

Davenport, Rodney; Saunders, Christopher: South Africa – A Modern History (5th ed.), London – New York 2000.

Dubow, Saul: A Commonwealth of Knowledge. Science, Sensibility, and White South Africa 1820–2000, Oxford 2006.

Feinstein, Charles H.: An Economic History of South Africa. Conquest, Discrimination and Development, Cambridge 2005.

Fisch, Jörg: Geschichte Südafrikas, München 1991.

Hamilton, Carolyn; Mbenga, Bernard K.; Ross, Robert (Hg.): The Cambridge History of South Africa, 2 Bände, Cambridge 2010/11.

Ross, Robert: A Concise History of South Africa, Cambridge 1999.

Saunders, Christopher (Hg.): Illustrated History of South Africa, Montreal 1988.

Thompson, Leonard M.: A History of South Africa, New Haven 1990.

Wilson, Monica; Thompson, Leonard M. (Hg): The Oxford History of South Africa, 2 Bände, Oxford 1969.

Worden, Nigel: The Making of Modern South Africa. Conquest, Segregation and Apartheid, Oxford – Cambridge, Mass. 1994.

Geschichte der Geschichtsschreibung in Südafrika

Saunders, Christopher C.: The Making of the South African Past. Major Historians on Race and Class, Cape Town – Johannesburg 1988.
Smith, Ken: The Changing Past. Trends in South African Historical Writing, Johannesburg 1988.

Geschichte einzelner Bevölkerungsgruppen bzw. Regionen

Adhikari, Mohamed: Not White Enough, Not Black Enough. Racial Identity in the South African Coloured Community, Athens – Cape Town 2005.
Duminy, Andrew; Guest, Bill (Hg.): Natal and Zululand from earliest Times to 1910, Pietermaritzburg 1989.
Giliomee, Hermann: The Afrikaners. Biography of a People, Cape Town 2003.
Goldin, Ian: Making Race. The Politics and Economics of Coloured Identity in South Africa, London – New York 1987.
Lewis, Gavin: Between the Wire and the Wall. A History of South African ›Coloured‹ Politics, Cape Town – Johannesburg 1985.
Mendelsohn, Richard; Shain, Milton: The Jews of South Africa. An Illustrated History, Cape Town – Johannesburg 2008.
Murray, Colin: Black Mountain. Land, Class and Power in the Eastern Orange Free State, 1880 s to 1980 s, Johannesburg 1992.
Ross, Robert: Adam Kok's Griquas. A Study in the Development of Stratification in South Africa, Cambridge 1976.
Welsh, David: The Roots of Segregation. Native Policy in Colonial Natal, 1845–1910, Cape Town 1971.
Yap, Melanie; Man, Dianne Leong: Colour, Confusion and Concessions. The History of the Chinese in South Africa, Hong Kong 1996.

Stadtgeschichte

Beavon, Keith: Johannesburg. The Making and Shaping of the City, Pretoria – Leiden 2004.
Bickford-Smith, Vivian: Ethnic Pride and Racial Prejudice in Victorian Cape Town, Cambridge – Johannesburg 1995.
Bickford-Smith, Vivian; van Heyningen, Elizabeth; Worden, Nigel: Cape Town in the Twentieth Century. An Illustrated Social History, Cape Town 1999.
Bonner, Philip; Segal, Lauren: Soweto. A History, Cape Town 1998.
Bonner, Philip; Nieftagodien, Noor: Alexandra. A History, Johannesburg 2008.
Coplan, David B.: In Township Tonight! South Africa's Black City Music and Theatre, London – New York 1985.
Freund, Bill: Insiders and Outsiders. The Indian Working Class of Durban, 1910–1990, Portsmouth, NH – Pietermaritzburg – London 1994.
Smith, David M. (Hg.): The Apartheid City and Beyond. Urbanization and Social Change in South Africa, London 1992.

Biografien und Autobiografien

Ali, Shanti Sadiq (Hg.): Gandhi & South Africa, Delhi 1994.
Butler, Anthony: Cyril Ramaphosa. The Road to Presidential Power, Johannesburg 2019.
Frankel, Glenn: Rivonia's Children. Three Families and the Price of Freedom in South Africa, London 2000.

Hancock, William Keith: Smuts, 2 Bände, Cambridge 1962.
Keegan, Timothy: Facing the Storm. Portraits of Black Lives in Rural South Africa, Cape Town – Johannesburg 1988.
Kenney, Henry: Architect of Apartheid – H. F. Verwoerd. An Appraisal, Johannesburg 1980.
Lewsen, Phyllis: John X. Merriman. Paradoxical South African Statesman, New Haven – London 1982.
Luthuli, Albert: Let My People Go. An Autobiography, London – Glasgow 1965.
Mandela, Nelson Rolihlahla: Der lange Weg zur Freiheit. Autobiographie, Frankfurt 1994.
Ramphele, Mamphela: Meiner Freiheit keine Grenzen, Autobiographie, Göttingen 1998.
Rotberg, Robert I.: The Founder. Cecil Rhodes and the pursuit of power, New York 1988.
Sisulu, Elinor: Walter and Albertina Sisulu: In Our Lifetime, Cape Town 2004.
Swan, Maureen: Gandhi – The South African Experience, Johannesburg 1985.
Thompson, Leonard M.: Survival in Two Worlds. Moshoeshoe of Lesotho 1786–1870, Oxford 1975.
van Onselen, Charles: The Small Matter of a Horse. The Life of ›Nongoloze‹ Mathebula, 1867–1948, Johannesburg 1984.
van Onselen, Charles: The Seed Is Mine. The Life of Kas Maine, a South African Sharecropper 1894–1985, New York 1996.
Walker, Eric A.: W. P. Schreiner. A South African, London 1937.
Willan, Brian: Sol Plaatje. A Biography, Johannesburg 1984.

Frühe Geschichte Südafrikas

Hall, Martin: The Changing Past. Farmers, Kings and Traders in Southern Africa, 200–1860, Cape Town – Johannesburg 1987.
Raven-Hart, Robert: Before van Riebeeck. Callers at South Africa from 1488 to 1652, Cape Town 1967.

Die Zeit der VOC-Herrschaft

Elphick, Richard: Khoikhoi and the Founding of White South Africa, 2nd ed., Johannesburg 1977.
Elphick, Richard; Giliomee Hermann (Hg.): The Shaping of South African Society 1652–1840, 2nd edition, Cape Town 1989.
Penn, Nigel: Rogues, Rebels and Runaways. Eighteenth-Century Cape Characters, Cape Town 1999.
Penn, Nigel: The Forgotten Frontier. Colonist and Khoisan on the Cape's Northern Frontier in the 18th Century, Athens – Cape Town 2005.
Ross, Robert: Cape of Torments. Slavery and Resistance in South Africa, London 1983.
Shell, Robert: Children of Bondage. A Social History of the Slave Society at the Cape of Good Hope, 1652–1838, Johannesburg 1994.

Das frühe 19.Jahrhundert

Cobbing, Julian: The Mfecane as Alibi: Thoughts on Dithakong and Mbolompo, in: Journal of African History, 30, 1989, S. 487–519.
Crais, Clifton C.: The Making of the Colonial Order. White Supremacy and Black Resistance in the Eastern Cape, 1770–1865, Johannesburg 1992.
Duin, Pieter van; Ross, Robert: The Economy of the Cape Colony in the Eighteenth Century, Leiden 1987.
Etherington, Norman: The Great Treks. The Transformation of Southern Africa, 1815–1854, Harlow – London 2001.

Hamilton, Carolyn (Hg.): The Mfecane Aftermath – Reconstructive Debates in Southern African History, Johannesburg – Pietermaritzburg 1995.
Hamilton, Carolyn: Terrific Majesty. The Powers of Shaka Zulu and the Limits of Historical Invention, Cambridge, MA – London 1998.
Keegan, Timothy: Colonial South Africa and the Origins of the Racial Order, Cape Town – Johannesburg 1996.
Lester, Alan: Imperial Networks. Creating Identities in Nineteenth-Century South Africa and Britain, London – New York 2001.
Maclennan, Ben: A Proper Degree of Terror. John Graham and the Cape's Eastern Frontier, Johannesburg 1984.
Marks, Shula; Atmore, Anthony (Hg.): Economy and Society in Pre-Industrial South Africa, London 1980.
Mostert, Noel: Frontiers. The Epic of South Africa's Creation and the Tragedy of the Xhosa People, New York 1992.
Newton-King, Susan: Masters and Servants on the Cape Eastern Frontier, 1760–1803, Cambridge 1999.
Omer-Cooper, John D.: The Zulu Aftermath. A Nineteenth-Century Revolution in Bantu Africa, London – Harlow 1969.
Peires, Jeffrey B.: The House of Phalo. A History of the Xhosa People in the Days of their Independence, Berkeley 1982.
Peires, Jeffrey B.: The Dead Will Arise. Nongqawuse and the Great Xhosa Cattle-Killing Movement of 1856–7, Johannesburg – Bloomington – Indianapolis – London 1989.
Ross, Robert: Beyond the Pale. Essays on the History of Colonial South Africa, Johannesburg 1994.
Ross, Robert: Status and Respectability in the Cape Colony, 1750 –1870. A Tragedy of Manners, Cambridge 1999.
Scully, Pamela: Liberating the Family? Gender and British Slave Emancipation in the Rural Western Cape, South Africa, 1823–1853, Oxford 1997.
Smith, Ken: From Frontier to Midlands. A History of the Graaff-Reinet District, 1786–1910, Institute of Social and Economic Research, Rhodes University: Occasional Paper No. 20, Grahamstown 1976.
Worden, Nigel; Heyningen, Elizabeth van; Bickford-Smith, Vivian: Cape Town. The Making of a City – An Illustrated Social History, Cape Town 1998.

Missions- und Kirchengeschichte

Bredekamp, Henry; Ross, Robert (Hg.): Missions and Christianity in South African History, Johannesburg 1995.
Comaroff, Jean u. John: Of Revelation and Revolution, 2 Bände, Chicago 1991 u.1997.
Elphick, Richard, Davenport, Rodney (Hg.): Christianity in South Africa. A Political, Social and Cultural History, Berkeley – Los Angeles 1997.
Enklaar, Ido H.: Life and Work of Dr. J. Th. van der Kemp 1747–1811. Missionary Pioneer and Protagonist of Racial Equality in South Africa, Cape Town – Rotterdam 1988.
Gruchy, John de (Hg.): The London Missionary Society in Southern Africa. Historical Essays in Celebration of the Bicentenary of the LMS in Southern Africa, 1799–1999, Cape Town 1999.
Marx, Christoph: Pelze, Gold und Weihwasser. Handel und Mission in Afrika und Amerika, Darmstadt 2008.
Ross, Andrew: John Philip (1775–1851). Missions, Race and Politics in South Africa, Aberdeen 1986.
Sundkler, Bengt G. M.: Bantu Prophets in South Africa, London – New York – Toronto 1968.

Das späte 19.Jahrhundert bis zur Gründung der Union von Südafrika

Beinart, William; Delius, Peter; Trapido, Stanley (Hg.): Putting a Plough to the Ground. Accumulation and Dispossession in Rural South Africa 1850–1930, Johannesburg 1986.
Bhana, Surendra; Brain, Joy: Setting Down Roots. Indian Migrants in South Africa, 1860–1911, Johannesburg 1990.
Davenport, T. Rodney H.: The Afrikaner Bond. The History of a South African Political Party, 1880–1911, Cape Town 1965.
Delius, Peter: The Land Belongs to Us. The Pedi Polity, the Boers and the British in the Nineteenth-Century Transvaal, Johannesburg 1983.
Guy, Jeff: The Destruction of the Zulu Kingdom. The Civil War in Zululand, 1879–1884, London 1979.
Heuser, Andreas: Shembe, Gandhi und die Soldaten Gottes. Wurzeln der Gewaltfreiheit in Südafrika, Münster 2003.
Hodgson, Janet; Edlmann, Theresa (Hg.), Zonnebloem College and the genesis of an African intelligentsia 1857-1933, Cape Town 2018.
Kriel, Lize: The ›Malaboch‹ Books. Kgaluši in the »Civilization of the Written Word«, Stuttgart 2009.
Krikler, Jeremy: Revolution from Above, Rebellion from Below. The Agrarian Transvaal at the Turn of the Century, Oxford 1993.
Laband, John: Kingdom in Crisis. The Zulu Response to the British Invasion of 1879, Manchester – New York 1992.
Nasson, Bill: Abraham Esau's War. A Black South African War in the Cape, 1899–1902, Cambridge 1991.
Odendaal, André: Black Protest Politics in South Africa to 1912, Totowa, N.J. 1984.
Pakenham, Thomas: The Boer War, London 1992.
Plaatje, Sol T.: Native Life in South Africa, Johannesburg 1982.
Saunders, Christopher C.: The Annexation of the Transkeian Territories, Pretoria 1978.
Thompson, Leonard M.: The Unification of South Africa 1902–1910, Oxford 1960.
van Onselen, Charles: Studies in the Social and Economic History of the Witwatersrand 1886–1914, 2 Bände, Johannesburg 1982.

Das frühe 20.Jahrhundert

Bhana, Surendra: Gandhi's Legacy. The Natal Indian Congress 1894–1994, Pietermaritzburg 1997.
Bozzoli, Belinda (Hg.): Town and Countryside in the Transvaal. Capitalist Penetration and Popular Response, Johannesburg 1983.
Cope, Nicholas: To Bind the Nation. Solomon kaDinuzulu and Zulu Nationalism, 1913–1933, Pietermaritzburg 1993.
Crush, Jonathan; Jeeves, Alan; Yudelman, David (Hg.): South Africa's Labor Empire. A History of Black Migrancy to the Gold Mines, Boulder – San Francisco – Oxford – Cape Town 1991.
Crush, Jonathan; Ambler, Charles (Hg.): Liquor and Labor in Southern Africa, Athens 1992.
Davenport, T. Rodney H.: The Triumph of Colonel Stallard: The Transformation of the Natives (Urban Areas) Act between 1923 and 1937, in: South African Historical Journal, 2, 1970, S. 77–96.
Dubow, Saul: Scientific Racism in Modern South Africa, Cambridge 1995.
Dubow, Saul: The African National Congress, Johannesburg 2000.
Gerhart, Gail: Black Power in South Africa. The Evolution of an Ideology, Berkeley 1978.
Hirson, Baruch: Yours for the Union. Class and Community Struggles in South Africa, Johannesburg 1990.
Jeeves, Alan; Crush, Jonathan (Hg.): White Farms, Black Labour. The State and Agrarian Change in Southern Africa 1910–50, Portsmouth, NH – Pietermaritzburg – Oxford 1997.

Jones, Stuart; Müller, André: The South African Economy, 1910–90, Houndsmills 1992.
Krikler, Jeremy: The Rand Revolt. The 1922 Insurrection and Racial Killing in South Africa, Johannesburg – Cape Town 2005.
Lewis, Jon: Industrialisation and Trade Union Organisation in South Africa, 1924–55. The Rise and Fall of the South African Trades and Labour Council, Cambridge 1984.
Marks, Shula; Trapido, Stanley (Hg.): The Politics of Race, Class and Nationalism in Twentieth-Century South Africa, London 1987.
Marx, Christoph: Im Zeichen des Ochsenwagens. Der radikale Afrikaaner-Nationalismus in Südafrika und die Geschichte der Ossewabrandwag, Münster 1998.
O'Meara, Dan: Volkskapitalisme. Class, Capital and Ideology in the Development of Afrikaner Nationalism, 1934–1948, Cambridge 1983.
Posel, Deborah: The Meaning of Apartheid before 1948. Conflicting Interests and Forces within the Afrikaner Nationalist Alliance, in: Journal of Southern African Studies, 14, 1, 1987, S. 123–139.
Roux, Edward: Time Longer than Rope. A History of the Black Man's Struggle for Freedom in South Africa, Madison, Wisc. 1966.
Shain, Milton: The Roots of Antisemitism in South Africa, Johannesburg 1994.
Walker, Cherryl (Hg.): Women and Gender in Southern Africa to 1945, Cape Town – London 1990.
Walker, Ivan L.; Weinbren, Ben: 2000 Casualties. A History of the Trade Unions and the Labour Movement in the Union of South Africa, Johannesburg 1961.
Walshe, Peter: The Rise of African Nationalism in South Africa. The African National Congress 1912–1952, Berkeley – Los Angeles 1971.
Westhuizen, Christi van der: White Power and the Rise and Fall of the National Party, Cape Town 2007.
Yudelman, David: The Emergence of Modern South Africa. State, Capital and the Incorporation of Organised Labour on the South African Gold Fields, 1902–1939, Hamden – Johannesburg 1984.

Geschichte der Apartheid

Beinart, William; Dawson, Marcelle C. (Hg.): Popular Politics and Resistance Movements in South Africa, Johannesburg 2010.
Berger, Iris: Threads of Solidarity – Women in South African Industry, 1900–1980, Oxford 1992.
Biko, Steve: I Write What I Like. A Selection of His Writings, London 1978.
Bonner, Philip; Delius, Peter; Posel, Deborah (Hg.): Apartheid's Genesis (1935–1962), Braamfontein 1993.
Bopela, Thula; Luthuli, Daluxolo: Umkhonto we Sizwe. Fighting for a Divided People, Alberton 2005.
Butler, Jeffrey; Rotberg, Robert; Adams, John: The Black Homelands of South Africa. The Political and Economic Development of Bophuthatswana and KwaZulu, Berkeley 1977.
Cock, Jacklyn: Maids and Madams. A Study in the Politics of Exploitation, Johannesburg 1980.
Cock, Jacklyn; Nathan, Laurie (Hg.): War and Society. The Militarization of South Africa, Cape Town 1989.
Coleman, Max: A Crime against Humanity. Analysing the Repression of the Apartheid State, Johannesburg – Bellville – Cape Town 1998.
Delius, Peter: A Lion Amongst the Cattle, Portsmouth, NH – Johannesburg – Oxford 1996.
Ellis, Stephen; Sechaba, T. (Hg.): Comrades against Apartheid. The ANC and the South African Communist Party in Exile, London 1992.
Evans, Ivan: Bureaucracy and Race. Native Administration in South Africa, Berkeley – Los Angeles – London 1997.
Glaser, Clive: Bo-Tsotsi. The Youth Gangs of Soweto, 1935–1976, Oxford 2000.
Hirson, Baruch: Year of Fire, Year of Ash. The Soweto Revolt, Roots of a Revolution? London 1979.

Hoffmann, Wilma; McKendrick, Brian (Hg.): People and Violence in South Africa, Oxford 1990.
Horrell, Muriel: The African Homelands of South Africa. Johannesburg 1973.
Horrell, Muriel: Laws affecting Race Relations in South Africa, 1948–1976, Johannesburg 1978.
Kallaway, Peter: Apartheid and Education. The Education of Black South Africans, Johannesburg 1986.
Kane-Berman, John: Soweto. Black Revolt, White Reaction, Johannesburg 1978.
Kessel, Ineke van: »Beyond Our Wildest Dreams«. The United Democratic Front and the Transformation of South Africa, Charlottesville 2000.
Lipton, Merle: Capitalism and Apartheid. South Africa, 1910–1986, Cape Town – London 1989.
Lodge, Tom: Black Politics in South Africa since 1945, London – New York 1983.
Lodge, Tom; Nasson, Bill (Hg.): All, Here and Now. Black Politics in South Africa in the 1980s, London 1992.
Mager, Anne: Gender and the Making of a South African Bantustan. A Social History of the Ciskei, 1945–1959, Portsmouth, N. H. 1999.
Manganyi, Chabani; Du Toit, André (Hg.): Political Violence and the Struggle in South Africa, Basingstoke 1990.
Maré, Gerhard; Hamilton, Georgina: An Appetite for Power. Buthelezi's Inkatha and the Politics of ›Loyal Resistance‹, Johannesburg 1987.
Marx, Christoph: Trennung und Angst. Hendrik Verwoerd und die Gedankenwelt der Apartheid, Berlin 2020.
Moodie, T. Dunbar; Ndatshe, Vivienne: Going for Gold: Men, Mines and Migration, Berkeley 1994.
O'Meara, Dan: Forty Lost Years. The Apartheid State and the Politics of the National Party 1948–1994, Randburg 1996.
Pityana, N. Barney et al.: Bounds of Possibility. The Legacy of Steve Biko and Black Consciousness, Cape Town – London – New York 1991.
Platzky, Laurine; Walker, Cherryl: The Surplus People. Forced Removals in South Africa, Johannesburg 1985.
Posel, Deborah: The Making of Apartheid 1948–1961. Conflict and Compromise, Oxford 1991.
Schiltz, Christoph: Die Republik Südafrika: Die Verfassungsreform von 1984, unter besonderer Berücksichtigung der Bevölkerungsgruppen der Coloureds und Inder, Hamburg 1991.
Seekings, Jeremy: The UDF. A History of the United Democratic Front in South Africa 1983–1991, Cape Town – Oxford – Athens, OH 2000.
South African Democracy Education Trust (Hg.): The Road to Democracy in South Africa, 6 Bände, Cape Town 2006 ff.
Streek, Barry; Wicksteed, Richard: Render Unto Kaiser. A Transkei Dossier, Johannesburg 1981.
Stultz, Newell M.: Transkei's Half Loaf. Race Separatism in South Africa, Cape Town 1980.
Thompson, Leonard M.: The Political Mythology of Apartheid, New Haven – London 1985.
Tillmanns, Aljoscha: Development for Liberation. M.G. Buthelezi's and Inkatha's initiatives towards a different South Africa, 1975-1994, St. Ingbert 2020.
Webster, Eddie: Cast in a Racial Mould. Labour Process and Trade Unionism in the Foundries, Johannesburg 1985.

Die Zeit nach der Apartheid

Adam, Heribert; Moodley, Kogila: The Negotiated Revolution. Society and Politics in Post-Apartheid South Africa, Johannesburg 1993.
Adler, Glenn; Steinberg, Jonny (Hg.): From Comrades to Citizens. The South African Civics Movement and the Transition to Democracy, New York 2000.
Crush, Jonathan; James, Wilmot G. (Hg.): Crossing Boundaries. Mine Migrancy in a Democratic South Africa, Cape Town – Ottawa 1995.
Davenport, T. Rodney H.: The Transfer of Power in South Africa, Cape Town 1998.
Gevisser, Mark: Thabo Mbeki. The Dream Deferred, Johannesburg – Cape Town 2009.

Gumede, William Mervin: Thabo Mbeki and the Battle for the Soul of the ANC, Cape Town 2005.
Lodge, Tom: Politics in South Africa. From Mandela to Mbeki, Cape Town – Oxford 2002.
Morrell, Robert (Hg.): Changing Men in Southern Africa, London 2001.
Myburgh, Pieter-Louis: Gangster State. Unraveling Ace Magashule's Web of Capture, Cape Town 2019.
Nattrass, Nicoli: AIDS Denialism and the Struggle for Antiretrovirals in South Africa, Durban 2007.
Pauw, Jacques: The President's Keepers. Those Keeping Zuma in Power and out of Prison, Cape Town 2017.
Posel, Deborah; Simpson, Graeme (Hg.): Commissioning the Past. Understanding South Africa's Truth and Reconciliation Commission, Johannesburg 2002.
Robins, Steven: From Revolution to Rights in South Africa. Social Movements, NGOs and Popular Politics after Apartheid, Oxford 2008.
Schäfer, Rita: Im Schatten der Apartheid: Frauen-Rechtsorganisationen und geschlechtsspezifische Gewalt in Südafrika, [2]Münster 2008.
Seekings, Jeremy; Nattrass, Nicoli: Class, Race, and Inequality in South Africa, Scottsville 2006.
Stolten, Hans Erik (Hg.): History Making and Present Day Politics. The Meaning of Collective Memory in South Africa, Uppsala 2006.
Tayob, Abdulkader; Weisse, Wolfram (Hg.): Religion and Politics in South Africa. From Apartheid to Democracy, Münster – New York – München –Berlin 1999.
Walker, Cherryl; Bohlin, Anna; Hall, Ruth; Kepe, Thembela (Hg): Land, Memory, Reconstruction and Justice. Perspectives on Land Claims in South Africa, Athens- Pietermaritzburg 2010.
Wilson, Francis; Ramphele, Mamphela: Uprooting Poverty. The South African Challenge, Cape Town – Johannesburg 1994.
Wilson, Richard A.: The Politics of Truth and Reconciliation in South Africa. Legitimizing the Post-Apartheid State, Cambridge 2001.

Abbildungsverzeichnis